JN448165

말씀, 삶, 해석

Copyright © 2006 by Publishing House KIBS
Publishing House
Korea Institute of Biblical Studies
Seoul, Korea

말씀, 삶, 해석

이 종 록

한국 성서학 연구소
KOREA INSTITUTE OF BIBLICAL STUDIES

서문 : 소금인형

성경을 읽고 거기에 담긴 메시지를 찾아서 성도들에게 선포하고 가르치는 일을 주업으로 삼은 사람들이 가장 바라는 것은 짧은 구절 속에서 풍부한 메시지를 찾아내는 것이다. 우리는 이것을 "말씀 속으로 깊이 들어간다"고 한다. 말씀을 전하고 가르치는 사람들 가운데 말씀을 깊이 있게 전하고 싶지 않은 사람이 누가 있겠는가?

요즘엔 설교를 재미있는 예화로 채워서 '말씀의 깊이'는커녕 견딜 수 없는 "말씀의 가벼움"으로 바꾸어 버렸지만, 그래도 말씀의 깊이에 대한 갈망이 아주 사라진 것은 아닐 터.

깊이 있는 설교는 말씀에 대한 열망에서 비롯한다. 설교의 깊음 정도는 설교자가 말씀을 얼마나 깊숙이 사모하느냐에 달렸다는 것이다. 말씀에 대한 이러한 열망은 시편 1편 2절에 명확하게 드러난다.

> 오직 여호와의 율법을 즐거워하며
> 그 율법을 주야로 묵상하는 자로다.
> **키 임 베토라트 아도나이 헤프초**
> **웨베토라토 예흐게 요맘 와라옐라**

"오직 여호와의 율법을 즐거워하며"를 직역하면 "오직 여호와의 율법을 그의 기쁨으로 삼고"이다. 그의 기쁨은 오직 여호와의 율법이라는 것이다. "그의 기쁨"은 히브리어로 '헤프초'<חֶפְצוֹ>인데, 우리가 잘 아는 '헵시바'와 같은 말이다. ('헵시바'는 원문대로 읽으면, '헤프치 바흐'<חֶפְצִי בָהּ>로 "내 기쁨이 그녀에게," 즉 "그녀가 내 기쁨"이라는 의미이다) 주님의 율법만이 그의 기쁨인 삶, 그 율법을 밤낮으로, 즉 시도 때도 없이 읊으며 사는 삶.

이것이 바로 말씀과 함께 하는 삶, 말씀 속으로 깊이 들어가는 삶, 말씀에 온전히 침잠하는 삶이다.

말씀 속에 깊이 빠져드는 이 지고한 삶은 우리로 “소금인형”을 연상케 한다.

바다의 깊이를 재기 위해
바다로 내려간
소금인형처럼
당신의 깊이를 재기 위해
당신의 피 속으로
뛰어든
나는
소금인형처럼
흔적도 없이
녹아 버렸네

말씀을 읽을 때마다, 그리고 말씀을 전할 때마다, 류시화가 말하는 소금인형처럼 말씀 속으로 빠져들어서 그렇게 흔적도 없이 녹아 버리고 싶은 열망으로 몸살이 나는 사람, 바로 그 사람이 복스런 삶을 사는 것이다.

이런 의미에서 나는 그런 대로 복스런 사람이라 할 수 있겠다. 말씀 읽고 가르치고 전하는 일을 업으로 삼으니 말이다. 또 이렇게 말씀에 관한 책을 엮어내니 나는 얼마나 복 받은 사람인가.

이 책은 내가 그동안 해온 ‘삶의 해석학’ 완결편이다. 말씀을 삶과 연계해서 풀어내려는 해석학적 작업은 『삶이 있는 성경읽기』로 시작해서 『새 시대에 만나는 성경의 인물들』, 『새로운 삶을 소망하는 성경읽기』를 거쳐, 이제 해석의 다양한 모습들을 살피는 이 책으로 일단락 지으려 한다.

이 책 펴내는 것을 허락해주신 김중은 총장님과 한국성서학연구소 소장 장흥길 교수님께 감사한다. 그리고 서투른 글을 읽고 다듬어서 보기 좋은 책으로 만들어내는 수고를 마다하지 않는 신실한 주님의 종, 안용섭 목사님과 장성민, 김현수 전도사님께 진심으로 고마운 마음을 전한다.

그리고 이 책을 읽을 모든 분들께 이렇게 인사하고 싶다.

"그대는 꽃보다 아름답습니다!"

2006년 3월 1일
시인의 마을에서 이종록

목 차

서론 : 요시야의 개혁과 한국교회 개혁

역대하 34장 1-17절을 중심으로

우리에게 요시야는 누구인가?

'요시야'하면 어떤 것들이 생각나는가? 요시야는 유다의 열일곱 번째 왕이고 선한 왕으로 평가받았다. 그는 8살에 왕위에 올랐고 유다를 개혁했는데 아쉽게도 39살에 므깃도에서 죽었다. 이것이 우리가 요시야에 대해서 알고 있는 사실들이다. 그런데 이 요시야는 우리에게 어떤 인물일까? 우리는 요시야에 대해서 정확하게 알고 있는가? "개혁"(改革)을 이야기할 때마다 요시야를 떠올리는데 과연 우리는 요시야를 제대로 이해하고 있는 것일까? 혹시 우리는 요시야를 신앙적인 영역에 속한 사람, 즉 성직자로 생각하는 것은 아닌가? 그러나 요시야는 성직자가 아니었고, "유다"라는 한 나라를 다스리는 왕이었다는 사실이 무엇을 의미하는가? 요시야가 일으킨 개혁이 어떤 것이었으며, 나라를 개혁한다는 것이 어느 정도나 어려웠을 것인지 구체적으로 생각해보았는가? “개혁”이라는 말만큼이나 우리는 “요시야”에 대해서도 너무 쉽게 이야기하는 것은 아닌가?

이런 의문을 갖고 요시야의 개혁을 살펴보려고 하는데 요시야의 개혁을 이해하기 위해서는 요시야가 어떤 인물인지를 제대로 알아야 한다. 요시야를 바르게 이해하기 위해 먼저 요시야에 관한 성경본문을 읽어보자.

> 1 요시야가 위에 나아갈 때에 나이 팔세라 예루살렘에서 삼십 일년을
> 치리하며 2 여호와 보시기에 정직히 행하여 그 조상 다윗의 길로 행
> 하여 좌우로 치우치지 아니하고 3 오히려 어렸을 때 곧 위에 있은지
> 팔년에 그 조상 다윗의 하나님을 비로소 구하고 그 십 이년에 유다와
> 예루살렘을 비로소 정결케 하여 그 산당과 아세라 목상들과 아로새긴
> 우상들과 부어 만든 우상들을 제하여 버리매 4 무리가 왕의 앞에서
> 바알들의 단을 훼파하였으며 왕이 또 그 단 위에 높이 달린 태양상들
> 을 찍고 또 아세라 목상들과 아로새긴 우상들과 부어 만든 우상들을
> 빻아 가루를 만들어 거기 제사하던 자들의 무덤에 뿌리고 5 제사장들
> 의 뼈를 단 위에서 불살라 유다와 예루살렘을 정결케 하였으며 6 또
> 므낫세와 에브라임과 시므온과 납달리까지 사면 황폐한 성읍들에도
> 그렇게 행하여 7 단들을 훼파하며 아세라 목상들과 아로새긴 우상들
> 을 빻아 가루를 만들며 온 이스라엘 땅에 있는 모든 태양상을 찍고 예
> 루살렘으로 돌아왔더라(역대하 34장 1-7절).

“세상 물정 모르는 것들이”

1절과 2절은 요시야에 대한 평가인데 우리에게 중요한 정보들을 제공해준다. 요시야는 8살에 왕위에 올랐다. 이것은 요시야가 정상적인 상황에서 왕위에 오른 것이 아님을 암시한다. 요시야는 아버지 아몬이 신복들에 의해서 암살당한 직후에 왕위에 올랐다. 어린 나이에 왕위에 올랐다는 것은 이런 가정적이고 국가적인 비극을 전제한다.

신복들이 아몬을 제거하고, 유력인사들이 암살자들을 처형하는 피흘림 속에서 요시야는 왕위에 오른다. 요시야가 왕위에 올라 다스리는 나라는 이런 피흘림이 언제라도 일어날 수 있는 살벌한 곳이었다. 다양한 정치세력들이 자신들의 유익을 위해서 다투는 냉혹한 곳이었음을 기억해야 한다.

그리고 3절에서 본문기자는 요시야 재위 8년째임을 말하면서 요시야가 아직도 여전히 소년(나아르<נַעַר>)이라는 사실을 밝힌다. "소년"이라는 말은 나이가 젊다는 것을 말하지만, 또 그가 힘이 그렇게 강력하지 못해서 여전히 수렴청정(垂簾聽政)을 받을 수밖에 없는 상황이었음을 보여준다. 본문기자는 이렇게 요시야가 여전히 소년이었음을 밝힌 다음 요시야가 재위 8년에 하나님을 "비로소" 찾았다고 말한다. 이 말에 우리는 주의를 기울여야 한다. 이때 요시야 나이는 16세쯤이었을 것이다. 요시야가 비로소 하나님을 찾았다는 것은 아직도 소년인 요시야, 요즘 말로 하면 세상 물정 모르는 철부지가 어떤 대견한 일을 했다는 것이다.

"그의 아비 다윗의 하나님을 찾았다." 이것은 무엇을 의미하는가? "여호와를 찾았다"는 것이 무엇을 가리키는지 알아보기 위해서 이 구절이 나오는 성경구절들을 찾아보자. "여호와를 찾았다"는 구절은 아사 왕을 이야기하는 역대하 14장과 15장에도 여러 번 나온다(14장 4절, 7절(2), 15장 2절, 12절, [13절], 15절). 그런데 16세에 요시야가 비로소 하나님을 찾았다는 것은 무엇을 의미하는가? 역대하 14장 1-8절과 15장 8-15절을 읽어보라. 이 구절들을 통해서 알 수 있는 사실은 왕이 "하나님을 찾았다"는 것이 그저 "예수믿고 교회에 나갔다"는 정도가 아니고 상당히 중대한 결단이며 지금까지 행해온 모든 것들을 '하나님을 찾지 않은 행위'로 규정하고, 그것들을 일소하고, 그 반대세력들을 제거하는 일이라는 것이다(역대하 15장 13절). 그래서 개혁은 하나님을 찾는 것이고, 하나님이 원하시는 일을 하는 것이며, 하나님 정신으로 무장하는 것이다. 요시야는 하나님이 원하시는 일을 이루기 위해서 목숨을 바칠 각오로 개혁을 했던 것이다.

우리가 보기에도 얼마나 무모한 행동인가? 왕이라고 아무 일이나 다 할 수 있는 것은 아니지 않는가? 그러니 "하나님을 찾는" 개혁은 세상 물정 모르는 사람들이 하는 것이다. 알 것 모를 것 다 알고 어떻게 개혁을 하겠는가? 그런 사람들이 말하는 개혁은 결코 개혁이 아니다. 그렇기에 한국교회의 개혁은 어르신들이 볼 때 아직 세상 물정 모르는 어린 것들, 젊은 기운에 하나님이 원하시는 것을 위해서 목숨이라도 바치겠다는 각오를 하는 철부지들이 해야 한다. (물론 요즘 신학교 학생들을 보면, 그들이 과연 그런 열정을 갖고 있는지 의심스럽기는 하다. 그들은 지나치게 성공적인 목회자를 지향하는 것으로 보이기 때문이다) 개혁해야할 교회정치세력들에 속해서 또 그 세력들을 적절히 이용하면서 교계의 높은 자리에 오르신 분들은 결코 한국교회를 개혁할 수 없다. 그들은 더 이상 순수하지 않기 때문이고, 또 개혁할 의지와 힘도 없거니와, 그들이 바로 개혁의 대상이기 때문이다. 죄송스런 이야기지만 그들은 진정으로 하나님을 찾지 않는다. 그들의 의식은 전혀 하나님 중심이 아니다. 그렇게 보이도록 포장할 뿐이지 알고 보면 그들은 이미 지나치게 세속적이다. 경륜있고 존경받는 목사와 신학자들을 대상으로 청문회(聽聞會)를 해보면 (정말 청문회를 해보면 좋겠다), 그들이 어떤 생각으로 무엇을 위해서 살아왔는지 적나라하게 들어날 것이다. 각종 선거와 직원채용에 상상하기 어려울 정도의 금품이 오가고 그런 금품을 유통하는 조직으로 교단이 움직이는 상황에서 그들은 결코 개혁의 주체가 될 수 없다.

요시야는 무엇을 어떻게 개혁했는가?

본문 기자는 요시야가 재위 8년에 한 일을 말한 다음 재위 12년으로 넘어간다. 재위 12년에 요시야는 유다와 예루살렘을 정결하게 했다. 이때 요시야 나이는 20세쯤이었을 것이다. 그런데 "유다와 예루살렘을 정결하게 했다"는 것은 무엇을 의미하는가? 정결하게 했다는 것은 부정한 것들을 다 씻어냈다는 것인데 과연 당시에 무엇이 부정하고 무엇이 정한 것이었을까? 정하고 부정한 것들을 구분하는 기준은 무엇이었을까? 부정한 일들이 있는 것은 그것을 행하는 자들이 있기 때문인데, 그렇다면 부정을 씻어냈다는 것은 부정한 일을 행하는 자들을 제거했다는 말 아닌가? 그래서 정결케 했다는 것은 '개혁했다,' '숙청했다'는 말과 동일한 것이 아닌가?

이것을 알아보기 위해 요시야가 무엇을 정결케 했는지 살펴보자. 3절 뒷부분을 보면 "12년에 그가 유다와 예루살렘을 그 산당들과 아세라들과 우상들과 주상(부어 만든 우상)들로부터(히브리어 민<מִן>, '우상들을 없애고') 정결하게 하기 시작했다." 이것을 풀어보면 "요시야는 왕위에 오른지 12년째 되던 해에 유다와 예루살렘을 정결하게 했는데 산당들과 아세라들과 우상들과 주상들을 다 제거하기 시작했다"는 것이다. 요시야가 이것들을 제거한 까닭은 산당들과 아세라들과 우상들과 주상들이 유다와 예루살렘을 더럽힌다고 생각했기 때문일 것이다.

그런데 이 일을 요시야 혼자서는 못했을 것이다. 요시야의 개혁을 지지하는 사람들, 개혁세력이 있었다. 그리고 이들과는 달리 요시야의 반대편에 서서 개혁세력에 대항하는 세력들도 있었다. 우리는 그저 요시야가 개혁했다고 말하지만, 그것을 정치적인 측면에서 살펴보면 얼마나 위험한 일인지 짐작할 수 있다. 요시야는 자신이 직접 개혁을 주도했는데 반발이 심한 곳은 군대를 이끌고 가서 파괴했다. 4절은 "그들이 그가 보는 앞에서 가루로 만들었다"고 말하는데 이것은 요시야가 사람들을 데리고 가서 정화작업을 직접 지시했음을 의미한다.

그런데 이렇게 대대적인 개혁을 일으키기 위해서는 많은 준비가 필요했을 것이다. 자신을 도와줄 사람들이 있어야 했고, 돈도 필요했을 것이고, 군대도 필요했을 것이다. 이 모든 준비가 끝나야 개혁을 할 수 있는 것이다. 그렇다면 하나님을 찾은 16세부터 20세까지 요시야는 개혁을 준비했다고 보아야 한다. 그래서 우리는 요시야가 "비로소 하나님을 찾았다"는 말을 개혁을 준비하고 실행했다는 말로 이해할 수 있다. 그 나이에 벌써 그 정도였다니 역시 요시야는 탁월한 왕이라고 하지 않을 수 없다. 어떤 확고한 정신과 목표를 설정하지 않으면 개혁을 추진할 수 없다. 요시야가 그 젊은 나이에 그런 목표를 세우고 개혁을 추진할 수 있었다는 것이 우리를 놀라게 한다.

그러면 요시야의 개혁이 얼마나 어려운 일이었는지 살펴보자. 요시야가 왕위에 오를 때 나이가 8세였다면 그 나이는 결코 나라를 다스릴 만한 나이가 아니다. 본문에도 '오히려 어렸을 때'라고 하지 않았는가. 그렇다면 누군가가 수렴청정을 했을 것이다. 그들은 누구인가? 그 세력은 어떤 세력인가? 그리고 16세에 "하나님을 찾았다"는 것은 요시야가 친정체제(親政體制)를 구축했다는 말로 이해해도 좋은가? 친정체제를 구축했다는 것은 자신을 왕위에 세우고 지금까지 수렴청정을 해온 사람들을 물리치고 요시야가 나라를 직접 다스렸다는 것인데 그러기 위해서 요시야는 자기 세력을 양성했을 것이다. 이런 일들은 16세 나이로는 대단한 것이다. 이런 점에서 우리는 요시야가 매우 탁월한 능력을 지닌 왕이라는 사실을 짐작할 수 있다. 그리고 요시야는 20세에 대대적인 개혁을 단행한다. 그리고 39세 무렵에 세상을 떠났으니 20년 정도 자기 뜻대로 나라를 다스렸을 것이다.

이것을 좀더 자세하게 살펴보자. 앞에서 보았듯이 아세라들과 우상들과 주상들을 나열하는 '목록'은 당시 이스라엘에 다양한 이교적 신앙물들이 있었음을 보여준다. 그러한 이교적 신앙물들이 이스라엘 전역에 상당히 많이 있었던 모양이고 그 수만큼 다양한 종교세력들이 있었을 것이다. 그 신앙물들을 제거했다는 것은 그것과 관련된 종교세력들을 제거했다는 것을 의미한다. 요시야가 제거한 것들을 기록한 목록을 보면 산당(山堂, 히브리어로 '바모트'<בָּמוֹת>)이 가장 먼저 나온다. 요시야는 무엇보다 산당을 가장 먼저 제거한다. 본문은 이것을 강조하는데 요시야가 산당을 제거했다는 것이 그만큼 구약성경에서 중요한 의미를 갖는다. 산당은 '지방성소'(地方聖所)를 말한다. 중앙성소를 제외한 모든 지방성소들을 구약성경은 얕잡아서 '산당'이라고 부른다. 요시야에게는 산당이 제거대상 제1호지만 유다와 이스라엘 모든 왕들이 산당을 철폐(撤廢)대상으로 생각한 것은 아니다. 그리고 산당을 철폐한다는 것은 매우 어려운 일이었다. 성경은 선왕(善王)으로 분류할 수 있는 왕들이 여러 가지 개혁을 하면서도 "산당은 없애지 않았다"고 말한다. "산당을 없애지 않았다"는 구절은 악한 왕으로 분류할 수 있는 왕들에게는 전혀 사용하지 않는다. 그래서 산당철폐 여부는 어느 정도 개혁성향을 가지고 개혁을 단행한 왕들에게 적용하는 기준이다. 이스라엘 역사에서 산당을 철폐한 왕은 몇 되지 않는다는 사실은 그 일이 그만큼 어려웠다는 것을 말한다. 산당을 철폐하기 어려웠다는 것은 산당지지세력들이 그만큼 막강했다는 것이다. 왕들이 철폐할 수 없을 정도로 산당세력은 막강했다. 그렇기 때문에 이스라엘 왕들이 산당을 제거하지 않았다는 것이 이상한 것이 아니고, 산당을 철폐했다는 것이 대단한 일이다. 산당을 철폐하면 그곳에서 일하던 사람들과 거기에 관련된 사람들이 모두 물러나야 하기 때문에 왕권이 강하지 않으면 결코 산당을 철폐할 수 없었다. 그래서 산당을 파괴했다는 것은 왕이 그만큼 강력했음을 의미한다.

아사와 여호사밧, 히스기야도 개혁을 했지만 이들보다 요시야의 개혁이 두드러지는 것은 요시야가 우상은 물론이고 산당까지 철폐했기 때문이다. 요시야는 중앙성소를 복원하려고 했던 모양이다. 그러기 위해서는 산당들을 철저히 제거해야 한다. 그러지 않고서는 중앙성소를 유지할 수 없었다. 그 산당제거작업을 요시야가 6년 동안 하는 것이다. 그렇다면 요시야를 지지하는 새로운 세력은 바로 산당철폐론자들이었을 것이다. 요시야는 이들을 규합해서 대대적인 개혁을 단행하는데 오랫동안 세력을 유지해온 산당세력들이 쉽사리 물러나지 않았을 것이다. 요시야는 6년이라는 긴 시간 동안 끈질기게 그들을 제거한다. 그렇게 산당들을 철폐하고 온갖 우상들을 없앤 다음에, 다시 말해서 그 산당세력들을 다 숙청한 다음에, 요시야는 드디어 성전중수작업에 들어간다.

요시야는 성전중수작업 경비를 세금으로 모은다(열왕기하 22장 3-7절, 역대하 34장 8-13절). 이 성전중수작업은 요시야가 전권을 장악하고 유다 전체를 장악한 표징이다. 이처럼 요시야가 성전중수작업 이전에 실시한 제1차 개혁은 (열왕기는 전혀 언급하지 않지만) 6년 동안 진행되었고 재위 18년에 들어서면서 완결된 것으로 볼 수 있겠다. 요시야는 그 6년 동안 자신을 왕위에 올리고 지금까지 그를 수렴청정해온 세력들과 산당세력들을 제거하면서 자기 세력을 강화했다. 이렇게 하지 않았으면 요시야는 결코 유다를 개혁할 수 없었을 것이다.

우리는 지금까지 요시야의 개혁에서 누가 개혁의 주체이고 개혁의 대상이었는지를 살펴보았다. 개혁은 개혁주체와 개혁대상이 분명해야 한다. 무엇을 개혁할 것인지, 그리고 그것들이 왜 개혁의 대상인지를 명확하게 제시해야 한다. 산당철폐가 산당이라는 건물을 파괴하는 것에서 그치지 않고 그것을 중심으로 결집된 산당 세력들을 숙청하는 일이었듯이 한국교회개혁은 뜬구름 잡는 것이어서는 안되고 구체적인 집단을 개혁대상으로 설정하지 않으면 의미가 없다. 그렇게 해야 누가 개혁의 주체가 될 것인지도 명확해 진다. 한국교회를 개혁하기 위해서는 개혁의 주체가 될 사람들이 누구인지 설정하고, 그들을 육성할 필요가 있다.

기왕이면 뿌리를 뽑아라

본문기자는 4절과 5절에서 요시야가 얼마나 철저하게 개혁을 추진했는지를 자세히 설명한다. 요시야는 단과 우상만 없앤 것이 아니었다. 이방신을 섬겼던 제사장들의 무덤을 파헤쳐서 그들의 뼈를 불태우고 가루로 만들어서 단에 뿌렸다. 우리나라에도 예전에 '부관참시'(副棺斬屍)라는 것이 있었는데 죽은 사람 뼈를 파내서 그것들을 가루로 만들어 뿌리는 것은 부관참시보다 더한 형벌이다. 그 제사장들이 저지른 죄가 얼마나 크길래 한번 죽은 사람들의 시신을 훼손하고 가루로 만들어서 뿌리기까지 했을까? 지나치다는 느낌이 드는 것도 사실이지만 이것은 요시야가 개혁을 얼마나 강력하게 추진했는지 그리고 과거청산(過去淸算)을 얼마나 완벽하게 해냈는지를 명확하게 보여준다.

우리는 이것이 부럽다. 교회의 과거청산은 아직도 초보적인 단계에 머물러있는 한국 역사의 과거청산과 맞물려 있다. 한국교회 내에도 친일파들이 있었고 반민주세력도 있었지만 그들에 대해서는 비판 한마디 하기 어렵다. 그들은 이미 "성자"들인데 누가 감히 비판할 수 있겠는가.

그러면 요시야가 한 일들을 좀더 자세히 알아보자. 요시야는 먼저 바알에게 제사하기 위해서 만들어놓은 단들을 다 부순다. 그리고 단 위에 높이 매달린 "태양상"(함마님<חַמָּנִים>)들을 부셔버린다. "함마님"은 구약성경에서 모두 8번(레위기 26장 30절, 역대하 14장 4절[개역성경은 5절], 34장 4절, 7절, 이사야서 17장 8절, 27장 9절, 에스겔서 6장 4절, 6절) 쓰였다. 열왕기에는 태양을 위하여 드린 말과 태양수레(열왕기하 23장 11절)가 나온다. 그런데 이 태양상이라고 하는 것은 가지고 다닐 수 있는 향로인 것으로 보인다. "(산당과) 단, 아세라 목상, 아로새긴 우상(과 부어 만든 우상), 태양상"이라는 구절은 관용어처럼 쓰인다. 요시야는 이 모든 것들을 없애는데 산당을 비롯해서 이스라엘 전역에 널린 모든 우상들을 남김없이 다 제거한 것이다.

이렇듯 요시야는 철저하게 과거청산작업을 한다. 8절을 보면 요시야는 이 개혁을 재위 18년까지 했던 모양이다. 이때 요시야는 26세였다. 그러니까 요시야는 20세부터 6년 정도 개혁을 한 것이다. 정말 '어린 나이'에 대단한 일을 한 것이다. 그런데 요시야는 여기서 그치지 않는다. 그렇게 엄청난 일을 이뤄놓은 다음 재위 18년부터 성전중수작업을 시작한다. 그리고 이 성전중수작업은 도중에 율법책을 발견하면서 더욱 대대적인 개혁으로 이어진다. 요시야는 재위 18년에 이스라엘 역사상 최대 규모의 유월절을 지킨다. 이렇게 유월절을 지킴으로 요시야는 유다 개혁을 절정에 올려놓는다. 열왕기는 요시야가 유월절을 지키면서 산당도 제거하고 우상도 제거했다고 말하는데, 역대기는 모든 정지작업을 다 한 다음에 유월절을 거행했다고 말한다. 열왕기 기록보다는 역대기 기록이 논리적으로 더 설득력이 있다. 반대 세력들을 제거한 다음에 국가적인 행사로 유월절을 성공적으로 거행할 수 있었을 것이고, 만약 그렇지 못한 상태에서 유월절을 거행했다면 히스기야가 그랬던 것처럼 유월절을 성공적으로 치루지 못했을 것이기 때문이다. 아사도 이런 순서로 일을 하는데 역대하 15장을 보면 아사는 이방신들을 위한 단들과 산당을 철폐한다. 그런 다음 성전 단을 중수하고 백성들을 모아서 제사를 드리며 기뻐한다. 요시야는 이렇듯 완벽하게 개혁을 하고 사람들을 불러 모아서 하나님께 온전히 예배드리는 유월절을 거행함으로써 개혁을 마무리한다.

요시야가 개혁을 통해서 성전을 중수했듯이 우리도 교회를 바르게 세워놓아야 한다. 어떤 사람들은 교회가 사회 변화를 따라가지 못해서 게토화되었다고 말한다. 물론 그런 면도 있을 것이다. 그러나 그것보다 더 중요한 사실은 교회가 교회답지 못했기 때문에 힘을 잃은 것이다. 한국교회는 세속적인 것을 거부한다면서도 지나치게 세속적이었다. 그래서 교회다움을 잃어버렸다. 교회의 힘은 결코 사람 수의 많고 적음에서 오는 것이 아님을 모두가 잘 알고 있을 터인데(우리는 기드온의 300용사 이야기를 하면서 얼마나 이것을 강조하는가?), 그럼에도 불구하고 갖은 수단방법을 다해서 교인수부터 늘리고 보자는 식으로 가다보니 교회가 진정한 힘을 상실하지 않을 수 있겠는가? 교회는 말씀의 능력도 잃어버렸다. 어느 교회에서 후임목사를 택할 때 재미있게 설교하는 사람을 우선시했다는 말이 있을 정도로 교회는 이미 말씀의 진지함을 잃어버렸다. 목회자와 평신도를 불문하고 세미나를 개최하면 재미위주로 흘러가고 있음을 지적하지 않을 수 없다. 설교에 성경말씀보다 예화가 더 많고, 평신도들은 성경말씀보다 예화에 더 은혜 받고 예화를 더 잘 기억하는 상황이다. 이렇게 설교가 쉬워지다 보니 한국교회 성도들은 성경을 제대로 읽어내기 어려운 형편이 되었다. 한국교회의 설교는 성경을 어려운 책으로 만들어서 사람들로 하여금 성경을 읽을 수 없게 한 죄, 성경책을 덮고 설교집이나 신앙간증집, 신앙수필집만 읽게 하는 죄를 범하고 있는 것이다. 한국교회가 신(新)중세시대를 만들고 있음을 깨달아야 할 것이다. 진지한 말씀연구와 선포 없이 어떻게 교회가 바로 서겠는가?

개혁을 기다리며

요시야는 빈틈없이 계획을 세워서 개혁을 추진한다. 만약 그렇게 하지 않았다면 반개혁세력들에 의해서 자신이 어려움을 당했을 것이다. 개혁은 타협을 용납하지 않는다. 우리는 역대 정권들이 개혁을 표방하면서도 결국 개혁대상자들과 타협을 함으로써 개혁이 기형적으로 변질되는 것들을 이미 목격하지 않았던가!

개역성경은 본문에서 "비로소"라는 말을 두 번이나 쓴다. 히브리어 본문은 "비로소"라는 말을 따로 쓰지 않는다. 대신 "시작했다"(헤헬<הֵחֵל>)는 말을 사용한다. 그런데 개역성경기자는 그냥 "시작했다"라고 하지 않고 "비로소"는 말을 삽입한다. 여기에는 나름대로 의미가 있을 것이다. "비로소"를 국어사전에서 찾아보면 "시작"과 "처음"이라는 의미인데 이러한 뜻풀이보다는 여기에 담긴 뉘앙스를 찾는 것이 중요하다. '비로소'라는 말에는 어떤 기다림이 담겨 있다. 요시야가 그렇게 하기를 사람들이 기다렸다는 것이다. 이러한 기다림은 오랜 기다림이다(열왕기는 요시야가 그렇게 개혁할 것이라고 예언한다[열왕기상 13장 2절]). 이런 기다림을 개역성경기자는 포착한 것이다. 원문의 의미를 살린 기막힌 번역이다. 그리고 본문을 읽는 독자들의 심정도 반영한다. "비로소"에 담힌 간절함처럼 우리는 개혁을 기다린다. 요시야가 일으켰던 그 철저한 개혁을 기다린다. 아직은 요원한 꿈이겠지만 말이다.

1. 해석 : 귀납과 연역의 순환

귀납법적 성경해석의 원리와 실제

I. 삶-귀납과 연역의 연쇄

기독교인인 우리가 하는 일 가운데 가장 중요한 일은 하나님의 말씀인 성경을 읽고 연구하고 실천하는 일일 것이다. 기독교인들이 성경을 읽는 이유는 거기서 하나님의 말씀을 듣기 위해서다. 그렇기 때문에 성경이 기록된 이후로 성도들은 성경을 어떻게 읽을 것인지를 고민하면서 여러 가지 방법들을 찾아냈다. 그 가운데 "귀납법적인 성경연구"가 있는데 이 방법은 여러 가지 성경연구방법의 근간이 되는 기본적인 방법론이며, 성경을 연구함에 있어서 매우 효과적인 방법론이기도 하다. 그래서 우리는 지금부터 귀납법적인 성경연구가 무엇이며, 그것을 성경연구에 어떻게 적용할 것인지를 이야기하려 한다.

귀납법적으로 성경을 연구하기 위해서는 우선 '귀납법'이라는 용어에 거부감을 갖지 말아야 한다. "귀납"(歸納) 또는 "귀납법"이라는 용어는 어감도 생소하지만 우리가 일상적으로 쓰는 용어가 아니기 때문에 귀에 거슬리기 쉽다. 그래서 "귀납법"하면 왠지 거부감이 생기고 어렵게 느껴져서 다가가기를 주저하는 경향이 있다. 게다가 귀납과 아울러 "연역"이라는 용어까지 들고 나오면 골치가 아파오기 시작한다.

그러나 알고보면 귀납과 연역(演繹)이라는 것이 딱딱해 보이는 어감과는 달리 매우 부드럽고 친근감 넘치는 오랜 친구들이라는 사실을 알게 될 것이다. 그러니 미리 긴장하지 말기 바란다. 자, 오랜 친구를 만나러가는 기분으로 귀납법적인 성경읽기의 여정을 시작해보자.

나는 지금부터 글을 쓰려고 한다. 그런데 무엇을 쓸 것인가? 나는 이미 무엇을 쓸 것인지 생각하고 무엇을 핵심적으로 말하려는지도 이미 정해놓았다. 그렇게 하지 않았다면 글을 쓰려고 하지 않을 것이다. 나는 내가 말하려는 것을 미리 정해놓고 그것을 독자들에게 전달하기 위해서 글을 쓴다. 이렇게 결론을 내려놓고 그것을 차근차근하게 입증해나가는 방식을 '연역법'(演繹法)이라고 한다. ("연역"이라는 말을 사전에서 찾아보면 "보편원리에서 특수원리를 이끌어 냄"이라고 되어 있는데, 이것보다는 "이미 알고 있는 어떤 진리에 근거하여 바르고 참된 인식에 도달하는 방법"이라는 설명이 더 나을 듯하다)

그런데 내 글을 읽는 독자들은 이 글을 다 읽기 전에는 내가 무엇을 말하려는지 알지 못한다. 독자들은 내 글을 꼼꼼하게 전부 읽은 다음에야 비로소 내가 말하려는 것을 파악할 수 있고 내 글을 평가할 수도 있다. 이렇게 여러 가지 것들을 살핀 다음에 최종적으로 결론을 내리는 작업을 '귀납법'(歸納法)이라고 한다. ("귀납"이라는 말을 사전에서 찾아보면 "개개의 특수한 경험사실로부터 공통요소를

찾아내어 일반적인 원리 법칙으로 인도하는 방법에 따르는 모양"이라고 설명한다)

여기서 보듯이 연역은 '증명(證明)의 논리'이고 귀납은 '발견(發見)의 논리'이다. '글을 쓰는 방식'(연역)과 '글을 읽는 방식'(귀납)은 이렇게 다르다. 그런데 글을 쓰는 연역적인 작업도 귀납을 전제하지 않으면 불가능하다. 글을 쓰는 사람은 귀납적인 작업을 통해서 즉 여러 가지 것들을 살핀 다음에 그것에 근거해서 어떤 결론을 내리고 그가 내린 결론이 올바르다는 것을 증명해보이기 위해서 연역적인 방식으로 글을 쓴다. 우리는 이것을 누가복음 1장 1-4절에서 확인할 수 있다.

> 1 우리 중에 이루어진 사실에 대하여 2 처음부터 말씀의 목격자 되고
> 일군 된 자들의 전하여 준 그대로 내력을 저술하려고 붓을 든 사람이
> 많은지라 3 그 모든 일을 근원부터 자세히 미루어 살핀 나도 데오빌
> 로 각하에게 차례대로 써 보내는 것이 좋은 줄 알았노니 4 이는 각하
> 로 그 배운 바의 확실함을 알게 하려 함이로다(누가복음 1장 1-4절)

누가는 예수에 관한 글을 쓰려고 했다(글을 쓰는 목적). 그래서 누가는 예수에 관해서 '근원부터 자세히 미루어 살'폈다. 이것은 누가가 정확한 사실을 파악하기 위해서 자료를 조사하고 인터뷰하는 작업을 끈기 있게 했음을 보여준다. 이런 작업을 통해서 그는 예수에 관한 사실을 파악했을 것이고 그 자료들에 근거해서 어떤 결론을 내렸을 것이다. 이것은 귀납적인 작업이다.

이런 귀납적인 작업을 거쳐서 결론을 내린 다음 누가는 그것을 독자들에게 알리기 위해서 누가복음을 쓴다. 누가가 글을 쓸 때는 귀납적인 논증을 통해 내린 결론에 근거해서, 또 그것을 설득력 있게 전달하기 위해 여러 가지 방법을 사용하면서 글을 쓴다. 이처럼 누가

가 글을 쓸 때는 이미 결론을 내려놓고 그것을 입증해나가는 방식, 즉 연역법을 사용한다.

얼핏 보면 귀납과 연역은 정반대인 것처럼 보인다. 그러나 실제로 귀납과 연역은 동전의 양면과도 같다. 우리 삶에서 귀납과 연역은 사슬처럼 엮인다. 지금까지의 이야기를 통해서 이미 짐작했겠지만 일반적으로 우리 삶은 귀납에서 연역으로, 다시 연역에서 귀납으로 나아간다.

예를 들어보자. 우리가 어떤 사람을 처음 만났을 때 그 사람을 보는 순간, 그가 어떤 사람인지 정확하게 파악할 수는 없다. 그가 어떤 사람인지 알기 위해서는 그 사람에 대한 여러 가지 정보들을 수집해야 한다. 그 정보들을 통해서 우리는 그가 어떤 사람인지를 평가한다. 이것이 귀납적인 작업인데, 이런 귀납적인 방식은 우리가 살면서 겪는 거의 모든 상황에서 나타난다.

그런데 우리가 어떤 사실들에 근거해서 결론을 내리면 그 다음부터는 그 결론에 근거해서 그 사람을 대한다. 우리가 처음 만난 사람이 사귈 만한 사람이 아니라는 결론을 내렸다면 그 다음에 그 사람을 만났을 때는 그 결론에 근거해서 반응을 보인다. 귀납적인 작업을 통해서 얻은 결론(結論)이 그 다음에는 연역적인 전제(前提)가 되는 것이다. 이처럼 우리 삶은 귀납과 연역이 사슬처럼 엮이면서 이루어진다.

우리가 추리영화를 보고 있다고 가정해보자. 어떤 사건이 일어났는데, 그 사건의 범인이 누구인지 밝혀내기 위해서 수사관들은 여러 가지 노력을 한다. 사건 현장을 샅샅이 살피고 단서를 수집하고 증인들의 말에 귀를 기울인다. 이런 노력들을 기울인 후에 사건을 재구성하고, 범인이 누구인지 밝혀내는 것이다. 이것은 귀납적이다.

이렇게 사건전모를 밝혀내면 그 다음부터는 거기에 따라서 행동한다. 범인으로 지목된 사람을 체포하고 그 사람을 재판에 회부하는

데, 이 재판에서 수사관들은 그 사람이 범인임을 입증하기 위해서 여러 가지 증거들을 제시할 것이다. 이것은 연역적이다.

그런데 범인인줄 알았던 사람이 나중에 새로운 증거가 나와서 범인이 아닌 것으로 드러나면 수사관들은 그 결과에 따라서 다시 진범을 찾기 위해 노력할 것이다. 이것은 귀납적이다. 이렇듯 우리 삶은 귀납에서 연역으로, 그리고 그 연역에서 다시 귀납으로 순환하는 것이다.

이것을 성경연구에 적용해보자. 우리가 어떤 본문을 읽을 때 그 본문이 무엇을 말하는지 알기 위해서는 그 본문을 꼼꼼하게 읽고 여러 가지를 근거로 판단해야 한다(귀납). 그렇게 해서 어떤 본문에 대한 결론을 내리면 그 다음부터는 그 본문을 읽을 때 그 본문이 무엇을 말하는지 알고 그 본문을 읽는다(연역). 그런데 어느 순간 우리가 그동안 알지 못했던 것을 알았다면 그 본문이 새롭게 보일 것이고, 지금까지 그 본문에서 찾아내지 못했던 것을 다시 찾아내면서 본문을 예전과는 다르게 읽을 것이다(귀납).

우리가 설교할 때도 동일한 과정을 거친다. 우리는 설교하기 전에 본문이 무엇을 말하는지 알기 위해서 본문을 귀납적으로 읽는다. 그렇게 해서 본문이 말하려는 것을 찾아내면 거기에 근거해서 설교를 작성한다. 성경을 연구할 때는 귀납적이지만, 설교를 할 때는 성경연구를 통해서 이미 얻은 결론에 따라 자기가 청중들에게 전달하려는 말을 풀어나가는 방식, 즉 연역적인 방식을 사용한다. 이렇게 귀납과 연역은 우리가 삶에서 자연스럽게 연쇄작용을 한다. 그래서 우리 삶은 귀납과 연역의 연속이라고 할 수 있을 것이다.

II. 귀납법적인 성경연구 3단계

지금까지 이야기한 것처럼 우리가 성경본문을 읽고 연구하는 작업은 기본적으로 "귀납적"이다. 그런데 성경이 무엇을 말하는지 알기 위해서는 먼저 성경본문을 꼼꼼하게 읽어야 한다. 단서를 찾는 수사관처럼 우리는 성경본문에 돋보기를 대고 살피듯 그렇게 읽어야 한다.

A. 관찰

1. 관찰은 무엇인가?

앞에서 이야기했듯이 우리는 본문을 꼼꼼하게 그리고 정확하게 읽으면서 본문이 우리에게 무엇을 말하는지를 주의 깊게 살펴야 한다. 이것을 "관찰"(觀察)이라고 한다. 뉴톤이 사과나무에서 사과열매가 떨어지는 것을 주의 깊게 관찰하면서 만유인력의 법칙을 찾아냈듯이 우리도 성경을 그렇게 읽어야 한다.

우리는 성경본문을 읽을 때 내용이나 줄거리를 파악하는 것으로 만족하는 경우가 많다. 그래서 잘 아는 이야기가 나오면 본문을 읽지 않고 넘어가는 때도 있다. 그러나 이것은 잘못이다. 잘 아는 본문일수록 더 꼼꼼하게 읽어야 한다. 꼼꼼하게 읽으면서 특이한 것이 무엇인지 찾아내야 한다. 마치 알 수 없는 고대의 유물을 살펴서 그 정체를 밝혀내는 고고학자처럼 그렇게 본문을 읽어야 한다. 그리고 우리는 셜록 홈스같은 유능한 탐정이 될 필요가 있다. 홈스가 왜 그토록 유명한지는 다음 인용구절을 읽어보면 알게 될 것이다.

> "하하하, 그럼 피터슨은 거위 한 마리를 얻었고, 자네는 이 낡은 모자를…"
>
> "아냐, 왓슨. 나는 이 낡은 모자 덕분에 즐거운 한때를 보낼 수 있었어. 아까부터 조사해 보았는데, 이 낡은 모자의 임자인 헨리 베이커 씨가 어떤 인물인가 하는 것을 대충 알아냈단 말이야."
>
> "설마?"
>
> "정말이야, 왓슨. 자네가 이 모자를 한 번 잘 관찰하여 주인이 어떤 인물인지 알아맞혀 보게"하며 홈스는 책상 위의 낡은 모자와 렌즈를 내 앞으로 내 밀었습니다.
>
> "나에게 추리해보라는 건가?"

"물론이지."

나는 마지못해 낡은 중절모자를 집어 들고 한참 동안 이리저리 살펴보았으니 이윽고 추리를 단념하고 책상 위에 던져 버렸습니다.

"안 되겠어, 홈스. 이 모자 하나로 베이커 씨의 인물을 알아낸다는 건 불가능한 일이야. 내가 알 수 있는 것은 이 모자는 꽤 낡았다는 것과 거칠게 다루어 군데군데 얼룩이 묻어 있으며, 얼룩을 감추려고 잉크를 발랐다는 것, 그리고 모자가 바람에 날아가지 않도록 모서리에 물림쇠를 달았는데, 그곳에 붙어 있어야 할 고무줄이 끊어졌다는 것… 이 정도 밖에 모르겠군."

"그것만 알면 충분하잖아. 자네는 다만 '보았을 뿐'이지, 추리를 하지 않으니까 틀렸단 말이야. 자네는 탐정이 될 자격이 없어."

"나는 의사이지 탐정은 아냐."

나는 기분이 언짢아져서 볼멘소리로 말했습니다.

"의사라도 추리는 필요해. 환자를 진찰하여 어떤 병인지를 진단하는 것도 하나의 추리가 아니겠나?"

"그럼 자네는 이 모자를 보고 무엇을 추리했다는 말인가?"

"왓슨, 그렇게 화내지 말고 들어봐. 첫째 이 모자의 주인인 베이커는 상당히 머리가 좋다는 것, 둘째 그는 3년전에는 꽤 부자였지만 지금은 매우 가난하다는 것, 셋째로 술을 많이 마시는 버릇이 있으며, 그 때문에 사업에 실패하여 가난해졌다는 것, 넷째로 지금은 부인도 그를 싫어하고 있다는 것, 다섯째로…"

"이봐, 홈스! 그런 엉터리 추리는 그만두게."

나는 퉁명스럽게 소리쳤습니다. 그러나 홈스는 내 말에는 아랑곳하지 않고 설명을 계속했습니다.

"다섯째로 베이커는 원래는 상당히 세심한 사나이였지만 가난하게 살다보니 지금은 만사를 포기해버린 상태라는 것, 그러나 약간의 자존심과 허영심은 남아 있다는 것, 여섯째로 베이커는 술집에 가는 일 이외에는 거의 외출을 하지 않고 집안에만 틀어박혀 있다는 것, 나이는 아마 마흔 대여섯 살쯤 되었고, 희끗희끗한 머리에 머릿기름을 즐겨 바르며, 2,3일 전에 이발을 했다는 것, 그리고 이 베이커의 집에는 가난하기 때문에 가스 등을 켜지 않고 양초나 램프를 켜는 게 틀림없어."

"홈스, 자넨 마치 베이커를 잘 알고 있는 것처럼 말을 하는군. 그러나 내 귀에는 엉뚱한 소리로 밖에 들리지 않는데… 우선 베이커가 지능이 뛰어난 사나이라는 것을 어떻게 알지?"

"이 모자를 써보면 알지."

홈스는 낡은 모자를 들어, 머리에 썼습니다. 모자는 홈스에게 너무 커서 코 있는 데까지 푹 내리덮였습니다.

"이만큼 머리가 큰 사나이라면, 골도 크니까 지능이 뛰어나다고 보는 게 좋을 거야."

"머리만 크고, 그다지 지혜롭지 못한 사람도 있지. 그건 그렇다 손치고, 베이커가 원래는 부자였다가 3년 전부터 가난해졌다는 건 어떻게 알지?"

"이 모자의 차양은 앞쪽이 조금 위로 젖혀져 있어. 이런 모양은 3년 전 런던에서 유행하였던 거야. 그리고 이 중절모는 아주 고급 모직이며, 감겨있는 테도 비단이고, 안에 받쳐져 있는 가죽도 좋은 거야. 값도 아주 비쌌을 거야. 3년전에 이런 고급 모자를 살 수 있었던 사나이가 지금은 싸구려 모자 하나 사지 못하고 낡아빠진 모자를 그대로 쓰고 다닌다는 것은, 3년전부터 가난해졌다고 보아도 좋을 거야."

"음! 듣고 보니 그럴 듯하군. 그럼 베이커가 원래는 세심한 사나이였다는 것은?"

"보다시피 이 모자 차양에는 바람에 날아가지 않도록 물림쇠가 달려 있어. 이 물림쇠는 처음부터 모자에 달려있는 게 아니라, 모자점에 일부러 부탁하여 붙이는 거야. 다시 말해서, 베이커는 그 무렵에는 세심한 사나이였음에 틀림없어. 그러나 고무줄이 끊어진 채 갈아 끼운 흔적이 없는 걸 보면, 가난 때문에 만사가 귀찮아진 거야. 그런데 이 모자의 얼룩에는 자네 말대로 잉크를 칠하여 지워버리려고 한 흔적이 있어. 즉 어느 정도는 자존심과 허영심이 남아있다는 증거지."

"과연 그렇군. 그는 머리가 희끗희끗한 중년이며, 이발한 지 며칠 되지 않았다는 건?"

"모자 안을 렌즈로 잘 살펴보면 가위로 쳐낸 짧은 반백의 머리카락이 많이 묻어 있고, 그 머리카락에서는 싸구려 머릿기름 냄새가 짙게 풍기고 있어. 이게 바로 최근에 이발했다는 증거가 아닌가?"

"정말 그렇군. 그럼 베이커가 거의 외출을 하지 않고 집 안에만 틀어박혀 있다는 것은?"

"모자에 먼지가 많이 묻어 있지 않나? 그 먼지를 렌즈로 조사해보면, 거리에 있는 까칠까칠한 모래 먼지가 아니라 집안에 있는 부드러운 솜먼지야. 이건 다시 말해서, 평소에는 이 모자가 늘 집안에 걸려 있었다는 증거지."

"그럼 베이커가 자기 부인의 사랑을 받지 못하고 있다는 것은?"

"만일 부인이 베이커를 사랑하고 있다면, 가끔 남편의 모자에 손질을 해 주었을 거야. 이 모자에는 손질한 흔적이 전혀 없어. 그러니 부부 사이가 좋다고 할 수는 없잖아."

"그러나 베이커는 부인을 위해 크리스마스 선물로 거위를 사가는 길이었는데…"

"아마도 베이커는 전날 밤에 부인과 다투었을거야. 그래서 부인의 기분을 풀어주기 위해 지갑을 털어서 거위를 샀을 거야. 술이 취해 대담해진 탓이었는지도 모르지."

"그래? 그럼 마지막으로 베이커의 집에서는 가스등을 켜지 않고, 촛불이나 램프를 켠다는 것은?"

"이 모자를 자세히 보면, 촛농이 떨어진 곳이 7군데나 있어. 베이커는 밤늦게 술집에서 돌아오면, 왼손에 이 모자를 들고 오른손에 촛불을 들고 이층 침실로 올라가는 습관이 있는 것같아. 그때 떨어진 촛농이 이 모자에 묻었던 거야. 이만하면 베이커의 집에서는 가스등을 켜지 않고 촛불이나 램프를 켠다는 증거가 되지 않겠나?"

얼마나 놀라운 관찰력과 추리력인가! 여기서 보는 것처럼, 왓슨도 홈스가 발견한 것을 그 모자에서 찾아냈지만 그것을 풀이해내지는 못했다. 단서를 확보하는 것도 중요하지만 그것을 풀어내는 능력, 즉 추론하는 능력, 빈 공간을 채워나가는 상상력이 더 중요하다. 그렇게 하기 위해서는 먼저 돋보기를 들고 현장을 샅샅이 뒤져서 단서를 찾아내는 탐정처럼 우리는 본문을 꼼꼼하게 읽어야 한다. 본문을 꼼꼼하게 읽기 위해서는 본문의 줄거리를 대충 알고 지나가는 식의 읽기를 피해야 한다.

2. 관찰 세 단계

관찰은 3단계를 거친다. 첫단계는 '전체관찰'이다. 이것은 우리가 인물사진을 찍는 것에 비유할 수 있다. 인물사진은 그 사람의 외모를 찍는 것인데 이 사진으로는 우리 내부를 볼 수 없다. 그리고 둘째단계는 '부분관찰'이다. 이것은 엑스레이를 찍는 것에 비유할 수 있다. 엑스레이는 인물사진과는 다르게 우리 몸의 내부 골격을 보여준다. 그리고 셋째 단계는 '세부관찰'이다. 세부관찰은 CT촬영에 비유할 수 있다. CT촬영은 몸을 아주 세밀하게 찍는 것을 말한다.

이것을 성경연구에 적용해보자. 어떤 본문을 연구하려고 할 때 우선 그 본문을 처음부터 마지막까지 다 읽어야 한다. 본문을 읽지 않고는 아무 것도 할 수 없다. 성경연구에서 맨 먼저 할 일은 본문을 읽으면서 그 본문의 겉모습을 살피는 것이다.

그런데 본문을 읽으면서 "본문에서 무엇을 찾아야 할 것인가?"가 고민이다. 본문에서 무엇을 찾아야 하는지를 미리 알고 그것을 찾아내기 위해서 본문을 꼼꼼하게 읽고 관찰하면 더 효율적일 것이다. 우리가 찾는 것은 네 가지다. 누가, 무엇을, 언제, 어디서. (이 네 가지를 "관찰의 4요소"라고 하자) 이 네 가지를 염두에 두고 본문을 관찰해야 한다. 어떤 사람들이 나오는지, 그들이 무엇을 하는지, 때는 언제인지, 그리고 장소는 어디인지를 생각하면서 본문을 읽으면, 관찰작업이 효과적일 것이다.

그러면 창세기 26장 12-22절을 본문으로 삼고 '관찰의 세 단계'를 실습해보자.

1) 1단계-"전체관찰"

먼저 본문을 한 차례 차근하게 읽어보라.

> 12 이삭이 그 땅에서 농사하여 그 해에 백배나 얻었고 여호와께서 복
> 을 주시므로 13 그 사람이 창대하고 왕성하여 마침내 거부가 되어 14
> 양과 소가 떼를 이루고 노복이 심히 많으므로 블레셋 사람이 그를 시
> 기하여 15 그 아비 아브라함 때에 그 아비의 종들이 판 모든 우물을
> 막고 흙으로 메웠더라 16 아비멜렉이 이삭에게 이르되 네가 우리보다
> 크게 강성한즉 우리를 떠나가라 17 이삭이 그곳을 떠나 그랄 골짜기
> 에 장막을 치고 거기 우거하며 18 그 아비 아브라함 때에 팠던 우물들
> 을 다시 팠으니 이는 아브라함 죽은 후에 블레셋 사람이 그 우물들을
> 메웠음이라 이삭이 그 우물들의 이름을 그 아비의 부르던 이름으로
> 불렀더라 19 이삭의 종들이 골짜기에 파서 샘 근원을 얻었더니 20 그

> 랄 목자들이 이삭의 목자와 다투어 가로되 이 물은 우리의 것이라 하매 이삭이 그 다툼을 인하여 그 우물 이름을 에섹이라 하였으며 21 또 다른 우물을 팠더니 그들이 또 다투는고로 그 이름을 싯나라 하였으며 22 이삭이 거기서 옮겨 다른 우물을 팠더니 그들이 다투지 아니하였으므로 그 이름을 르호봇이라 하여 가로되 이제는 여호와께서 우리의 장소를 넓게 하셨으니 이 땅에서 우리가 번성하리로다 하였더라 (창세기 26장 12-22절).

본문을 읽었으면 이제 관찰의 4요소, 즉 '누가·무엇을·언제·어디서'로 본문을 살펴보자.

- 누가 – 이삭, 블레셋 사람, 아비멜렉, 이삭의 종들, 그랄 목자들.
- 무엇을 – 이삭이 블레셋 땅에서 농사를 지었는데, 블레셋 사람들이 시기해서 이삭을 쫓아내는데, 이삭이 우물을 팔 때마다 그것을 빼앗는다.
- 언제 – 지금부터 약 4,000년전, 대략 몇 개월 동안.
- 어디서 – 블레셋 그랄 땅.

전체 관찰을 통해서 밝혀낸 것들을 정리해보면 이렇다.

> 이삭은 지금부터 거의 사천 년 전의 사람입니다. 지금부터 사천 년 전이면 아득히 먼 옛날입니다. 백 년 전이라고 해도 아주 오래 전인 것처럼 생각되는데, 사천 년은 얼마나 먼 옛날입니까? 우리의 주인공 이삭, 사천 년 전이라는 그 먼 옛날에 살았던 이삭은 과연 어떤 사람이었을까요? 이삭은 '우물 파는 자'라는 별명을 붙일 수 있을 정도로 우물과 인연이 깊습니다. 그런데 본문을 읽다보면 이삭만 우물을 판 것이 아니고 그의 아버지인 아브라함도 우물을 많이 팠었음을 알 수 있습니다. 십오 절을 보면 "그 아비 아브라함 때에 그 아비의 종들이 판 모든 우물"이라는 말이 나옵니다. 십팔 절에도 비슷한 말이 나옵니다. "그 아비 아브라함 때에 팠던 우물들을 다시 팠으니." 여기서 알 수

있는 것처럼, 아브라함도 우물을 팠고, 그 이전 그 이후의 사람들도 우물을 팠습니다.
이렇게 우물 파는 것이 살아가는 데에 필수적이었음에도 불구하고 다른 사람들의 이야기에는 우물 파는 모습이 거의 나오지 않습니다. 그런데 특이하게도 이십육 장의 이삭의 이야기는 온통 우물 파는 이야기입니다. 오늘 우리가 읽은 이십이 절 다음에도 이삭은 계속해서 우물을 팝니다. 이삭이 마지막 판 우물의 이름이 바로 "브엘세바"입니다. "브엘세바"는 "맹세의 우물"이라는 뜻을 갖고 있습니다. 성경기자는 이삭을 "우물 파는 사람"으로 묘사하고 있습니다.

전체관찰은 본문의 내용, 즉 줄거리를 파악하고 본문의 전체적인 특징을 찾아내는 것이다. 본문이 무엇을 말하는지, 즉 줄거리를 파악하지 못하면 성경연구를 제대로 할 수 없다는 점에서 전체관찰은 매우 중요하다. 그리고 전체관찰을 하면서, 즉 본문을 처음부터 끝까지 꼼꼼하게 읽으면서 직관적으로 예리한 통찰을 얻기도 한다. 그렇기 때문에 전체관찰을 잘 해야 한다.

2) 2단계 - "부분관찰"

우리는 본문을 꼼꼼하게 읽으면서 본문의 전체적인 내용과 특징을 파악할 뿐만 아니라, 본문이 문학적으로 어떻게 구성되어 있는지를 살펴야 한다. 여기서 '문학적'이라는 것은 본문이 의도에 따라서 구성되어 있음을 말한다. 사람들이 말을 하거나 글을 쓸 때는 어떤 사람도 자기가 말하려는 것을 아무렇게 늘어놓지는 않는다. 가능하면 자신의 뜻을 잘 전달하기 위해서 의식적이든 무의식적이든 나름대로 어떤 순서에 따라서 말도 하고 글도 쓴다. 그리고 자신의 뜻을 상대방에게 효과적으로 전달하기 위해서 여러 가지 방법을 사용한다. 예화를 들기도 하고, 다른 것과 비교하거나 대조하기도 하고, 비유를 사용하기도 한다. 정도의 차이가 있어서 어떤 사람은 잘하고 어떤 사람은 조금 못하기는 하지만 사람들은 누구나 나름대로 효과적인 전달기법을 사용한다. 본격적인 문학작품에서만 그런 것이 아니고, 과학적인 글에서도 그렇다. 성경기자도 마찬가지다. 그래서 성경도 '문학적'으로 쓰여졌다. 성경을 읽을 때, 줄거리도 알아야 하겠지만 줄거리를 전달하기 위해서 사용한 문학적인 특징들도 파악해야 한다. 본문의 구성을 먼저 살피고, 그 다음에는 문학적인 기법들을 찾아보아야 한다.

본문의 문학적인 특징을 파악해내는 작업은 매우 중요하다. 어떤 사람이 정성스럽게 작품을 만들어서 선물로 보내왔다고 가정해보자. 그것을 받은 사람은 작품을 살펴본 다음 '나를 위해서 정말로 정성을 다해서 작품을 만들었구나' 생각하면서 감동할 것이다. 본문의 문학적인 특징을 파악하는 것도 이와 마찬가지다. 본문기자가 정성을 들여서 여러 가지 다양한 문학적인 기법들을 사용했다면 그것을 보면서 독자들은 '우리에게 이런 메시지를 전달하기 위해서 정말로 정성을 들였구나' 생각하면서 성경기자의 정성에 감탄할 것이다. 그랬을 때 본문의 메시지가 더 감동적으로 전달이 되는 것이다. 그러니 본문의 문학적인 특징을 밝혀내는 작업은 매우 중요하다.

그러면 창세기 26장 12-22절을 본문으로 삼고 부분관찰을 해보자. 부분관찰은 본문의 내용전개를 파악하기 위해서 본문을 몇 개의 문단으로 나누는 작업으로 시작한다. 각 문단들은 서론·본론·결론이나 기·승·전·결, 또는 발단·전개·절정·종결의 순서로 다른 문단들과 이어진다. '이삭이 우물 파는 이야기'가 어떤 전개방식을 갖고 있는지 살펴보자.

발단

12 이삭이 그 땅에서 농사하여 그 해에 백배나 얻었고 여호와께서 복
을 주시므로 13 그 사람이 창대하고 왕성하여 마침내 거부가 되어 14

양과 소가 떼를 이루고 노복이 심히 많으므로
전개
블레셋 사람이 그를 시기하여 15 그 아비 아브라함 때에 그 아비의 종
들이 판 모든 우물을 막고 흙으로 메웠더라 16 아비멜렉이 이삭에게
이르되 네가 우리보다 크게 강성한즉 우리를 떠나가라 17 이삭이 그
곳을 떠나 그랄 골짜기에 장막을 치고 거기 우거하며 18 그 아비 아브
라함 때에 팠던 우물들을 다시 팠으니 이는 아브라함 죽은 후에 블레
셋 사람이 그 우물들을 메웠음이라 이삭이 그 우물들의 이름을 그 아
비의 부르던 이름으로 불렀더라
절정
19 이삭의 종들이 골짜기에 파서 샘 근원을 얻었더니 20 그랄 목자들
이 이삭의 목자와 다투어 가로되 이 물은 우리의 것이라 하매 이삭이
그 다툼을 인하여 그 우물 이름을 에섹이라 하였으며 21 또 다른 우물
을 팠더니 그들이 또 다투는고로 그 이름을 싯나라 하였으며
종결
22 이삭이 거기서 옮겨 다른 우물을 팠더니 그들이 다투지 아니하였
으므로 그 이름을 르호봇이라 하여 가로되 이제는 여호와께서 우리의
장소를 넓게 하셨으니 이 땅에서 우리가 번성하리로다 하였더라

이삭이 우물 파는 이야기는 여기서 보는 대로 '발단→전개→절정→종결'이라는 전형적인 이야기 형식을 갖는다. 이런 문단구분을 통해서 우리는 본문이 어떻게 전개되는지를 명확하게 알 수 있는데 이런 것을 밝히는 작업이 바로 '부분관찰'이다.

부분관찰은 글 전개 방식과 아울러 문학적인 구조와 문학적인 기교를 찾아내는데 에스겔서 1장 1-3절을 통해서 본문의 문학적 구조와 기교를 살펴보자.

1 제 삼십년 사월 오일에 내가 그발강 가 사로잡힌 자 중에 있더니 하
늘이 열리며 하나님의 이상을 내게 보이시니 2 여호야긴 왕의 사로잡

> 힌지 오년 그 달 오일이라 3 갈대아 땅 그발강 가에서 여호와의 말씀 이 부시의 아들 제사장 나 에스겔에게 특별히 임하고 여호와의 권능 이 내 위에 있으니라(에스겔 1장 1-3절).

본문을 부분관찰하기 이전에 본문내용을 파악하기 위해서 "관찰의 4요소"에 맞추어 전체관찰을 해보자.

- 누가－에스겔
- 무엇을－하나님 체험, 하늘이 열림.
- 언제－제삼십년. 지금부터 2,600여 년 전.
- 어디서－바벨론 그발강가

에스겔서 1장 1-3절은 얼핏 보기에 특이할 것이 없는 짧은 본문이지만 자세히 들여다보면 다음과 같이 구성되어 있음을 알 수 있다.

Ⅰ

시간 1a 제 삼십년 사월 오일에
장소 1b 내가 그발강 가 사로잡힌 자 중에 있더니
사건 1c 하늘이 열리며 하나님의 이상을 내게 보이시니

Ⅱ

시간 2 여호야긴 왕의 사로잡힌지 오년 그 달 오일이라
장소 3a 갈대아 땅 그발강 가에서
사건 3b 여호와의 말씀이 부시의 아들 제사장 나 에스겔에게 특별히 임하고 여호와의 권능이 내 위에 있으니라

우리가 보는 대로 본문은 매우 짜임새 있다. 본문은 시간과 장소, 사건을 두 번씩 반복한다. 이렇게 반복하는 것은 그만큼 강조하려는 의도이다. 반복의 의도에 대해서는 해석에서 생각하기로 하고 이번

에는 우리가 잘 아는 사무엘상 17장을 읽어보자.

> 43 블레셋 사람이 다윗에게 이르되 네가 나를 개로 여기고 막대기를
> 가지고 내게 나아왔느냐 하고 그 신들의 이름으로 다윗을 저주하고
> 44 또 이르되 내게로 오라 내가 네 고기를 공중의 새들과 들짐승들에
> 게 주리라 45 다윗이 블레셋 사람에게 이르되 너는 칼과 창과 단창으
> 로 내게 오거니와 나는 만군의 여호와의 이름 곧 네가 모욕하는 이스
> 라엘 군대의 하나님의 이름으로 네게 가노라 46 오늘 여호와께서 너
> 를 내 손에 붙이시리니 내가 너를 쳐서 네 머리를 베고 블레셋 군대의
> 시체로 오늘날 공중의 새와 땅의 들짐승에게 주어 온 땅으로 이스라
> 엘에 하나님이 계신 줄 알게 하겠고 47 또 여호와의 구원하심이 칼과
> 창에 있지 아니함을 이 무리로 알게 하리라 전쟁은 여호와께 속한 것
> 인즉 그가 너희를 우리 손에 붙이시리라

본문을 '관찰의 4요소'에 따라서 전체를 관찰해보자.

· 누가－다윗, 블레셋사람
· 무엇을－전투 직전에 골리앗과 다윗이 나눈 대화
· 언제－지금부터 3,000년 전. 몇 분 정도
· 어디서－이스라엘땅

본문은 블레셋 사람과 다윗 사이의 대화로 이루어져 있는데 잘 살펴보면 다음과 같은 대칭적인 문학구조를 갖는다.

A 43a 블레셋 사람이 다윗에게 이르되
B 43b 네가 나를 개로 여기고 막대기를 가지고 내게 나아왔느냐 하고
C 43c 그 신들의 이름으로 다윗을 저주하고
D 44 또 이르되 내게로 오라 내가 네 고기를 공중의 새들과 들짐승들에게 주리라

A′ 45a 다윗이 블레셋 사람에게 이르되
B′ 45b 너는 칼과 창과 단창으로 내게 오거니와
C′ 45c 나는 만군의 여호와의 이름 곧 네가 모욕하는 이스라엘 군대의 하나님의 이름으로 네게 가노라
D′ 46 오늘 여호와께서 너를 내 손에 붙이시리니 내가 너를 쳐서 네 머리를 베고 블레셋 군대의 시체로 오늘날 공중의 새와 땅의 들짐승에게 주어
E 온 땅으로 이스라엘에 하나님이 계신 줄 알게 하겠고 47 또 여호와의 구원하심이 칼과 창에 있지 아니함을 이 무리로 알게 하리라 전쟁은 여호와께 속한 것인즉 그가 너희를 우리 손에 붙이시리라

여기서 보는 대로 골리앗의 말에 다윗은 조목조목 반격한다. 그런데 골리앗의 말보다 다윗의 말이 분량이 더 많고 특히 "E"부분은 다윗의 말에만 있는 것이다. 이러한 것만 보아도 다윗이 골리앗을 이기고 있음을 알 수 있다.

3) 3단계 - "세부관찰"

세부관찰은 본문을 읽으면서 나타나는 것들을 관련본문들과 비교하면서 또 사전이나 지도 주석같은 참고자료들을 통해서 깊이있게 연구하는 작업이다. 이삭 이야기에서 우리는 당시 사람들이 어디서 어떻게 살았는지를 알기 위해서 사전과 지도를 사용할 것이다. 창세기 26장의 배경은 블레셋 그랄 땅인데, '그랄'을 성경사전에서 찾아보면 다음과 같은 간략한 정보를 얻을 수 있다.

1. "블레셋" 평원 "가데스"와 "술"사이에 있는 곳.
2. "가나안"남쪽 도시(창 10장 19절).
3. '아브라함'과 '이삭'이 기근을 피하여 머물렀던 곳(창 26장 1-6절).
4. '아비멜렉'과 동맹을 맺었던 곳(창 20장 2절).
5. '아사'왕이 '구스'군을 추격하였던 곳(대하 14장 13절).

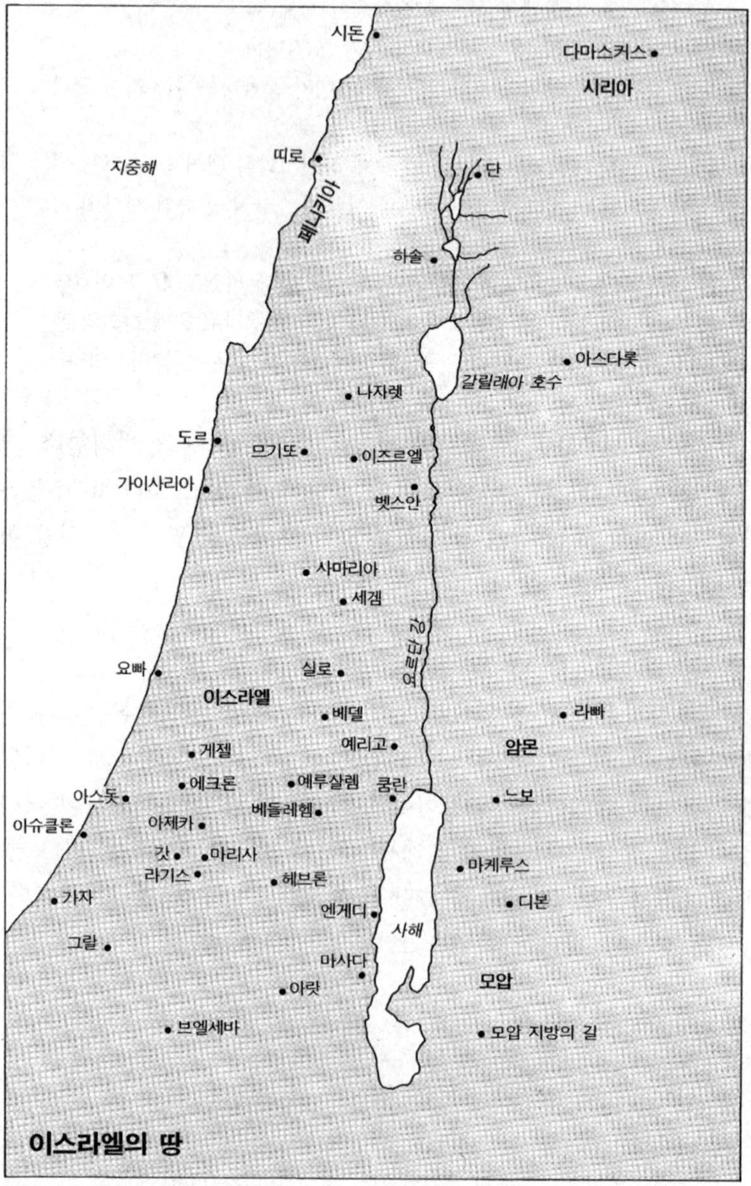
시돈
다마스커스
시리아
지중해
띠로
단
페니키아
하솔
아스다롯
갈릴래아 호수
나자렛
도르
므기또
이즈르엘
가이사리아
벳스안
사마리아
세겜
요르단 강
요빠
실로
이스라엘
베델
라빠
게젤
예리고
암몬
에크론
예루살렘
쿰란
아스돗
느보
베들레헴
아슈클론
아제카
갓
마리사
마케루스
라기스
헤브론
가자
엔게디
디본
사해
그랄
마사다
아랏
모압
브엘세바
모압 지방의 길
이스라엘의 땅

그랄이 정확히 어디인지 지도에서 확인해보는 것도 본문을 세부적으로 이해하는 데 있어서 필수적이다(앞에 있는 지도에서 그랄은 왼쪽 아래에 있다).

그리고 이삭은 우물을 판 다음 그 우물들에 고유한 이름들을 지었는데 단어사전과 어휘사전을 통해서 그 우물 이름이 어떤 의미를 갖는지 알면, 본문을 더 정확하고 깊이 있게 읽을 수 있을 것이다. '에섹'(עֵשֶׂק)은 '다툼'이라는 뜻인데, 구약성경 전체서 창세기 26장 20절에만 한번 나오는 단어이다('에섹'의 동사 '아삭'<עָשַׂק>도 구약성경 전체에서 이 구절에만 한번 나온다). 그리고 '싯나'는 원어대로 발음하면 "시트나"(שִׂטְנָה. "대적하다," "대적케 하다"는 의미를 가진 '사탄'<שָׂטָן>에서 온 명사형이다)인데, 역시 구약성경 전체에서 창세기 26장 21절에만 한번 나온다. 이렇게 밝혀낸 것들을 모아서 정리해보면 다음과 같다.

> 십구 절을 자세히 보십시오. "이삭의 종들이 골짜기에 파서, 샘근원을 얻었더니." 이삭의 종들이 드디어 먹을 물을 찾아냈습니다. 이삭의 종들이 샘근원을 얻기까지 얼마나 수고를 많이 했겠습니까? 이렇게 해서 파놓은 우물을 블레셋 사람들이 자기 것이라고 우겨대는 것입니다. 속터질 노릇이지요. 그래서 이삭은 그 우물의 이름을 "에섹"이라고 했습니다. "에섹"은 "다툼"이라는 뜻을 가지고 있습니다. 이삭은 그 우물을 블레셋 사람들에게 그냥 넘겨준 것 같습니다. 그런 다음 장소를 옮겨서 다시 우물을 팝니다. 이때 이삭은 블레셋 사람들에게 밀려서 골짜기 안쪽으로 더 들어갔을 것입니다. 그리고 또 여러번의 실패를 거듭한 끝에 샘근원을 얻었을 것입니다. 그러는 동안에 이삭이 얼마나 고생을 했을 것인지 짐작됩니다. 그런데 이번에도 블레셋 사람들이 자기들 것이라고 억지를 부립니다. 그래서 이삭은 그곳의 이름을 "싯나"라고 했습니다. "싯나"의 뜻은 "대적한다"는 것입니다. '대적'은 '다툼'보다 더 강한 의미가 있습니다. 이것은 이삭이 전보다 더

큰 어려움을 겪었음을 보여주는 것입니다.

B. 해석

지금까지 귀납법의 세 단계 가운데서 첫 번째인 관찰에 대해서 생각해보았다. 이제는 두 번째 단계인 '해석'을 다룰 차례다. '우리의 삶은 상상력의 산물이다.' 그런데 삶이 상상력의 산물이라는 것은 우리의 삶이 매우 함축적이라는 사실을 말한다. 그래서 삶은 우리의 상상력을 요구한다. 이것은 우리의 삶의 모든 부분에서 그렇지만, 특히 글을 쓰거나 말을 할 때는 더욱 상상력이 필요하다. 어떤 글이나 말이든지 아무리 자세하다고 해도 설명이나 해석이 전혀 필요 없는 것은 없다. 좋은 글일수록 함축적이다. 그러니 우리가 쓰는 글과 말은 빙산과 같다. 빙산처럼 드러난 부분보다는 드러나지 않은 부분이 더 많은 것이다. 사람들은 말을 하거나 글을 쓰고 읽을 때 드러난 부분과 아울러 드러나지 않은 부분도 함께 전하고 함께 읽는다. 그리고 말을 듣거나 글을 읽는 사람들은 표면적인 의미와 아울러 심층적인 의미도 동시에 헤아리는 것이다. 이것이 바로 해석(解釋)이다.

해석은 관찰을 통해서 밝혀낸 사실들에 대해서 "왜?"라고 질문을 제기하고, 그 질문에 대한 답을 찾는 작업이다. "우물 파는 사람 이삭"(창세기 26장 12-22절) 이야기를 예로 들어보자. 지금부터 4,000여 년 전에는 우물물을 식수로 사용했기 때문에 다른 사람들도 당연히 우물을 팠고 또 우물로 인해서 어려움을 많이 겪었을 것인데도, 유독 이삭을 "우물 파는 사람"으로 묘사한 까닭은 무엇인가? 왜 다른 사람들의 이야기에서는 거의 나타나지 않는 우물관련 사건이 (아브라함과 야곱, 요셉에 비해서 기록 분량이 훨씬 적은) 이삭 이야기에 자주 나오는가? (이렇게 질문하면서 우리는 본문에 담겨진 깊은 의미를 찾아낼 수 있다) 그것은 다른 어느 누구보다도 이삭이 우물 때문에 고생을 했기 때문일 것이다. '에섹'과 '싯나'라는 우물 이름을 통해서 본문에는 명확하게 밝혀지지 않은 이삭의 곤경을 유추해낼 수 있다. 이삭은 쫓겨나서 우물을 팠는데 블레셋 사람들이 와서 그것을 빼앗아간다. 이삭은 그 우물을 빼앗기면서 이름을 "에섹"이라고 했다. 에섹의 뜻은 "다툼"이다. 그러니 이삭과 그의 무리들은 그들이 고생 끝에 파놓은 우물을 블레셋 사람들이 달라고 해서 그저 내주지는 않았던 것 같다. 우물 하나 정도는 주어도 괜찮은 그런 상황이 아니었기 때문이다. 물이 없으면 살아가기가 어렵고, 결국 죽을 수밖에 없는데 어찌 우물을 맘 좋게 내줄 수 있었겠는가? 그럴 수는 없는 일이었다. 이삭은 거기서 다시 쫓겨나서 더 험한 곳으로 가서 우물을 팠는데 그 우물마저도 블레셋 사람들에게 빼앗겼다. 그 우물의 이름은 "싯나"이다. 싯나의 뜻은 "대적"이다. 그러니 이 우물을 빼앗기지 않기 위해서 이삭과 그 무리들이 얼마나 몸부림치고 대항했는지를 알 수 있다. 하지만 이삭 일행은 그곳에서 내팽개쳐졌을 것이다. 이처럼 "왜?"라는 질문을 하면서 우리는 이삭의 상황을 더 실감나게 생각할 수 있다. "왜?"라는 질문을 통해서 우리는 표면적으로 드러난 것들보다 더 깊은 곳에 감춰진 것들을 발굴해낼 수 있다는 사실을 확인해보았다.

그리고 앞에서 살펴본 것처럼 에스겔 1장 1-3절은 시간과 장소, 그리고 사건을 두 번씩 반복한다. 우리는 부분관찰을 통해서 이런 문학구조를 파악했는데 여기서 "왜?"라고 물어야 한다. "왜 같은 말을 반복할까?" 이렇듯 동일한 말을 두 번 반복하는 데에는 분명히 까닭이 있을 것이다.

> 본문에는 시간에 대한 언급이 두 곳에 나옵니다. 1절과 2절입니다. 먼저 1절 첫 구절을 보십시오. '제삼십년 사월 오일에.' 또 2절을 보십시오. '여호야긴왕의 사로잡힌 지 오년 그달 오일.' 여러분이 보신 대로

본문에는 시간이 몇 년 몇 월 몇 일이라고 상세하게 기록되어 있습니다. 그것도 한번만 기록된 것이 아니고, 1절과 2절에 두 번 기록되어 있습니다. 왜 이렇게 두 번이나 기록되어 있을까요? 그것은 그만큼 시간을 강조하고 있다는 것을 보여주는 것입니다. 성경은 아무런 의미 없이 같은 구절을 반복하지 않습니다. 우리에게 무엇인가를 강조해서 말하려고 할 때 성경은 그 구절을 반복합니다. 시간에 대한 것이 이처럼 두 번 반복되는 것은 하나님께서 본문을 통해서 우리에게 무엇인가를 힘주어 말하려고 한다는 것을 의미합니다. 그리고 우리로 하여금 그 구절을 자세히 살피도록 요구합니다. 그러면 여기서 '삼십년'은 무엇을 가리킬까요? 본문에 다른 말이 나오지 않아서 정확하게는 알 수 없지만, 당시 에스겔의 나이를 말하는 것이라고 보입니다. 실제로 에스겔은 그때 삼십 세 정도 되었습니다. 성경에 의하면 제사장들은 삼십 세되면서 정식으로 직무를 맡게 됩니다. 그래서 에스겔이 삼십 세가 되었다는 것은 에스겔이 이제 공적으로 일할 나이가 되었다는 것입니다. 본문은 우리에게 이 사실을 알려주고 있습니다. 그리고 여기서 삼십 세라고 하는 특정한 나이보다는, 에스겔이 일할 때가 되었다는 것이 더 중요한 의미를 갖고 있습니다. 그래서 '삼십년에'라는 말은 '에스겔이 일할 나이가 되던 해에'로 읽을 수 있을 것입니다.

에스겔 1장 1-3절에 나타나는 '문학적인 반복'이 어떤 의미를 갖고 있는지 살펴보았는데, 이번에는 우리가 잘 아는 역대하 1장 7-13절을 '해석'해보기로 하자. 먼저 본문을 꼼꼼하게 읽어보라.

7 이 밤에 하나님이 솔로몬에게 나타나사 이르시되 내가 네게 무엇을
줄꼬 너는 구하라 8 솔로몬이 하나님께 여짜오되 주께서 전에 큰 은
혜를 나의 아비 다윗에게 베푸시고 나로 대신하여 왕이 되게 하셨사
오니 9 여호와 하나님이여 원컨대 주는 내 아비 다윗에게 허하신 것
을 이제 굳게 하옵소서 주께서 나로 땅의 티끌 같이 많은 백성의 왕을
삼으셨사오니 10 주는 이제 내게 지혜와 지식을 주사 이 백성 앞에서
출입하게 하옵소서 이렇게 많은 주의 백성을 누가 능히 재판하리이까

11 하나님이 솔로몬에게 이르시되 이런 마음이 네게 있어서 부나 재
물이나 존영이나 원수의 생명 멸하기를 구하지 아니하며 장수도 구하
지 아니하고 오직 내가 너로 치리하게 한 내 백성을 재판하기 위하여
지혜와 지식을 구하였으니 12 그러므로 내가 네게 지혜와 지식을 주
고 부와 재물과 존영도 주리니 너의 전의 왕들이 이 같음이 없었거니
와 너의 후에도 이 같음이 없으리라 13 이에 솔로몬이 기브온 산당 회
막 앞에서부터 예루살렘으로 돌아와서 이스라엘을 치리하였더라

본문을 읽으면서 우리는 여러 가지 것들을 찾아낼 수 있는데, 여기서 그치지 말고 그것들을 해석해내야 한다. 관찰을 통해서 찾아낸 것들에 대해서 '왜?'라고 물어야 한다. 우리는 솔로몬이 기브온 산당에 올라갔다는 사실을 안다. 그러면 "솔로몬은 왜 기브온 산당에 올라갔는가?"라고 물어야 한다. "왕궁에서 기도해도 될 텐데 왜 굳이 기브온 산당까지 갔는가?" 우리는 솔로몬이 혼자 기브온 산당에 간 것이 아니고 여러 사람들과 함께 올라갔다는 사실을 안다. 그러면 우리는 "솔로몬은 왜 여러 사람들과 함께 기브온 산당에 갔을까?"를 물어야 한다. 우리는 솔로몬이 일천번제를 드렸다는 사실을 안다. 그러면 우리는 "솔로몬은 왜 일천번제를 드려야 했는가?"를 물어야 한다. 그리고 솔로몬이 밤에 하나님을 만났다는 것을 안다. 그러면 우리는 "솔로몬은 밤늦게 무엇을 하고 있다가 하나님을 만났을까?"를 물어야 한다. 솔로몬이 지혜와 지식을 구했다는 것을 아는데 솔로몬은 왜 지혜와 지식을 구했는지 물어야 한다. 그리고 하나님이 솔로몬에게 감동하셨는데, 왜 그러셨는지도 물어야 한다.

역대하 1장 7절에서 13절은 솔로몬이 기브온 산당에 올라가서 일천번제를 드리는 내용입니다. 우리는 본문을 읽으면서 솔로몬이 하나님께 얼마나 간절히 기도했는지 알 수 있습니다. 솔로몬의 기도가 간절했다는 것은 우선 솔로몬이 기브온 산당에 올라갔다는 사실에서 알 수

있습니다. 솔로몬에게 간절한 마음이 없었다면, 기브온 산당에까지 가지 않았을 것입니다. 그리고 일천번제를 드렸다는 사실에서도 우리는 솔로몬의 기도가 간절했다는 것을 알 수 있습니다. 일천번제는 이스라엘에서 제일 규모가 큰 제사입니다. 솔로몬은 하나님께 가장 성대한 제사를 드렸습니다. 이것은 하나님께 간절히 구하는 솔로몬의 마음을 보여줍니다. 솔로몬은 일천번제를 드리면서까지 하나님께 무엇인가를 구하려는 간절한 마음을 갖고 있었던 것입니다. 그리고 솔로몬은 왕이 된 다음에 하나님께 기도했습니다. 솔로몬이 왕이 되기 전에 하나님께 왕이 되게 해달라고 기도했다는 말은 성경에 없습니다. 그런데 왕이 된 다음에 솔로몬은 기브온 산당에 올라가서 일천번제를 드립니다. 우리는 이러한 솔로몬의 모습을 보면서 왕이 되는 것보다 더 간절한 기도의 제목이 있을까 하는 생각이 듭니다. 우리의 경우라면 왕이 되게 해달라고는 간절히 기도하겠지만, 일단 왕이 된 다음에는 무슨 일이건 그렇게 간절하게는 기도하지 않을 것입니다. 그런데도 솔로몬은 왕이 된 다음에 기브온 산당에 올라가서 일천번제를 드립니다. 우리는 이런 모습에서 솔로몬에게는 왕이 되는 것보다 더 간절한 기도제목이 있었음을 알 수 있습니다. 솔로몬의 간절함을 분명하게 보여주는 것이 또 하나 있습니다. 13절을 보십시오. 이에 솔로몬이 기브온 산당 회막에서부터 예루살렘으로 돌아와서 이스라엘을 치리하였더라. 여기서 '이에'라는 말이 중요합니다. 솔로몬은 기브온 산당에 올라가면서 하나님께서 기도를 들어주시지 않으면 결코 기브온에서 내려오지 않겠다고 생각했는지도 모릅니다. 하나님께서 그에게 응답하시자 솔로몬은 비로소 기브온에서 내려옵니다. 그리고 예루살렘으로 돌아가서 이스라엘을 다스리기 시작합니다. 이러한 사실들을 통해서 우리는 솔로몬이 얼마나 간절히 기도했는지 알 수 있습니다. 솔로몬은 정말 간절한 마음으로 하나님께 기도했습니다.

이번에는 사무엘상 17장 40-45절을 읽어보자. 본문은 그 유명한 골리앗과 다윗의 대결장면 가운데서도 핵심적인 부분인데 잘 읽어보면 '골리앗'이라는 이름을 쓰지 않고 계속 '블레셋 사람'이라고 칭하는 것을 알 수 있다. 왜 그랬을까? 왜 골리앗이라는 이름 대신에 '블레셋 사람'이라고 했을까?

> 다윗은 블레셋 사람 앞, 골리앗 앞에 섰습니다. 그런데 이 '블레셋 사람'이라는 말이 의미가 있습니다. 성경을 보면, '골리앗'이라는 이름은 23절에 한번만 나오고, 그 다음부터는 계속해서 '블레셋 사람'이라고 부르고 있습니다. 이것은 골리앗이 골리앗 개인이 아니고, 블레셋 사람 모두를 가리킨다는 사실을 보여줍니다. 그래서 다윗이 블레셋 사람 앞에 섰다는 것은 다윗이 온 블레셋 사람들과 겨루고 있다는 것입니다. 실제로 다윗은 이스라엘의 왕이 된 다음에, 이스라엘에 가장 위협이 되는 블레셋 사람들과 싸움을 벌여서 그들을 완전히 몰아내고 다시는 회복할 수 없도록 만들어버립니다.

사람들은 말을 하거나 글을 쓸 때, 자기가 하고 싶은 말을 다 쏟아놓지는 않는다. 그리고 그럴 수도 없다. 정도의 차이는 있지만 사람들이 하고 싶은 말 가운데 겉으로 드러나지 않은 것들이 있다. 그리고 사람들이 말을 하거나 글을 쓸 때는 드러난 부분과 드러나지 않은 부분이 다 전달된다. 그런데 드러나는 부분이야 드러나 있으니까 그대로 받아들이면 되지만 말과 글에서 드러나지 않은 부분은 어떻게 알 수 있는가? 그것은 우리의 상상력으로 가능하다. 사람들 사이의 대화는 상상력을 통해서 상대방이 전달하는 압축된 말을 듣고 글을 읽고 그것을 풀어내는 작업이다. 이것은 성경을 읽을 때도 마찬가지다. 앞에서도 확인했지만 우리가 성경을 보면서 나름대로 읽어내는 것이 분량 면에서는 성경본문에 문자적으로 드러나 있는 것보다 훨씬 더 많다. 그러니 성경연구는 표면에 드러난 것을 읽어내는 것뿐만 아니라 표면에 드러나지 않은 것들을 풀어내는 작업이다. 표면에 드러난 것을 읽어내는 것보다 오히려 드러나지 않은 것을 풀어내는 작업, 즉 해석하는 작업이 더 비중이 크다고 할 수 있을 것이다.

C. 적용

우리는 지금까지 귀납법의 세 단계 가운데 관찰과 해석을 다루었다. 이제는 마지막 단계인 '적용'을 다룰 차례인데 먼저 다음 글을 읽어보라.

> 이삭은 어떤 상황에 처해서도 미래에 대한 희망을 포기하지 않는 사람입니다. 언제나 새로운 미래를 기대하는 사람입니다. 하나님께서 함께 해주시는 미래를 향해서 걸어가는 사람. 이삭은 얼마나 꿋꿋한 사람입니까? 겉으로는 유약한 것 같아도, 속으로는 얼마나 강한 사람입니까? 숱한 우물들을 잃으면서도 그것들에 연연하지 않고 새로운 우물들을 계속 팠던 사람. 그래서 결국 르호봇의 하나님을 경험했던 사람. 우리의 위대한 이삭. 그는 묵묵히 우물을 파는 자신의 이야기를 통해서 오늘도 삶의 우물을 파고 있는 우리들에게 결코 좌절하지 말라고 말합니다. 그래서 끝내 르호봇의 하나님을 만나라고 이야기합니다. 모든 어려움을 끝까지 견뎌내어서 르호봇의 하나님을 경험하라. 우리의 장소를 넓게 하시는 하나님. 우리의 한계를 깨뜨리시고 우리의 활동영역을 넓혀주시는 하나님. 많은 어려움이 있어서 위축될 때마다 우리의 세계를 넓혀주시는 하나님. 우리로 하여금 더 많은 사람을 만나게 하시고 더 많은 일을 하게 하시는 하나님. 르호봇의 하나님. 우리의 사업을 부흥케 하시고, 우리의 가정을 번영케 해주시고, 우리의 교회터를 넓혀주시고 우리의 삶을 풍성하게 만들어주실 하나님. 바로 이분이 그랄 골짜기에 갇혀서 꼼짝할 수 없는 암담한 상황에서 이삭이 만난 르호봇의 하나님입니다.

"우물 파는 사람 이삭"이라고 제목붙일 수 있는 창세기 26장 12-22절을 읽으면서 관찰하고 해석해낸 것들을 우리 삶에 적용해본 것인데 성경을 읽고 연구하는 까닭이 바로 우리에게 들려주시는 하나님의 말씀을 듣기 위함이라면 적용은 매우 중요한 작업이다.

우리에게 있어서 가장 중요한 문제는 '성경을 어떻게 읽어낼 것인가?'하는 것이다. 그리고 우리가 말씀을 읽는 것은 현재의 상황 가운데서 이루어지는 일, 즉 고대에 기록된 성경을 읽으면서 거기서 예전에 역사하셨던 하나님의 모습을 읽어내고, 그것과 동시에 현재 우리의 삶 속에서 역사하시는 하나님의 모습을 읽어내고 체험하는 일이기 때문에 그 문제는 결국 '현재 우리의 상황 속에서 성경을 어떻게 읽어낼 것인가?' 조금 다르게 말하면 '성경에 묘사된 하나님이 현재 우리의 삶 속에서는 어떻게 역사하시는가?' 그리고 '현재 우리의 삶 속에서 역사하시는 하나님을 어떻게 체험할 것인가?'하는 문제로 나아간다. 그래서 성경읽기는 '삶읽기'일 수밖에 없다.

성경이 일차 텍스트라면 시대적인 삶의 상황은 이차 텍스트이다. 그리고 성경은 구체적인 삶에서 비롯된 글쓰기 작품이다. 그래서 우리가 성경을 읽는다는 것은 거기서 예전에 살았던 사람들의 삶을 읽어내는 것이며 또 한편으로는 우리의 삶을 읽어내는 것이다. 그렇기 때문에 우리의 성경연구는 삶, 우리 자신의 삶을 떠나서는 이야기할 수 없는 삶의 성경읽기, 삶을 위한 성경읽기일 수밖에 없다. '삶의 성경읽기'라는 것은 우리의 현재 삶이 반영되지 않은 성경읽기가 불가능하며 또 무의미하다는 것을 뜻하고, '삶을 위한 성경읽기'라는 것은 삶과 아무런 관계가 없는 성경연구에서 벗어나서 우리의 삶을 하나님이 원하시는 방향으로 이끌어나가려는 의지를 뜻한다. 아무리 성경을 읽고 가르치고 듣고 배워도 변화는 일어나지 않고, 오히려 역작용이 나타나는 상황을 극복하기 위해서 우리는 '삶이 있는 성경읽기'를 해야 한다. 그것이 성경적이며 또 순리(順理)이다.

삶은 본질적으로 감성적이다. 그러니 논리, 그것도 자기반성적이기 보다는 타인비판적인 성향이 강한 교리적인 논리를 지나치게 앞세우는 것은 삶에 역행하는 것이다. 우리는 감성적으로 살아간다. 그러니 우리 삶의 모든 것이 감성적이고, 또 감성적이어야 하는 것이다. 그렇기 때문에 우리네 삶의 한 부분인 성경연구도 당연히 감성적일 수밖에 없으며, 또 감성적이어야 한다.

그렇다고 성경읽기가 절대로 교리적이거나 논리적이어서는 안 된다는 말이 아니고, 지나쳐서는 안 된다는 것이다. 교리나 논리는 감성에 감싸여 있어야 한다. 교리나 논리가 밖으로 표출되는 것은 바람직하지 않다. 그랬을 경우는 얻는 것보다는 잃는 것이 더 많다. 교리나 논리를 내포한 감성이 드러나야 한다. 그것이 우리 삶의 자연스러운 모습이다. 우리가 사람을 설득할 때, 교리나 논리로도 설득할 수 있지만, 감성적인 측면에 호소하는 것이 얼마나 효과적인지 모른다. 우리가 살아가면서 경험하는 일 가운데 하나는 어떤 사람이 아무리 옳은 말을 해도 그것이 감성적으로 와 닿지 않으면 상대방이 결코 그 말을 받아들이지 않는다는 것이다. 이것은 부부 사이에서도 그렇고, 부모 자식 사이에서도 그렇다. 그러니 가족 이외의 사람들과는 오죽 하겠는가? 심지어 감정이 상한 경우에는 상대방이 아무리 옳은 말을 해도, 또 그것이 옳다는 사실을 분명히 알고 있어도 억지를 부리면서 상대방을 공격하기도 한다. 그래서 사람들은 말을 하면서 상대방의 감정을 거슬리지 않고 효과적으로 말하는 방법을 항상 생각한다. 이렇듯 우리의 삶에서 감성적인 측면이 중요하다. 대개의 경우 사람들은 논리나 비판에 굴복해서 설득당하는 것이 아니고 그 말에 감동되어서 설득 당한다. 이것은 다른 사람들 이야기가 아니고 바로 우리가 그렇게 살아간다. 그래서 '적용'은 성경말씀을 우리 이야기로 풀어내는 것이다. 에스겔 1장 1-3절을 우리에게 주시는 말씀으로 풀어보자.

1. 때−우리는 지금 무엇을 할 때인가?

하나님께서는 본문을 통해서 여러분에게 말씀하십니다. 사랑하는 내 아들 딸들아. 이제는 너희들이 일할 때이다. 여러분은 이제 일할 나이가 되었습니다. 헌신할 때가 되었습니다. 본문은 이 사실을 강조해서 말합니다. 하나님께서는 일할 나이가 된 에스겔을 부르시듯이, 이 시간 여러분을 부르십니다. 그리고 여러분이 하나님의 일하기를 원하십니다. 이것은 여러 성도들에게도 마찬가지입니다. 여러분의 나이 나이마다 무엇을 해야 할 때가 있습니다. 우리 성도들도 자신의 나이를 헤아리면서 내가 지금 무엇을 해야 할 때인지를 잘 생각해보십시오. 내 나이가 몇인가? 내가 무엇을 할 때인가? 여러분, 이제 하나님의 일을 시작할 때가 되었습니다. 이 시간 하나님께서 여러분을 일하라고 부르십니다. 그 음성이 들립니까? 본문에 정확히 밝혀져 있는 이 '삼십년'이라는 숫자는 그 말씀을 듣는 우리로 하여금 내 나이가 몇살인지, 지금 무엇을 해야 할 때인지를 생각하게 합니다. 삼십년의 의미는 바로 여기에 있습니다.

2. 장소-우리는 지금 어디에 있는가?

이 땅의 포로로 살아가고 있는 우리들 역시 마찬가지입니다. 우리가 살아가고 있는 이 땅. 우리는 여기서 태어나서 여기서 살아갑니다. 이곳은 우리가 사는 땅입니다. 다른 사람들과 함께 살아가는, 그리고 앞으로도 그들과 함께 살아가야할 우리의 세상입니다. 그러면서도 우리에게는 이곳이 언제나 이방입니다. 유다의 포로들에게 바벨론땅이 이방이었듯이 말입니다. 우리는 이곳에 살면서 우리의 고향을 그리워합니다. 이곳은 우리가 영원히 살 만한 곳이 아닙니다. 요즘 일고 있는 정부의 사정활동을 보면서, 우리는 이곳이 우리가 살기에 얼마나 부적합한 곳인지를 깨닫습니다. 속속들이 밝혀지는 이 세상의 모습들을 보면서, 우리는 이 세상사람들이 우리와는 얼마나 다른 방식으로 살아가고 있는지를 새삼 느끼게 됩니다. 같은 땅에 살면서도, 그들은 우리와는 전혀 다른 세상을 살아가고 있습니다. 우리는 죽었다 깨어도 그렇게는 살아갈 수 없을 것입니다. 일반 사람들에게도 이 세상은 결코 살기 쉬운 곳이 아닙니다. 검은 돈과 폭력, 정치세력이 결탁되어서 자기들의 이익을 챙기는 곳, 단순히 썩었다고만 말할 수 없는 이 땅의 사람들이 살아가는 모습들을 보면서, 우리는 이곳이 우리의 고향이 아니라는 사실을 더욱 뼈저리게 느끼게 됩니다. 이 세상은 우리에게 적합하지 않습니다. 그럼에도 불구하고 우리는 이곳에서 살아야 합니다. 그리고 이곳에서 일하도록 부름 받았습니다. 이 세상이 바로 우리의 일터입니다. 본문은 이 사실을 우리에게 알려줍니다.

3. 사건-우리는 어떻게 살아야 하는가?

주님만을 사랑하기로 굳게 결심하신 여러분, 여러분은 열린 하늘을 보고 살아갑니까? 검은 구름 사이로 열린 그 푸른 하늘을 보고 살아갑니까? 그래서 하늘 무서운 줄 모르고 살아가는 사람들과는 다른 삶을 살아가십니까? 자신 있게 그렇다고 말할 수 있습니까? 아니면 여러분도 닫힌 하늘을 보면서 살아가십니까? 그래서 하늘 무서운 줄 모르고 살아가고 있지는 않습니까? 하나님이 없는 것처럼 말입니다. 지금부터 이천 육백 년 전에 바벨론 포로들 가운데 거하는 에스겔을 찾아오셨던 그 하나님께서, 이 세상을 마치 낯선 땅에 거하는 포로들처럼 살아가는 우리에게, 나타나셔서 하늘을 열어 보이시고, 하나님의 이상을 보여주시고, 하나님의 말씀을 특별히 주시며, 우리로 하여금 하나님의 권능에 사로잡혀서 살아가게 해주십니다. 능력의 하나님께서, 위대한 사역을 일으키시는 하나님께서 여러분을 이 시대의 에스겔로 삼으시고 이 어두운 세상에서 놀라운 역사를 일으키실 것입니다. 이 시간 하나님께서 말씀하십니다. "내 사랑하는 아들 딸들아, 이제 너희들이 일할 때가 되었다."

그런데 이런 '풀어쓰기'에는 성경 읽는 사람의 상황과 심경이 어느 정도 반영되어야 한다. 다시 말해서 성경 읽는 사람과 그가 속한 공동체, 그가 사는 사회의 정황과 고백이 담겨야 한다. 성경연구는 본문에 담긴 함축적인 의미들을 풀어내는 것인데 여러 가지 작업을 거쳐서 최종적으로 풀어쓰기를 할 때, 읽는 사람의 상황이나 심경이 반영되지 않고, 그가 사는 시대가 반영되지 않는다면 그것은 삶이 있는 성경읽기라고 할 수 없고 그러한 성경연구로는 자신은 물론 다른 사람을 결코 변화시킬 수 없다. 그래서 삶이 있는 성경읽기에서는 이 풀어쓰기가 매우 중요하다. 결국 책읽기를 포함한 모든 삶읽기는 풀어내기 또는 풀어쓰기일 수밖에 없고, 모든 작업은 그것으로 귀착되며 성경읽기도 마찬가지인데 문제는 그 풀어쓰기가 대다수의 성경공부에서처럼 추상적이거나 일반적이지 않고 구체적이고 고백적이며, 결단과 실행으로 나아가야 한다는 것이다. 그래야만 성경은 우리 자신의 삶과 결합되어서 온전한 작품이 되는 것이다.

이번에는 다윗과 골리앗 이야기를 우리 삶에 적용해보자. 본문에서 핵심부분은 다윗이 골리앗에게 하는 말인데 이스라엘 사람들은 이 말을 읽으면서 마음 속에 통쾌함을 느꼈을 것이다. 그래서 다윗의 말을 마치 자신들의 말처럼 생각했을 것이고 본문을 읽으면서 그들은 자신들의 삶을 풀어냈을 것이다. 이것은 우리도 마찬가지다.

> 다윗은 이토록 우리를 감동시킵니다. 성경의 역사가가 왜 그토록 다윗에게 빠져 있는지 우리는 이 말에서 이해할 수 있습니다. 다윗의 이 위대한 연설. 이스라엘 백성이 앗수르와 바벨론과 애굽, 페르시아, 헬라, 로마, 히틀러가 이끄는 독일의 제3제국. 그 숱한 강대국들 앞에 당당히 버티고 서서 단 한번만이라도 큰 소리로 외쳐 보고 싶었던 그 말, 속 시원하게 터트려보고 싶었던 바로 그 말, 이스라엘 사람들의 가슴에 맺혔던 그 말이었습니다. 그들은 이렇게 말하고 싶었을 것입니다. 우리가 비록 어린 다윗처럼 갑옷도 입지 않고 감히 상대도 할 수 없는 원시적인 무기를 들고 너희들 앞에 나왔지만 너희들은 결코 우리를 무너뜨리지 못한다. 너희들이 우리를 정복했다고 생각하지만 우리는 결코 정복당하지 않는다. 우리의 모든 것을 다 빼앗아가고 설령 우리를 죽인다고 해도 우리의 신앙은 빼앗아가지 못할 것이다. 너희들은 알지 못하지만 우리는 아는 것이 하나 있다. 야웨 하나님이 살아계신다는 것. 그분은 지금도 살아계셔서 세계 역사를 주관하신다. 너희들은 하나님의 손에 쥐어진 막대기에 불과하다. 뻐기지 말아라. 이 생명 없는 막대기들아. 갑옷과 무기와 방패를 의지하는 이 허깨비 같은 골리앗들아. 이 물맷돌로 너희들을 깨뜨려서 온 세상 사람들이 하나님이 살아계심을 알게 하고야 말 것이다. 이 허황돼 보이는 말.

이것이 이스라엘을 이스라엘답게 만들어온, 그래서 이스라엘의 역사를 지금까지 이어오게 한 이스라엘 '고유의 경쟁력'이었습니다. 아무도 보지 못하는 하나님을 체험하는 이스라엘, 이스라엘은 그것으로 살아남았습니다. 누구도 모방할 수 없는 이스라엘의 고유한 힘, 바로 확실한 '야웨신앙'이었습니다. 어떠한 상황에서도 포기할 수 없는 '야웨신앙,' 그 무엇과도 바꿀 수 없는 '야웨사랑,' 이것이 이스라엘의 위대한 경쟁력이었습니다.

III. 삶에서 삶으로

지금까지 귀납법이 무엇인지를 살펴보았다. 우리 삶은 일반적으로 귀납에서 시작해서 연역으로 나아간다. 그렇기에 귀납법은 그 용어의 생소함과는 달리, 우리 삶에서 우리가 다반사(茶飯事)로 사용하는 방법이고 그래서 우리에게 매우 자연스러운 것이다. 그래서 귀납법적으로 생각하는 것은 우리가 사는 방식으로 생각하는 것이다. 그래서 귀납법적으로 성경을 읽는 것은 우리가 사는 방식으로 성경을 읽는 것이고 그것이 바로 우리 삶이라는 것이다. 그래서 귀납법적 성경연구는 "삶이 있는 성경읽기"이고 또 그래야만 한다. 성경을 읽을 때, 삶이 있는 성경읽기를 해야 하는 까닭은 성경이 삶의 기록이기 때문이고, 또 성경을 읽는 작업도 우리의 삶이기 때문이다. 그래서 성경연구는 삶이 있는 성경연구, 즉 '삶읽기'일 수밖에 없는 것이다. 그렇기 때문에 삶이 있는 성경연구는 삶의 특성대로 본문을 (교리적이거나 논리적이기보다는) 감성적으로 읽어야 하며, 본문에 드러난 것보다 드러나지 않고 함축된 메시지가 훨씬 더 많기 때문에 상상력을 발휘해서 감추어진 메시지를 나름대로 풀어내야 한다.

성경을 읽을 때는 무엇보다 꼼꼼하게 읽어야 한다. 그래서 예전에 우리가 찾아내지 못한 것들을 본문에서 찾아내고 그것들을 토대로 추론해서 새로운 사실들을 본문에서 밝혀내야 한다. 본문의 문학적인 특징들, 문학적인 구성이나 여러 가지 문학기법들을 찾아내어서 본문내용을 우리에게 전달하려는 발화자의 의지를 찾아내야 한다. 이렇게 본문을 꼼꼼하게 읽으면서 또 본문의 문학적인 특징들을 찾아내면서 밝혀진 것들을 우리 나름대로 풀어내는 것이 바로 귀납법적인 성경연구이다. 그런데 관찰과 해석작업을 통해서 귀중한 사실들을 많이 찾아내고 밝혀냈다고 해도 그것을 우리에게 주시는 하나님의 말씀으로 받아들이는 "삶에의 적용"이 없으면 아무 소용이 없을 것이다. 그렇기에 우리는 관찰과 해석을 거쳐서 적용으로 나아가야 한다. 그렇기에 귀납법적인 성경연구에는 반드시 우리의 현실 삶에서 우러나오는 고백과 결단이 포함되어야 한다. 그래서 성경연구는 결국 '삶이 있는, 삶을 위한 성경연구'가 되어야 한다. 이것이 바로 귀납법적인 성경연구가 지향하는 목표이다.

2. 삶의 해석학 : 삶과 서사의 해석학적 순환

서사로 소통하는 삶 · 삶으로 소통하는 서사

들어가기

이제는 "논리의 시대"가 아니고 "감성(感性)[1]의 시대"라고 한다.

---

1) 여기서는 이성보다는 감성에 근거한 해석학을 논하려고 한다. '이성'만이 철학의 도구가 아니다. 레비나스는 '감성'을 훨씬 더 중요하게 여긴다. "그러나 윤리의 문제설정을 자기와의 관계 안에 머물지 않는 자아와 타인과의 관계로 규정한다면, 우리가 자아의 타인에 대한 호소와 타인의 자아에 대한 호소가 어떤 통로를 거치게 되는가에 관하여 생각해야 한다. 그 통로는 감성이고 몸이다. 외부로부터 직접적으로 영향 받고, 감동받고, 외부의 자극을 감수하는 영역은 이성의 영역이 아닌 감성의 영역이다… 레비나스는 이성의 지향성을 문제 삼으면서, 의미를 구성하는 능동성에 의해서가 아니라 나에게로 부여되는 수동성으로 나타나는 비-표상적이고 정서적인 요소가 있음에 주목한다. 이 같은 인식으로부터 그의 시선은 감성으로 향한다. 그리고 후설의 현상학적 환원의 세계에 들어가기 전에, 그리고 하이데거의 기능의 세계에 앞서서 어떤 조직화된 총체성이나 체계에 근거한 것이 아니라 생생한 감각적 삶의 혼돈에 기반한 또 다른 의미의 세계가 전개되고 있음을 주

하지만 아무리 살펴보아도 논리적인, 더 나아가서 교의적이기까지 한 껄끄러움과 그 끈질긴 겨루기는 여전해 보인다. 그리고 자기가 서 있는 자리뿐만 아니라 자기 자신마저 망각하는 '오리엔탈리즘'(Orientalism)도 그대로다. 이제는 열등감과 우열감을 동시에 느끼는 이율배반적인 '수용(受容)과 모방'(模倣)에서 벗어나, 성경읽기에도 주체성과 주관성을 회복하는 감성의 시대가 오기를 바란다.[2] 학문이라는 미명 아래 행하는 그 허망한 객관성 추구에 매몰되지 않고, 주관적인 것들도 서로 설득력있게 소통할 수 있는 (상호주관적인[3]) "마음에서

목한다." 김연숙, 『레비나스 타자윤리학』(서울: 인간사랑, 2002), 62-64.

2) "그것은 무엇보다도 먼저 논리적 사유나 사유의 절대성보다 은유나 상징·또는 이야기 개념 등을 통해 인간을 보다 쉽게 이해할 수 있다고 한 점이다. 리쾨르 철학의 궁극적 관심은 인간에 대한 이해에 있다. 논리적·개념적 이해뿐만 아니라 은유적·상징적 이해를 중심한 점, 그보다 은유적 존재 이해를 중시한 점이 리쾨르의 은유 이론의 의의이다. 논리적·기술적(記述的)·사변적 인간 규명에서보다는 은유적으로 표현된 텍스트에서 인간을 보다 풍부하게 그리고 올바르게 이해할 수 있다는 것이다." [정기철, 『상징, 은유 그리고 이야기』(서울: 문예출판사, 2002), 117-8.] 지금부터 40여년 전에 수전 손택은 당시의 해석에 대해서 이렇게 말했다. "해석은 예술작품에 대한 감각적 경험을 당연한 것으로 여긴 뒤에 거기에서부터 시작한다. 지금은 그것을 당연한 것으로 여겨서는 안 된다. 좌충우돌하는 도시 환경에 폭격 당한 우리의 감수성 상태에서 예술작품만 무작정 양산된다고 생각해 보라. 우리의 문화는 무절제와 과잉 생산에 기초한 문화다. 그 결과 우리는 감각적 경험의 예리함을 서서히 잃어가고 있는 것이다. 현대 생활의 모든 조건-물질적 풍요, 견잡을 수 없는 혼잡함-이 우리의 감각기관을 무디게 만드는 데 한몫을 거든다. 따라서 (다른 시대가 아니라) 우리 시대의 감성, 우리 시대의 수용력에 비추어 비평가의 임무를 평가해야 하는 것이다. 지금 중요한 것은 감성을 회복하는 것이다. 우리는 더 잘 **보고**, 더 잘 **듣고**, 더 잘 **느끼는** 법을 배워야 한다." Susan Sontag, *Against Interpretation*, 이민아 옮김, 『해석에 반대한다』(서울: 도서출판 이후, 2002), 34. 손택은 "해석학 대신 우리에게 필요한 것은 예술의 성애학(erotics)이다"라고 말한다(ibid., 35).

3) "상호주관성의 원리는 주관적인 접근과 객관적인 접근 사이의 타협이 아니라 오히려 해석 대상의 이해를 위해서는 그것을 창조적으로 재구성해야만

마음으로 이어지는 커뮤니케이션"이 이뤄지기를 바란다.[4] 그러기 위해서 우리의 삶처럼 주관과 객관이 서로 자연스럽게 어우러지는 공간을 학문영역에서, 특히 성경연구에서 확보해야 한다.

> 객관주의 신화와 주관주의 신화 모두가 간과하고 있는 것은 우리가 이 세계와의 상호 작용을 통해서 세계를 이해하는 방식이다. 객관주의가 간과하고 있는 것은 이해, 따라서 진리가 필연적으로 우리의 문화적 개념 체계에 상대적이며, 또한 이것이 결코 어떤 절대적이고 중립적인 개념 체계 안에서 형성되는 것이 아니라는 사실이다. 객관주의는 또한 인간의 개념 체계는 본성적으로 은유적이며 하나의 사물을 다른 사물을 통해서 받아들이는 상상적 이해가 개입된다는 사실을 간과하고 있다. 주관주의가 특히 간과하고 있는 것은 우리의 이해, 나아가 우리의 가장 상상적인 이해마저도 물리적·문화적 환경 안에서의 성공적 활동에 근거하는 개념 체계를 통해서 주어진다는 점이다. 주관주의가 또한 간과하고 있는 것은 은유적 이해가 은유적 함의를 포함하며, 이 은유적 이해는 합리성의 상상적 형태라는 것이다.[5]

이 구절에서 앞으로 우리가 이야기하려는 중요한 개념들을 찾을 수 있다(세계와의 상호작용, 세계를 이해하는 방식, 은유[6]적, 상상[7])

한다는 인식의 결과로 나온 것이다. 이것이 바로 해석하는 주체와 해석되는 객체 사이의 상호 관련성으로서 이를 통해 비로소 해석학이 가능하게 된다." D. M. Rasmussen, *Symbol and Interpretation*, 장석만 옮김, 『상징과 해석』(서울: 서광사, 1991, 2001), 97.

4) 이것을 위해서 새로운 글쓰기가 요구된다. 글쓰기 주체를 감추고, 객관성과 지적 오만함을 드러내는 자기상실적인 논문 투의 글에서 벗어나, 삶이 담긴 글쓰기를 해야 한다. 아우구스티누스의 고백록을 보라. 그의 치열한 진리탐구가 얼마나 간절한 기도로 충만해있는지. 특히 11권에서 13권을 읽어보라. 우리는 다시 아우구스티누스적인 글쓰기를 배울 필요가 있다.

5) G. Lakoff, M. Johnson, *Metaphors We Live By*, 노양진·나익주 옮김, 『삶으로서의 은유』(서울: 서광사, 1995), 242.

적). "마음에서 마음으로 이어지는 커뮤니케이션"은 "이 세계와의 상호작용을 통해서 세계를 이해하는 방식"이며, 그것은 결국 "이야기(하기)"라는 언어[8]적 서사[9]행위로 가능하다고 생각하고, 삶과 서사

---

6) 아브람스는 은유(隱喩, metaphor)를 이렇게 설명한다. "한 단어가 표준적(또는 '축어적') 용법에서 지시하는 것과는 다른 사물이나 특성이나 행동을 나타내기 위하여, 비교(comparision)가 아니라 同一(identity)의 형식으로 사용된다." M. H. Abrams, A Glossary of Literary Terms, 최상규 역, 『문학용어사전』(서울: 대방출판사, 1985, 1987), 101. 이상섭 편, 『세계문학비평용어사전』(서울: 을유문화사, 1985, 1993), 196에도 동일한 내용이 나온다.

7) "상상력은 고정물과 한정물－감각기관으로부터 받게 되는 마음 속의 그림이나 이미지들－을 분해시켜 그것들을 새로운 전완체로 통합함으로써, 단순히 재결합을 하는 것이 아니라 '創造'를 할 수 있다. 그리고 공상이 그저 기계적인 데 반해, 상상력은 '생기에 넘쳐' 있다. 즉 그것은 기계처럼 작동하는 것이 아니라 살아서 성장하는 식물 같은 有機的 기능이다." M. H. Abrams, *A Glossary of Literary Terms*, 96.

8) 인간에게 언어는 인간을 인간답게 하고 삶을 형성케 해주는 매우 중요한 요인이다. "언어는 단순히 생각한 것을 표시하고 다른 이에게 전달하는 수단이 아니다. 또한 언어는 단순히 기호가 아니라 사고를 형성하는 수단, 자신과 세계를 형성하는 수단인데 다시 말하면 언어 자체가 사고를 생산한다. 그리고 언어는 사고의 생산이기 때문에 이 같은 기능에 해당하는 기호학적 구조도 갖는다." Jürgen Trabant, *Traditionen Humboldts*, 안정오·김남기 옮김, 『훔볼트의 상상력과 언어』(서울: 인간사랑, 1998), 57.

9) 한국 성서학자들은 "서사"라는 용어를 매우 낯설어하는데 일반문학에서는 익숙한 용어다. 최상규는 아브람스의 문학용어사전을 번역하면서, narrative를 '서사물'로, narratology를 '서사학'으로 번역한다(M. H. Abrams, *A Glossary of Literary Terms*, 97-100). 그리고 최상규는 제랄드 프랭스의 책제목('*narratology*')을 '서사학'으로, 시모어 채트맨의 책 제목(*Story and Discourse- Narrative Structire in Fiction and Film*)에서 narrative를 '서사'로 번역한다. 한용환·강덕화도 미케 발의 책제목을 '서사란 무엇인가'로 번역했다. 임병권도 마리 매클린의 책제목에서 narrative를 '서사'로, 로버트 숄즈·로버트 캘로그의 책 제목('*The Nature of Narrative*')을 '서사의 본질'로 번역한다. 오연희는 헬무트 본하임의 책제목('*The Narrative Modes*')을 '서사양식'으로 번역한다. 이호는 제레미 템블링의 책제목('*Narrative and Ideology*')을 '서사학과 이데올

가 서로 교통하고 순환하는 해석학[10]적 행위, 즉 "서사로 소통하는 삶·삶으로 소통하는 서사-삶과 서사의 해석학적 순환[11]"이라고 이름

로기'로 번역한다. 아래를 보면 권택영도 narrative discourse를 '서사담론'으로 번역한다. 여러 장르에서 서사를 다루는 '한국서사학회'가 있는데, 이 학회는 서사연구저널 '내러티브'를 펴낸다. 이런 상황에서 '서사'라는 용어는 신학계에서만 낯설은 듯하다. 즈네뜨는 '서사'를 세 가지로 설명한다. "오늘날 가장 흔히 그리고 핵심적으로 쓰이는 첫 번째의 의미는 하나의 사건이나 일련의 사건들을 말하되, 글로 쓰였거나 말로 된 담론, 즉 서술적인 진술을 지칭한다." "좀 덜 알려져 있지만 요즈음 서사 내용의 분석자와 이론가들 사이에서 쓰이는 두 번째 의미는 진짜든 허구든 사건의 연속으로 이 담론의 주제가 되는 것, 그리고 그들이 연결되고 대립되고 반복되는 여러 관계들을 지칭한다. 이런 의미에서 '서사 분석'은 행동과 상황들이 서로 얽히는 총체성의 연구이다." "가장 오래된 듯 싶은 세 번째 의미는 '서사'가 어떤 사건을 다시 한번 언급하는 것이다. 그러나 이야기된 사건이 아니고 누군가가 무엇인가를 이야기하는 사건이다. 즉 서술하는 행위 그 자체이다." Gérard Genette, *Narrative Discourse*, 권택영 옮김, 『서사담론』(서울: 교보문고, 1992), 15-16.

10) "解釋學(hermeneutics)이라는 용어는 원래 성서 원전의 타당성 있는 독법을 지배하는 법칙의 공식화와 원전 속에 표현된 의미의 응용에 관한 성경주석(exegesis), 또는 논평을 포함하는, 특별히 성경의 해석을 지칭하는 말이었다. 그러나 19세기 이후로 '解釋學'이란 말은 해석의 일반 이론, 즉 법률·문학·성서 등을 포함하는 모든 문자화된 원전의 의미를 밝히는 데 관련되는 제반 원리나 절차의 공식화를 의미하게 되었다." M. H. Abrams, *A Glossary of Literary Terms*, 133.

11) '해석학적 순환'(hermeneutic circle)이라는 말은 쉴라이어마허의 해석학적 절차에 딜타이가 붙인 명칭이다. "어떤 언어단위의 부분들의 결정적 의미를 이해하기 위해서는 먼저 전체의 의미에 대해 이해를 가지고 접근하지 않으면 안 된다. 그러나 우리는 또한 구성부분들의 의미를 알아야만 전체의 의미를 알 수 있다. 이와 같은 해석절차의 순환성은 한 문장 내의 구성 단어들의 의미와 문장전체의 의미와의 관계는 물론이고, 모든 구성요소로서의 문장들의 의미와 전체 작품의 의미와의 관계에도 해당된다. 그러나 딜타이는 점진적인 전체 의미의 이해와 구성부분의 반성적인 이해간의 지속적이고 상호수정적인 상호작용에 의하여 타당성 있는 해석에 도달할 수 있다는 점에서 이 순환은 결코 惡循環이 아니라고 주장했다." M. H. Abrams, *A*

지은, 가장 전통적이면서 새로운, 또 소박하기 그지없는 성경읽기를 이야기하려고 한다.[12)]

이 글에서는 구체적인 성경읽기방법론을 다루지 않는다. '서사'라는 것이 무엇이며, 그것이 어떤 작용을 하는지, 서사와 인간(의 삶)이 어떤 관계인지를 밝히는 데 중점을 두겠다.

I. 삶과 서사

우리는 흔히 '성경이야기'라는 용어를 사용하는데 '성경'과 '이야기'라는 두 단어를 조합한 이 용어는 두 가지를 지칭할 수 있다. 첫째 '이야기'를 좁게 규정하면, '성경이야기'는 성경 속에 들어있는 이야기들(stories in the Bible)을 가리킨다. 그리고 둘째 이야기를 넓게 규정하면 '성경이야기'는 성경이 전체적으로 이야기 자체(the Bible as Story)임을 의미한다. 어떤 쪽으로든 성경은 이야기책임에 분명하다.

성경이 이야기책이라는 것은 우선 성경이 무엇인가를 '이야기'

Glossary of Literary Terms, 134. 그런데 이 글에서는 이야기와 삶의 순환을 이야기하는 리쾨르(메시아)식 용어로 사용한다.

12) 우리가 서사를 다룬다는 점에서 이 논의는 서사학적이라고 할 수 있을 것이다. "서사학 narratology은 서사 텍스트에 관한 이론으로 존재하는 특정 자료에 대해 일반화시킨 진술들을 체계화시킨 학문이다. 특정 자료들이란 서사 텍스트와 여타의 서사적인 텍스트들로 구성되는 자료들을 가리킨다." Mieke Bal, *Narratology-Introduction to the Theory of Narrative*, 한용환·강덕화 옮김, 『서사란 무엇인가』(서울: 문예출판사, 1999), 13. 서사비평과 관련해서는 다음 책들을 보라. Gérard Genette, *Narrative Discourse*, 권택영 옮김, 『서사담론』(서울: 교보문고, 1992), Mark Allan Powell, *What is Narrative Criticism?*, 이종록 옮김, 『서사비평이란 무엇인가?』(서울: 한국장로교출판사, 1993)[이 책은 즈네뜨의 서사담론을 축약하고, 그것을 공관복음서연구에 적용한 것이다], R. Bourneuf, R. Ouellet, *L'univers du roman*, 김화영 편역, 『현대소설론-소설의 세계』(서울: 현대문학, 1996, 1997)[이 책은 즈네뜨의 서사담론과 유사하다].

체, 즉 '서사'(敍事·narrative)라는 특정한 양식으로 기록한 책이라는 사실을 강조한다. 그리고 이런 양식적인 견고함을 벗어나서, 성경이 전체적으로 '이야기'성(性), 즉 서사성(敍事性)을 갖고 있음을 의미한다. 성경이 서사양식을 갖고 서사성을 지니고 있다는 것은 매우 뜻깊다. 이것은 성경이 본질적으로 서사적임을 보여주는데 성경이 서사적이라는 것은 성경이 인간에게 가장 근원적이고 기본적인 성격을 지니고 있음을 보여준다. 그 이유는 서사라는 것이 인간에게 근원적이며 기본적인 것이기 때문이다. 그렇기에 이야기가 중요하다. 우리는 이 글을 통해서 인간의 삶이 바로 이야기(하기)의 연속이며, 성경(쓰기와 읽기)도 마찬가지라는 사실을 확인해보려고 한다.

1. 인간은 본성적으로 이야기를 만든다.

우리가 삶에서 경험하는 대로 인간들은 자신들이 경험한 것들을 언어를 사용해서 이야기로 엮어내는 능력을 갖고 태어난다. 이 능력은 모든 인간에게 공통된 것이다. 사람에 따라서 능력의 차이가 있을 뿐이지, 그 능력을 갖고 있다는 점에서는 모두가 같다. 이야기하기 능력이 없으면 인간은 인간으로서 살아갈 수 없을 것이다. 그래서 인간이 살아간다는 것은 "이야기를 엮어간다," "이야기를 만들어낸다," "이야기를 나눈다"는 것과 동일한 의미라고 할 수 있다.

인간들은 누구나 그들이 경험한 것들을 이야기로 엮어내는데 그러기 전에 인간들은 이미 이야기적인 시각을 갖고 그들이 살아가는 그들의 삶을 경험하고 인식한다. 그래서 이야기성, 즉 서사성은 그들이 삶을 살아가는 기본적인 방식이며 또 그들이 경험한 삶을 개념화하고 이해하는 방식이다.[13)]

13) "서사는 인간의 경험을 구조화하여 세계를 이해하는 기본적인 도식을 생산

그리고 서사작업을 통해서 인간들은 언어의 폐쇄성을 넘어서서 새로운 삶을 창조해낸다. 특히 위기에 처했을 때 인간들에게 힘을 주는 것은 바로 이야기(하기)이다. 사람들은 이야기(만들기)를 통해서 위기를 극복해낸다. 성경이라는 거대한 (복합적) 이야기 역시 고대 이스라엘 사람들이 처한 위기를 스스로 극복하는 과정에서 만든 것이다. 그들의 삶이 성경이라는 거대 서사를 형성하게 하고 그 서사를 통해서 새로운 삶을 살아갈 수 있었던 것이다.[14] 인간들이 보여주는 이런 서사작업, 즉 삶을 이야기로 엮어내고 이야기로 삶을 형성하는 작업은 매우 독특하며 인간을 인간되게 하는 능력이다.

> 인간은 서사적 존재이다. 인간은 이야기 속에서 살아간다. 이야기 속에서 태어나고 이야기를 만들며 살다가 한 편의 이야기를 완성하면서 생을 마감한다. 그것이 얼마나 가치가 있는 이야기인가, 얼마나 위대한 이야기인가 하는 평가는 차후의 일이다. 누구든지 문화적으로 규

한다." 김혜영, "서사의 본질," 우한용 외, 『서사교육론』(서울: 도서출판 동아시아, 2001), 104.

14) "역사적 담론으로서의 이야기체 담론은 역사적 시간을, 특별히 역사적 삶을 구성한다. 과거의 역사적 삶은 역사적 담론을 필요로 한다. 왜냐하면 과거의 역사적 삶은 역사적 시간 간격 때문에 직접 파악이 불가능하기 때문이다. 매개하는 담론은 그 자체로 직접적 이해의 불가능성을 전제하고, 이야기를 통한 역사적 과거로의 접근 간접성을 전제한다… 인간은, 인간과 과거를 연결하는 매개로서, 언어를 이해한다. 역사의 진행뿐만 아니라 역사의 의미부여는 언어의 질서에 따라 형태를 갖추게 된다. 의미통합은 과거의 사건을 분절화 하는 언어 구조 속에서 생긴다. 과거는 시간 속에 자신의 흔적을 남긴다. 이렇듯 흔적으로 남겨진 과거의 시간은 이야기체 담론 구조의 범주 속에서 구성된다. 과거에 남겨진 흔적의 시간이 인간 스스로를 언어 속에서 해명한다. 다시 말하면 인간은 역사적 담론을 매개로 과거를 이야기한다는 것이 리쾨르의 생각이다. 그에 따르면 분절화 된 과거는 쓰인 과거의 의미를 재구성하는 해석 작업을 필요로 하는 쓰인 텍스트이다." (정기철, 『상징, 은유 그리고 이야기』, 289.

> 정되어 있는 서사 속에서 태어난다. 집안의 내력이며, 부모의 인생역정, 지역의 삶의 방식 등이 문화와 연관되는 문화소(文化素)들인데 그러한 맥락을 이루는 이야기 속에서 태어나는 것이다. 그리고 그 아이가 자라고, 사랑하고, 일을 하고, 어떤 과업을 성취하는 등 삶의 과정은 다양한 맥락의 이야기를 이룬다. 그리고 그가 삶을 마감할 때 그 삶은 그에 대한 평가와 더불어 한 편의 이야기로 남게 된다. 다른 사람에게는 그것이 언어로 정리되며 하나의 서사적 기억으로 남게 된다. 인간은 이야기를 떠나서는 삶을 영위할 수 없는 존재이다.[15]

어떤 사람이 자기 정체성을 지니고 사는 것은 바로 자기 이야기를 갖고 사는 것을 의미한다. 그렇기에 기억상실증에 걸리면, 즉 자기 이야기를 잃어버리면 자신이 누구인지 알 수 없게 된다. 만약 과학이 발달해서 한사람에게 다른 사람의 기억을 이식해준다면 그 사람은 그 기억에 근거해서 자신이 누구인지 이야기할 것이다. 그래서 외모는 예전 대로지만 자기 정체성은 완전히 달라질 것이다. 그리고 누구를 아는 것은 그 사람의 이야기를 아는 것이다. 가족은 그 가족의 이야기(족보는 매우 중요한 가족 이야기다)를 알고 그 이야기에 동참하는 사람들이다. 자녀가 부모를 안다는 것은 부모의 이야기를 아는 것이다. 부모와 자녀 사이에 대화가 없어서 서로 잘 이해하지 못하고 갈등이 발생하는 것은 그들 사이에 이야기하기가 없었기 때문이다. 즉 자신의 삶의 이야기를 상대방에게 들려주지 않았기 때문에 서로를 잘 알지 못해서 그런 갈등이 발생하는 것이다. 부모와 자녀 사이의 관계형성은 바로 그들의 이야기를 소통하면서 형성된다. 이야기를 하지 않으면 인간은 결코 자신을 초월해서 타인을 인식하거나 그와 소통할 수 없다.[16] 그래서 이야기의 부재는 바로 인간관

---

15) 우한용, "서사의 위상과 서사교육의 지향," 우한용 외, 『서사교육론』, 3-4.
16) "말하는 사람에게 언어는 대상이 아니라 매개체다. 언어를 거쳐, 언어를 수

계의 부재, 더 나아가서 인간 자체의 부재를 뜻한다.

> 이야기가 소통되는 과정에서 이야기는 이야기를 요구하는 자나 이야기를 해야만 하는 자 모두가 갖고 있는 이원적 대립을 지양할 수 있는 계기를 마련한다. 이야기를 소통하는 맥락에서 공유하고자 하는 것은 이야기가 세계를 구성하고 나아가 자신의 정체성을 정립하게 하는 역할을 하고 있다는 점에 대한 인식이다. 이야기를 생산, 수용하는 자는 모두 이야기를 필요로 하며 이야기를 통해서 세계를 이해하고 자신을 발견할 수 있게 된다. 그런 점에서 이야기는 세계와 주체를 잇는 매개이며 존재와 무, 결핍과 충족을 잇는 매개라고 할 수 있다.[17)]

이렇듯 이야기(하기)는 인간의 정체성을 확립하는 중요한 작업이다. 인간은 이야기(하기)없이 자신이 누구인지 알 수 없고 상대방에게 자신이 누구인지 밝힐 수도 없으며 주체적으로 살아갈 수도 없다. 그래서 이야기(하기)는 바로 인간의 삶 자체이며 인간 자체이기도 하다.[18)]

단으로 삼아 우리는 우리를 표현하고 사물을 표현한다. 말한다는 것은 말하는 사람이 누군가에게 무엇에 대해 무언가를 말하기 위해 폐쇄된 기호세계를 넘어서는 행위다. 말한다는 것은 언어가 기호이기를 넘어서서 자신이 가리키고 겨냥하는 것으로 가는 행위다. 언어는 사라지기를 바란다. 대상으로서는 죽기를 바란다." Paul Ricoeur, *Le Conflit des Interpretations*, 양명수 옮김, 『해석의 갈등』, 대우학술총서 500(서울: 아카넷, 2001), 93.

17) 김혜영, "서사의 본질," 우한용 외, 『서사교육론』, 124.

18) "그래서 인간은 심지어 최악의 비극적인 상황에 처한 경우에조차 이야기라든가 동화 등에 귀 기울여 듣고 싶어 하는 실존적 욕구를 보여준다. 따라서 이런 욕구는 인간 조건의 구조를 형성한다고 말할 수 있다. 예를 들어 소련의 시베리아 강제수용소에 관한 책인 『제7천』(*Le Septieme Ciel*)에서 비멜은 자신과 같은 공동 막사에서 지낸 거의 100여명에 이르는 피수용자들이 한 명도 빠짐없이 더 살아남을 수 있었다고 증언한다. (다른 막사에서는 매주 열명 내지 열두 명씩 죽어나갔다고 한다) 그것이 어떻게 가능했을까? 이는 바로 어떤 노파가 밤마다 그들에게 동화를 들려주었기 때문이라는 것이다.

2. 인간은 모든 것을 통해서 삶을 이야기한다

인간은 근본적으로 갖고 있는 이야기(하기)능력을 통해서 삶을 형성한다. 인간들은 무엇을 바라보던지 거기서 삶을 경험하고 삶을 창조한다. 예를 들어 누군가 아름다운 꽃을 보았다고 하자. 그 사람은 그 꽃을 냉정한 시선으로만 보지 않는다. 객관적으로도 꽃을 살피겠지만 인간들은 거기에서 그치지 않고, 아니, 오히려 객관적으로 꽃을 보기 이전에 이미 그 꽃에서 아름다움과 향기로움을 경험한다. 그러면서 자신의 삶을 되돌아보고 반성하면서, 나도 꽃처럼 아름답고 향기롭게 살아야겠다고 마음먹는다. 이렇듯 인간들은 인간 바깥에 존재하는 꽃을 우리의 마음 속으로 끌어들여서 은유화하고 삶의 상징[19]으로 삼으며 그 상징을 통해서 이야기를 엮어내고 삶을 형성한다. 이것을 가능케 해주는 것이 바로 '삶의 서사성'이며 이것은 인간을 인간답게 해주는 힘이다.

삶의 서사성은 삶에서 이야기로, 이야기에서 다시 삶으로 나아가는 연쇄작용[20]을 통해서 끊임없이 삶을 형성하는 원동력이다.[21] 그

그들은 이야기를 너무나 계속 듣고 싶어한 나머지 모두 서로 돌아가면서 자신의 하루치 배급 식량의 일부를 떼어 그 노파에게 나누어 주었다고 한다. 그래야 노파가 낮에 노동일을 안 나가고도 배급 식량 걱정을 안 할 수 있었기 때문이다. 그럼으로써 노파는 지칠 줄 모르는 이야기꾼으로서의 기력을 저축할 수 있었던 것이다." M. Eliade, *Symbolism, the Sacred, and the Arts*, 박규태 옮김, 『상징, 신성, 예술』(서울: 서광사, 1991, 2001), 297.

19) "상징이란 넓은 의미에서 그 자체 이외의 것을 의미하는 것을 가리킨다. 이렇나 의미에서는 모든 단어가 다 상징이다. 그러나 문학을 논할 때 상징(symbol)이라고 하면, 어떤 대상이나 사건을 의미하면서도 또 그것을 넘어서는 어떤 것을 의미하거나 일정한 범위의 지시내용을 갖는 단어나 어구를 가리키기 위해 사용된다." M. H. Abrams, *A Glossary of Literary Terms*, 303.

20) 이것을 리쾨르는 "해석의 순환"이라고 한다. 리쾨르는 불트만을 이야기하면서 "그런데 그 해석학 관계는 쌍방향으로 되어 있다. 인간 실존이 십자가

렇기에 서사이해에 있어서 삶이 가장 중요하다. 우리들의 이야기(하기)는 철저히 삶에 근거하고 삶을 지향하기 때문이다.

> 이야기, 특히 문학적 이야기를 통해 우리는 삶을 새롭게 이해할 뿐 아니라 이야기가 우리 삶의 한 방식이라는 것이다. 삶은 곧 이야기된 삶이다. 삶은 이야기를 통해 질서화 되고 이해되고 삶의 의미가 풍부해 진다는 것이다. 삶이 이야기된다 라는 말은 이야기를 통해 삶을 진정으로 이해한다는 것이다. 삶은 문화적 현상들의 복합이다. 따라서 나의 삶 뿐 아니라 타인의 삶도, 우리 공동체뿐만 아니라 다른 공동체도 이야기할 수 있으며 따라서 진정한 상호 이해를 가능케 한다. 절대적 과학적 객관적 삶에 있어 그것을 이야기하는 것이 아니라 문화 속에서 상호 이해를 추구하는, 그리고 추구되고 이야기된 삶이 참으로 이야기된 삶이라는 것이다.[22)]

톰 크루즈와 데미 무어, 그리고 잭 니콜슨이 열연한 영화 '어퓨

와 부활에 비추어 새롭게 해석되듯이, 그리스도의 죽음과 부활 역시 인간 실존의 해석을 거쳐 새로운 해석을 받아들인다. 그리스도와 인간 실존 사이에 <해석의 순환>이 있다. 서로 상대방을 밝힌다"고 말한다. Paul Ricoeur, *Le Conflit des Interpretations*, 419.

21) "해석학의 임무란 하나의 작품이 삶과 행동, 그리고 고통의 흐릿한 배경에서 벗어나 독자에게 주어지며, 독자는 그것을 받아들여 자신의 행동을 변화시키게 되는 그러한 작업들 전체를 재구성하는 것이다. 기호학에서 유일한 조작 개념은 여전히 문학 텍스트라는 개념이다. 반면 해석학은 작품과 작가, 그리고 독자에 대한 실천적 경험을 제공하는 작업들의 아치 전반을 재구성하는 데 관심을 둔다." Paul Ricoeur, *Temps et Récit-intrigue et récit historique*, 김한식·이경래 옮김, 『시간과 이야기 1-줄거리와 역사 이야기』 (서울: 문학과지성사, 1999, 2001), 127. "독서 행위는 이야기의 형상화를 따라가면서 독자가 따라갈 수 있도록 하는 그 능력을 현실화한다. 어떤 스토리를 따라간다는 것, 그것은 독서 행위를 통해 그것을 현실화하는 것이다." ibid., 169.

22) 정기철, 『상징, 은유 그리고 이야기』, 267-8.

굿맨'(A Few Good Men. 쿠바에 있는 미해병대에서 근무하는 도슨과 다우니는 상관의 명령을 받고 군대 부적응자인 산티아고에게 벌['코드 레드'(Code Red)인데, 공식적으로는 금지하지만, 부대 내에서 은밀하게 행해진다]을 주는데 산티아고가 사망한다. 상관들은 발뺌을 하고 도슨과 다우니는 살인죄로 기소된다. 주변에서는 타협을 통해서 문제를 해결하기를 원하지만 이들은 자신들에게 매우 불리한 입장에서도 해병으로서의 명예를 지키기 위해서 종신형이나 사형을 선고받을지도 모르는 정식 재판을 고집한다)에서 도슨과 다우니의 변호를 맡은 군법무관 캐피 중위는 야구방망이를 가지러 갔다가 옷장에 걸려있는 자기 옷을 보면서 산티아고를 생각한다.

몸이 불편해서 군생활에 제대로 적응하지 못해 괴로움을 겪던 산티아고는 전출을 보내달라고 계속 간청했는데 그러다 마침내 전출명령을 받았다면, 그래서 내일 아침 일찍 비행기를 탄다면 기쁨에 들떠서 그 소식을 가족들과 친구들에게 전화로 알리고 또 자기 짐을 꾸렸을 것 아닌가? 그런데 왜 산티아고는 전혀 그렇게 하지 않았는가? 산티아고는 전화도 하지 않았고 짐도 꾸리지 않았다. 캐피는 산티아고에게 전출명령이 떨어지지 않았으며 도슨과 다우니의 상관들이 산티아고에게 코드 레드를 행할 것을 명령했다는 사실을 확신한다. 지금까지 재판에 이길 확률이 없다면서 타협하기만을 주장하고 또 지극히 피상적으로만 문제에 접근하던 캐피는 인간들의 일상적인 삶의 모습들을 통해서 비로소 문제의 핵심에 접근한다. 이렇듯 성경읽기도 일상적인 삶에서 시작해야 피상적인 헤맴에서 벗어나 핵심에 접근할 수 있지 않을까.

3. 인간은 상징으로 삶을 이야기한다

의식은 감각적인 내용을 단순히 갖는 것에 만족하지 않고 그 내용을

> 자신에게서 만들어낸다. 이 산출의 힘은 단순한 감각 내용과 인지 내용을 상징적 내용으로 형성하는 힘이다. 여기에서 그림은 단순히 외부에서 지각된 것 그대로가 아니다.[23]

앞에서 말한 대로 인간은 그들이 보는 모든 것들을 그들의 삶 속으로 이끌어 들여서 "삶의 상징"[24]으로 만들고 그들의 이야기로 엮어낸다. 이것을 서사작업 또는 문학화 작업이라고 할 수 있겠다. 이런 상징화작업은 인간에게 본질적이고 자연스럽다.[25] 예를 들어 몇

---

23) Ernst Cassirer, *Der Begriff der symbolischen Form im Aufbau der Geisteswissenschaften*, 오향미 옮김, 『인문학의 구조 내에서 상징형식 개념 외』(서울: 책세상, 2002), 24.

24) "상징이란 직접 의미, 일차 의미 또는 문자 의미가 흘러넘쳐 다른 의미, 곧 간접 의미, 이차 의미 또는 상징 의미를 낳는 의미구조를 가리킨다. 이때 이차 의미는 반드시 일차 의미를 거쳐 생긴다. 그와 같은 이중 의미 표현을 다루는 것이 해석학의 작업이라고 할 수 있다." Paul Ricoeur, *Le Conflit des Interpretations*, 16. 상징에는 우주 상징, 꿈의 상징, 시의 상징이 있다. ibid., 17. "인간적 차원의 행위라는 것은 상징의 행위를 말한다. 아마도 인간은 유일하게 상징화의 동물 symbolizing animal일 것이다. 인간은 어떤 행위를 수행할 뿐 아니라 이에 의미를 부여하고 저 나름의 의사를 지니고 지식을 추구하는 동물이다. 인간은 오랜 신비로운 시간의 과정에서 신체·이미지·소리 아니면 문자, 무엇이든 이용해서 어떤 것이 다른 어떤 것을 대신해 뜻할 수 있는 능력과 특성을 가질 수 있게 되었다. 비록 인류학자나 철학자도 언제 어떻게 그러한 능력을 갖게 되었는지 밝힐 수는 없으나 인간은 결국 그러다가 언어적 동물 linguistic animal이 되었던 것이다. 언어적 동물이 되는 것과 사고하는 동물이 된다는 것은 하나의 인간적 상황으로서, 서로 떼어서 생각할 수 없는 양면이라 하겠다. 어떠한 형태로든지 언어를 사용하지 않고 존재에 대해 사고할 수 없으며, 언어의 구사는 신음 소리나 비명과는 달리 의미의 지시물이 있어야 하고 이것이 존재에 관해서 말하거나 혹은 적어도 이에 대한 물음을 제기한다. 의미론과 존재론은 불가분의 관계를 가지며 전자는 후자 없이는 피상적이며, 반대로 후자는 전자 없이는 이해할 수 없는 것이 된다." Philip Ellis Wheelwright, *Metaphor and Reality*, 김태옥 역, 『은유와 실재』(서울: 한국문화사, 2000), 13.

해 전 베스트셀러였다는 '가시고기'라는 소설도 그렇다. 이 소설, 즉 이 이야기는 '가시고기(가 하는) 이야기'가 아니다. 가시고기가 어떻게 제 이야기를 엮을 수 있겠는가. '가시고기'는 가시고기를 은유화[26]한 '인간들의 이야기'다. 인간들은 가시고기를 보면서, 거기서 자기들 삶을 바라보고 경험한다. 그리고 가시고기를 삶의 상징으로 삼아

---

25) "상징 작용은 우리가 아무리 내쫓으려고 노력해도 언제나 되돌아온다. 상징 작용은 단순히 헛된 환상이거나 부패한 퇴락만이 아니다. 그것은 바로 인간 생활의 바탕 속에 고유한 것이다. 언어 자체가 하나의 상징 작용이다… 인류는 자신을 표현하기 위해 상징을 찾아내지 않으면 안 되는 것처럼 보인다. 사실 '표현'이란 '상징 작용'인 것이다." A. N. Whitehead, *Symbolism: Its Meaning and Effect*, 정연홍 옮김, 『상징작용-그 의미와 효과』(서울: 서광사, 1989, 2001), 64-65.

26) "은유는 즉각적인 창조 행위이자 의미론적 혁신으로서 이미 구축된 언어에서는 아무런 지위도 가지지 못하며 다만 특별하거나 기대하지 않은 어떤 술어의 도움으로만 존재할 뿐이다. 그러므로 은유는 유사성의 원리에 기반한 단순한 연합이라기보다는 오히려 수수께끼의 해결과 유사한 것이다. 즉 은유는 의미론적 불협화음(dissonance)의 해결에 의해 구성된다." "두 번째 결론은 은유가 담화에 부가된 장식물이 아니라는 것이다. 은유는 정서적 가치 이상이다. 왜냐하면 은유는 새로운 정보를 제공해주기 때문이다. 간단히 말해서 은유는 우리에게 실재에 대해 무언가 새로운 것을 이야기해 준다." Paul Ricoeur, *Interpretation Theory: Discourse and the Surplus of Meaning*, 김윤성·조현범 옮김, 『해석이론』(서울: 서광사, 1996, 1998), 96-97. 리쾨르의 은유이론에 대해서는, Paul Ricoeur, *La métaphore vive*, tr. Robert Czerny, *The Rule of Metaphor: Multi-disciplinary studies of the creation of meaning in language* (London and Henley: Routledge & Kegan Paul, 1978)을 보라. "우리는 인간의 사고과정의 대부분이 은유적이라는 것을 주장하려고 한다. 이것이 인간의 개념 체계가 은유적으로 구성되고 규정된다는 말의 의미이다. 언어적 표현으로서 은유가 가능한 것은 바로 인간의 개념 체계 안에 은유가 존재하기 때문이다." G. Lakoff, M. Johnson, *Metaphors We Live By*, 24. 한국어 은유연구에 대해서는, 박영순, 『한국어은유연구』(서울: 고려대학교 출판부, 2000)을 보라. 그리고 미디어(시대)와 은유의 관계에 대해서는, Raymond Gozzi, Jr., *The Power of Metaphor in the Age of Electronic Media* (Cresskill, NJ.: Hampton Press, Inc., 1999, 2001)을 보라.

서 그들의 이야기를 엮어낸 것이다. 이런 서사적 작업, 즉 문학화 작업을 통해서 사람들은 그들의 삶을 이야기하고 독자들은 그 소설을 읽으면서 삶을 인식하고 경험하면서, 또 나름대로 새로운 삶을 엮어간다.[27] 가시고기는 삶의 은유화 작업을 통해서 부성(父性)과 자식사랑 이야기를 엮어내는 서사적 상징이 된다. 사람들은 이 이야기를 읽으면서 새로운 삶을 경험한다.[28]

우리는 한 사물을 다른 것에 의해 이해함으로써 인간의 사상과 언어가 성장하고 변화해 간다는 사실을 상기한다. 인간의 사상과 언어는 본질적으로 은유적이다. 명백한 은유, 혹은 살아있는 은유는 우리에게 이

27) "슐라이어마허나 딜타이를 통해서도 우리는 본문과 문서와 기념 작품들이 글로 기록된 삶의 표현임을 배웠다. 그처럼 심리 연관이나 역사 흐름의 고리 속에서 밖으로 표현된 (객관화된) 삶을 거꾸로 추적해 올라가는 것이 주석이다." Paul Ricoeur, *Le Conflit des Interpretations*, 15.

28) "상징은 정적이면서 동시에 인지적이고, 실존적이면서도 존재론적이다. 본질적으로 상징은 인간 삶에서 감정의 영역을 인지적 측면 또는 존재론적 측면에서의 가장 중요한 영역과 연결시켜 준다. 이처럼 상징은 인간 경험의 총체를 효과적으로 소통시켜 주는 역할을 한다." D.M. Rasmussen, *Symbol and Interpretation*, 장석만 옮김, 『상징과 해석』(서울: 서광사, 1991, 2001), 23. "<도덕 의미>에 중점을 두었다는 것은 해석학이 좁은 의미의 주석 이상임을 말해준다. 그것은 삶을 텍스트라는 거울에 비추어 보는 일이다. 알레고리는 성서를 새롭게 밝혀주지만, 만일 그 새로움이 일상 생활의 새로움이 아니라면 다시 말해서 <지금 여기서> 발생하는 것이 아니라면 사라져 버리고 말 것이다." Paul Ricoeur, *Le Conflit des Interpretations*, 420. "나에게 세계란 내가 지금까지 읽고, 이해하고, 사랑해 온 모든 텍스트, 기술적인 것이든 시적인 것이든, 그 모든 텍스트가 열어주는 지시들의 총체이다. 그리고 하나의 텍스트를 이해한다는 것은 곧 우리의 환경(Umwelt)으로부터 하나의 세계(Welt)를 만들어 내는 모든 의미 작용을 우리의 상황에 대한 술어들 속에 끼워 넣는 것이다. 우리가 텍스트에 의해 열리는 지시들에 대해 말할 수 있고, 또 대부분의 텍스트가 갖는 지시적 단언들에 의해 열리는 세계에 대해 말할 수 있는 것은 바로 이렇게 텍스트가 우리의 존재 지평을 넓혀 주기 때문인 것이다." Paul Ricoeur, *Interpretation Theory*, 74.

세계 속에서 우리가 존재하는 방식의 역동성과 긴장을 깨닫게 한다.[29]

(리쾨르는) 그 중에서도 상징이나 은유와 같은 언어가 현실을 창조적으로 새롭게 서술하는 것으로 보았다. 언어가 현실을 새롭게 서술한다는 말은 언어가 인간이나 인간의 삶 또는 인간의 경험을 기술해줄 때 그 기술로 인간이나 인간의 현실 또는 삶 등을 의미있는 것으로 표현해준다는 것을 뜻한다. 이로써 언어의 현실에 대한 재서술은 새로운 의미를 창조하게 된다. 새로운 의미 창조로 인해 인간 이해와 해석이 가능해진다.[30]

지금까지 살펴본 대로 이야기를 만들어내고 읽어내는 것은 바로 인간들이 기본적으로 갖고 있는 이야기성, 즉 서사성에 의해서 가능하다. 그 이야기성에 의해서 만들어진 이야기문학을 서사문학(敍事文學)이라고 한다. 인간들은 남이 만들어놓은 서사문학을 읽을 때 그들이 갖고 있는 이야기성, 즉 서사성을 동원하는데 사람들이 이야기를 듣거나 읽을 때, 그들에게 천부적으로 내재하는 서사성이라는 프로그램이 자연스럽게 발현된다. 그리고 이 서사성은 정형적인 서사문학 뿐만 아니고 모든 문학장르에서도 거의 동일하게 나타난다.

29) Sallie McFague, *Metaphorical Theology-Models of God in Religious Language*, 정애성 옮김, 『은유신학-종교 언어와 하느님 모델』(서울: 다산글방, 2002), 83-84. 멕페이그는 이렇게 말한다. “언어를 인간 존재의 본질로 이해하고 인간의 이미지 형상화 능력이 동물과 다른 점이라고 보는 모든 철학은 언어라는 간접 수단과 연결해서, 즉 은유에 의지해서 실재를 파악하고 표현할 수밖에 없다. 우리와 실재 사이에 언제나 언어가 존재한다면 언어가 우리와 ‘존재’와의 관계성과 그 거리감을 깨닫게 하는 매개라고 한다면 어린이들의 첫마디에서 극도로 복잡한 철학자들의 실재 이해에 이르기까지 은유는 우리에게 주어진 짐이자 영광이다.” ibid., 69.

30) 정기철, 상징, 『은유 그리고 이야기』(서울: 문예출판사, 2002), 12.

> 우리 문화는 수많은 서사 유형들을 기반으로 하고 있다. 장편 소설, 단편 소설, 영화, 텔레비전 쇼, 신화, 일화, 노래, 뮤직 비디오, 만화, 회화, 광고, 수필, 전기, 그리고 뉴스 기사 등이 그것이다.[31)]

이처럼 다양한 장르의 서사들 속에 내재하는 서사성이 인간들로 하여금 삶을 경험하고 인식하게 하며, 그것을 통해서 다시 새로운 삶을 형성케 해준다.

4. 인간은 상상력으로 삶을 이야기한다.

우리가 지금 이야기하는 서사성은 다른 말로 하면 '문학적 상상력' 또는 '삶의 상상력'이라고 할 수 있을 것이다.[32)] 서사성이라는 것이 인간으로 하여금 삶에 기초해서 무엇인가를 바라보고 그것을 이해하고 새로운 삶을 형성해내는 능력이기 때문이다.[33)] 상상력에

---

31) Steven Cohan & Linda M. Shires, *Telling Stories: A Theoretical analysis of narrative fiction*, 임병권·이호 옮김, 『이야기하기의 이론-소설과 영화의 문화기호학』(서울: 도서출판 한나래, 1996, 2001), 13. 바르트도 "세상에는 무수한 형식의 서사물들이 있다"고 말한다. Gerald Prince, *Narratology: The Form and Functioning of Narrative*, 최상규 역, 『서사학-서사물의 형식과 기능』(서울: 문학과지성사, 1988), 11.

32) "우리가 은유에 그렇게 강한 관심을 보이는 이유는 은유가 이성과 상상력을 결합시키기 때문이다. 이성은 최소한 범주화, 함의, 추론을 포함한다. 상상력은 그 다양한 측면들 중 하나로서 어떤 사물을 다른 사물의 관점에서 보는 것－우리가 은유적 사고라 부르는－을 포함한다. 그래서 은유는 상상적 합리성(imaginative rationality)이다. 우리의 일상적 사고의 범주가 대부분 은유적이며, 일상적인 사유가 은유적 함의와 추론을 포함하기 때문에 일상적인 합리성은 바로 그 본성에 있어서 상상적이다. 시적 은유에 대한 이해를 은유적 함의와 추론의 관점에서 이해한다고 하면, 시적 상상력의 산물은 똑같은 이유 때문에 본성에 있어서 부분적으로 합리적이라는 것을 알 수 있다." G. Lakoff, M. Johnson, *Metaphors We Live By*, 240-241.

33) "문학적 상상력에서 나온 모든 창작 또한 의미와 가치에 관한 새로운 세계

의해서 삶과 서사는 강하게 연결된다. 그래서 삶과 서사는 결코 따로 떼어놓을 수 없다. 상상력에 의해서 서사는 삶을 형성하고 삶은 서사를 풀어낸다. 성경을 이야기라고 했을 때, 바로 이런 점을 말하는 것이다.

> 인간은 자신이 살고 있는 세계를 구성하는 상상력 속에서 산다. 이것은 삶이 확인되고 체험되기 전에 삶 자체가 상상적이라는 것을 뜻한다. 이야기체 상상력은 역시 역동적 활동이다. 즉 일상 삶을 새롭게 서술할 수 있는 힘이다.[34)]

> 상상력은 마음의 종합적 능력으로 구조화의 작용이며 패턴을 가진 통일적인 표상을 획득한다. 상상력은 인간의 경험, 지각, 촉각, 창조, 이해 등등 모든 측면에서 중심 역할을 하는 역동적인 능력이라 할 수 있다. 그러므로 서사의 표현과 이해(수용)에서 서사적 상상력의 역할은 매우 중요하다 하겠다.[35)]

여기서 말하는 '서사적 상상력'은 바로 '삶의 상상력'이다. 서사는 삶에 근거하고 삶을 형성하기 때문이다. 그래서 서사는 삶의 기록이다. 서사성을 지닌 성경 역시 삶의 기록이다. 다시 말해서 "삶의 서사"라는 것이다. 물론 문학형태로 보았을 때, 성경에는 서사문학이 아닌 것들도 있다. 크게는 시가문학도 있고, 작게는 예언문학, 지혜

를 드러낸다. 이런 새로운 의미와 가치는 말할 나위 없이 여러 가지 무한한 가능성을 보장해준다. 그리고 이 가능성은 세계 안에 있고자 하는, 즉 존재하고자 하는 자라면 누구에게나 열려져 있다. 그러므로 문학은 지식의 도구가 될 수 있다. 왜냐하면 문학적 상상력은 인간 조건에 내포된 미지의 차원이나 감추어진 측면을 드러내 보여주기 때문이다." M. Eliade, *Symbolism, the Sacred, and the Arts*, 296.

34) 정기철, 『상징, 은유 그리고 이야기』, 235.
35) 임경순, "서사교육의 의의, 범주, 기능," 우한용 외, 『서사교육론』, 57.

문학, 묵시문학이 있다. 서사문학은 분명히 이것들과 구별되는 문학 장르이지만, 성경은 전체적으로 삶에 기초한 서사성을 기본으로 갖는다.

그래서 우리에게 가장 중요한 것은 바로 '삶'이다. 우리는 무엇을 하든 결코 삶을 벗어날 수 없다. 해석학적인 작업에서도 마찬가지다. 그런데 사람들이 삶을 이야기한다고 하면서 실제로는 삶을 무시하는 경우들이 많다. 역사학도 그렇다. 역사학은 역동적인 인간의 삶을 다루는 학문이다. 지금까지 역사학은 인간들이 남긴 삶의 자취들을 통해서 과거 삶을 재현하는 작업을 해왔는데 지나치게 인간의 삶을 실증적이고 도식적이며 획일적으로 살폈기 때문에 실제로는 인간의 삶을 등한시했다는 비판을 면하기 어렵다. 그래서 인간의 삶을 다루는 역사학이 인간의 삶을 배제한 역사학으로 전락한 것이다. 요즘 역사학자들은 그런 비판을 수용하면서 '인간의 얼굴을 한 역사학'을 추구한다. 린 헌트는 역사학이 자연과학적인 방법을 역사에 적용한 실증사학에서 사회과학, 특히 사회학과 인류학을 역사에 적용하는 쪽으로 나갔다가 인간의 구체적이고 생생한 삶을 다루는 일상사(日常史)와 심성사(心性史), 또는 문화사(文化史)를 다루는 쪽으로 나아간다고 말한다. 그리고 최근에는 역사와 문학의 경계선을 허물어버리는 문학으로서의 역사로 나아간다고 말한다.[36] 나는 이러한 경향을 역사가 인간의 삶을 다룬다는 역사 본연의 임무에 충실하고자 하는 매우 바람직한 노력으로 본다.

> 구조사 중심의 사회사에 대하여 일상사는 역사의 진행과정에서 인간의 역할을 강조한다. 일상사가 서술하고자 하는 것은 익명의, 추상적

---

36) Lynn Hunt, ed., *The New Cultural History* (California: University of California Press, 1989).

인 구조로 이뤄진 역사가 아니라 피와 살을 가지고 살아 숨쉬고 있는 구체적인 개별 인간들의 희망과 실망, 기쁨과 슬픔, 즐거움과 노여움으로 점철된 인간의 역사이다.[37)]

이처럼 역사학은 생생한 인간 삶을 찾아내는 작업이어야 한다. 그런데 구체적인 인간삶을 어떻게 발견해내고 서술할 것인가? 헤이든 화이트는 역사는 과거를 역사적인 상상력을 동원해서 서사체로 풀어내는 것이라고 말한다.[38)] 역사적 상상력, 이 얼마나 우리를 설레게 하는 말인가. 그 생생한 삶의 현장을 재현해낼 수 있는 것은 상상력일 것이다.

과거는 비실재가 아니다: 그러나 엄밀한 의미에서 지나간 실재는 검증될 수 없다. 지나간 실재는 지금은 없기 때문에 역사의 담론에 의해서 간접적으로만 추구되는 대상이다. 여기에서 픽션과의 유사성이 제기된다. 이미 콜링우드(Collingwood)[39)]가 강조한 바와 같이 과거의 복원은 상상의 작업이다. 앞에서 말한 바와 같이 역사가도 역시 역사와 이야기의 관계를 통하여 플롯을 만들며 역사가의 플롯은 사료들이 허락하기도 하고 금지하기도 하는 플롯이지만 사료들 속에 포함되어 있는 것은 아니다.[40)]

그리고 괴스타 알스트룀은 역사연구는 미케네 도자기 파편들을

---

37) 안병직, "일상의 역사란 무엇인가?," 『오늘의 역사학』, 한겨레신문사, 34.
38) Hayden White, *The Content of the Form- Narrative Discourse and Historical Representation* (Baltimore: Johns Hopkins University Press, 1987).
39) R. G. Collingwood, *The Principles of Art*, 김혜련 옮김, 『예술의 철학적 원리-상상과 표현』(서울: 고려원, 1996). 여기서 콜링우드는 상상력에 대해서 이야기한다.
40) Paul Ricoeur, *Du Texte à l'action- Essis d'herméneutique II*, 박병수·남기영 편역, 『텍스트에서 행동으로』(서울: 아카넷, 2002), 10.

모아서 원래 형태대로 복원하는 작업과 같다고 말한다. 그런데 도자기를 복원하려고 할 때 조각이 없어진 부분은 다른 것들을 참고해서 흙으로 빚어서 채운다. 역사는 이 사라진 부분을 채우는 작업과 같다는 것이다.[41]

요즘 역사가들은 구체적인 인간의 모습을 찾아내기 위해서 많은 노력을 기울인다. 이런 역사학을 나는 '삶을 추구하는 역사학'이라고 부르고 싶다. 미국의 여류 사학자인 나탈리 제몬 데이비스(Natalie Zemon Davis)는 역사적 상상력을 통해서 과거를 조명하려고 하며 그것을 영화로 만드는 작업을 통해서 더 생생하게 과거를 재현하려고 노력한다(데이비스는 프랑스사를 연구하면서, '마르뗑 게르'라는 사람을 둘러싸고 벌어지는 매우 흥미로운 재판사건을 섬세하게 밝혀내었을 뿐만 아니라 그것을 영화[마르뗑 게르의 귀환<The Return of Martin Guerre>[42] 이 영화는 나중에 할리우드에서 '서머스비'<Sommersby>라는 영화로 리메이크되었다]로 만드는 작업에 참여하면서 그 작업을 통해 자신이 미처 생각지 못한 것들을 찾아냄으로써 그 사건을 좀더 정확하게 재현할 수 있었다).

> 데이비스의 경우, 치밀한 묘사는 농민과 코라스 그리고 역사가 자신의 삼자 간의 대화로 이루어진다. 그런데 이런 방식의 대화 상황을 만들어내는 것은 엄격한 사료비판이나 과학적 해석이 아니라 역사적 상상력이다. 역사적 상상력을 매개로 과거를 이야기할 때 중요한 것은, 재판관 코라스가 전념했던 것처럼 증거에 의한 진실과 허위의 판단이 아니라, 역사적 가능성을 통한 역사현실의 재구성이다. 코라스가 심증

---

41) Gösta W. Ahlström, *The History of Ancient Palestine from the Palaeolithic Period to Alexander's Conquest*, 20.

42) 이 영화는 데이비스의 책[Natalie Zemon Davis, *The Return of Martin Guerre* (Cambridge: Harvard University Press, 1983)]을 대본으로 삼았다.

> 만 있고 확실한 물적 증거가 없기 때문에 자신의 보고서에 기록하지 않았다고 해서 그것이 과거에 일어나지 않았던 것은 아니라면 역사가는 기록으로 남아 있지 않은 과거의 현실까지도 추적해야 한다. 다시 말해 역사가가 시도하는 현재와 과거의 대화는 사료상의 언어의 한계 내에서만 이루어지는 것이 아니라 역사적 상상력으로 사료의 언어가 침묵하고 있는 것까지도 이용 가능한 모든 수단을 동원해서 밝혀내야 한다. 따라서 데이비스에 의하면 현재와 과거 사이의 대화의 목표는 사료를 증거물로 해서 무엇이 과거의 엄연한 사실인지를 밝히는 것이라기보다는 역사적 상상력을 동원하여 사료의 공백을 보완함으로써 역사적으로 가능할 수 있는 현실이 무엇인지를 해명하는 것이다.[43]

인간은 본능적으로 갖고 태어난 서사성을 통해서 삶을 형성하고 삶을 이해하고 삶을 소통한다는 사실, 즉 이야기하기 자체가 바로 삶이라는 사실을 기억해야 한다.

II. 삶과 성경서사

지금까지 우리가 이야기해온 것들을 성경읽기에도 그대로 적용할 수 있다. 성경을 읽을 때 우리는 여러 가지 도구를 사용한다. 인간들은 오랜 역사를 통해서 성경을 읽는 다양한 방법들을 고안해왔고, 그리고 지금도 여러 방법들을 동원해서 성경이 갖는 심원한 의미를 밝혀내기 위해서 애쓴다. 그런데 가장 근원적이면서 중요한 것이 바로 삶으로 성경을 풀어내는 것, 즉 삶의 상상력을 동원해서 성경을 읽어내는 것("성경을 이야기하기")이다. 성경에는 역사적으로 규명할 수 있는 것들도 있지만, 역사적으로 전혀 규명할 수 없는 것들도 있고 또 역사적으로 규명할 수 있다고 해도 서사성을 기본으로 하는

---

43) 김기봉, '역사서술의 문화사적 전환과 신문화사,' 『오늘의 역사학』(서울: 한겨레신문사), 174.

성경 읽기를 역사성 규명으로 끝낼 수는 없기 때문이다. 가능하다면 최대한 여러 방법들을 사용해야겠지만, 다른 방법들을 사용할 수 없는 곳에서도 '삶으로 성경읽기,' 즉 삶이 있는 성경읽기만은 가능하다. 그 이유는 성경이 그 문학적인 장르와는 상관없이 서사성을 기본으로 하기 때문이다. 여기서는 삶 또는 삶의 서사를 통해서 성경서사를 읽어내는 작업을 몇 본문을 대상으로 해보려 한다.

1. 창조이야기(창세기 1장 1-5절)

"삶이 있는 성경읽기"를 구체적으로 적용하기 위해서 하나님이 세상을 만드시는 장면을 읽어보자. 하나님이 빛을 만드시기 전에 이 세상은 '땅이 혼돈하고 공허하며 흑암이 깊음 위에 있'는 상황이었다. 모든 것이 뒤죽박죽이고 빛이라고는 전혀 찾아볼 수 없는 흑암 그 자체였다는 것이다.

우리는 이 구절을 읽으면서 과학적인 사고를 할 수도 있지만, 더욱 중요한 것은 삶의 상상력을 통한 이해이다. 모든 것이 엉망진창이고 빛은 전혀 없는 상황은 우리에게 과학적인 사실을 넘어서 '삶의 상징'으로 이해된다. 우리는 여기서 하나님이 빛을 만드시기 직전의 상황뿐만 아니고 현재 우리가 경험하는 삶을 바라본다. 현재 고난을 당하는 사람은 자기 자신의 삶이 바로 창조 직전의 상황이라고 생각하면서 하나님이 흑암을 걷어내고 온땅에 질서를 부여하시는 모습을 기대한다. 그리고 하나님이 '빛이 있으라'고 말씀하시는 음성을 듣고 드디어 빛이 온 땅을 비추기 시작하는 모습을 상상하면서 자기 삶도 그렇게 될 것임을 믿는다. 하나님이 이 땅에 빛을 비추시면서 우주의 첫 날, 첫 아침을 시작케 하시는 것처럼 흑암 짙은 우리의 삶에도 하나님이 빛을 주셔서 새 날을 시작케 하실 것임을 믿는 것이다.[44]

이렇듯 우리는 이야기를 우리의 삶의 이야기로 읽어내고 그렇게 경험한다.[45] 이렇게 읽어내는 독서능력이 바로 삶의 상상력이다. 우리가 눈으로 보는 그 단순한 글자들을 질적으로 변화시켜서 우리의 삶과 연결시키고 지금 우리에게 말씀하시는 하나님의 음성으로 듣게 해주고, 그 말씀을 듣고 믿음을 갖게 해주는 독서 능력이 바로 삶의 상상력이라는 것이다.

> 자기화의 상대자는 가다머가 말하는 <텍스트의 사물>, 내가 말하는 <작품의 세계>이다. 결국 내가 내 자신의 것으로 만드는 것은 세계의 명제(제안된 세계)이다. 세계의 제안은 텍스트가 은폐되어 있는 의도인 것과 같이 텍스트의 <배후>에 있는 것이 아니라 작품이 전개하고 발견하고 나타내는 것과 같이 텍스트 <앞>에 있다. 따라서 이해한다는 것은 <텍스트 앞에서 자기 자신을 이해하는 것>이다. 텍스트에 자기 자신의 유한한 이해능력을 부과하는 것이 아니라 텍스트에 자신을 드러내고 텍스트로부터 보다 넓은 자기 자신, 세계의 명제(제안된 세계)에 가장 적합한 방식으로 응답하는 실존의 명제(제안된 실존)인 자기 자신을 받아들이는 것이다. 따라서 이해는 주체가 열쇠를 가지고

---

44) 창세기 1장 1-2절에 대한 설교문은 다음을 보라. 이종록, 『새로운 엑소더스를 향하여』(서울: 한국장로교출판사, 1997), 31-38, "3. 혼돈과 공허의 현장에서."

45) "그리스도교에는 늘 해석학의 문제가 있었다. 왜냐하면 그리스도교는 예수 안에서 하느님 나라가 우리에게 임했다고 하는 선포에서 시작했기 때문이다. 그리고 그 선포, 곧 그 말은 글을 통해 우리에게 전달되었기 때문에 항상 살아 있는 말로 되살려야 했다. 그리스도 사건을 증언하는 그 처음의 말을 지금의 말로 해야 했다. 딜타이의 말대로 해석학이 글로 써놓은 삶의 표현을 해석하는 것이라면, 그리스도교의 해석학은 결국 글로 된 성경과 그 글을 낳은 <케리그마> 사이의 독특한 관계에 관한 문제다. 글과 말의 관계 그리고 말과 사건과 그 의미의 관계, 그것이 해석학 문제의 핵심이다. 그런데 그 관계는 계속된 해석을 통해서만 드러난다. 사실 그리스도교 역사는 계속된 해석의 역사이자, 곧 해석학 문제의 역사라고 할 수 있다. 왜냐하면 그리스도교는 성경책을 읽으며 그 글을 살아있는 말로 바꾸면서 형성된 것이기 때문이다." Paul Ricoeur, *Le Conflit des Interpretations*, 416.

있는 구성과는 정반대가 된다. 이런 관점에서 보면 <자기>는 텍스트의 <사물>에 의해서 구성된다고 말하는 것이 좀더 정확할 것이다.[46)]

2. 아브라함 이야기(창세기 22장)

이번에는 아브라함이 이삭을 모리아산에서 제물로 바치는 장면을 생각해보자. 참으로 유명한 이야기지만 우리는 역사적인 방법으로는 이 이야기를 제대로 읽어낼 수 없다. 외적인 흔적이 전혀 남지 않은 이 이야기를 어떻게 역사적으로 규명해낼 수 있다는 말인가. 그리고 이것은 당시의 관습이나 문학적인 구조 등으로도 온전하게 읽어낼 수 없다. 유일한 독서방법은 '삶이 있는 성경읽기'이다. 본문은 매우 무미건조하리만큼 간결하기 때문에 오히려 우리가 개입해들어갈 수 있는 공간이 많다. 그 공간을 채우는 것은 지금까지 우리가 이야기해온 삶의 상상력, 즉 서사성이다. 이 이야기를 풀어내는 데에는 우리의 삶이 가장 중요한 독서 방법이라는 것이다.[47)]

---

46) Paul Ricoeur, *Du Texte à l'action- Essis d'herméneutique II*, 박병수·남기영 편역, 『텍스트에서 행동으로』, 132-133.

47) 유대인들은 이 이야기를 그들의 역사경험 속에서 새롭게 해석한다. "E. van Voolen은 여기에서 매우 정확하게 창세기 22장의 이야기를 재서술한다. 그러면서도 이삭이 돌아오기 위해서 겪어야 했던 어려운 경험들과 함께 6백만 유대인들이 생존하지 못했던 홀로코스트(Holocaust)에서 살아남은 생존자들의 경험이 역시 정확하게 드러나 있다. 아케다 이야기의 모든 읽기 방식은 유대적 해석에서 아우슈비츠(Auschwitz) '경험'을 통해 다시 한번 하나의 최종적인 정점에 다다랐다. 뿐만 아니라 '고난'과 '고난의 극복'이란 주제에 관한 성서 이야기와 담론은 이전에 상상할 수 없었고 모든 (가능한) 경험들을 뛰어 넘는 대량학살을 직면하는 현실에서 새롭게 해독되어야 한다(그것은 욥기뿐 아니라 묵시문학적 본문들에도 해당되고, 애가 뿐 아니라 수난사[들]에도 그렇다) 창세기 22장의 경우는 이 본문을 또 한 번 하나의 극처럼 두드러지게 하는 점이 있다. 왜냐하면 아브라함이 드려야 했던 번제, עוֹלָה가 라틴말 성경에는 'holocaust'로 되어 있다. 이삭은—글자 그대로

하나님이 아브라함에게 나타나서 느닷없이 이삭을 번제물로 드리라고 하는 장면을 읽을 때, 본문에 다른 말이 없고 역사적으로 아브라함이 어떻게 했는지 알 수 있는 자료도 없지만, 우리는 이 본문을 단순하게 읽는 것에서 그치지 않는다. 우리는 아브라함이 그 말씀을 듣고 얼마나 황당했을지를 직감적으로 밝혀낸다. 이것은 우리의 삶에서 비롯하는 상상이다. 우리가 어떤 일을 겪었든지 그렇지 않든지 간에 인간으로서 가지는 기본적인 삶의 방식이 있다. 이것은 인간이라면 누구나 갖고 있는 것이고 동서고금을 막론하고 동일하다. 바로 이것에 비춰서 본문을 읽는 것이다. 다른 자료들을 아무리 많이 찾아낸다고 해도 이 삶의 상상력이 없이는 본문을 제대로 읽어낼 수 없다. 어떨 경우에는 오직 이 삶의 상상력에 의해서만 본문을 읽어야 할 때도 있다. 이 상상력에 의해서 우리는 아브라함이 얼마나 당황하고 고통스러워했을 지를 안다. 우리는 그가 뜬눈으로 밤을 지새웠을 것임을 쉽게 짐작한다. 본문은 아무런 말도 하지 않지만, 어떤 아버지가 자기 자식을 신에게 번제로 드리라는 말을 듣고 편안하게 잠을 잘 수 있겠는가.

그리고 아브라함이 고향을 떠날 때의 심정도 다른 방법으로 어찌 알 수 있겠는가. 그것 역시 우리 삶으로 이해할 수밖에 없다. 아브라함이 하나님 말씀대로 하란을 떠나서 가나안에 들어와 겪었던 그 일, 즉 그 땅에 기근이 일어나서 애굽으로 내려갈 수밖에 없었던 때에 일어났던 일들도 우리는 우리 삶의 상상력으로 읽어낼 수밖에 없다. 애굽 사람들이 여자를 빼앗는다는 말을 듣고도 애굽으로 내려가

―홀로코스트의 생존자이다. Elie Wiesel과 같은 생존자나 Edward van Voolen과 같은 생존자의 후손이 이 이야기를 읽고 해석할 때는 생존한 이삭이 되어 읽는다." Jürgen Ebach, *Gott im Wort*, 하경택 역, 『말씀 안에 계신 하나님-성서적 주석과 해석학에 관한 세 편의 연구』(서울: 한들출판사, 2002), 43-44.

는 아브람과 사래의 심정을 우리가 본성적으로 가진 삶의 상상력 외에 그 무엇으로 이해할 수 있다는 말인가. 그리고 아브람이 애굽 바로 왕에게 부인을 빼앗겼을 때 심정도 삶의 상상력이 아니라면 무슨 방도로 알 수 있단 말인가.[48)]

3. 세 여인 이야기(룻기 1장 6-9절)

여기서는 룻기 1장 6-9절을 예로 삼아 마음에서 마음으로 소통하는 심성적인 성경읽기, 삶과 서사의 해석학적 순환을 구체적으로 시도해보려고 한다. 실제적 적용성을 고려해서 설교자들이 편하게 읽고 사용할 수 있도록 각 절을 순서대로 살피면서 경어체를 겸한 쉬운 글쓰기를 하겠다.

> **6절 : 그가 모압 지방에 있어서 여호와께서 자기 백성을 권고하사 그들에게 양식을 주셨다 함을 들었으므로 이에 두 자부와 함께 일어나 모압 지방에서 돌아오려 하여**

남편 잃고 두 자식마저 잃은 나오미(와 두 며느리)는 그 후로 얼마 동안 모압에서 살았는지 모릅니다. 세 과부는 어떻게 살았을까요? 그 아픔을 어떻게 이겨냈을까요? 6절은 '일어났다'는 말로 시작합니다. 물론 이것은 어떤 행동을 시작하는 관용적인 표현입니다. 그러나 슬픔과 고통 속에서 일어났다는 의미도 됩니다. 그래서 나오미와 두 며느리들이 한 맺힌 삶을 털고 일어났다는 뜻으로 읽을 수 있습니다. 일어났다는 것은 단수동사인데 주어는 그녀와 그녀의 며느리들입니다. 그 다음 동사들도 단수동사입니다. 주어는 복수인데 동사는 단수인 것을 어떻게 설명해야 할까요? (나중에 복수동사가 나옵니다) 이것은 복선

---

48) 여기에 대한 더 자세한 이야기는 다음을 보라. 이종록, 『새시대에 만나는 성경의 인물들』(서울: 한국장로교출판사, 2002), 185-230, "6. 아브람과 사래, 그리고 난민들."

입니다. 아직 정확하게 누가 주어인지 알 수 없기 때문입니다. 그리고 실제로 돌아가는 사람은 나오미뿐입니다. 오르바와 룻은 모압 사람이기 때문에 '돌아가는' 것이 아닙니다.

어쨌든 그들은 그곳에서 일어나 모압 들에서 어디론가 돌아갑니다. 왜 그들이 갑자기 모압을 떠나는 것일까요? 그녀가 모압 들에서 무엇인가를 들었기 때문입니다. 여호와께서 그의 백성을 찾아오셔서 그들에게 양식을 주셨다는 소문을 들었기 때문입니다. 그들에게 들려온 그 소식, 그들이 떠나온 땅, 하나님이 버리신 그 땅에 하나님이 다시 찾아가셔서 자기 백성들에게 양식을 주셨다는 소식을 들은 것입니다. 이 얼마나 기쁜 소식입니까? 히브리어로 읽으면 그 기쁨이 운율에 살아납니다. 라테트 라헴 라헴(לָתֵת לָהֶם לָחֶם). 10년 만에 흉년이 끝난 것입니다.

10년의 기나긴 흉년이 끝나고 풍년이 되자 베들레헴 사람들은 그곳에서 하나님을 만났습니다. 다시 자기들을 찾아오신 그 하나님, 하나님은 풍년으로 찾아오신 것입니다. 이스라엘 백성들은 어떤 상황에서건 그곳에 계시는 하나님을 만납니다. 그 소문을 나오미가 들었습니다. 무수하게 들려오는 소리들. 얼마나 많은 소문들을 듣고 살았을까요? 오르바와 룻도 이 소식을 들었을 것입니다. 그러나 이 소문은 나오미에게 큰 의미가 있습니다. 오르바와 룻이 그 소문을 먼저 듣고 나오미에게 전해주었을 것입니다. 탈굼에서는 천사가 나타나서 전해주었다고 합니다. 하지만 굳이 그렇게 생각하지 않아도 괜찮습니다. 중요한 것은 어떻게 그 소식을 들었느냐가 아니고, 나오미가 그 소문을 어떻게 받아들였느냐는 것입니다. 나오미에게 그 소문은 다시 돌아오라는 손짓으로 보였습니다. 그 백성을 찾아오신 하나님. 나오미도 그 백성입니다. 하나님의 백성이지요. 먼 모압에 있는 자기에게도 하나님이 찾아오셔서 다시 돌아오라고, 베들레헴 그 따스한 품으로 돌아오라고 속삭이신 것입니다.

7절 : 있던 곳을 떠나고 두 자부도 그와 함께 하여 유다 땅으로 돌아오려고 길을 행하다가

그녀는 두 며느리와 함께 그들이 지금까지 머물던 그곳을 떠나서 길을 갑니다(길을 간다고 할 때는 복수동사를 씁니다). 그것은 유다땅으로 돌아가기 위해서입니다. 유다 땅, 그곳으로 가려고 합니다. 10년 넘게 살아온 모압, 이제는 제2의 고향 같은 모압땅을 떠나는 것도 쉬운 일이 아니었을 것입니다. 10년 동안 사귀어온 사람들도 있을 것입니다. 그리고 무엇보다 그녀의 발목을 붙잡는 것은 남편과 두 아들이 묻힌 무덤이었을 것입니다. 이제 가면 그들과는 영영 이별입니다. 그러니 나오미가 모압을 떠나는 것도 쉬운 일이 아니었을 것입니다. 그렇게 마음먹는 게 쉽지 않았을 것입니다. 나오미는 유다땅으로 돌아갈 결심을 하고 남편과 두 아들 무덤을 찾았을 것입니다. 그리고 작별을 고했을 것입니다. 무덤에 난 풀을 뽑으면서 나오미는 눈물을 흘렸을 것입니다. 영영 다시 보지 못할 불쌍한 사람. 그리고 아직도 가슴저리게하는 두 아들. 그런 아픔을 안고 모압을 떠나는 것입니다. 그래도 두 며느리들이 곁에 있어서 다행입니다.

그러나 나오미는 귀향하지만 오르바와 룻은 고국을 떠나는 것입니다. 두 며느리는 남편들이 죽은 다음에도 변함없이 시어머니를 모셨던 모양입니다. 그래서 나오미가 소문을 듣고 귀향하려고 하자 그들도 같이 가겠다고 했을 것입니다. 그들은 이미 길을 나섰습니다. 모압에서의 삶을 완전히 정리하고 필요한 짐을 꾸려서 길을 떠난 것입니다. 지금으로는 그렇게 먼 거리가 아니지만 당시로는 쉽게 갈 수 있는 거리는 아니었을 것입니다. 그것도 나라가 다릅니다. 오르바와 룻의 친정식구들은 두 번의 떠나보냄을 경험합니다. 첫 번째는 이방인들에게 딸을 주었을 때입니다. 그리고 딸을 두 번째는 이제는 다시 보기 어려운 이국으로 떠나보내는 것입니다. 온가족들이 모였을 것입니다. 그리고 그들을 끌어안고 눈물로 이별을 했을 것입니다. 친정 식구들, 특히 친정 어머니의 마음은 어떠했을까요? 이방인에게 시집을 보낸 것으로도 마음 아팠을텐데, 사위가 죽고 자식도 없이 과부된 딸들을 보았을 때, 그 마음이 오죽했을까요? 그런데 이제 고국을 떠나서 시어머니와 함께 생면부지의 곳으로 간다니 얼마나 마음이 찢어졌을까요? 그 이별의 현장을 본문기자는 너무도 인정머리없게 생략해버립니다. 그러면서 우리의 감성지수와 상상력지수를 테스트합니다. 우리의 인정머리를 시험합니다. 우리가 그 빈 공간을 어떻게 메꾸는지 지켜봅니다. 이렇게 돌아가는데, 돌아간다는 말이 장소적인 의미도 있지만 비유적으로는 회개한다는 의미도 있습니다. 찬송가 중에 '돌아와 돌아와'라는 노래도 있지 않습니까? 그래서 어떤 사람들은 나오미가 돌아가는 것을 회개하는 것으로 보려고 합니다. 이것 역시 회개 콤플렉스입니다. 엘리멜렉 가족이 모압에서 어려움 당한 것은 베들레헴을 떠났기 때문이고 무엇인가 죄를 저질러서 벌을 받았기 때문이라고 생각하는 사람들은 이 '돌아간다'는 말에서 회개의 의미를 찾아내고 싶어합니다. 그러나 꼭 그렇게만 볼 필요는 없습니다. 그냥 돌아가는 것입니다. 도대체 그 유다라는 곳에는 무엇이 기다리고 있을까요? 어떤 삶이 그들을 기다리고 있는지 아무도 모른 채, 그저 그곳으로 가려고 합니다. 그것도 성공해서 돌아가는 것이 아닙니다. 남편 잃고 두 자식마저 잃고 과부된 두 며느리와 함께 돌아가는 나오미, 생각만 해도 가슴이 아픕니다.

8절 : 나오미가 두 자부에게 이르되 너희는 각각 어미의 집으로 돌아가라 너희가 죽은 자와 나를 선대한 것같이 여호와께서 너희를 선대하시기를 원하며

얼마나 갔을까요? 나오미가 두 며느리들을 불러 세웁니다. 그리고 며느리들에게 심각하게 이야기를 합니다. 본문에 다른 말이 없어도 우리는 분위기가 심각했을 것이라고 생각합니다. 그렇게 기분 좋은 귀향은 아니기 때문입니다. 서로를 의지하면서 걸어가지만 말은 많이 하지 않았을 것입니다. 그런데 나오미가 말을 하는 것을 보면 그냥 하는 말은 아닐 것입니다. 나오미가 며느리들에게 무슨 말을 했을까요? 제발 돌아가라고 말합니다. 각자 자기 '어머니의 집'(베트 엠<בֵּית אֵם>)으로 돌아가라고 합니다. 우리는 별 거리낌없이 이 구절을 읽지만 학자들은 '어머니의 집'이 조금은 거슬리는 모양입니다. 보통은 '아버지의 집'(베트 아브<בֵּית אָב>)이라고 합니다. 창세기 38장을 보면 유다가 며느리 다말을 친정으로 돌려보냅니다.

유다가 그 며느리 다말에게 이르되 수절하고 네 아비 집에 있어서 내 아들 셀라가 장성하기를 기다리라 하니 셀라도 그 형들 같이 죽을까 염려함이라 다말이 가서 그 아비 집에 있으니라(창세기 38장 11절)

여기서처럼 대체로 '아비의 집'이라고 하는데, 나오미는 왜 '어미의 집'이라고 했을까요? 룻기를 연구하는 사람들은 이것을 고민하는 모양이지만 이 문제는 심정적인 측면에서 접근해야 풀 수 있습니다. 이 말을 하는 나오미의 심정을 헤아려야 '어미의 집'으로 돌아가라는 말 뜻을 제대로 알 수 있다는 것입니다. 나오미는 왜 갑자기 두 며느리에게 각자 어머니의 집으로 돌아가라고 말하는 것일까요? 이미 짐을 싸서 귀향길에 올랐는데 말입니다. 두 며느리들에게 무슨 변화가 생긴 것은 아닌 듯합니다. 그렇다면 나오미의 심경이 변한 것입니다. 처음에는 두 며느리와 같이 가려고 했는데 그래서 짐을 싸서 함께 유다로 가는데 가면서 생각해보니 아무래도 자기가 잘못했다고 생각하는 것입니다. 두 며느리들과 함께 돌아갈 수는 없다는 마음이 든 것입니다. 왜 그렇게 생각했을까요? 그들이 모압을 떠나올 때, 나오미는 며느리들의 친정 어머니들이 두 딸들을 끌어안고 눈물흘리는 것을 보았을 것입니다. 그 모습, 딸들과 영영 헤어지는 그 어머니들의 아픈 마음을 읽었을 것입니다. 두 아들을 먼저 잃은 나오미는 그 아픔을 헤아렸을 것입니다. 그 어머니들의 마음이 얼마나 아플 것인지를 짐작했을 것입니다. 그래서 그것을 모른 체 할 수가 없었던 것입니다. 그토록 가슴아파하며 평생 동안 딸을 그리워하면서 지낼 그 어머니들 모습을 떨쳐버릴 수 없었던 것입니다.

그래서 그 어머니의 집으로 돌아가라고 하는 것입니다. 고국으로 돌아가는 시어머니를 따라서 이국땅으로 가지 말고 친정 어머니 집으로 돌아가라는 것입니다. 이미 짐작했을 것입니다만, 룻기에는 '돌아간다'는 말이 여러 번 나옵니다. 여기서도 '돌아감'에 대한 것이 관건입니다. 돌아감은 나오미에게는 유다 베들레헴으로 가는 것이고 두 며느리들에게는 어머니 집으로 가는 것입니다. 나오미는 돌아감의 원뜻을 밝히는 것입니다. 나오미가 가던 길을 멈추고 두 며느리를 불러 세운 다음 어머니 집으로 돌아가라고 이야기하는 그 장소는 아마도 모압 국경선이었을 것입니다. 한발짝 내디디면 모압땅을 벗어나는 그 경계선에 서서 나오미는 며느리들에게 이야기하는 것입니다.

그렇게 말하면서 여호와께서 그들에게 헤세드(חֶסֶד)를 베풀어주시기를 빕니다. 두 며느리가 죽은 사람들, 즉 남편들과 나오미에게 헤세드를 보여주었던 그대로 하나님이 두 며느리에게 헤세드를 베풀어주시기를 기도합니다. 우리는 이 짧은 말에서 오르바와 룻이 어떤 여자들인지 알 수 있습니다. 말을 많이 하지 않아도 우리는 알 수 있습니다. 감이 옵니다. 삘(feel)이 옵니다. 그녀들은 헤세드, 즉 의리있는 여자들입니다. 헤세드는 변함없는 사랑, 신실하고 진실한 사랑을 말합니다. 그러니까 그녀들은 한마디로 '된 사람'들이지요. 인간도리를 아는 사람들입니다. 신실한 사람들입니다. 하나님의 의리와 인간의 의리가 이곳에서 만납니다. 하나님의 헤세드와 인간의 헤세드가 만나는 곳. 그곳에서 역사가 이루어집니다. 오르바와 룻, 이 여자들은 어쩌면 이렇게도 매력적일까요? 착하디 착한 이 여인들. 그러면서도 도저히 굽힐 수 없는 그 강인함은 어디서부터 오는 것일까요? 지극한 부드러움과 지극한 강인함, 이 절묘한 조화, 그것이 바로 헤세드입니다. 우리가 자주 듣고 쓰는 말 중에 여자는 약하지만 어머니는 강하다는 말이 있지 않습니까? 여자가 결혼해서 어머니가 되면 헤세드가 생기는 것입니다. 남편과 자식들에 대한 그 끈질김, 그 포기할 수 없는 끈질김, 그것이 바로 헤세드입니다.

9절 : 여호와께서 너희로 각각 남편의 집에서 평안함을 얻게 하시기를 원하노라 하고 그들에게 입맞추매 그들이 소리를 높여 울며

나오미는 말을 계속합니다. 아직 말이 끝나지 않았습니다. 그녀는 더 구체적인 이야기를 합니다. 나오미는 여호와께서 그들에게 무엇인가를 주셔서 그들이 그것을 얻기를 기원합니다. 그것은 안식처(마노아

흐<מְנוֹחָה>)입니다. 발붙이고 살 수 있는 그런 안식처를 얻기를, 그리고 각자 남편 집을 얻기를 빕니다. 그러니까 나를 따라오지 말고 집으로 돌아가서 그곳에서 너희들을 평생 지켜주는 좋은 사람 만나서 행복하게 살라는 것입니다. 남편 잃은 여인들만큼 불쌍한 사람들은 없을 것입니다. 사회적으로 과부는 보호받아야할 대상이었습니다. 이스라엘 사람들도 그들이 반드시 돌보아야 할 사람들 가운데 과부를 포함시켰습니다. 그 보호받지 못하는 사람들, 발붙일 안식처를 잃은 사람들. 남편이 있고 없고의 차이는 인간의 운명을 바꾸어놓을 정도로 큽니다. 그것을 누구보다도 나오미가 잘 알 것입니다. 자기가 다 겪어보지 않았습니까? 남편뿐만 아니라 두 아들들까지도 잃은 나오미이니 말입니다.

그런데 우리는 여기서 놀라움을 금할 수 없는 사실을 발견합니다. 그 어려움을 겪었는데도 나오미는 여전합니다. 그녀는 마음이 전혀 강퍅해지지 않았습니다. 거의 모든 것을 잃었는데도 그녀는 전혀 괴팍스러워지지 않았습니다. 어쩌면 그 지독한 일들을 겪으면서 여전히 고운 마음을 간직할 수 있을까요? 이런 점에서 나오미는 우리를 감동시킵니다. 우리는 조금만 어려운 일을 당해도 상처입고 거칠어지기 쉽습니다. 그러다 자신을 완전히 망쳐버리는 사람들이 얼마나 많습니까? 정상적인 상황에서는 잘 살던 사람이 어떤 일을 겪으면서 자포자기에 빠져 자신을 망치고 가족들까지 망쳐서 결국에는 서로에게 씻지 못할 상처를 입히는 경우들을 종종 봅니다. 알코올 중독에 빠진 아버지가 술심부름 하지 않는다고 여중생인 딸을 때렸는데 이에 격분한 딸이 아버지를 발로 차서 죽인 끔찍한 사건을 방금 TV에서 들었습니다. 그러나 나오미는 견디기 힘든 일들을 겪었는데도, 자신을 끝까지 지켜냅니다. 나오미는 진정 놀라운 정신력을 지닌 여인입니다.

나오미는 며느리들을 포옹합니다. 이 포옹, 이것은 다시 끌어안음이 아니라 영원한 이별을 위한 예식입니다. 영영한 이별을 상징하는 이 포옹, 이 장면도 우리를 얼마나 가슴 아리게 합니까? 그랬더니 두 며느리들이 어떤 반응을 보였을까요? 그녀들은 소리를 높여서 울었습니다. 소리소리 지르면서 울었습니다. 얼마나 서글프고 한탄스러워서 그렇게 소리놓여 울었을까요? 모압 국경선에서 서로 부둥켜안고 소리 높여 우는 세 여인들. 그 한 서린 울음소리가 우리 귀에 들려오는 듯 합니다.

울지마
울지마

이 세상의 먼지 섞인 바람
먹고 살면서
울지 않고 다녀간
사람은 없어

세상은
다 그런 거야

울지 마라니까!(정채봉, "울지마")

4. 솔로몬 이야기(역대하 1장 7-13절)

지금까지 내가 이 글에서 강조해온 것은 "삶은 서사를 만들고 서사는 삶을 만든다"는 것이다. 그렇기 때문에 인간은 서사를 통해서 삶을 이해하고, 삶을 통해서 서사를 이해한다. 인간은 자신의 경험들을 통해서 나름대로 서사를 만드는데 이 자기 서사, 자기 이야기를 통해서 여러 가지 서사들을 이해하는 것이다. 그리고 자신이 아는 서사들을 통해서 인간은 자신을 더 잘 이해하고, 또 다른 사람들도 더 잘 이해할 수 있다.

그래서 솔로몬이 일천번제를 드리는 장면도 우리가 아는 역사적인 서사를 통해서 더 생생하게 이해할 수 있을 것이고, 야베스 이야기 역시 우리가 아는 삶의 이야기들을 통해서 더 명확하게 읽어낼 수 있을 것이다.

먼저 솔로몬 이야기를 살펴보자. 솔로몬과 그 일행들은 모두 놋

단을 찾아간다. 역대기 기자는 이러한 행위를 매우 의도적인 것으로 묘사한다. 솔로몬은 놋단을 찾아가서 그곳에서 일천번제를 드린다. 그러니까 천 마리 소를 하나님께 제물로 드리면서 하나님께 제사했다는 것이다. 솔로몬이 기브온 산당에 올라간 이유가 여기서 분명하게 밝혀진다. 앞에서는 그런 말이 없었기에 짐작만 할 뿐이었지만 우리는 여기서 솔로몬이 기브온 산당에 올라간 까닭이 바로 일천번제를 드리는 것이었음을 안다. 일천번제를 드리기 위해서는 소 일천 마리를 끌고 올라가야 했을 것이다. 우리는 성경을 당연하다는 투로 읽는 경우가 많다. 그래서 솔로몬이 일천번제를 드렸다고 해도 그렇구나 하고 무심하게 지나가버린다. 그런데 상식적으로 생각해보아도 소 일천 마리를 완전히 태우는 제사를 드리기 위해서는 먼저 소 천 마리를 구해서 그것들을 한 곳에 모아 놓아야 하고 그것들을 제사드리기 전까지 잘 보살폈다가 예루살렘에서 기브온까지 20리 길을 이동시켜야 하고 또 그것들을 일일이 죽이고 정성스럽게 작업을 해서 하나님께 번제물로 드려야 한다. 그러니 일천번제를 드린다는 것이 말처럼 쉬운 것이 아니다. 경제적으로도 소 천 마리를 번제로 드리는 것은 결코 쉬운 일이 아니었을 것이다. 얼마 전에 정주영씨가 북한에 소 천 마리를 보냈는데 TV로 중계까지 했던 그 장면을 생각해보면 지금부터 3000여 년 전에 솔로몬이 소 일천 마리를 예루살렘에서 기브온까지 끌고 가서 거기서 번제로 드렸다는 것이 얼마나 거창한 일인지 알 수 있을 것이다. 소 천 마리를 번제로 드리는 것은 뉴스로 치자면 완전히 특종감이다. 솔로몬으로서는 엄청 정성을 드린 제사다. 물론 솔로몬 혼자서 제사를 드린 것은 아닐 것이다. 솔로몬과 함께 올라간 사람들도 모두 그 제사에 참여했을 것이다.

그런데 솔로몬은 왜 이런 거창한 행사를 했던 것일까? 분명히 어떤 뜻이 있었을 텐데 그것이 무엇이었을까? 그것을 짐작하기 위해서 정조의 화성행차를 살펴보자.

> [조선 최대 정치이벤트–화성 회갑잔치]
> 끝이 보이지 않는 이 행렬, 여러분께는 이 행렬이 무슨 행렬로 보이십니까? (해시계 밑에서 솟아오르는 원행을묘정리의궤) 바로 이 기록 속에 저 행렬의 의문을 풀 수 있는 열쇠가 들어 있습니다. 지금으로부터 203년 전인 1795년, 정조 임금이 왕위에 있을 때 제작한 <원행을묘정리의궤>라는 제목의 기록인데 한번 볼까요. 자궁회갑연, 즉 임금의 어머니 회갑잔치라는 뜻입니다. 그러니까 정조 임금이 어머니, 혜경궁 홍씨의 회갑잔치를 하러 가는 행렬이라는 얘깁니다. 목적지는 지금의 수원인 화성이었습니다. 그런데 정조 임금의 이 화성행차에는 무려 6천여 명에 달하는 공식 수행원이 참가했고 788필의 말이 동원되었습니다. 조선이 건국한 이래로 유래가 없는 이례적인 행차였습니다. 정조는 우리에게 백성들을 위해서 수많은 개혁정책을 펼쳤던 성군으로 잘 알려진 임금입니다. 그런 정조가 어머니의 회갑잔치를 하기 위해 이렇게 많은 수행원을 이끌고 행차에 나섰다? … 언뜻 이해하기 어려운 부분입니다. 오늘 역사 스페셜에서는 정조의 화성행차에 숨겨진 진실은 과연 무엇인지 추적해보기로 하겠습니다… 지금까지 살펴본 것을 종합해보면 화성행차는 어머니 혜경궁 홍씨의 회갑잔치를 명분으로 왕권을 강화하고 새로운 정치를 하기 위해 주도면밀하게 계획된 정조의 정치 이벤트였습니다. 사실 조선시대에 개혁을 시도했던 임금은 한. 두명이 아니었습니다. 그런데도 우리가 정조를 특히 주목하고 높이 평가하는 이유는 분명합니다. 하나는 단순히 형식적인 차원이 아니라 실질적으로 백성들의 목소리에 귀를 기울이고 그러한 민의를 바탕으로 정치를 하려고 했던 분명한 목표가 있었고 둘째는 그런 목표를 향한 개혁을 재위 24년 동안 변함없이 한걸음 한 걸음 치밀하게 펼쳐나갔다는 점, 그리고 셋째는 그러한 과정을 하나도 빠짐없이 투명하게 기록으로 남겼다는 사실입니다. 정조는 재위시절 어느 한 순간도 개혁을 향한 믿음을 버리지 않았던 것입니다. 지금 우리 사회는 개혁에 대한 무수한 논의를 하고 있습니다. 이러한 시기에 우리가 정조를 떠올리는 것은 정조가 보여주고 있는 개혁의 정신과 믿음이 200여 년의 시

간을 넘어서 여전히 우리의 지표로 살아있기 때문일 것입니다.[49)]

정조처럼 솔로몬도 무슨 계획이 있었을 것이다. 그리고 그것을 '온 이스라엘'에 알렸을 것이고 그들은 그 계획에 동조했을 것이다. 솔로몬은 기브온 행차를 통해서 나라를 새롭게 하려고 했을 것으로 보인다. 솔로몬은 기브온 행차를 나라발전을 위한 새로운 계기로 삼으려고 했을 것이고 이스라엘 사람 모두가 거기에 동조했을 것이다. 솔로몬은 그 거창한 일을 제사드리는 것으로 시작하려 한다. 우리는 솔로몬이 일천번제 드리는 과정이 어떠했는지는 알 수 없다. 역대기 기자도 그런 것에는 관심이 없다. 아니 역대기 기자는 당시 사람들이 잘 안다고 생각해서 그냥 지나간 것인지도 모르겠다. 어쨌든 그 엄청난 제사에 관해서는 '일천번제'(올로트 알레프<עֹלוֹת אָלֶף>)라는 짧은 한마디로 마무리하고 지나간다.

지금까지 솔로몬의 기브온 행차가 갖는 정치적인 의미를 정조의 화성행차를 통해서 유추해보았다. 정조의 화성행차라는 TV 서사를 통해서 솔로몬의 기브온 행차라는 성경서사를 풀어내는 것이다. 이것이 바로 서사를 통해서 서사를 이해하는 방식이다. 이렇게 함으로써 서사들이 교류하고 새로운 서사가 형성되는 것이다. 그리고 이 새로운 서사 경험을 통해서 우리는 새로운 세계를 경험하고 새로운 삶을 만든다.

5. 야베스 이야기(역대상 4장 9-10절)[50)]

이번에는 역대상 4장 9-10절에 나오는 야베스를 생각해보자. 여

---

49) KBS 역사스페셜(제6회) 1998년 11월 28일(토).

50) 야베스에 대한 더 자세한 이야기는 다음을 보라. 이종록, 『새시대에 만나는 성경의 인물들』(서울: 한국장로교출판사, 2002), 103-142, "4. 야베스:장애를 넘어서."

기서도 서사를 통해서 서사를 이해하는 방식을 살펴보려고 한다. 즉 신문 서사를 통해서 성경서사를, 또 성경서사를 통해서 다른 성경서사를 읽어내려는 것이다. 일종의 상호텍스트성(intertextuality)[51)]이다.

'야베스'라는 이름은 야베스 어머니가 지었는데 그녀가 야베스를 낳고 아들 이름을 굳이 야베스라고 지은 까닭이 무엇일까? 본문을 통해서나 역사적인 연구를 통해서 밝혀내기는 거의 불가능하다. 그렇기 때문에 이 장면을 출산에 대한 직간접적인 경험들을 통해서 이해해보기로 하자. 야베스 어머니는 왜 자식 이름을 야베스라고 했을까? 이렇게 질문하면서 우리는 야베스라는 이름이 매우 좋은 이름일 것으로 기대한다. 사람들이 이름을 지을 때 그냥 짓는 법이 없다. 여러분 이름도 생각해보라. 막 태어난 아이 이름을 짓는 사람들은 정말 심사숙고해서 이 아이가 평생 복받고 부귀영화를 누리면서 살라는 마음으로 이름을 짓는다. 어느 부모인들 자기 자식 이름을 좋게 지어주고 싶지 않은 부모가 어디 있겠는가? 그러니 당연히 어머니가 자식을 낳고 이름을 지었으면 그 이름은 매우 훌륭한 이름일 것으로 생각하고 기대한다. 더구나 야베스는 그 형제들보다 존귀하고 탁월한 사람이라고 하지 않는가? 그런데 해설자는 이러한 우리 기대를 또 무참히 깨버린다. 야베스라는 이름의 뜻이 무엇인가? '내가 수고

---

51) "쥴리아 크리스테바(Julia Kristeva)가 도입한 텍스트 相互關係(intertextuality)라는 용어는 공공연하거나 은밀한 인용이나 引喩에 의해서 또는 전에 읽은 텍스트나 나중 텍스트의 특성을 동화하거나 단순히 공통적인 고정된 문학적 규약이나 관례에 참여함으로써 한 문학텍스트가 다른 텍스트를 반향하거나 그것과 끊을 수 없이 연결되는 다양한 방식을 의미하기 위해서 사용된다." M. H. Abrams, *A Glossary of Literary Terms*, 311. '상호텍스트성에 대한 설명은 Viktor Zmegac, Dieter Borchmeyer, *Moderne Literatur in Grundbegriffen*, 류종영·백종유·이주동·조정래 공역, 『현대 문학의 근본개념사전』(서울: 솔출판사, 1996), 209-214를 보라.

로이 낳았다.' 야베스 어머니가 한 말을 직접 화법으로 기록한다. 우리말 순서로는 '내가 수고로이 낳았다'지만, 히브리어 순서로는 '내가 낳았다 수고로이'다. 그래서 히브리어로 읽으면 '수고로이'보다 '낳았다'는 말을 먼저 읽는다. 야베스 어머니가 야베스를 낳았다는 구절을 읽으면서 사람들은 출산의 경험을 떠올릴 것이다. 자기가 어떻게 태어났는지를 생각하면서 출산에 대해 여러 가지를 생각할 것이다. 출산과 관련된 에피소드들도 생각할 것이다. 이렇게 해서 야베스 출산 이야기를 모두의 출산 이야기로 확대하는 것이다. 더 중요한 것은 사람들이 본문을 읽으면서 자신의 출산경험을 떠올린다는 것이다. 그렇기 때문에 본문을 읽는 작업은 바로 출산경험을 되살리는 회상행위이기도 하다. 그런데 남자와 여자가 본문을 읽는 정도가 다를 것이다. 이 본문은 남자보다는 여자가 더 실감나게 읽을 것이다. 그래서 본문을 읽을 때 남성들보다는 여성들이 더 적극적으로 참여할 것이다. 이렇듯 출산경험을 통해서 본문과 독자는 상통한다.

그런데 본문을 읽다보면 그 고통이 누가 당한 고통인지가 명확하지 않다. 이런 불분명함은 어머니와 야베스 어느 한 사람만 고통을 당한 것이 아니고 둘 다 고통을 당했음을 보여주는 효력을 발휘한다. 그래서 이 구절을 '내가 고통 중에 있는 너를 고통스럽게 낳았다'로 읽는 것이 좋겠다.

먼저 어머니가 겪었을 고통을 생각해보자. 출산은 모든 산모들에게 너무도 고통스러운 일이다. 오죽하면 산모가 출산하러 방에 들어가면서 댓돌에 놓인 신발을 한번 더 보고 들어갔을까? 살아서 나올지 죽어서 나올지 모르기 때문이다. 출산은 그렇게 어려운 일이다. 그렇다고 해도 모든 어머니들이 자기 자식 이름을 '야베스'라고 짓지는 않는다. 우리식으로 말하면 박고통, 김산고, 이진통 이런 식으로 이름을 짓지 않는다는 말이다. 그러니 야베스 어머니가 이름을 야베스라고 짓는 데에는 어머니들이 보통 자녀를 낳으면서 겪는 고통을 훨씬 능가하는 고통 속에서 야베스를 낳았음을 알려준다. 산모가 죽느냐 아니면 아이가 죽느냐 둘 다 죽느냐라는 긴박한 상황이 있었음을 보여주는 것이다.

성경을 어느 정도 아는 사람이라면 '야베스'라는 이름이 만들어지는 과정을 보면서 베노니, 즉 베냐민의 출생을 떠올렸을지도 모른다.

> 16 그들이 벧엘에서 발행하여 에브랏에 이르기까지 얼마 길을 격한
> 곳에서 라헬이 임산하여 심히 신고하더니 17 그가 난산할 즈음에 산
> 파가 그에게 이르되 두려워 말라 지금 그대가 또 득남하느니라 하매
> 18 그가 죽기에 임하여 그 혼이 떠나려 할 때에 아들의 이름은 베노니
> 라 불렀으나 그 아비가 그를 베냐민이라 불렀더라 19 라헬이 죽으매
> 에브랏 곧 베들레헴 길에 장사되었고 20 야곱이 라헬의 묘에 비를 세
> 웠더니 지금까지 라헬의 묘비라 일컫더라(창세기 35장 16-20절)

라헬은 고통이 얼마나 심했길래 아들 이름을 베노니(בֶּן־אוֹנִי), '내 고통의 아들'이라고 지었을까? 이 고통은 출산의 고통도 의미하지만 심리적인 아픔도 의미한다. 라헬은 어머니가 누군지도 모르는 핏덩이를 낳고 세상을 떠나면서 얼마나 마음이 아팠을까? 누가 이 아이를 돌봐줄 것인가? 어미 없이 어떻게 세상을 살아갈꼬? 찢어지는 아픔을 안고 라헬은 차마 감을 수 없는 눈을 감았을 것이다. 태어나서 얼마 지나지 않아 어머니를 잃은 베냐민의 삶도 참 불우한 삶이다.

야베스가 태어날 때도 상황이 비슷했던 모양이다. 야베스는 베냐민처럼 살아남았는데 야베스의 어머니는 어떻게 되었는지 모르겠다. 라헬처럼 야베스를 낳고 나서 세상을 떠난 것은 아닐까? 그랬을 가능성도 크다. 우리는 '야베스'라는 이름에서 어머니가 겪었을 고통을 생각한다. 이 문장에서 '때문이다'에 해당하는 히브리어 '키'(כִּי)는

'정말로'라는 의미를 갖기도 한다. 그러면 이 구절은 '정말로 내가 (너를) 고생고생하면서 낳았다'는 말이 된다. '내가 너 낳느라 죽을 고생을 했다'는 말이다.

그런데 야베스 어머니가 겪었을 그 죽을 고통은 본문에 야베스와 야베스 어머니 외에는 다른 사람들이 등장하지 않는다는 점에서 야베스 어머니 홀로 겪은 고통으로 부각된다. 사람들이 야베스를 가리켜서 '그 형제보다 존귀한 자'라고 불렀으니까 분명히 야베스 형제들(물론 "형제"라는 말이 언제나 친형제만을 가리키는 것은 아니다)도 있었을 것이고 아버지도 있었겠지만 본문에는 야베스와 어머니 두 사람만 등장한다. 본문기자는 두사람만 등장시킴으로써 어머니가 야베스를 낳는 순간 누구도 야베스 어머니의 고통에 동참하지 못했다는 사실을 강조한다. 모든 고통을 어머니 혼자서 짊어지는 것이다. 그런 어머니의 모습을 보면서 우리는 자식으로 인해서 당하는 고통들을 모두 혼자서 간직한 채 사셨던 우리 어머니들을 생각한다.

만약 야베스가 장애인으로 태어났다면, 본문에 나타나는 것들을 통해서 생각해보건대 아마도 증세가 심한 중증장애인이었을 것이다. 홀로 살아가기가 버거운 상태였을 것이다. 야베스 부모는 장애인으로 태어난 자식을 보면서 이 아이가 앞으로 어떻게 살아갈 것인지 염려했을 것이다. 태어날 때도 힘들었지만 그 자식이 앞으로 험한 삶을 살아갈 것을 염려하고 마음 아파하는 부모들. 그런 부모들, 야베스 부모같은 이들이 지금도 얼마나 많은가?

□엄마, 나도 걷고 싶어요□

『엄마, 언제쯤 다시 학교에 갈 수 있죠. 나도 걷고 싶어요….』 충남 홍성군 광천읍 원촌리에 사는 전종성군(15). 그가 요즘 입버릇처럼 어머니(임재순·44)에게 묻는 말이다. 그럴 때마다 임씨는 아무 말없이 고개를 돌려 눈물을 훔친다. 임씨가 아들의 '못된 병'을 안 것은 5년 전

> 초등학교 3학년 때였다. 자주 넘어지고 아파트계단을 오르지 못해 병원으로 데리고 갔더니 차츰 근육이 마비되는 진행성근육병(PMD)이란 진단이었다. 청천벽력이었다. 휠체어에 의지해 지난해 간신히 초등학교는 졸업했지만 증세가 악화돼 중학교 진학을 포기할 수밖에 없었다. 그동안 전세금을 빼 서울 대전의 큰 병원을 찾아다니는 등 온 가족이 정성을 다해 보살폈지만 허사였다. 다리부터 시작된 근육마비 증세가 어깨까지 올라와 이제 스스로 움직일 수 있는 근육은 입과 손가락뿐이다. "곧 심장근육도 마비돼 제 곁을 떠날 수밖에 없다고 합니다…." 아버지 전기용(全基龍·50)씨는 목이 메어 말을 잇지 못했다. 전군의 가족이 한가지 위안으로 삼고 있는 것은 최근 연세대의대 영동세브란스병원에서 국내에선 처음으로 근육병 환자에게 근육세포이식 수술을 했다는 것. "아들을 걷게만 해준다면 그 분을 위해 무슨 일인들 못하겠습니까." 28일 오전 전군이 "엄마 걷고 싶어요"라고 말하자 임씨는 아들을 가슴에 묻고 또 하염없이 흐느꼈다.[52]

이 이야기를 통해서 우리는 야베스 이야기를 더 생생하게 읽을 수 있을 것이다. 이렇듯 이야기들은 서로 소통한다. 이야기가 이야기를 선명하게 만들어주는 것이다.

나오기

이제 "이야기"를 마치기로 하자. 삶은 이야기를 통해서 형성되고, 이야기는 삶을 통해서 만들어진다. 이러한 연쇄작용, 또는 '해석학적인 순환'이 인간의 삶을 이룬다. 그렇기에 우리네 삶은 이야기하기 자체라고 할 수 있을 것이다. 그리고 지금까지 살펴본 것처럼 성경읽기는 '서사로 소통하는 삶·삶으로 소통하는 서사'이며 이것은 기본적으로 '삶이 있는 성경읽기'를 지향한다. 다른 방법론들이 다

52) 동아일보 1999년 3월 29일자.

사라진다고 해도 삶이 있는 성경읽기, 삶을 이야기로 풀어내는 독서방식, 이야기로 삶을 엮어가는 독서방식, 즉 "서사로 소통하는 삶·삶으로 소통하는 서사"적인 독서방식은 결코 사라지지 않을 것이다. 부단히 언어의 폐쇄성을 깨뜨리면서 다양한 서사들이 얽혀서 서로를 이해케 하고 그 이야기들이 다시 새로운 이야기를 만들어내는 '삶이 있는 독서'는 바로 우리 인간들의 삶 그 자체이기 때문이다.

'아브람과 사래, 그리고 난민들'이라는 글에서 나는 이런 말을 했다.

> 하나님이 바로와 그 집에 큰 재앙을 내리셨다는데 그것이 어떤 재앙인지는 알 수 없다. 성경기자가 전혀 힌트를 주지 않기 때문에 우리는 그것이 무슨 재앙인지 알아낼 수가 없다. 창세기 20장을 보면 '하나님이 태를 닫으셨다'(18절)는 말이 나오는데 그런 종류일지도 모른다. 어쨌든 성경기자는 그 재앙이 어떤 재앙이냐 하는 것보다 그 재앙을 하나님이 내리셨고 그리고 하나님이 사래를 위해서 그 재앙을 내리셨다는 사실에 주목한다(히브리 성경에서 17절). 하나님이 역사에 개입하시는 것을 말한다. 우리 하나님은 아브람 때문이 아니고, 아브람의 아내 사래 때문에 인간역사에 개입하신다. 하나님은 그 말도 안 되는 신파조의 사건을 그대로 두고 보실 수가 없었던 모양이다. 그래서 그 일에 개입하시는 것이다. 나는 이것을 엠마누엘 레비나스의 말을 빌어서 '삶으로의 초월'이라고 하고 싶다.[53] 인간사에 개입하시는 하나님. 인간사는 인간만이 엮어가는 것이 아니다. 하나님이 개입하지 않으시는 인간사라는 게 어디 있을까? 우리는 삶을 벗어나서 이 세상을 벗어나서 우리를 벗어나서 하나님께로, 하나님이 계신다는 그곳으로

53) "즉 자아와 타자를 연결해주는 것은 바로 '초월'이다. 형이상학적으로 다른 타자에로 향해 가는 움직임, 이행이다. 레비나스는 이같은 초월의 운동이야 말로 형이상학적 관계, 윤리적 관계라고 말한다." 김연숙, 『레비나스 타자윤리학』(서울: 도서출판 인간사랑, 2001), 96.

> 가려고 발버둥을 치는데 하나님은 오히려 그곳을 벗어나서, 그곳을 초월하셔서 우리 인간삶 속으로 들어오신다. 그러니 초월은 인간이 하는 것이 아니고, 하나님이 하시는 것이다. 하나님이 삶으로 초월해 들어오시는 것이다. 가장 극적인 초월이 바로 예수님이시다. 신이 인간이 되어서 이 땅으로 초월해 들어오시는 사건. 그래서 이 세상에서 우리와 함께 사시다가 죽으시고 땅에 묻히신 신. 영생을 초월해서 죽음을 맞으신 그 분, 그 분이 가장 사랑하는 것이 바로 이 삶이다. 인간사다.[54)]

그래서 나는 <새 시대에 만나는 성경의 인물들>(성경읽기는 사람들을 만나는 일이다. 우리는 성경읽기를 통해서 성경 속 인물들뿐만 아니라 성경 밖 인물들도 만난다)이라고 제목붙인 책의 중심주제를 '삶으로 초월'이라고 했다. 성경읽기를 천직으로 알고 오늘도 그 책임을 성실히 수행하려는 나에게 하나님은 성경읽기는 다름아닌 '삶으로 초월'임을 일깨워주신다. '삶으로 초월'은 삶에로 초월해들어가는 것(transcendence toward our life)을 뜻하기도 하고 살아감으로써 초월하는 것(transcendence through our life)을 뜻하기도 한다. 이런 성경읽기는 다름아닌 '삶의 해석학'이다. 글을 쓰고 책을 펴내는 일들, 즉 "내 이야기하기"도 나를 넘어서서 타인에게로 나아가는 '소통'의 삶을 지향하기 때문에 이야기하기의 한 방편인 글쓰기 역시 '나'를 초월해서 '우리'가 함께 어우러지는, 삶으로 초월하는 일이라고 나는 믿는다. 하지만 말이 쉽지 나를 초월해서 타인에게로 나아가는 일이 어찌 쉬운 일이겠는가? 그렇기에 글쓰기는 고행이며, 성경읽기는 고행일 수밖에 없다. 아니, 삶이 고행이라는 말처럼 글쓰기와 성경읽기라는 '이야기하기'(서사행위 또는 행위로서의 서사)는 바로 내

---

54) 이종록, 『새 시대에 만나는 성경의 인물들』(서울: 한국장로교출판사, 2002), 215.

자신을 넘어서려는 부단한 수행으로 엮어지는 우리네 일상 삶이다.

이제 "삶이 있는 성경읽기"가 자기성찰을 목적하는 윤리적 행위[55], 즉 삶과 서사의 해석학적 순환임을 일깨워주는 리쾨르의 말로 글을 마무리하자.

> 하나의 텍스트를 해석하는 과정은 한 주체의 자기 해석에서 절정에 도달한다. 그 주체는 그때부터 비로소 자기를 더 잘 이해하고, 자기를 달리 이해하고 또는 자기를 이해하기 시작한다고 말할 수 있다. 텍스트의 이해가 자기 이해에서 완성된다는 것은 내가 여러 곳에서 <구체적 반성>이라고 부른 반성철학의 한 특징이다… 텍스트를 이해하는 것은 그 자체로서 목적이 아니다. 그것은 직접적 반성의 편법으로 자기 인생의 의미를 발견하지 못하는 한 주체의 자기와의 관계를 중재해준다. 그래서 반성은 기호와 작품의 중개가 없이는 아무것도 아니며 설명은 만약 그것이 하나의 중간 단계로서 자기 이해의 과정에 통합되지 않는다면 아무것도 아님을 확실히 해두어야 한다. 요컨대 해석학적 반성-또는 반성적 해석학-에서 자아(self)의 구성은 <의미 meaning>의 구성과 동시에 발생한다.[56]

---

55) 성경읽기의 윤리성에 대해서는 독자적인 주제로 다룰 생각인데, 여기에 대해서는 우선 다음 책들을 보라. Daniel Patte, *Ethics of Biblical Interpretation-A Reevaluation* (Louisville: Westminster John Knox Press, 1995), Walter Brueggemann, *Interpretation and Obedience - From Faithful Reading to Faithful Living* (Minneapolis: Fortress Press, 1991), Robert Eaglestone, *Ethical Criticism-Reading After Levinas* (Edinburgh: Edinburgh University Press, 1997).

56) Paul Ricoeur, *Du Texte à l'action- Essis d'herméneutique II*, 박병수·남기영 편역, 『텍스트에서 행동으로』, 182-183.

3. 성경이 아직도 증빙자료인가?

각 교단 북한선교정책의 성경적 근거제시방식에 대한 비판

우리는 성경을 바르게 읽고 바르게 해석하는가? 성경을 바르게 사용하는가? 기독교인들은 무엇을 하든 그것에 관한 성경적인 근거를 제시하는 것을 기본원칙으로 삼는데, 이런 태도는 성경을 하나님 말씀으로 인정하고 거기에 최고 권위를 부여하는 기독교인들로서는 지극히 당연한 일이다. 그런데 문제는 그럴 때 기독교인들이 성경을 제대로 사용하는가 하는 것이다. 기독교인들이 성경을 바르게 사용하는지의 여부는 "논의 자체가 성경에서 출발하는가 아니면 논의를 위해서 성경을 자의적으로 이용하는가"로 판단할 수 있다.

최근 국내 각 교단에서 발표한 북한선교관련 문건들을 살펴보고 각 교단이 북한선교에 대한 성경적 근거를 바르게 제시하는지를 밝히려는 것이 이 글을 쓰는 목적이다. 다시 말하면 각 교단이 북한선교와 관련한 언급을 하면서 성경을 바르게 읽고 해석하는가, 즉 성경을 바르게 사용하는가를 검토하려고 한다. 문건들이 갖는 선언적인 성격으로 인해서 그들이 제시하는 성경적 근거제시가 단순한 본문

인용(장절표기)에 국한된 경우가 많고 북한선교에 대한 성경적 근거를 밝히는 것을 목적으로 하지 않은 까닭에 성경본문을 심층적으로 다루지 않아서 이 연구가 매우 피상적이고 단순할 수밖에 없음을 미리 밝혀둔다. 그리고 교단마다 성경사용양태가 대동소이하기 때문에 교단별로 나누지 않고 전체적으로 종합해서 살펴보려 한다. 필요한 경우 개인적인 문건들도 다룰 것이다. 이러한 작업을 통해서 한국교회가 북한선교와 관련해서 성경을 어떻게 사용하는지 검토하려 한다.

본 논문은 세 부분으로 이루어진다. 먼저 성경사용에 대한 몇 가지 원칙을 제시하고, 그 원칙들에 근거해서 한국교회의 북한선교에 대한 성경적 근거제시, 즉 성경사용방식을 비판할 것이다. 그리고 마지막으로 성경을 읽는 구체적인 방법을 제시하고자 한다.

I. 성경을 어떻게 사용해야 하는가?

1. 성경을 증빙자료로 사용하지 말아야 한다

성경본문을 사용하려고 할 때 가장 단순하면서도 쉬운 방법은 성경본문을 자신이 하려는 말에 대한 증빙자료로 제시하는 것이다. 교리식 성경연구에서 사용하는 방식이 바로 성경을 증빙자료로 제시하는 것인데 이런 방식이 필요할 때도 있겠지만 가능하면 이런 방식으로 성경을 읽지 않는 것이 좋다. 이런 방식은 성경을 매우 자의적으로 읽고 자기 필요에 따라서 성경을 사용할 위험이 많다. 이것은 성경이 무엇을 말하는가에 관심을 갖지 않고, 우리가 말하는 것을 뒷받침하는 데 성경을 임의적으로 이용하기 때문이다. 이것은 결코 바람직하지 않은 성경사용방식이다. 성경을 증빙자료로 사용하는 것은 각 본문이 갖는 특수성을 고려하지 않고, 모든 본문들을 평면적인 차원에서 다루기 때문에 각각의 본문들을 제대로 읽어내지 못하게 하고, 오히려 심도 깊은 성경연구를 방해한다.[57] 그렇기 때문에 특정한 주제에 관련 있는 것으로 보이는 여러 본문들을 충분한 연구 없이 무책임하게 나열하기 보다는 특정한 성경본문을 깊이 있게 연구해야 한다. 그리고 주제에 관한 어원적 고찰도 중요하고, 그 어휘들을 담고 있는 다양한 본문들을 인용하는 것도 필요하지만 이런 작업들 보다는 중요한 본문을 깊이 있게 연구하는 것이 필요하다.

2. 성경을 단순하게 사용하지 말아야 한다

그리고 기독교인들이 애써서 성경을 인용할 때 그 본문을 표피적으로만 읽는 버릇이 있는데, 이것도 버려야 한다. 성경본문을 연구할 때, 본문을 피상적으로 받아들이지 말고 여러 가지 측면을 고려하면서 읽어야 한다. 본문을 단순하게 읽지 말라는 것이다. 성경본문이 아무리 단순해보여도 자세히 살펴보면 그렇게 단순하지 않을 뿐만 아니라 그 성경본문을 읽고 해석해서 적용하려는 우리 삶도 결코 단

---

57) 성경을 증빙자료로 사용하는 방식은 교회의 교리를 입증하기 위해서 성경을 사용한 개신교스콜라주의에서 나타난다. “개신교 스콜라 학파의 후손으로 출현한 만큼 그 기본적인 전제는 모계(母系)의 특수성을 그대로 반영하고 있다. 그것은 교회의 교리가 그리스도교 종교의 올바른 해석을 담고 있다는 신념으로부터 시작한다. 그리고 이 해석은 모든 시대에 불변한 진리로 여기게 되는 것이다. 그들은 문자 그대로 하나님의 말씀인 성서가 초자연적인 인정을 해준다는 것으로 권위를 삼는다. 따라서 성서의 무오성은 절대적인 필요성이며 그러기 위해서는 철자까지도 완전하다는 주장을 펴게 된 것이다. 그리고 성서는 균등하게 다 권위적이며 구약성서와 신약성서가 조금이라도 다르다는 생각은 전혀 존재하지 않는다. 그럼에도 성서의 역할이란 조직 신학의 교리를 증명하는 증빙자료에 불과한 것이므로 성서에 부과된 무오성의 권위는 무오한 교리보다는 뒤떨어지는 것이다.” John H. Hayes and Frederick C. Prussner, *Old Testament Theology - Its History and Development*, 장일선 옮김, 『구약성서신학사』(서울: 도서출판 나눔사, 1991), 34.

순하지 않고 또 우리가 다루려는 남북화해와 통일 같은 문제들은 개인적인 차원을 벗어나는, 사회·정치적이고 경제적이고 외교적이며, 국가적이고 국제적인 차원의 일이기 때문이다. 북한선교는 신앙적인 차원의 문제만이 아니고 그것을 넘어서는 더 복잡한 문제이다. 성경도 개인적인 차원에서 기록한 책이 아니다. 본문에는 그 본문을 기록한 사람들의 사상과 의도가 담겨 있다. 그것을 간파하면서 본문을 읽어야만 한다. 그렇게 하기 위해서는 성경본문이 발생한 당시의 사회·정치적이고 경제적인 상황을 고려해야 한다. 그런 상황 속에서 본문기자가 어떤 입장, 어떤 이데올로기를 갖고 무엇을 목표로 삼았는지, 글쓰기를 통해서 무슨 유익을 얻으려고 했는지를 밝혀내야 한다.[58] 그렇게 하지 않으면 성경읽기는 현실성 없는 원론적인 차원에서 그칠 우려가 있다.

3. 성경을 수사적으로 사용하지 말아야 한다

우리는 앞에서 말한 것처럼 성경읽기를 단순화시키는 유혹에 빠지지 말아야 하는데 다면적인 성경읽기를 통해서 구체적인 실천방안없는 수사적이고 선언적인 차원, 즉 그야말로 말뿐인 차원을 벗어나야 한다. 예를 들어 우리는 "하나님이 이 민족을 통일시켜주실 것이다"라는 식의 말을 많이 하는데 선언적으로는 이 말이 맞지만 우

---

58) "성서를 이해하는 일은 항상 다음의 세 가지 사실 중 하나가 무시될 때, 위험에 처할 수 있다. 즉 성서 텍스트가 이데올로기적 산물이라는 사실, 해석자는 어떤 특수한 이데올로기의 형태 안에서 텍스트를 읽고 있다는 사실, 그리고 고대 이스라엘의 이데올로기는 역사적, 문화적으로 우리 자신들의 시대와 멀리 떨어져 있다는 사실이 그것이다." David J. A. Clines, *Interested Parties-The Ideology of Writers and Readers of the Hebrew Bible*, 김병하·김상래·김종윤·정승우 옮김, 『포스트모더니즘과 이데올로기 성서비평 — 히브리 성서 기자들과 독자들의 이데올로기』(서울: 한들출판사, 2000), 27-28.

리의 통일논의는 이런 신앙적 수사에서 그칠 것이 아니고 하나님의 의지가 어떻게 드러날 것이며 우리가 그 일에 어떻게 동참할 것인지를 구체적으로 논의해야 한다. 그 선언을 현실적으로 적용하려고 할 때, 어떤 문제들이 있는지를 고려해야 한다. 우리가 해야할 사역은 신앙적인 고백으로 시작해야 하지만 결코 신앙고백에서 그쳐서는 안 된다는 것을 기억해야 한다. 지금 성경을 읽는 사람들은 우리들 자신이며, 우리는 우리가 사는 이 시대의 문제를 안고 그 문제를 풀기 위해서 성경을 읽기 때문이다.[59]

II. 성경을 적합하게 사용하는가?

1. 성경은 아직도 증빙자료인가?

각 교단의 북한선교에 대한 성경적인 접근방식을 살피면서 제일 먼저 느낀 것은 성경사용이 매우 피상적이고 상투적이라는 것이다. 어느 문건도 특정한 주제에 대한 성경연구를 제대로 하지 않았다.[60] 그저 평소에 많이 인용하는 구절들을 별생각 없이 그대로 사용한 것으로 보인다. 성경을 연구하면서 거기서 메시지를 찾아내는 것이 아니고 그들이 말하려는 것들을 먼저 정리한 다음에 그것을 입증해줄 만한 성경구절들을 형식적으로 덧붙인 것이다. 그들이 말하려는 것

---

59) "독자들도 이데올로기적 투자를 한다-무엇을 읽기로 선택할지, 그들이 읽은 것을 그들 자신의 사고 구조 안에서 어떻게 통합시킬 것인지, 그들이 읽은 것을 어떻게 보도할지, 그리고 다른 사람들에게 그같은 작품을 읽으라고 어떻게 추천하고 주장할지 등등. 전체적으로, 저자들과 독자들은 결코 그들 자신의 활동에 무관심한 방관자들이 아니라 쓰고 읽을 때에 그들 자신의 이데올로기를 추진하는 프로모터들이다." David J. A. Clines, 33.

60) 물론 교단에서 발표하는 선언적인 문건에서 깊이 있는 성경연구를 기대하는 것이 무리일 줄 안다.

을 뒷받침하기 위해서 성경을 증빙자료(proof-text)로 사용했다는 것이다. 이렇게 한 이유는 성경적이고 신학적인 근거를 가지고 어떤 일을 시작하기 보다는 현실적인 차원에서 일을 시작하고 추진하면서 거기에 맞는 성경구절들을 임의적으로 인용해왔기 때문으로 생각한다. 이런 경우에 성경은 우리가 읽고 연구해야 할 텍스트가 아니고 자기주장을 정당화하기 위한 자료집으로 전락한다. 그래서 "우리에게 성경이라는 텍스트가 있는가?"라는 질문을 할 수밖에 없다.[61] 성경을 증빙자료로 사용하는 양태는 다음 글들에서 명확하게 나타난다.

> "땅끝까지 이르러 내 증인이 되리라"(행 1:8)의 땅끝은 북한처럼 오늘날 복음의 문을 닫고 있는 나라는 아마 더 이상 없을 것이다. 그러나 아무리 겨울이 추워도 하나님은 북한 땅에 영적인 봄의 계절이 오게 하실 것이다. 그리고 정치적인 통일, 민족적인 통일 나아가 남북한이 그리스도안에서 영적으로 통일된 통일조국이 되기까지 우리는 기도하면서 신실하게 준비해 나가야 한다.[62]

> 또한 노회와 총회는 지교회의 북한교회재건 준비를 올바로 지도하고 독려해야 함에도 불구하고 무관심과 방관하는 형편이어서 장자교단이라는 명성에 걸맞는 통일준비를 추진하는데 미흡한 것 같다. 10년 전 동서독 통일은 서독 개신교회(EDK)의 치밀한 계획과 소리 없는 동독교회 지원으로 가능했다는 교훈을 타산지석으로 삼아야 한다. 물론 해외선교도 중요하지만 '그가 우리를 위하여 목숨을 버리셨으니 우리가 이로써 사랑을 알고 우리도 형제들을 위하여 목숨을 버리는 것이 마땅하니라'(요일 3:16)라는 말씀을 기억하고 형제사랑 차원의 북한선교에 좀더 관심을 기울여야 하겠다.[63]

---

61) 이 말은 스탠리 피쉬가 쓴 책 제목에서 빌려왔다. Stanley Fish, *Is There A Text in This Class? The Authority of Interpretive Communities* (Cambridge: Harvard University Press, 1980).

62) 『기독교대한성결교단의 북한 선교 전략』, 2000년, 총회본부 선교국.

우리는 이 땅위에 예수 그리스도의 복음을 주셔서 예수 그리스도의 십자가 죽음과 부활을 알게 하시고, 복음을 믿는 우리로 하여금 하나님의 자녀를 삼으시고 죄악에서 구원하심을 감사드린다. 또한 하나님의 성령께서 분단된 우리 민족의 역사 속에서 민족의 평화통일을 위하여 하나 되게 하시며 일할 수 있는 선교적 사명을 우리에게 주신 것을 감사드린다. 왜냐하면 예수 그리스도 구원의 복음은 바로 평화의 복음이기 때문이다.

우리는 하나님께서 우주 만물을 창조하신 한 분 창조주(창1:1)이심과 모든 인간이 하나님의 자녀로 부르심을 받았음(롬 8:14-17; 갈 3:26; 4:7)을 믿으며 예수 그리스도께서 평화의 왕(엡 2:13-19)으로 오셔서 분단과 갈등, 대립과 분열을 사랑과 용서로 하나 되게 하심으로 분단 구조를 해소하고 평화와 화해로 새 하늘과 새 땅의 하나님의 나라(눅 4:18; 요 14:27)를 이루도록 선포하셨다.

예수 그리스도는 평화를 위하여 일하는 사람들에게 복을 내리시고, 그들이 바로 하나님의 아들이라고 말씀하셨다(마 5:9).

이제 우리는 평화의 사도로 부름을 받았고(골 3:5), 반세기 동안이나 이어져 오는 남북 분단과 대립을 해소하여 평화통일을 이루는 일이 그리스도인들이 감당해야할 이 시대의 선교적 사명임을 믿는다.[64)]

우리 교단의 선교 정신은 20세기 들어 세계 교회가 자각하고 공동으로 고백한 '하나님의 선교' 신학정신을 공유한다. '하늘과 땅에 있는 모든 족속의 근원이 되시는 아버지'(엡 3:15)께서는 이미 구원의 경륜과 뜻을 세우시고 때가 차면 그 계획을 시행하여 '하늘과 땅에 있는 모든 것이 그리스도 안에서 하나가 되게'(엡 1:10)하신다. 즉 땅에 있는 것이나 하늘에 있는 모든 것이 다 아들의 십자가를 통하여 평화를 이루게 하고 아들과 하나가 되게 하시려 하신다(골 1:20).[65)]

---

63) 박헌옥, "화해, 협력시대와 북한교회 재건정책," 예장합동총회북한교회재건위원회 기관지 북한복음화 2001년 5월호.

64) 박완신, "총회 북한선교 입장과 선교 현황 및 과제," 2001년 북한선교정책 공동세미나자료집.

몇 교단의 문건들을 인용했는데 얼핏 보기만 해도 자신이 말하는 것과 인용하는 본문이 의미하는 것이 서로 일치하는지에 대한 충분한 검토없이 자신이 말하고자 하는 바를 뒷받침하기 위해서 성경본문을 증빙자료로 사용하고 있음을 알 수 있다. 그리고 서로 관련이 없을 것으로 보이는 성경구절들을 자유롭게 나열하는 이런 성경사용방식은 앞에서 말한 것처럼 결코 바람직하지 않다. 이제는 이런 낡은 방식에서 벗어나서 북한선교의 성서적 근거와 목적을 밝히는 작업을 해야 한다. 북한선교의 성서적 근거는 지금까지 주로 한반도의 분단을 구약에 나타난 이스라엘의 분단과 비교하면서 통일문제를 성서적 근거로 사용하였다. 그래서 예컨대 고멜과 호세아의 '이혼한 부부가 재혼하듯' 분단과 재통일을 비유한다. 그래도 이것은 낫다. 이전에는 단지 당위성으로서 레위기 25장 8-52절과 에스겔 37장 15-28절: "둘이 하나 되게 내가 잡고 있겠다"가 주로 인용되곤 하였다.

그러나 북한선교의 성서적 근거는 당위성이나 비유만으로 충분히 그 타당성을 지닌다고 볼 수 없다. 그것들이 분단통일에 대한 하나의 사례가 될 수 있을지언정 왜 선교를 해야 하는지 보편적 성서적 근거는 아니라고 본다. 이런 이유에서 우리는 북한선교의 성서적 근거와 관련하여 새로운 해석의 근거와 깊은 성찰을 더욱 해야 한다.[66]

그런데 교회가 남북화해와 통일을 이야기할 때 통상적으로 인용하는 성경구절들이 있다. 1997년 10월 10일의 북한교회재건 헌신 교

---

65) 기장총회 자료-제5문서. 1991년 기장총회에서 발표한 "선교와 교육 정책서"로서 1987년의 기장측의 신앙선언을 바탕으로 90년대 사회변화에 대응한 기장측의 선교와 교육입장을 밝히고 있다.

66) 김현웅, 북한선교전략(전주:전주대학교출판부, 2001), 354. 이 글을 김현웅이 직접 쓴 것인지, 다른 사람이 쓴 것을 인용한 것인지 분명치 않다. 이 책(북한선교전략)에는 다른 사람이 쓴 글이 글자 하나 고치지 않고 그대로 들어있기 때문이다.

독문은 에베소서 1장 8-10절, 에스겔 37장 16-17절, 역대하 7장 14절(회개), 에베소서 2장 13-14, 22절을 인용하는데,[67] 이렇듯 한국교회가 남북화해와 통일을 이야기할 때 공통적으로 인용하는 성경구절들이 있다. 이러한 특정본문인용경향은 조금씩 차이는 있지만, 각 교단 문건뿐만 아니고 개인이 쓴 글에서도 비슷하게 나타난다. 유관지는 통일에 관한 성경구절로 야곱과 에서의 화해(창세기 27-33장), 에스겔 37장, 미가서 4장 6-7절을 통해서 고난의 섭리를, 에베소서 2장 14-18절을 통해서 그리스도 안에서 만유의 통일을 말한다.[68] 에베소서에서 인용한 본문들과 '야곱·에서 이야기'가 과연 남북화해와 통일을 논의하기에 적합한지는 잠시 후에 살펴볼 것이다.

(교단에서 발표한 문건은 아니지만) 때로는 성경을 잘못 해석하는 경우도 있다. 유관지는 나뉘어짐이 좋지 않다는 것을 말하기 위해서 탈무드를 인용한다. 창조 둘째 날에 궁창 아래의 물과 궁창 위의 물로 나뉘는데 나뉘는 것은 무조건 나쁜 일이기 때문에 이 날만 '보시기에 좋았더라'는 말이 빠졌다는 것이다.[69] 이런 해석이 비록 유대전승에서 비롯한 것이긴 해도, 이것은 한국교회에 이런 식의 성경해석이 아직 남아있다는 증거이다. 궁창 위아래가 나뉜 것처럼 남북이 나뉜 것은 좋지 않은 일이며 그래서 남북은 화해하고 통일해야 한다는 것이다. 남북이 화해하고 통일해야 한다는 것이야 천만번 옳은 말이지만, 문제는 성경을 잘못 해석했다는 데 있다. 궁창은 결코 부정적인 의미에서의 나뉨을 뜻하지 않는다. 오히려 창조에서 나뉨은 엉크러져서 혼돈한 것들을 제자리 잡아주는 하나님 사역이기 때문이다.

---

67) 김중석, 『북한교회 재건론』(서울: 도서출판 진리와자유, 1998), 115-116.
68) 유관지, "하나님의 뜻과 방법에 부합하는 통일," 박완신 외, 『평화통일과 북한복음화-한국교회통일정책총서1』(서울: 쿰란출판사, 1997), 184-191.
69) 유관지, "하나님의 뜻과 방법에 부합하는 통일," 184.

2. 에베소서는 남북화해와 통일에 적합한 본문인가?

예수 그리스도의 평화가 이 땅에 임하도록 용서와 화해의 복음(에베소서 2장 14-17절)을 실천하여 민족복음화와 민족공동체를 회복하는 일이 우리의 신앙문제임을 인식한다. 현재 동북아 평화질서를 위협하고 나아가서 세계평화를 위협하는 남북대결, 갈등으로 야기되는 군사적인 대치상황, 한반도 지역에 새롭게 등장하는 '신 냉전 구조'를 종식시키며 남북화해와 평화공존은 물론 동북아의 새로운 안녕과 질서를 바탕으로 남북화해의 평화통일이 이루어지는 것이 우리의 기본입장이다.[70)]

여기서 보듯이 북한선교, 특히 화해와 통일에 대해서 이야기할 때 가장 많이 인용하는 구절이 바로 에베소서 2장 14-17절을 비롯한 에베소서 본문들인데, 이 가운데서 제일 빈번하게 인용하는 에베소서 2장 14-17절이 정확히 무엇을 말하는지 파악하기 위해서 본문이 들어있는 11절에서 22절까지 읽어보자.

> 11 그러므로 생각하라 너희는 그 때에 육체로 이방인이요 손으로 육체에 행한 할례당이라 칭하는 자들에게 무할례당이라 칭함을 받는 자들이라 12 그 때에 너희는 그리스도 밖에 있었고 이스라엘 나라 밖의
> 사람이라 약속의 언약들에 대하여 외인이요 세상에서 소망이 없고 하
> 나님도 없는 자이더니 13 이제는 전에 멀리 있던 너희가 그리스도 예
> 수 안에서 그리스도의 피로 가까워졌느니라 14 그는 우리의 화평이신
> 지라 둘로 하나를 만드사 중간에 막힌 담을 허시고 15 원수된 것 곧
> 의문에 속한 계명의 율법을 자기 육체로 폐하셨으니 이는 이 둘로 자
> 기의 안에서 한 새 사람을 지어 화평하게 하시고 16 또 십자가로 이
> 둘을 한 몸으로 하나님과 화목하게 하려 하심이라 원수된 것을 십자

70) "대한예수교장로회총회(통합)의 평화통일정책과 활동," 2000년 한국장로교대회 '열린마당2000'의 <교회일치와 평화통일> 중에서.

> 가로 소멸하시고 17 또 오셔서 먼데 있는 너희에게 평안을 전하고 가까운데 있는 자들에게 평안을 전 하셨으니 18 이는 저로 말미암아 우리 둘이 한 성령 안에서 아버지께 나아감을 얻게 하려 하심이라 19 그러므로 이제부터 너희가 외인도 아니요 손도 아니요 오직 성도들과 동일한 시민이요 하나님의 권속이라 20 너희는 사도들과 선지자들의 터 위에 세우심을 입은 자라 그리스도 예수께서 친히 모퉁이 돌이 되셨느니라 21 그의 안에서 건물마다 서로 연결하여 주 안에서 성전이 되어가고 22 너희도 성령 안에서 하나님의 거하실 처소가 되기 위하여 예수 안에서 함께 지어져 가느니라.

많은 사람들이 이 구절을 인류의 화해와 통일을 말하는 전형적인 본문으로 생각하는 듯한데 실제로 이 구절은 예수를 알지 못하는 사람들에게 하는 말이 아니라 에베소 교회 성도들에게 하는 말이라는 사실을 알아야 한다. 에베소 교회 성도들이 예전에는 이방인이어서 유대인들과 함께 하지 못했는데,[71] 예수 그리스도의 십자가 사건으로 인해서 주 안에서 유대인과 이방 기독교인들이 하나 되었음을 말한다. 그렇기 때문에 에베소서 2장 11-22절이 아무리 은혜스럽다고 해도 본문에 대한 주의 깊은 연구 없이 무조건 신앙적인 차원을 넘어서 정치·경제적인 차원에 속하는 남북화해와 남북통일을 이야기하는 근거로 제시할 수 없을 것으로 보인다. 신앙과는 관계없이 모든 사람들이 하나가 되었다는 식으로 이야기할 수 없다는 것이다. 교회는 이방인들을 받아들이면서 계속 확장해가겠지만 결코 교회적인 차원을 넘어서지 않는다[72]는 사실을 21-22절에서 확인할 수 있다.

---

71) '막힌 담'은 유대인과 이방인을 구분하는 성전담을 가리킨다. 이방인들은 이 담을 넘어서 더 들어갈 수 없었다. Markus Barth, *Ephesians 1-3* (Garden City, New York: Doubleday & Company, Inc., 1974, 1982), 283.

72) "이 단락에서는 이방인과 유대인과의 관계가 배경으로 주어지면서 사실상 교회론을 향하여 움직이는 기독론이 구성된다. 기독론의 요소를 지닌 교회

"21 그의 안에서 건물마다 서로 연결하여 주 안에서 성전이 되어가고 22 너희도 성령 안에서 하나님의 거하실 처소가 되기 위하여 예수 안에서 함께 지어져 가느니라."

그리고 남북화해와 통일을 이야기할 때 대체로 에베소서 2장을 많이 인용하는데 때로 에베소서 4장을 인용하기도 한다.

> 하나님의 백성으로서의 교회는 이 세계와 인류가 그리스도의 신비한 우주적 몸으로 수렴되어 가게 하시는 하나님의 구원 경륜, 곧 그리스도의 몸을 형성해 가는 과정(엡 4:1-16)에서 그 머리와 심장에 해당한다. 따라서 머리와 심장이 병들거나 약하게 되면 몸이 죽게 되듯이 교회가 약해지거나 병들게 되면 이 세계 또한 죽게 된다.[73]

> 신비하고 영성적인 생명 공동체인 하나님의 나라는 "모든 지체들의 활동적 참여와 협동"(에베소서 4:16)을 통해서 이루어진다.
> 몸도 하나요 성령도 하나이며 부르심을 받은 우리의 희망도 하나이다. 주도 하나요 세례도 하나이며 만민의 아버지이신 하나님도 한 분이시다(에베소서 4:45). 하나님은 만물 위에 계시고 만물을 통하여 일하시고 만물 안에 계신다(에베소서 4:6).[74]

론이라고 말할 수도 있다." 유승원, 『크고 넓은 교회 높고 깊은 신학 – 설교를 위한 에베소서 연구』(서울: 한국성서학연구소, 2001), 151.

73) 기장총회 자료-제5문서. 이런 교회중심적인 입장은 한기총 문건에서도 나타난다. "한민족의 통일을 위해 가장 위대하고 절대적인 역할을 감당할 주체세력은 교회요, 성도이다. 한국교회는 민족의 숙원과제인 평화통일과 교회의 선교과제인 북한복음화를 위해 외적으로는 구체적인 실천과제를 목표로 삼아 적극적으로 참여하고, 내적으로 개혁과 갱신과 부흥으로 나아가 복음의 역량을 확대하여 한국을 살리고, 북한을 살리며, 동북아에 평화를 가져다 주고, 세계를 복되게 하는 제사장 민족으로 쓰임받기를 간절히 기도한다." 박요셉, "한기총의 북한선교 현황과 발전과제"(2001년 북한선교정책공동세미나).

74) ibid.

에베소서 4장은 에베소 교인들이 하나님의 백성으로서 어떻게 살아야 할 것인지를 말한다. 하나님의 백성들이 서로 하나가 되어야 한다는 것을 강조하고 그리스도인들은 그리스도를 머리로 하는 하나의 유기체임을 역설하면서 교회론을 수립한다.[75)]"4 몸이 하나이요 성령이 하나이니 이와 같이 너희가 부르심의 한 소망 안에서 부르심을 입었느니라 5 주도 하나이요 믿음도 하나이요 세례도 하나이요 6 하나님도 하나이시니 곧 만유의 아버지시라 만유 위에 계시고 만유를 통일하시고 만유 가운데 계시도다"라는 구절이 아무리 감동적이라고 해도, 특히 6절이 인상적이라고 해도 또 우주적이고 보편적인 사상을 담고 있다고 해도 그 신학적인 깊이가 놀랍다고 해도, 4장의 문맥을 통해서 살펴볼 때 이 구절은 일차적으로 에베소 교회 성도들이 한 유기체로서 살아갈 것을 이야기하기 위한 근거제시에 국한하는 것으로 보아야 한다.[76)]

이렇듯 에베소서 4장도 그리스도 안에서 성도들이 이뤄야할 통합을 말하기 때문에 이런 사실들을 고려하지 않고 신앙적인 영역, 즉 교회 영역을 넘어서는 모든 영역에 적용할 수 없는 것으로 보인다. 이런 점에서 에베소서가 화해와 통일을 말한다고 해도 그것을 남북 화해와 통일에 그대로 적용하기에는 무리라고 생각한다.

---

75) "에베소서 기자는 무엇보다도 교회에 관심을 갖는다. 그래서 1-3장까지 교의적 고백을 마무리하고 실천적 '파레네시스'에 진입하자마자 교회의 일치와 보전과 성장을 위한 권면의 장광설을 쏟아붓는다. 그래서 실용적 권면은 교회론의 해설로 채색되어 있다." 유승원, 185.

76) 바르트는 에베소서가 교회론에 국한하지 않고, 교회가 교회 자체를 넘어서는 영역에 대한 의무를 갖고 있으며, 교회는 교회를 넘어서 자신을 계속 확장해야 한다는 사실을 강조한다고 주장하는데, 궁극적으로는 이것이 옳다고 해도 본문이 일차적으로 말하는 것은 교회적 차원인 것으로 보인다. Markus Barth, *Ephesians 4-6*, 496-497.

3. 창세기 33장은 남북화해와 통일에 적합한 본문인가?

남북화해를 말할 때 인용하는 성경구절 가운데 하나가 창세기 33장 1-11절이다. 에서와 야곱이 만나는 이야기는 한국교회에 가장 널리 알려진 성경이야기 가운데 하나일 것이다. 그래서 교단문건들은 이 본문을 언급하지 않지만 한국교회가 성경을 어떻게 사용하는지 알아보기 위해 이 장면을 세밀히 검토해보려고 한다. 창세기 33장 1-11절은 헤어졌던 에서와 야곱이 다시 만나는 장면을 묘사한다. 이 장면이 참으로 감동적인 것은 분명하지만 그동안 우리가 본문을 너무 피상적으로 읽지 않았는가 하는 생각을 한다. 원수지간이 되어서 비극적으로 헤어졌던 에서와 야곱이 극적으로 다시 만나는 장면을 보면서 그것을 형제화해로 볼 수도 있겠지만 정말 그들이 화해하고 다시 하나가 되었는지를 앞 뒤 문맥에 비추어서 정확하게 살펴보아야 할 필요가 있다.

밧단아람으로 도망쳐서 외삼촌집에서 살던 야곱은 외삼촌이면서 장인인 라반과 심각한 갈등관계에 있었던 것으로 보인다. 이것은 라반보다는 야곱에게 책임이 있다. 야곱은 매우 간교한 방법으로 외삼촌 재산을 이용해서 자기 재산을 늘렸다. 이러한 행위를 라반과 그의 아들들이 좋게 보았을 리 없다.

> 1 야곱이 들은즉 라반의 아들들의 말이 야곱이 우리 아버지의 소유를 다 빼앗고 우리 아버지의 소유로 인하여 이같이 거부가 되었다 하는지라 2 야곱이 라반의 안색을 본즉 자기에게 대하여 전과 같지 아니하더라(창세기 31장).

이렇게 분위기가 심각해지자 야곱은 다른 사람들 몰래 라헬과 레아를 들로 불러내서 그들에게 자신이 처한 상황을 설명하고 하나님이 그에게 고향으로 돌아가라고 했다고 말한다. 야곱이 하는 말을 듣고.

> 14 라헬과 레아가 그에게 대답하여 가로되 우리가 우리 아버지 집에
> 서 무슨 분깃이나 유업이나 있으리요 15 아버지가 우리를 팔고 우리
> 의 돈을 다 먹었으니 아버지가 우리를 외인으로 여기는 것이 아닌가
> 16 하나님이 우리 아버지에게서 취하신 재물은 우리와 우리 자식의
> 것이니 이제 하나님이 당신에게 이르신 일을 다 준행하라 17 야곱이
> 일어나 자식들과 아내들을 약대들에게 태우고 18 그 얻은 바 모든 짐
> 승과 모든 소유물 곧 그가 밧단아람에서 얻은 짐승을 이끌고 가나안
> 땅에 있는 그 아비 이삭에게로 가려할새 19 때에 라반이 양털을 깎으
> 러 갔으므로 라헬은 그 아비의 드라빔을 도적질하고 20 야곱은 그 거
> 취를 아람 사람 라반에게 고하지 않고 가만히 떠났더라(창세기 31장).

본문을 읽어보면 야곱은 에서와 화해하기 위해서 고향으로 돌아가는 것이 아니다. 야곱은 자신이 은혜를 입은 외삼촌, 그리고 사촌 형제들과 심각을 갈등을 빚어서 야반도주할 수밖에 없었다. 이렇듯 야곱은 가는 곳마다 분란을 일으키는 자였다. 그런데 고향으로 돌아가던 야곱은 이제 에서가 걱정이었다. 고향으로 돌아가기 위해서는 에서와 어떻게든 화해를 해야 했다. 아니, 에서의 용서를 받아야만 했다. 그렇지 않고서는 안전하게 고향으로 돌아갈 수도 없고 돌아가서도 편안하게 살 수 없었던 것이다. 이 문제를 고민하던 야곱은 세일 땅 에돔 들에 있는 형 에서에게 사람을 보내서 화해를 요청한다. 그는 에서를 달래기 위해서 예물을 보낸다. 그러면서 만약의 사태에 대비하고 에서가 공격해올 때 다른 사람들은 죽더라도 자신은 살아남기 위해서 꾀를 부린다. 이런 여러 복잡한 과정을 거쳐서 결국 야곱은 에서를 만난다.

그런데 야곱과 에서가 만났을 때 더 적극적인 모습을 보인 쪽은

오히려 에서였다. 그는 전갈을 받은 다음, 주저하지 않고 먼 길을 달려서 야곱을 만나러 왔고 무슨 이유인지 알 수 없지만 상당히 많은 사람들을 데리고 왔다. 아무튼 이렇게 다시 만난 두 형제는 그 이후 어떻게 하는가? 에서는 여전히 적극적인데, 야곱은 몇 가지 점에서 우리가 이해할 수 없는 행동을 한다. 에서는 자신이 야곱을 인도하겠다고 말하는데 야곱은 그것을 거부한다. 그리고 에서가 종을 몇 사람 남겨두겠다는 것도 야곱은 거부한다.

> 12 에서가 가로되 우리가 떠나가자 내가 너의 앞잡이가 되리라 13 야곱이 그에게 이르되 내 주도 아시거니와 자식들은 유약하고 내게 있는 양떼와 소가 새끼를 데렸은즉 하루만 과히 몰면 모든 떼가 죽으리니 14 청컨대 내 주는 종보다 앞서 가소서 나는 앞에 가는 짐승과 자식의 행보대로 천천히 인도하여 세일로 가서 내 주께 나아가리이다 15 에서가 가로되 내가 내 종자 수인을 네게 머물리라 야곱이 가로되 어찌하여 그리하리이까 나로 내 주께 은혜를 얻게 하소서 하매(창세기 33장).

에서는 야곱과 함께 자기가 머무는 곳으로 가자고 하는 것으로 보인다. 그리고 자신이 직접 야곱을 그곳까지 안내하겠다고 말한다. 그러자 야곱은 자기쪽 사람들과 가축 핑계를 대면서 그렇게 할 수 없다고 말한다. 자칫하면 가축떼가 몰사할 것이라고 엄살을 피운다. 겉으로 보기에는 야곱이 에서에게 매우 공손하게 말하는 것 같지만 실제로는 야곱이 아직 에서를 완전히 믿지 못하는 것으로 보인다. 에서는 야곱을 온전히 용서하고 화해한 듯한데 야곱은 여전히 에서를 두려워하고 신뢰하지 못한 것 같다. 그 감격스러운 화해장면에서도 야곱은 여전히 에서를 속이고, 자신이 하는 말과는 정반대로 행동한다. 이것은 야곱이 에서를 뒤따라 세일로 가서 에서를 만나겠다고 약속했는데도 불구하고 그렇게 하지 않았다는 사실에서 여실히 드러난다.[77)]

> 16 이 날에 에서는 세일로 회정하고 17 야곱은 숙곳에 이르러 자기를
> 위하여 집을 짓고 짐승을 위하여 우릿간을 지은 고로 그 땅 이름을 숙
> 곳이라 부르더라 18 야곱이 밧단아람에서부터 평안히 가나안 땅 세겜
> 성에 이르러 성앞에 그 장막을 치고 19 그 장막 친 밭을 세겜의 아비
> 하몰의 아들들의 손에서 은 일백개로 사고 20 거기 단을 쌓고 그 이름
> 을 엘엘로헤이스라엘이라 하였더라(창세기 33장).

에서는 세일로 갔는데, 야곱은 에서를 뒤따라가지 않고 숙곳으로 갔다가 세겜으로 가서 거기에 머문다. 야곱은 처음부터 에서를 따라갈 생각이 아예 없었던 것이다. 그래서 그 이후로도 야곱은 에서를 찾아가지 않았고 두 형제는 이삭을 장례할 때 잠시 만났을 뿐이다. 야곱은 상당히 시간이 흐른 뒤에 이삭이 머무는 헤브론으로 간다. 헤브론은 에서가 머무는 세일산으로부터 남쪽으로 더 멀어지는 곳이기 때문에 야곱은 에서와 거리를 조금이라도 더 두려는 듯하다. 이런 사실들을 통해서 우리는 야곱이 에서와 완전히 화해했다고 보기 어렵다. 애초부터 야곱은 에서와 진정으로 화해하려는 마음조차 없었을 것이다. 그리고 그것을 화해라고 해도 에서와 야곱이 그 이후로 거의 왕래하지 않았기 때문에 이 화해가 무슨 의미가 있는지 의심스럽다. 어떻게 보면 야곱은 에서를 만나고 그와 형식적으로 화해함으로써 그가 귀향해서 겪을 어려움을 미리 제거한 것으로 보인다. 이 목적을 달성했기 때문에 야곱은 다시 에서를 만날 필요가 없었던 것이다. 야곱은 여전히 에서를 이용하는 사기꾼이었다. 이런 이유로 인

---

77) Walter Brueggemann, *Genesis* (Atlanta: John Knox Press, 1982), 272. 베스터만은 야곱을 자연스럽게 맞이하고 용서하는 에서와 달리, 야곱이 어색스러운 모습을 보이지만, 두 형제가 진정한 화해를 한 것으로 본다: Claus Westermann, *Genesis*, 강성열 옮김, 『창세기주석』(서울: 한들출판사, 1998), 334-336. 그러나 베스터만보다는 브루거만이 본문을 더 정확하게 읽은 것으로 보인다.

해서 야곱과 에서가 진정한 화해와 일치를 이뤄내지는 못했다는 사실을 우리는 분명하게 알아야 한다. 그러니 에서와 야곱이 만나는 장면을 어떻게 남북화해를 위한 표준본문으로 제시할 수 있겠는가? 이 본문에 담긴 부정적인 측면들을 충분히 고려하면서 남북문제를 현실적으로 접근하는 데 적용하려 한다면 모르지만 긍정적인 측면에서 활용하기에는 무리이다.

그리고 야곱과 에서가 만나서 화해하는 장면을 아무리 감동적으로 보아도 이것은 두 형제가 만나서 화해하는 가족적인 차원이지 민족적인 차원에서 이루어진 것이 아니라는 사실이다. 한 민족이 두 개의 국가를 이루고 오랜 세월을 지나오다가 서로 화해하는 것은 야곱과 에서가 만나서 화해하는 것과는 비교할 수 없는 규모이다. 그렇기 때문에 에서와 야곱이 화해했기 때문에 우리 민족도 서로 만나서 화해하자라고 역설하는 것은 가족적인 차원과 민족적인 차원을 동일하게 보려는 매우 감상적이고 피상적인 접근이라고 하지 않을 수 없다.

앞에서 살펴본 것처럼 야곱은 에서를 만나기 위해서 여러 가지로 고민한다. 그는 우선 사람을 에서에게 보내서 귀향을 알리고 그 반응을 살피게 한다. 그는 에서가 자기를 치러 오는 것으로 잘못 알고 거기에 대비한다. 두 형제가 만나는 것도 이렇게 어려운 일인데 그동안 적대적이던 두 국가가 만나서 화해하는 것은 얼마나 어려울 것인가. 야곱과 에서가 만나서 서로 얼싸 안듯이 남한과 북한이 서로 만나서 얼싸 안으면 얼마나 좋겠는가? 하지만 그렇게 쉬운 일이 아니라는 것을 우리는 잘 안다.

이런 여러 가지 점에서 야곱과 에서가 화해하는 장면을 우리 민족이 화해하는 것에 적합한 본문으로 보기 어렵다고 생각한다. 만약 그렇게 보려면 야곱과 에서 이야기가 함축하고 있는 이스라엘과 에돔 간의 정치적인 문제를 심층적으로 풀어내야 하는데 그렇다고 해도 에서·야곱이야기를 남북관계에 그대로 적용할 수는 없다.

III. 성경을 순진하게만 읽어야 하는가?

> 성경은 화해는 하나님과 죄인 간에 먼저 이루어져야 한다고 선포한다. 그것은 인간의 자기 죄악에 대한 고백과 참회로서만 가능하다. 그 때 예수 그리스도의 십자가를 통한 용서가 주어지고 하나님과 죄인간의 화해는 완성된다. 그것이 곧 성경적 복음이다. 인간 상호간의 화해는 이에 대한 열매와 부산물로서 얻어지게 된다. 수직적 화해가 있는 곳에, 수평적 화해는 자연히 있게 되는 것이다.[78)]

이 얼마나 지당하면서도 실속없는 말인가? 화해를 위해서 통일을 위해서는 기독교 복음을 전하는 수밖에 없다는 것인데 기독교 복음을 전한다고 온전한 화해와 통일이 이루어지는 것은 아니라는 사실을 우리는 이미 경험하고 있다. 우리 기독교 자체도 화해하지 못하고 통일하지 못하고 있지 않는가? 그렇기 때문에 이런 수사적이고 선언적인 차원으로 남북문제를 접근할 경우 구체적인 화해와 통일을 이루어나가기는 어렵다고 본다. 이런 우려는 다음 글을 읽으면 더 명확해진다.

> 그러므로 한민족의 분단과 고통과 참담한 시련 뒤에는 하나님의 특별하신 계획과 경륜이 있음을 우리는 인정해야 한다. 주변 강대국들의 한반도를 둘러싼 다툼과 각축과 이로 인한 분단의 초래도 단순히 정치 군사적인 면에서만 볼 것이 아니라, 만유의 역사를 주관하시고 운행하시는 하나님의 섭리의 관점에서도 파악할 수 있어야 한다는 뜻이다. 따라서 십자가 통일 신학은 화해와 평화의 길을 제공할 뿐만 아니

---

78) 황현조, 『성육신적 북한선교-성서적 통일신학의 정립과 민족화해의 새로운 방향』(서울: 도서출판 영문, 1998), 79.

라, 분단의 고통의 의미를 하나님의 주권적 경륜과 연결시켜 소망의 앞날을 제시하는 신학인 것이다. 이러한 각도에서 살펴볼 때 한민족의 분단의 고통을 극복하고 화해와 통일의 길을 가는 데 있어서 가장 효과적이고 유일한 해결책은 곧 그리스도의 십자가임이 분명하다.[79)]

이 글은 우리가 늘상 듣는 논리에 입각해있어서 그럴 듯 해보이지만 조금 더 들어다 보면 이런 식의 주장은 참으로 어불성설이라는 사실을 알 수 있다. 만약 그렇다면 하나님이 자신의 뜻을 이루기 위해서 이 나라를 분단시키고 지금까지 고통당하게 했다는 말인가? 그리고 "한민족의 분단의 고통을 극복하고 화해와 통일의 길을 가는 데 있어서 가장 효과적이고 유일한 해결책은 곧 그리스도의 십자가임이 분명하다"고 말하는데, 여기서 말하는 '그리스도의 십자가'라는 것이 구체적으로 무엇이며 그리스도의 십자가로 뭘 어떻게 하겠다는 것인가? 이것이 어떤 상황에서나 '그리스도의 십자가'를 외치면 모든 문제가 해결되는 만능열쇠라도 된다는 말인가? 그리스도의 십자가가 저절로 남북화해와 통일을 이뤄낸다는 말인가? 남북화해와 통일에 기독교가 나름대로 기여하는 것은 이해할 수 있지만 '그리스도의 십자가'를 유일한 해결책으로 제시함으로써 남북화해와 통일을 북한복음화와 동일시하는 것은 이해하기 어렵다.

구체성도 없고 현실성도 없는 이런 이야기보다, 다음에 인용한 문건은 조금 실제적인 모습을 보인다.

신비하고 영성적인 생명 공동체인 하나님의 나라는 "모든 지체들의 활동적 참여와 협동"(에베소서 4:16)을 통해서 이루어진다.
몸도 하나요 성령도 하나이며 부르심을 받은 우리의 희망도 하나이다. 주도 하나요 세례도 하나이며 만민의 아버지이신 하나님도 한 분

79) Ibid., 196.

> 이시다(에베소서 4:45). 하나님은 만물 위에 계시고 만물을 통하여 일하시고 만물 안에 계신다(에베소서 4:6).
> 새 시대의 하나님의 선교는 국내외 모든 선교 단체와 기관, 교단과 교회의 긴밀한 협조와 협력을 절대적으로 요청하고 있다. 따라서 본 교단은 에큐메니칼 정신을 보다 강화해야 한다. 특히 선교협력은 동반자적 자세로 견지되어야 한다.
> 이를 위해 교단간의 선교 협력 및 정보교환, 유기적 조직체의 구성과 운용, 그리고 해외 각 국의 선교단체 및 교단과의 선교협력 체제를 더욱 더 강화해야 한다. 특히 제3세계의 여러 교회 및 역사적 공통경험을 공유하고 있는 아시아 교회들과의 연대 및 일치를 모색해야 한다. 이는 세계 열강의 정치·경제적 지배 전략과 그 구조 속에서 하나님의 형상을 구현해 나감에 있어 불가결한 과제가 될 것이다.[80]

그렇게 새로울 것 없는 이야기이긴 해도 다른 문건들에 비해 성경이 말하는 바를 현실 속에서 구체화하려는 자세를 볼 수 있다. 이 글은 성경본문을 선언적인 차원에서나 수사적인 차원에서 다루지 않는다는 점에서 주목할 만하다. 그리고 에베소서 본문을 지나치게 확대해석하지 않고 교회적인 차원에서 해석하고 있다는 점이 두드러진다.

우리는 선언적이고 수사적인 차원의 성경읽기에서 벗어나야 한다. 보다 실제적인 접근을 위해서, 구약성경을 이스라엘의 정치사적인 측면에서 읽어야 한다. 강사문은 이스라엘의 남북분단 과정과 그 상황을 상세하게 살핀다. 그런데 실제적인 접근을 위해서 좀더 정치사적인 측면에서 읽어야 하는데 그렇지 못했다는 아쉬움이 남는다.[81] 남북문제를 정치적으로 다루는 것에 대해서 부정적인 사람도

---

80) 기장총회 자료-제5문서.
81) 강사문, “민족통일에 대한 성서적 이해”

있다. 황현조는 "그러므로 진정한 해방은 주님의 진리의 말씀(text)에서 나오는 것이지, 인간의 정치적 정황(context)에 대한 참여에서 오는 것이 아닌 것이다"[82]고 말하는데 우리는 진정한 해방을 말하는 것이 아니라 현실적인 해방을 말하는 것임을 명심해야 한다.

수사적이고 선언적인 수준에서 벗어나서 남북화해와 통일을 성경적으로 제대로 이야기하려면 무엇보다 이스라엘 역사를 살펴보아야 하는데,[83] 초기 이스라엘의 통합과정과 분열과정을 정치사적인 측면에서 연구해야 한다.[84] 고대 이스라엘의 초기 역사에서 사울과

---

82) 황현조, 『성육신적 북한선교』, 63.

83) 성경학자들은 남북관계를 이야기할 때 이스라엘의 남북분열역사를 많이 다룬다. 이것은 강사문이 제시하는 논문목록에서 확인할 수 있다(강사문, 민족통일에 대한 성서적 이해). 논문목록은 다음과 같다. 임태수, "이스라엘의 남북분열-그 배경과 원인," 『성서와 함께』 137(1987/8), 14-19쪽; ibid., "역대기 사가의 통일신학," 『신학연구』 28(1987), 415-437쪽; ibid., 『구약성서와 민중』, 한국신학논집 18(한국신학연구소, 1993), 101-224쪽; 안병무 외 4인 대담, "통일신학의 성서적 기초," 『신학사상』 61(1988), 311-329쪽; 민영진, 『한반도에서 읽는 구약성서』(삼민사, 1988); 김이곤, "미가서 4장에 나타난 평화신학," 『한반도의 평화신학 정착』, 신앙과 신학 6, 한국기독교학회 편(강남출판사, 1989), 51-94쪽; 박수암, "누가의 평화주제와 삶의 정황문제," ibid., 95-124쪽; 김창락, "신약성서의 평화," 『평화통일과 그리스도인의 역할: 조국의 평화통일과 선교에 관한 기독교인의 동경회의』, 청년예수신서 11, 재일대한기독교총회 남북선교연구위원회 편(형상사, 1990), 123-140쪽; 윤종은, "신약성서의 화해," 앞의 책, 141-158쪽; 장영일, "한반도의 분단과 통일에 관한 구약 성서적 조명," 『교회와 신학』 25(1995), 8-33쪽; 박동현, "다시 만나는 사람들(창세기 33:1-17)," 『교회와 신학』 25(1995), 34-68쪽; ibid., "옛 이스라엘의 남북관계에 비추어 본 한국교회의 역할," 『교회와 신학』 41(2000, 여름호), 21-32쪽; 김창락, "성서에 나타난 이스라엘 민족의 분열사-통일의 노력과 그 실패의 역사," 『희년신학과 통일희년운동』, 한국신학논집 19(한국신학 연구소, 1995), 채수일 편, 72-106쪽; 임태수, "이스라엘의 통일신학," 앞의 책, 107-131쪽; 홍근수, "평화통일에 대한 성서적 이해," 앞의 책, 132-176쪽; 황현숙, "신약성서가 말하는 평화통일 ①-⑤", 목회자신문 2000년 12/30-1/27, 6쪽.

다윗은 느슨한 연합체를 이루면서 독자적으로 살던 여러 부족들을 끌어모으고 그들을 통합시켜서 한 나라를 만드는 데 중요한 역할을 했다. 이때의 정치적인 상황을 역사적인 상상력을 조금 동원해서 알아보자.[85)]

블레셋이 국가를 건설하고 주변을 압박하자 느슨한 연합체 형태로 지속해오던 지파체제는 붕괴하기 시작했고, 팔레스타인에 살던 여러 부족들은 블레셋의 강력한 위협에서 벗어나기 위해서는 새로운 정치제도를 갖추어야 했다.[86)] 사울을 중심으로 하는 무리들[87)]은 국제정세의 변화에 편승해서 왕정도입을 강력히 주장하고 백성들을 설득해서 이에 반대하는 사무엘의 무리를 제압하고 주도권을 잡았지만[88)] 여러 가지 면에서 불리한 여건이었다. 그들은 신진세력이었

---

84) 이스라엘 역사를 다룰 때, 초기에 여러 부족들이 모여서 이스라엘이라는 나라를 형성하는 통합과정은 다루지 않고, 이스라엘을 처음부터 통합된 민족으로 간주해서 분열과정과 그 이후의 통합노력에 초점을 맞추는 경향이 있다. 그러나 "이스라엘 민족이라는 것이 처음부터 있었던 것이 아닌 것처럼, 이스라엘은 국가적으로도 그렇고 민족적으로도 계속 확장하면서 자신을 형성시켜 나갔다." 이종록, "이스라엘 민족 선교-이스라엘 민족의 형성과정에서 나타나는 선교사역," 한민족선교정책연구소편, 『한민족 선교 통일』, 한민족선교정책연구소 논문집 1호(서울: 한민족과 선교, 2001), 25-26. 그렇기 때문에 우리는 솔로몬 사후에 일어나는 분열 뿐만 아니라, 이스라엘이라는 나라가 형성되는 초기의 통합과정에도 관심을 기울여야 한다.

85) 사울에 관한 글은, 이종록, 『새로운 엑소더스를 향하여』(서울: 한국장로교출판사, 1997), 230-234쪽에 실린 것을 조금 수정한 것이다.

86) John Bright, *A History of Israel*, Third Edition (Philadelphia: Westminster Press, 1981), 185-186.

87) 당시에 사무엘을 중심으로 하는 세력과 사울을 중심으로 하는 세력이 있었는데, 이 두 세력은 때로 협력하기도 하지만, 입장차가 컸다. 다윗은 원래 사울 세력에 속했는데 사울에게서 떨어져 나와 독자적인 세력을 구축했고, 사무엘 세력과 협조관계를 맺으면서, 사울세력을 압박했을 것이다.

88) "라마 근방에서 종교 지도자의 위치에 있었던 사무엘이 사울을 왕으로 지명하는 의례를 주관하였다고 한다면, 그가 그렇게 한 것은 자신의 의지를

기 때문에 강력한 세력을 형성하지 못했고, 사무엘을 중심으로 하는 기득권층의 강한 반발에 부딪혔다. 사무엘을 중심으로 하는 종교세력들은 전통적인 사상을 고수하고자 했으며 그들이 유지해온 부족별 사사체제를 그대로 존속시키고자 했다. 그들이 보기에 사울의 무리들은 전통을 파괴하는 자들이었다. 당시는 종교적인 사회였기 때문에 종교지도자들의 영향력이 클 수밖에 없었고, 그들의 입김은 사회 전반에 미쳤다. 실질적인 지지기반이 약한 사울은 그들을 효과적으로 통제할 수 있는 힘이 없었다. 기득권층이 너무나 강했기 때문이다. 사무엘의 말에서도 알 수 있듯이 보수적인 세력들은 사울에게 강하게 항거했다.[89] 그들은 왕정제도를 도저히 용납할 수 없다는 태도를 취했다.

사울도 그러한 종교지도자들에 대해서 좋은 감정을 가질 수가

따른 것이라기보다는 백성들의 압력 때문이었을 가능성이 크다. 사울이 새로이 얻은 지위는 사무엘 자신의 지도자로서의 권위를 감소시킬 뿐이었기 때문이다. 또한 처음부터 사울에 대한 사무엘의 냉랭한 태도가 곧 사울과의 공개적인 갈등으로 발전하게 되었으리라는 것도 의심할 이유가 없다… 사무엘은 이 새로운 왕이 점점 더 실로의 엘리 가문 제사장들 편으로 기울면서 라마 근방에서의 자신의 제의지도자로서의 지위마저 위태로워지고 있음을 깨달았을지도 모른다." J. Maxwell Miller and John H. Hayes, *A History of Ancient Israel and Judah*, 박문재 옮김, 『고대 이스라엘 역사』(서울: 크리스챤 다이제스트, 1996), 152. 알스트룀은 사울이 암나귀를 찾기 위해서 사무엘을 방문하는 것을 사울이 사무엘 영토를 차지하고 사무엘로부터 권력을 이양 받은 것으로 본다. Gosta W. Ahlstrom, *The History of Ancient Palestine from the Palaeolithic Period to Alexander's Conquest* (Sheffield: Sheffield Academic Press, 1993), 434-435.

89) "사울 전승은 신진 세력, 아마도 사울을 부족과 국가의 영웅으로 추앙했던 사울의 부족, 즉 베냐민 지파에서 나온 것일 것이다. 이와는 반대로, 사무엘 전승은 이스라엘 동맹의 좀더 보수적인 견해를 보여주고 있다고 할 수 있다." Bernard W. Anderson, *Understanding the Old Testament*, 강성열·노항규 옮김, 『구약성서이해』(서울: 크리스챤 다이제스트, 1994, 1996), 258.

없었다. 다윗을 숨겨주었다는 이유로 놉의 제사장 85명을 처형함으로써 사울과 전통적인 종교지도자들 사이의 갈등은 더욱 깊어지게 되었다. 종교적인 사회에서 종교지도자들의 지지를 받지 못하는 왕이 얼마나 나라를 다스리기에 어려울 것인지는 능히 짐작할 수 있다. 이스라엘 역사를 보아도 종교지도자들을 거스린 왕들은 많은 어려움을 당했고 종교지도자들이 주동하거나 계획한 쿠데타에 의해서 권력을 상실하고(아히야, 엘리사 등이 쿠데타를 주동했다. 아히야는 솔로몬의 왕권에 대항해서 여로보암을 지원했는데 나중에는 여로보암의 배신으로 인해서 그에게 저항한다. 엘리사는 예후를 통해서 아합의 가문을 제거한다) 심지어는 목숨을 잃기도 했다(유다왕 요아스는 여호야다의 아들 스가랴를 죽였다는 이유로 종교지도자들에 의해 제거되었다).

그런데 종교지도자들만 중앙집권적인 왕정체제를 거부한 것이 아니었다. 각 지파의 우두머리들, 소위 지방 유지들인 호족(豪族)들이 있었는데 이들은 사사시대에 각 지파에서 큰 영향력을 행사하는 사람들이었고 왕정시대에도 그 영향력은 여전했던 것으로 보인다. 그들은 왕정체제가 도입되어서 중앙집권화가 되면 지금까지 그들이 각 지파에서 누리던 영향력을 행사할 수 없게 되는 것을 두려워했을 것이고 그래서 사울을 전폭적으로 지지하지 않았을 것이다.[90] 그래서 사울은 명목만 왕이었지, 왕으로서 갖추어야 할 온전한 힘이 없었

90) "우리는 사울의 영토를 상상할 때 정확히 확정된 경계들을 지닌 고도로 조직화된 왕국이었다고 생각해서는 안 된다. 사울에 대한 충성심은 지역마다 달랐을 것이고, 사울의 가장 강력한 지지 기반은 에브라임-베냐민-길르앗 지역이었다. 주변 지역들에서 사울의 세력은 일시적인 것이어서 사울이나 그의 군대가 주둔해 있는 동안이나 그 지역 주민들이 외적의 위협으로부터 보호받기 위하여 사울에게 의존하지 않을 수 없었던 동안에만 지속되었다." J. Maxwell Miller and John H. Hayes, *A History of Ancient Israel and Judah*, 159.

다. 이것은 지금도 마찬가지다. 누가 대통령이 되었다고 해서 모든 사람이 그의 권위에 순종하는 것은 아니다. 평민들이야 대통령하면 절대적인 존재이지만 상층부로 올라가면 갈수록 그렇지 않은 양상들이 나타나지 않는다. 대통령이 실세를 장악하지 못하면 실세들에 의해서 조종되거나 제거될 수밖에 없다. 이러한 점을 생각해보면 각 지파의 호족들의 지지를 받지 못하고 매우 한정된 지역을 다스리는 사울이 얼마나 허약한 왕이었을 것인지는 능히 짐작할 수 있다.

우리는 역사적으로 언제부터 언제까지가 사사시대이고, 언제부터 왕정시대가 시작된다고 분명한 연대를 제시한다. 그러나 어느 때부터 왕정이 시작되었다고 해서 모든 것이 일시에 왕정체제에 적합하도록 되어지는 것은 아니다. 백성들의 의식도 그렇고, 삶의 양상이나 여러 가지 여건들이 왕정체제에 맞게 되기까지는 오랜 시간이 소요된다. 사울이 왕이 되었지만, 초기 이스라엘은 여전히 사사시대의 모습을 갖고 있었다. 사울마저도 사사시대적인 의식에서 크게 벗어나지 못했다.[91] 그는 왕정제도에 익숙하지 못했다. 사울은 그러면서도 사사시대의 의식과 체제를 걷어내고 이스라엘을 왕정체제로 만들어가야 했다. 그러기 위해서는 궁전도 지어야 하고 중앙부처 관리들을 임명하고 상비군도 갖추어야 하고, 또 행정조직을 편성해서 관리들을 임명해야 한다. 그리고 이를 유지하기 위해서는 세금을 거두어들여야 한다. 그런데 이런 것이 전혀 되어 있지 않았다. 그러니 사울의 명령이 이스라엘 전역에 일사분란하게 전달될 리가 없었고 자기를 지원할 군대도 없었다.

사울이 왕위를 굳건히 하는 데는 이토록 많은 어려움이 있었다. 그런데 왕위를 굳건히 하기도 전에 사울은 또 큰 어려움에 처한다.

---

91) John Bright, *A History of Israel*, 188.

그것은 다윗의 등장이었다. 당시 사울의 형편으로는 블레셋과의 전투를 치루어 낼 힘이 없었다. 그러한 상황을 다윗이 형세를 역전시켰다. 그래서 다윗은 일약 스타가 되고 이것을 타고 왕위를 넘본다. 사울은 여기에 위협을 느끼고 다윗을 제거하고자 하며 다윗은 자기편 사람들을 끌어 모아서 사울에게 대항하다가 사울이 강력하게 대응하자 목숨의 위협을 느끼고 블레셋으로 망명한다. 왕위를 굳건히 하지 못한 사울에게 다윗의 등장이 얼마나 치명타였을 것인지 짐작할 수 있다.

당시 국제적인 정세도 사울에게 아주 불리하게 작용했다. 이스라엘의 서편에 블레셋이 있다. 그런데 블레셋은 원래 해양민족들, 그러니까 전직 용병들로서 전쟁이 끝난 다음에 지중해에서 해적노릇을 하다가 방비가 약한 팔레스타인의 서해안에 침투해 들어와서 블레셋이라는 국가를 만들었다. 이들은 전투경험이 있고 호전적이고 최신무기로 무장을 했으며 강력한 중앙집권제도를 취하고 있었다. 여러가지 산업면에서도 이스라엘과는 비교할 수 없을 정도로 발전해 있었다(13장 19-22절). 이러한 블레셋에 비해서 이스라엘은 너무나 허술했다. 국내적으로도 어려운 형편에 처해 있던 사울이 블레셋을 감당해내기에는 역부족이었다. 더욱이 사울은 자기의 강력한 라이벌인 다윗을 제거하는 데 힘을 다하고 있었기 때문에 블레셋을 막아내기가 쉽지 않았다.

다윗은 사울의 손을 피해서 블레셋에 망명한다. 블레셋 사람들은 사울을 제거하고 다윗을 이스라엘의 왕으로 세워서 괴뢰정권을 만들려고 계획했다. 그래서 결국 사울은 길보아산 전투에서 세아들과 함께 전사하고 말았다(31장). 사울은 이스라엘이라는 통합체를 형성하기 위해서 애썼고 어느 정도 기틀을 놓았다. 다윗은 이것을 토대로 탁월한 능력을 발휘해서 북부지역과 남부지역을 연합하는 통합체를 이루었다. 그러나 이것은 연합체였을 뿐 하나의 완벽한 공동체는 아니었기 때문에 솔로몬 사후에 이스라엘은 다시 북부지역과 남부지역으로 나뉜다. 정치적인 상황변화에 따라서 남북 연합관계가 파기된 것이다.

지금까지 초기 이스라엘의 형성과 분열과정을 간략하게 살펴보았는데 한 국가의 역사는 이렇듯 정치사적인 측면에서 살펴야 한다. 그래야만 텍스트가 함축하는 당시의 상황과 텍스트가 만들어지는 동인들을 밝혀낼 수 있고 이를 통해서 우리가 사는 현실도 제대로 인식할 수 있기 때문이다.[92)]

이제 글을 마무리해야겠다. 다시 한번 말하지만 기독교인들이 성경에 근거해서 무엇을 말하려고 할 때, 성경을 증빙자료로 삼아서는 안 된다. 본문을 제대로 읽지 않고 피상적으로 수용하거나 적용해서도 안 된다. 또한 복잡한 현실상황을 똑바로 바라보면서 하나님 말씀이 그런 상황 속에서 결코 신앙적인 수사나 선언으로, 즉 실속 없는 허언(虛言)으로 그치지 않게 해야 할 것이다.

---

92) "표면적으로 그들의 문장은 논리정연하고 이성적으로 주장하며, 진지한 모습을 하고 있고, 도덕적 열정이나 객관성을 보여준다. 그러나 이면에 들어가면, 권력의 문제, 자기 정체성과 안전의 문제, 집단 소외의 문제, 두려움과 갈망의 문제, 필요와 탐욕의 문제들이 있으며, 그것들이 바로 텍스트의 탄생에 어떤 역할, 그것도 때때로 주도적인 역할을 하였다. 이것들이 히브리 성서의 저자들과 독자들이 추구하고 있는 이익의 종류들이다." David J. A. Clines, *Interested Parties-The Ideology of Writers and Readers of the Hebrew Bible*, 34.

4. 구약과 탈가족주의

성경이 말하는 가족보존과 확장

가족을 위해서

가족은 무엇인가? 성경은 가족에 대해서 무엇을 말하는가? 이 글을 통해서 우리는 성경이 가족에 관해서 무엇을 말하는지를 가족의 보존(保存)과 확장(擴張)이라는 측면에서 살피려는데 사무엘서 1장과 2장을 매개로 삼아서 이야기하려 한다. 사무엘상은 이렇게 시작한다.

> 1 에브라임 산지 라마다임소빔에 에브라임 사람 엘가나라 하는 자가 있으니 그는 여로함의 아들이요 엘리후의 손자요 도후의 증손이요 숩의 현손이더라 2 그에게 두 아내가 있으니 하나의 이름은 한나요 하나의 이름은 브닌나라 브닌나는 자식이 있고 한나는 무자하더라 3 이 사람이 매년에 자기 성읍에서 나와서 실로에 올라가서 만군의 여호와께 경배하며 제사를 드렸는데 엘리의 두 아들 홉니와 비느하스가 여호와의 제사장으로 거기 있었더라(사무엘상 1장).

여기서 보는 대로 사무엘서 기자는 엘가나(와 가족)에 관한 이야기를 하면서 그들이 어느 곳에 거하는지를 밝힌다. 그들이 거하는 땅, 그들이 소유하면서 살아가는 구체적인 삶의 터전, 즉 3절에서 '자기 성읍'이라고 말하는 곳이 어디인지를 상세히 밝히는 것이다. 그리고 엘가나가 어느 계보에 속하는 사람인지를 4대를 거슬러 올라가면서까지 정확하게 밝힌다(1절). 본문 기자가 굳이 이렇게 하는 이유는 엘가나가 사는 곳과 그 계보를 밝히는 것이 매우 중요하기 때문이다. 어떤 사람과 그의 가족들이 사는 구체적인 삶의 자리와 그들이 속한 명확한 계보는 가족을 형성하고 정체성을 부여해주는 필수적인 요소이며 이것들이 한 가족의 실체를 파악케 해준다.

그리고 본문을 읽으면서 또 한가지 인상적인 것은 이스라엘이라는 국가가 건설되는 과정을 밝히는 사무엘서가 사소해 보이는 '한 가족 이야기'로 시작한다는 사실이다. 어딘가 어울리지 않는 것처럼 보여도 이것은 국가건설에 있어서 가족(가족은 히브리어로 '베트 아브'<בֵּית אָב>이다)이 필수 요소였음을 보여준다. 그리고 국가가 형성되었다고 해서 가족이 해체되거나 그 가치가 떨어지거나 하지는 않았다. 오히려 가족은 국가를 건설한 이후에도 여전히 확고하게 존속했으며 국가 유지에 가족은 매우 중요한 역할을 했다. 가족은 개별 가족으로서 뿐만 아니라 사회와 국가를 구성하는 요소로서도 중대한 의미가 있었기 때문이다.[1] 그래서 고대 이스라엘은 가족을 형성하고 보존하는 것에 힘썼는데 이것은 슬로브핫 집안 이야기에서 분

1) 이것은 지금도 마찬가지다. "가족은 전적으로 '개인'의 영역인 동시에 인간을 인간으로 구성하는 모든 것의 근간을 이룬다. 이러한 메커니즘에 따라 가족은 (단지 개인적인 영역의 문제라는 범주화에 의해) '아무것도 아닌' 동시에 (인간을 구성하는 모든 것의 근간이 된다는 점에서) 모든 것이 된다." 권명아, 『가족이야기는 어떻게 만들어지는가』(서울: 책세상, 2000), 15.

명하게 나타난다.

> 1 요셉의 아들 므낫세 가족에 므낫세의 현손 마길의 증손 길르앗의 손자 헤벨의 아들 슬로브핫의 딸들이 나아 왔으니 그 딸들의 이름은 말라와 노아와 호글라와 밀가와 디르사라 2 그들이 회막 문에서 모세와 제사장 엘르아살과 족장들과 온 회중 앞에 서서 가로되 3 우리 아버지가 광야에서 죽었으나 여호와를 거스려 모인 고라의 무리에 들지 아니하고 자기 죄에 죽었고 아들이 없나이다 4 어찌하여 아들이 없다고 우리 아버지의 이름이 그 가족 중에서 삭제되리이까 우리 아버지의 형제 중에서 우리에게 기업을 주소서 하매 5 모세가 그 사연을 여호와께 품하니라 6 여호와께서 모세에게 일러 가라사대 7 슬로브핫 딸들의 말이 옳으니 너는 반드시 그들의 아비의 형제 중에서 그들에게 기업을 주어 얻게 하되 그 아비의 기업으로 그들에게 돌릴지니라
> 8 너는 이스라엘 자손에게 고하여 이르기를 사람이 죽고 아들이 없거든 그 기업을 그 딸에게 돌릴 것이요 9 딸도 없거든 그 기업을 그 형제에게 줄 것이요 10 형제도 없거든 그 기업을 그 아비의 형제에게 줄 것이요 11 그 아비의 형제도 없거든 그 기업을 가장 가까운 친족에게 주어 얻게 할지니라 하고 나 여호와가 너 모세에게 명한 대로 이스라엘 자손에게 판결의 율례가 되게 할지니라(민수기 27장)

슬로브핫이라는 한 집안에 가계(家系)를 이을 아들이 없어서 그 집안이 사라지게 될 형편에 처했는데,[2] 이럴 경우 어떻게 해야 하는지가 당시 이스라엘 사회에서 문제가 되었던 모양이다. 그래서 그 가족이 속한 공동체는 그에 관한 법을 제정함으로써 어떤 경우에도 한

2) 한 가족이 계속 유지된다는 것은 '(아버지) 이름'을 이어가는 것인데 그 이름은 후손들이 땅을 물려받을 때에만 후대로 이어지기 때문에 땅을 물려받을 아들이 없다는 것은 곧 한 가족이 해체될 수밖에 없음을 뜻한다. Martin Noth, *Das vierte Buch Mose, Numeri*, tr. by James D. Martin, *Numbers*, OTL. (London: SCM Press, 1968), 211.

가족이 해체되는 것을 방지한다.[3] 이렇듯 해체 위기에 처한 한 가족을 돌보고 그 가족이 존속할 수 있도록 해주는 것은 그 가족이 속한 사회나 국가가 반드시 감당해야할 일이었다. 사회와 국가는 가족이 해체되지 않도록 최선을 다해야 했던 것이다.[4]

그런데 그 이후에 다시 문제가 발생했다. 슬로브핫의 딸들에게 기업을 주어서 슬로브핫 가족이 유지되도록 했는데 이 여자들이 시집을 갈 경우 그들이 소유하던 기업을 어떻게 처리해야 하는지가 문제되었던 것이다.[5]

1 요셉 자손의 가족 중 므낫세의 손자 마길의 아들 길르앗 자손 가

---

3) 민수기 27장 1-11절은 레위기 25장에 나오는 희년정신과 상통하는데 이스라엘의 모든 땅은 하나님의 소유이고, 또 이스라엘 사람들은 모두 하나님의 품꾼이기 때문에 하나님이 각 가족에게 주신 기업은 결코 타인에게 양도할 수 없고, 불합리한 방법으로 타인의 기업을 취해서는 안 되며 어떤 경우에도 타인의 기업은 되돌려주어야 한다. 이것을 통해서 한 가족을 유지하고 보존해야 하는데 민수기 27장은 딸들도 아버지 기업을 이어받아서 한 가족을 유지하는 권리가 있음을 말한다는 점에서 특별하다. Philip J. Budd, *Numbers*, WBC 5 (Waco, Texas: Word Books, 1984), 302-303. 본문은 P문서에 속하는데 딸들이 기업을 이어받을 수 있다는 생각은 신명기에서도 나타나지 않은 매우 혁신적인 생각이다. G. B. Gray, *A Critical and Exegetical Commentary on Numbers*, ICC. (Edinburgh : T&T Clark, 1903, 1976), 397.

4) 그러나 실제로 국가가 가족을 보호하는 경우는 그렇게 많지 않다. "사회적 재난을 대비한 사회적 시스템이 없고(IMF가 가르쳐 주었던 교훈처럼) 사회적 안전망 장치가 전무한 탓에 가족이 가족의 부양만이 아니라 교육, 의료 등의 문제를 전적으로 책임져야 하는 상황에서 IMF가 터져 실업자가 생겨나면 가족 해체, 심지어 가족 동반 자살 같은 비극이 터져 나오게 마련이다." 이득재, 『가족주의는 야만이다』(서울: 조합공동체 소나무, 2001), 71.

5) 민수기 36장은 27장과 관계가 있는데 27장에서는 슬로브핫 딸들이 결혼할 경우에는 어떻게 해야 하는지에 대해서는 생각지 못했던 모양이다. 36장은 가족이 아닌 문중과 지파 차원에서 발생하는 문제를 다룬다.

> 족의 두령들이 나아와 모세와 이스라엘 자손의 두령 된 족장들 앞에 말하여 2 가로되 여호와께서 우리 주에게 명하사 이스라엘 자손에게 그 기업의 땅을 제비뽑아 주게 하셨고 여호와께서 또 우리 주에게 명하사 우리 형제 슬로브핫의 기업으로 그 딸들에게 주게 하셨은즉 3 그들이 만일 이스라엘 자손의 다른 지파 남자들에게 시집가면 그들의 기업은 우리 조상의 기업에서 감삭되고 그들의 속할 그 지파의 기업에 첨가되리니 그러면 우리 제비뽑은 기업에서 감삭될 것이요 4 이스라엘 자손의 희년을 당하여 그 기업이 그가 속한 지파에 첨가될 것이라 그런즉 그들의 기업은 우리 조상 지파의 기업에서 아주 감삭되리이다 5 모세가 여호와의 말씀으로 이스라엘에게 명하여 가로되 요셉 자손 지파의 말이 옳도다 6 슬로브핫의 딸들에게 대한 여호와의 명이 이러하니라 이르시되 슬로브핫의 딸들은 마음대로 시집가려니와 오직 그 조상 지파의 가족에게로만 시집갈지니 7 그리하면 이스라엘 자손의 기업이 이 지파에서 저 지파로 옮기지 않고 이스라엘 자손이 다 각기 조상 지파의 기업을 지킬 것이니라 하셨나니 8 이스라엘 자손의 지파 중 무릇 그 기업을 이은 딸들은 자기 조상 지파 가족 되는 사람에게로 시집갈 것이라 그리하면 이스라엘 자손이 각기 조상의 기업을 보존하게 되어서 9 그 기업으로 이 지파에서 저 지파로 옮기게 하지 아니하고 이스라엘 자손 지파가 각각 자기 기업을 지키리라 10 슬로브핫의 딸들이 여호와께서 모세에게 명하신 대로 행하니라 11 슬로브핫의 딸 말라와 디르사와 호글라와 밀가와 노아가 다 그 아비 형제의 아들들에게로 시집가되 12 그들이 요셉의 아들 므낫세 자손의 가족에게로 시집간 고로 그 기업이 그 아비 가족의 지파에 여전히 있었더라 (민수기 36장).

자칫 가족이 해체되거나 기업이 상실될 경우에 가족해체를 막고 또 문중이나 지파에 속한 기업을 상실하지 않기 위해서 이스라엘은 사람들에게 족내혼(族內婚)을 하게 함으로써 조상들의 기업이 보존되도록 했다. 이렇듯 가족을 유지하고 선조들의 유업을 보존하는 것은 고대 이스라엘 사회에서 아주 중요한 일이었다. 이런 법적인 조치를 통해서 이스라엘 사람들은 그들이 속한 가족과 문중을 존속시켰던 것이다. 성경기자가 이스라엘 공동체 문제도 아니고 슬로브핫이라는 한 가족에게 일어난 문제를 두 번이나 상세하게 기록하고 민수기를 슬로브핫 딸들에 관한 이야기로 마치는 것은 한 가족 문제를 가족 차원에 국한시키지 않고 이스라엘 전체 문제로 보았기 때문이다. 이렇듯 고대 이스라엘 사회에서 가족은 대단히 중요했다.

그리고 여기서 보듯 가족, 즉 '아버지 집'은 결코 추상적인 것이 아니다. 그것은 구체적이다. '아버지 집'은 결코 양도할 수 없는 땅과 집으로 구체화한다. 지금은 '아버지 집'이라는 것이 그렇게 명확하지 않지만 이스라엘에서는 분명했다. 그것은 고정된 땅과 집을 가리키기 때문이다. 가족은 고정된 땅과 집, 즉 기업이라는 것으로 실재했다.[6] 이것은 나봇이 포도원을 포기하지 않고 결국 죽임을 당하는 장면에서도 나타난다.

1 그 후에 이 일이 있으니라 이스르엘 사람 나봇[7]이 이스르엘에

---

6) 이것은 우리로 하여금 가족을 추상적인 것이 아닌, 실제적인 것으로 보게 만든다. "사회학자와 역사학자들은 가족을 일반적으로 하나의 단위로 취급해 왔으며, 마찬가지로 가족 내의 모든 개인들은 대체로 비슷한 자원과 생활기회를 공유하는 비슷한 상황에 있는 것으로 가정했다… 따라서 가족(the family)보다는 '가족들'(families)로부터 생각을 시작하는 것이 중요하다… 그런데 이런 맥락에서 보면 가족에 대한 이상 및 이데올로기와 가족성원들이 실제로 그들의 생을 함께 살아가는 방법 사이에는 매우 큰 괴리가 있다−그리고 있었다−는 것이 곧 자명하게 드러난다. 많은 저작들은 정치가, 설교자, 자선가들이 가족이란 마땅히 이런 것이어야 한다고 말하는 것과 사람들이 가족이라고 인식하는 사회집단 내에서 실제로 상호작용하는 것을 적절하게 구분하는 데 실패했다." Diana Gittins, *The Family in Question−Changing Households and Familiar Ideologies*, 안호용·김홍주·배선희 옮김, 『가족은 없다−가족 이데올로기의 해부』(서울: 일신사, 1997, 2001), 12-13.

> 포도원이 있어 사마리아 왕[8] 아합의 궁에서 가깝더니 2 아합이 나
> 봇에게 일러 가로되 네 포도원이 내 궁 곁에 가까이 있으니 내게
> 주어 나물밭을 삼게 하라 내가 그 대신에 그보다 더 아름다운 포도
> 원을 네게 줄 것이요 만일 합의하면 그 값을 돈으로 네게 주리라
> 3 나봇이 아합에게 말하되 내 열조의 유업을 왕에게 주기를 여호와
> 께서 금하실지로다 하니 4 이스르엘 사람 나봇이 아합에게 대답하
> 여 이르기를 내 조상의 유업을 왕께 줄 수 없다 함을 인하여 아합
> 이 근심하고 답답하여 궁으로 돌아와서 침상에 누워 얼굴을 돌이
> 키고 식사를 아니하니(열왕기상 21장)

나봇은 열조의 유업을 아합에게 줄 수 없다고 말한다. 열조의 유업은 결코 남에게 양도할 수 있는 것이 아니었다. 아버지 집으로 표현되는 가족은 그들이 거주하는 전래적인 땅과 집이 없이는 결코 존재할 수 없기 때문이다. 땅과 집이 없는 가족은 더 이상 가족일 수 없다. 농경사회인 고대 이스라엘에서 땅과 집이 갖는 의미는 무형의 정보산업시대를 사는 우리에게 땅과 집이 갖는 의미와는 크게 다를 수밖에 없다. 이렇듯 땅과 집이 가족구성과 유지에 중요함에도 불구하고 아합은 자기 지경을 넓히기 위해서[9] 이세벨의 도움을 받아 음

---

7) 나봇 사건은 이스라엘에 거주하는 나봇 가족이 아합 가족에 저항하면서 일어난 것으로 보인다. John Gray, *I&II Kings*, OTL. (London: SCM Press, 1964, 1977), 441. 이스르엘 사람들은 후대에 일어난 예후의 쿠데타를 지원했다(열왕기하 9장 25-26절). Simon J. DeVries, *1 Kings*, WBC 12 (Waco, Texas: Word Books, 1985), 256.

8) 아합을 '사마리아 왕'으로 칭하는 것이 특이하다. 이 용어는 이 구절과 열왕기하 1장 3절에만 나오는데 아합의 영역을 사마리아에 국한시킴으로써 그가 자기 지경을 넓히기 위해서 사마리아 바깥에 있는 나봇의 포도원을 탐내는 것이 불법임을 보여주려는 것으로 보인다. 그리고 오므리 집안이 이스라엘 백성들을 진정으로 대표하지 못한다는 의식을 반영한다. John Gray, *I&II Kings*, OTL. (London: SCM Press, 1964, 1977), 438.

9) J. A. Montgomery and H. S. Gehman, *A Critical and Exegetical Commentary*

모를 꾸며 결국 나봇을 죽이고 그 포도원을 빼앗았는데 이것은 포도원만을 빼앗은 것이 아니고 그 포도원을 터전으로 삼고 정체성을 보존해온 한 가족을 아예 파괴해버린 것이다. 이런 행위는 가족과 기업을 소중하게 여기는 이스라엘에서 매우 큰 죄였다. 이 죄로 인해서 아합 집안은 중대한 심판을 선고받는다.

> 17 여호와의 말씀이 디셉 사람 엘리야에게 임하여 가라사대 18 너
> 는 일어나 내려가서 사마리아에 거하는 이스라엘 왕 아합을 만나
> 라 저가 나봇의 포도원을 취하러 그리로 내려갔나니 19 너는 저에
> 게 말하여 이르기를 여호와의 말씀이 네가 죽이고 또 빼앗았느냐
> 하셨다 하고 또 저에게 이르기를 여호와의 말씀이 개들이 나봇의
> 피를 핥은 곳에서 개들이 네 피 곧 네 몸의 피도 핥으리라 하셨다
> 하라 20 아합이 엘리야에게 이르되 나의 대적이여 네가 나를 찾았
> 느냐 대답하되 내가 찾았노라 네가 스스로 팔려 여호와 보시기에
> 악을 행하였으므로 21 여호와의 말씀이 내가 재앙을 네게 내려 너
> 를 쓸어 버리되 네게 속한 남자는 이스라엘 가운데 매인 자나 놓인
> 자를 다 멸할 것이요 22 또 네 집으로 느밧의 아들 여로보암의 집
> 처럼 되게 하고 아히야의 아들 바아사의 집처럼 되게 하리니 이는
> 네가 나의 노를 격동하고 이스라엘로 범죄케 한 까닭이니라 하셨
> 고 23 이세벨에게 대하여도 여호와께서 말씀하여 가라사대 개들이
> 이스르엘 성 곁에서 이세벨을 먹을지라 24 아합에게 속한 자로서
> 성읍에서 죽은 자는 개들이 먹고 들에서 죽은 자는 공중의 새가 먹
> 으리라 하셨느니라 하니 25 예로부터 아합과 같이 스스로 팔려 여
> 호와 보시기에 악을 행한 자가 없음은 저가 그 아내 이세벨에게 충
> 동되었음이라 26 저가 여호와께서 이스라엘 자손 앞에서 쫓아내신
> 아모리 사람의 모든 행한 것 같이 우상에게 복종하여 심히 가증하
> 게 행하였더라(열왕기상 21장).

---

on the Books of Kings (Edinburgh: T&T Clark, 1951, 1976), 330.

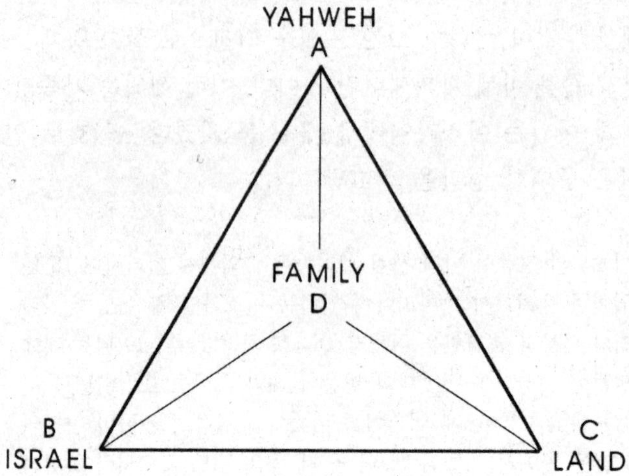

나봇 가족을 해체한 다음 나봇의 포도원을 취하기 위해 내려가는 아합에게 하나님은 엘리야를 보내서 아합이 나봇 가족을 파괴한 죄를 지적하고 그 범죄에 합당한 심판, 즉 아합 집안의 해체와 몰락을 선포케 하신다. 이 심판예언은 나중에 그대로 이루어진다. 이런 것들을 통해서 하나님은 가족이 결코 파괴되서는 안 되는 것임을 강조하신다. 이렇듯 고대 이스라엘 사회에서 가족은 매우 소중한 것이었다. 이스라엘에서 가족의 중요성은 옆 그림으로 표시할 수 있다. AB는 하나님과 이스라엘의 관계를 말하고, AC는 하나님이 땅의 궁극적인 주인이심을 말하고, CB는 하나님이 땅을 이스라엘에게 기업으로 주신 것을 의미한다. 그리고 BD에서 보는 대로 가족은 이스라엘의 사회적 구조와 친족 구조에서 기본적인 단위일 뿐만 아니라 CD에서 볼 수 있는 것처럼 가족은 땅을 영구 소유하는 이스라엘 기업 체계의 근본 단위이며 결코 양도할 수 없는 기업의 최우선 수혜자이기도 하다. 그래서 옆 그림에서 볼 수 있듯이 가족은 하나님과

이스라엘, 그리고 땅을 하나로 묶어주는 중요한 것이다.[10] 가족이 없다면 이 삼각형 구도는 성립되지 않는다. 그만큼 고대 이스라엘 사회에서 가족은 중요했다.

이처럼 가족을 보존하는 것이 매우 중차대한 일이었기 때문에 이스라엘의 각 문중은 그 안에 속한 가족들을 책임지고 유지하도록 요구받는다. 이것은 친족구속사상을 담은 고엘제도에서 명확하게 드러난다.

> 47 너희 중에 우거하는 이방인은 부요하게 되고 그 곁에 사는 너희 동족은 빈한하게 됨으로 너희 중에 우거하는 그 이방인에게나 그 족속에게 몸이 팔렸으면 48 팔린 후에 그를 속량할 수 있나니 그 형제 중 하나가 속하거나 49 삼촌이나 사촌이 속하거나 그 근족 중 누구든지 속할 것이요(레위기 25장).

여기서 보는 대로 고대 이스라엘 사회에서 가족이 해체될 수 있는 경우들이 많이 있어서 가족들이 자주 해체위험에 처했는데 예를 들어 한 가족이 가난으로 인해서 해체되었을 때 그 가족이 속한 문중, 즉 미쉬파하(מִשְׁפָּחָה) 가운데서 그 가족과 가까운 다른 가족들이 그 가족의 회복을 책임져야 했다. 이것을 고엘제도라고 하는데 구약성경은 이 고엘제도 실행을 강력하게 명령한다. 그리고 여러 가지 이유로 인해서 가족, 즉 땅과 집을 떠난 사람들은 각기 그 가족, 즉 땅과 집으로 돌아감으로써 가족을 회복해야 했다.

> 10 제 오십 년을 거룩하게 하여 전국 거민에게 자유를 공포하라 이

---

10) Christopher J. H. Wright, *God's People in God's Land- Family, Land, and Property in the Old Testament* (Grand Rapids, Michigan: William B. Eerdmans Publishing Company, 1990), 104. 도표는 105쪽에서 인용했다.

> 해는 너희에게 희년이니 너희는 각각 그 기업으로 돌아가며 각각
> 그 가족에게로 돌아갈지며 11 그 오십 년은 너희의 희년이니 너희
> 는 파종하지 말며 스스로 난 것을 거두지 말며 다스리지 아니한 포
> 도를 거두지 말라 12 이는 희년이니 너희에게 거룩함이니라 너희
> 가 밭의 소산을 먹으리라 13 이 희년에는 너희가 각기 기업으로 돌
> 아갈지라(레위기 25장).

자기 기업을 떠난 사람들은 다른 때도 마찬가지였겠지만 희년에는 반드시 자기 기업, 곧 가족들에게 돌아가야 한다. 우리는 여기서도 가족이라는 것이 결코 추상적인 것이 아니고, 기업, 즉 땅과 집으로 실재한다는 것을 알 수 있다. 그래서 '돌아간다'는 말은 우리가 생각하듯이 실제성을 결여한 은유적인 표현이 아니다. '가족에게로 돌아간다'는 것은 자기 가족들을 실재화 해주는 구체적인 땅과 집, 즉 가족을 형성해주는 기업으로 돌아가는 것이다. 그렇기 때문에 언제고 돌아가야 할 땅과 집을 잃어버린 가족은 더 이상 가족으로 존재하기 어렵다. 이런 측면에서 희년은 땅과 집을 잃어버려서 깨어지거나 해체된 가족을 복원하기 위한 제도였다. 이스라엘 사람들, 특히 그럴 힘을 가진 사람들과 그렇게 해야 하는 지위에 있는 사람들은 해체된 가족이 다시 복원될 수 있도록 해야 했다. 그래서 그들이 종으로 부리던 사람들을 해방시켜서 그들이 가족에게 돌아갈 수 있도록 해야 했다.

> 39 네 동족이 빈한하게 되어 네게 몸이 팔리거든 너는 그를 종으로
> 부리지 말고 40 품군이나 우거하는 자같이 너와 함께 있게 하여 희
> 년까지 너를 섬기게 하라 41 그 때에는 그와 그 자녀가 함께 네게
> 서 떠나 그 본족에게로 돌아가서 조상의 기업을 회복하리라 42 그
> 들은 내가 애굽 땅에서 인도하여 낸 바 나의 품군인즉 종으로 팔리
> 지 말 것이라 43 너는 그를 엄하게 부리지 말고 너의 하나님을 경
> 외하라(레위기 25장).

이처럼 하나님은 해체된 가족을 복원하는 데 깊은 관심을 갖고 가족복원을 이스라엘 백성들, 특히 지도자들에게 강력하게 명령하신다. 여기서 보는 대로 가족을 유지하고 회복하는 것은 고대 이스라엘에서 매우 중요한 일이었다. 하나님은 이스라엘 사회와 국가의 근간이 되는 가족을 소중하게 여기셨고 어떤 경우에도 가족이 파괴되는 일이 없도록 법규를 제정하셨다.

지금까지 우리는 사무엘서 기자가 엘가나를 소개하는 장면에서 고대 이스라엘에서 가족이 얼마나 소중한 것인지를 생각해보았다. 그런데 우리가 본문을 읽으면서 여러 번 보는 것은 엘가나 집안이 매년 실로로 간다는 사실이다.

> 그 사람 엘가나와 그 온 집이 여호와께 매년제와 그 서원제를 드리러 올라갈 때에(사무엘상 1장 21절).

윗 구절과 1장 3절에 기록된 대로 엘가나는 온 집 안 사람들, 즉 엘가나 가족에 속하는 모든 사람들을 데리고 해마다 실로에 올라갔다. 당시 이스라엘의 가족은 '베트 아브'로 일컬어지는 대가족이었기 때문에 대체로 3대가 함께 사는 경우가 많았다. 예전 우리나라처럼 부모와 장남 가족, 그리고 결혼하지 않은 자녀들이 한 집에 살았을 것이다. 그리고 결혼한 자녀들도 분가해서 독자적인 살림, 즉 일종의 핵가족을 형성하기도 했지만 여전히 아버지 집과 긴밀한 관계를 형성하고 있었다.[11] 그렇기 때문에서 여기서 엘가나의 '온집'이라고 하면 한집에 사는 사람들뿐만 아니고 따로 사는 모든 자녀들과 그 가족들을 포함한다고 생각할 수 있다. 엘가나가 이 모든 가족들을 데리

---

11) Niels Peter Lemche, *Early Israel-Anthropological and Historical Studies on the Israelite Society Before the Monarchy* (Leiden : E. J. Brill, 1985), 257, 258.

고 실로에 갔다는 것은 종교적인 측면에서도 가족이 매우 중요한 단위임을 보여준다.[12] 실제로 이스라엘에서 가족은 종교교육을 위한 소중한 장이었고 이런 종교교육을 통해서 가족이 제대로 보존될 수 있었다.

> 1 이는 곧 너희 하나님 여호와께서 너희에게 가르치라 명하신 바 명령과 규례와 법도라 너희가 건너가서 얻을 땅에서 행할 것이니 2 곧 너와 네 아들과 네 손자로 평생에 네 하나님 여호와를 경외하며 내가 너희에게 명한 그 모든 규례와 명령을 지키게 하기 위한 것이며 또 네 날을 장구케 하기 위한 것이라 3 이스라엘아 듣고 삼가 그것을 행하라 그리하면 네가 복을 얻고 네 열조의 하나님 여호와께서 네게 허락하심 같이 젖과 꿀이 흐르는 땅에서 너의 수효가 심히 번성하리라 4 이스라엘아 들으라 우리 하나님 여호와는 오직 하나인 여호와시니 5 너는 마음을 다하고 성품을 다하고 힘을 다하여 네 하나님 여호와를 사랑하라 6 오늘날 내가 네게 명하는 이 말씀을 너는 마음에 새기고 7 네 자녀에게 부지런히 가르치며 집에 앉았을 때에든지 길에 행할 때에든지 누웠을 때에든지 일어날 때에든지 이 말씀을 강론할 것이며 8 너는 또 그것을 네 손목에 매어 기호를 삼으며 네 미간에 붙여 표를 삼고 9 또 네 집 문설주와 바깥 문에 기록할지니라(신명기 6장).

이처럼 가족에서 행하는 철저한 종교교육은 가족을 유지하고 사회와 국가를 보전하는 데 필수적이었다. 고대 이스라엘은 가족을 소중하게 생각하고 가족을 보존하는 데 최선을 다했다.

---

12) 출애굽기 12장을 보면 유월절은 가족끼리 지키는 절기(a family festival)이다. Roland de Vaux, *Ancient Israel v.1 Social Institutions* (New York: McGraw-Hill Book Company, 1965), 21.

국가를 위해서

사무엘상 1장을 더 읽어보면 엘가나로 이야기를 시작하지만, 실제로 주인공은 엘가나가 아니고 '한나'라는 여인임을 알 수 있다. 이 여인은 자녀를 낳지 못해서 걱정인데 브닌나로 인해서 마음고생이 더 심하다. 한나는 실로에 가서 간절히 기도하다가 엘리로부터 아이를 낳을 것이라는 확답을 얻고 돌아오는데 그 약속대로 한나는 마침내 사무엘을 낳는다. 한나는 사무엘이 젖을 떼자 그를 실로로 데리고 가서 성전에서 엘리를 수종케 한다. 그런 다음 2장으로 넘어가면, 그 유명한 '한나의 노래' 또는 '한나의 기도'가 나오는데 이 한나의 노래는 성경이 말하는 가족개념을 이해하는 데 있어서 결코 빼놓을 수 없는 본문이다.

> 1 한나가 기도하여 가로되 내 마음이 여호와를 인하여 즐거워 하며
> 내 뿔이 여호와를 인하여 높아졌으며 내 입이 내 원수들을 향하여
> 크게 열렸으니 이는 내가 주의 구원을 인하여 기뻐함이니이다 2 여
> 호와와 같이 거룩하신 이가 없으시니 이는 주 밖에 다른 이가 없고
> 우리 하나님 같은 반석도 없으심이니이다 3 심히 교만한 말을 다시
> 하지 말 것이며 오만한 말을 너희 입에서 내지 말지어다 여호와는
> 지식의 하나님이시라 행동을 달아 보시느니라 4 용사의 활은 꺾이
> 고 넘어진 자는 힘으로 띠를 띠도다 5 유족하던 자들은 양식을 위
> 하여 품을 팔고 주리던 자들은 다시 주리지 않도다 전에 잉태치 못
> 하던 자는 일곱을 낳았고 많은 자녀를 둔 자는 쇠약하도다 6 여호
> 와는 죽이기도 하시고 살리기도 하시며 음부에 내리게도 하시고
> 올리기도 하시는도다 7 여호와는 가난하게도 하시고 부하게도 하
> 시며 낮추기도 하시고 높이기도 하시는도다 8 가난한 자를 진토에
> 서 일으키시며 빈핍한 자를 거름더미에서 드사 귀족들과 함께 앉
> 게 하시며 영광의 위를 차지하게 하시는도다 땅의 기둥들은 여호
> 와의 것이라 여호와께서 세계를 그 위에 세우셨도다 9 그가 그 거

> 룩한 자들의 발을 지키실 것이요 악인으로 흑암 중에서 잠잠케 하시리니 힘으로는 이길 사람이 없음이로다 10 여호와를 대적하는 자는 산산이 깨어질 것이라 하늘 우뢰로 그들을 치시리로다 여호와께서 땅끝까지 심판을 베푸시고 자기 왕에게 힘을 주시며 자기의 기름 부음을 받은 자의 뿔을 높이시리로다 하니라.

본문은 한나가 사무엘을 하나님께 바친 장면 다음에 나오기 때문에 독자들로 하여금 그것에 연속해서 읽도록 요구한다. 본문을 읽으면서 사람들은 "한나가 드디어 한을 풀었구나"라고 생각할 것이다. 독자들은 "브닌나에게 맺혔던 한을 드디어 풀었구나"라고 생각할 것이다. 독자들로 하여금 그렇게 생각하게 하는 것들이 본문에 여럿 나온다. 본문은 원수와 싸워서 이긴 것을 말하고 하나님이 비천한 사람들을 높이신다고 말하는데 특히 자녀를 많이 낳은 여자와 무자한 여인이 정반대 결과를 맞는 장면에서 독자들은 브닌나와 한나를 자연스럽게 떠올릴 것이다.

이렇듯 본문이 별 무리 없이 앞 뒤 이야기와 이어지는 것처럼 보이지만 학자들은 이 본문이 원래 한나가 출산 후에 드린 기도나 노래가 아니라고 말한다.[13] 그것은 여러 가지 점에서 타당한 것으로 보인다. 본문을 읽어보면 출산 후에 산모가 하나님께 드리는 감사기도나 찬양으로 보기에는 지나치게 거창하다는 느낌을 받는다. 그리고 10절은 이 시가 파생한 맥락을 파악하는 중요한데 왕에 대한 긍정적인 입장은 나중에 사무엘이 보여주는 왕에 대한 부정적인 입장과 다르다. 그리고 1장 28절과 2장 11절을 이어서 읽으면 매끄럽게 연결되는 것을 알 수 있다.[14] 이런 점에서 본문은 본디부터 한나가

13) Ralph W. Klein, *1 Samuel*, WBC 10 (Waco, Texas: Word Books, 1983), 19.
14) Hans W. Hertzberg, *Die Samuelbücher*, tr. by J. S. Bowden, *I&II Samuel* (Philadelphia : The Westminster Press, 1964), 29.

부른 노래로 보기에 어려움이 많은데,[15] 그렇다면 본문은 과연 어떤 상황에서 만들어졌을까? 어쩌면 본문은 왕의 군대가 승전 후에 하나님께 드리는 감사찬양일지도 모른다. 아니면 왕위계승자탄생에 대한 감사찬양일지도 모른다.[16] 어쨌든 원래 한나의 기도와 무관하던 이 시가 나중에 '한나의 기도'로 본문에 삽입된 것은 사실이다. 이 노래가 한나의 기도로 삽입되면서 어떤 효과를 주는가? 사무엘서 기자는 왜 이 시를 여기에 삽입해서 독자들로 하여금 이 시를 한나의 기도와 찬양으로 읽게 하는가?

앞에서 살펴본 것처럼 사무엘서는 이스라엘 국가건설에 관한 이야기인데 그 이야기를 매우 사소하게 보이는 엘가나 집안 이야기로 시작한다. 그런데 그 사소한 가족 이야기가 이 본문을 통해서 가족 이야기라는 차원을 벗어나 국가적인 차원으로 나아간다. 그렇기 때문에 한나의 노래는 사무엘서가 가족 이야기에서 국가 이야기로 나아가는 데 있어서 중요한 역할을 한다. 본문이 보여주는 이러한 기능적인 이미지는 구약성경이 말하는 가족 이미지와 일치한다. 구약에서 가족은 가족 차원에서만 머물지 않는다. 가족은 여전히 가족으로 존재하면서도 또 언제나 가족을 넘어서 사회적이고 국가적인 차원으로 나아간다.[17]

---

15) H. P. Smith, *A Critical and Exegetical Commentary on the Books of Samuel*, ICC. (Edinburgh: T&T Clark, 1977), 14.

16) P. Kyle McCarter, Jr., *1 Samuel*, AB. (Garden City, New York: Doubleday & Company, Inc., 1980), 73.

17) 국가는 자연적으로 그리고 인위적으로 친족 이미지를 갖는다. "한 국가의 정치체제는 친족적 이미지로 윤색되면서 국민들의 무의식적 정신·심리구조에 뿌리를 두기 마련인 것이다. 왜냐하면 하나의 국가를 세우고 그것을 유지하기 위해서는 그 국가가 존재해야할 논리적이고 합리적인 전거를 마련하는 것뿐만이 아니라 국가 자체에 하나의 지위를 부여해서 그 구성원들이 무의식적으로 국가를 자신을 보호해주는 하나의 인격으로 여기게 하는

이런 확장은 사무엘서 바로 앞에 나오는 룻기에서도 나타난다. 룻기는 엘리멜렉 집안 이야기이다. 그런데 룻기는 한 가족 이야기로 끝나지 않는다. 룻기는 마지막 부분에 다윗 계보를 첨부함으로써 한 가족 이야기에서 왕이 등장하는 국가로 나아가는 가족 확장을 보여준다.

그리고 이러한 확장은 아브람이 하나님으로부터 하란출발을 명령받는 그 유명한 장면에서도 나타난다.

> 1 여호와께서 아브람에게 이르시되 너는 너의 본토 친척 아비 집을 떠나 내가 네게 지시할 땅으로 가라 2 내가 너로 큰 민족을 이루고 네게 복을 주어 네 이름을 창대케 하리니 너는 복의 근원이 될지라 3 너를 축복하는 자에게는 내가 복을 내리고 너를 저주하는 자에게는 내가 저주하리니 땅의 모든 족속이 너를 인하여 복을 얻을 것이니라 하신지라(창세기 12장).

하나님이 아브람을 하란에서 불러내시는 것은 친척과 아비집을 벗어나도록 하기 위해서였다. 하나님은 아브람에게 큰 민족, 즉 국가를 이루게 하겠다고 말씀하셨다. 그래서 아브람의 출하란(exodus)은 아브람 가족으로 하여금 가족을 넘어서서 민족과 국가로 나아가게 하는 첫걸음이었다. 가족이 여전히 가족으로 존재하면서도 가족을 넘어서 사회와 국가로 나아가는 확장은 이스라엘 백성들의 신앙고

것이 필요하기 때문이다. 그런 의미에서 국가라는 개념은 더없이 추상적이면서 동시에 더 없이 친근한 것이기도 하다. 더욱이 표면상으로는 사회 구성원들이 제각각 절대적 힘을 지니고 있는 민주국가에서는 그 구성원들을 결집시키는 하나의 이미지가 절대로 필요하다… 또한 상호간의 자유의지에 의해 맺어진 계약에 토대를 둔 국가도 그것이 하나의 국가로 존속하기 위해서는 왜 그들끼리 계약을 맺게 되었는가의 문제, 즉 그들이 계약을 맺는 관계로 이어지게 된 근거에 대한 앞선 이해, 앞선 양해가 있어야 하며 바로 거기에서 그 구성원들을 친족적 관계로 맺어줄 이미지가 필요하다." 유평근·진형준, 『이미지』(서울: (주) 살림출판사, 2001), 268.

백에서도 나타난다.

> 5 너는 또 네 하나님 여호와 앞에 아뢰기를 내 조상은 유리하는 아
> 람 사람으로서 소수의 사람을 거느리고 애굽에 내려가서 거기 우
> 거하여 필경은 거기서 크고 강하고 번성한 민족이 되었더니 6 애굽
> 사람이 우리를 학대하며 우리를 괴롭게 하며 우리에게 중역을 시
> 키므로 7 우리가 우리 조상의 하나님 여호와께 부르짖었더니 여호
> 와께서 우리 음성을 들으시고 우리의 고통과 신고와 압제를 하감
> 하시고 8 여호와께서 강한 손과 편 팔과 큰 위엄과 이적과 기사로
> 우리를 애굽에서 인도하여 내시고 9 이곳으로 인도하사 이 땅 곧
> 젖과 꿀이 흐르는 땅을 주셨나이다(신명기 26장).

이처럼 이스라엘은 가족을 정말 소중하게 생각하면서도 결코 가족 단위에만 머물지 않는다. 가족은 언제나 가족을 넘어서 민족과 국가로 나아간다. 이런 측면에서 출애굽(Exodus)은 아브람을 비롯한 족장들의 가족이 가족을 유지하면서도 가족 차원에서 벗어나 이스라엘이라는 민족과 국가로 넘어가는 중요한 사건이었다. 그리고 출애굽은 하나님이 아브람에게 하신 약속이 그대로 실현되었음을 보여준다.

앞에서 말한 대로 구약성경은 가족을 매우 중요하게 생각한다. 가족, 즉 베트 아브는 이스라엘을 구성하는 가장 기본적이고 필수적인 단위이다. 그러면서도 이스라엘은 결코 가족주의(家族主義)[18]에

---

18) "가족 '주의'는 가족(의) 제일주의, 가족을 욕망의 최전선에 내세우고 자신의 모습은 숨기는 국가권력의 문제다. 다시 말해 가족주의는 국가주의의 또 다른 얼굴과 같다. 사회 부재의 모순을 욕망의 최전선에 있는 가족을 통해 은폐하는 것이 국가주의의 본질이다. 따라서 가족을 해체하자는 것은 국가주의의 본질에 대한 냉철한 통찰로부터 시작한다. 그럼으로써 가족으로부터 사회로, 가족 사회로부터 시민 사회로 이행하자는 것이다." 이득재, 『가족주의는 야만이다』(서울: 조합공동체 소나무, 2001), 110-111.

빠지지 않는다. 가족주의란 모든 유형의 공동체를 가족개념으로 축소 환원하는 것이다. 권위적이고 가부장적인 개별 가족은 말할 것도 없고 결코 가족일 수 없고 그렇지도 않은 것들까지도 가족으로 규정함으로써 그것 자체, 예를 들면 회사나 사회, 국가를 부재케 하는 것이 가족주의다. 사람들은 '우리는 가족이다'는 말을 좋아하는데 모든 집단을 가족으로 축소 환원한다고 해서 그 집단이 가족처럼 화기애애해지는 것이 아니다. 어떤 회사가 그 회사를 가족이라고 규정한다고 하자. 그랬을 때 사장은 아버지가 되고 간부들은 어머니나 형이 된다. 그리고 일반 직원들은 자녀들이 된다. 이런 왜곡된 가족체제에서는 모든 것을 아버지나 형이 알아서 하기 때문에 자녀들은 그저 거기에 따르기만 하면 된다고 강요한다. 이런 체제에서는 직급 높은 윗사람들에 대해서 직급 낮은 아랫사람들이 어떤 비판도 할 수 없다. 그 안에서 일어나는 잘못된 것들을 밝히거나 잘못하는 사람들을 지적하는 것은 용서할 수 없는 비인륜적인 행위로 간주한다. 이것이 가족주의다. 그리고 국가를 가족으로 생각하면 대통령은 아버지가 되고, 백성들은 자녀가 된다.[19] 그럴 때 대통령이나 정부가 잘못해도 감히 비판할 수 없다. 어떻게 자식들이 감히 부모를 비판하고 반대할 수 있단 말인가. 이런 부정적인 가족주의는 우리가 말하는 '가족의

---

19) "정권이 바뀔 때마다 역대 대통령들은 유행처럼 자서전을 썼는데 김대중 대통령도 마찬가지였다. 『김대중 자서전』이란 책의 광고 문구를 보면 '우리는 그를 대통령이 아닌 한 인간으로 만나고 싶습니다'라고 써있다. '대통령이 아닌 한 인간'이라는 광고 문구는 대통령/인간을 대비시킴으로써 대통령으로서의 김대중을 소멸시키는 것이고, 공인(公人) 김대중보다는 사인(私人) 김대중을 강조하는 것이다. 그러나 우리에게 필요한 것은 공적이 역할을 수행하는 대통령이지 '인간'이라는 말로 추상화된 사적인 인물이 아니다. 이렇게 우리는 공적인 것을 제거하고 모든 것을 사적인 것으로 귀결시킨다." 이득재, 『가족주의는 야만이다』, 219-220.

확장'과는 아무런 관계가 없으며, 성경에도 거의 나타나지 않는다.

구약성경은 모든 것을 가족으로 축소환원(縮小還元)하지 않고 건실한 가족으로 시작해서 그것을 유지하면서 또 그것을 넘어 사회와 국가로 나아가는 가족의 확장을 말한다. 이런 가족확장(家族擴張)을 통해서 이스라엘의 가족은 자신들을 넘어서서 다른 사람들에게 봉사하기를 요구받는다. 그래서 이스라엘의 가족 구성원들은 가족주의를 벗어나서 사회 구성원, 즉 시민(市民)이라는 사회적 주체로 존재할 수 있다. 이것은 전통적인 곡식걷이 절기인 3대 절기, 즉 무교절(無酵節)과 칠칠절(七七節), 그리고 초막절(草幕節)을 통해서 분명하게 표현된다.

> 9 너희 땅의 곡물을 벨 때에 너는 밭 모퉁이까지 다 거두지 말고
> 너의 떨어진 이삭도 줍지 말며 10 너의 포도원의 열매를 다 따지
> 말며 너의 포도원에 떨어진 열매도 줍지 말고 가난한 사람과 타국
> 인을 위하여 버려 두라 나는 너희 하나님 여호와니라(레위기 19장).

> 18 오직 네 하나님 여호와께서 택하실 곳에서 네 하나님 여호와 앞
> 에서 너는 네 자녀와 노비와 성중에 거하는 레위인과 함께 그것을
> 먹고 또 네 손으로 수고한 모든 일을 인하여 네 하나님 여호와 앞
> 에서 즐거워하되 19 너는 삼가서 네 땅에 거하는 동안에 레위인을
> 저버리지 말지니라(신명기 12장).

> 26 무릇 네 마음에 좋아하는 것을 그 돈으로 사되 우양이나 포도주
> 나 독주 등 무릇 네 마음에 원하는 것을 구하고 거기 네 하나님 여
> 호와의 앞에서 너와 네 권속이 함께 먹고 즐거워할 것이며 27 네
> 성읍에 거하는 레위인은 너희 중에 분깃이나 기업이 없는 자니 또
> 한 저버리지 말지니라 28 매 삼년 끝에 그 해 소산의 십 분 일을
> 다 내어 네 성읍에 저축하여 29 너희 중에 분깃이나 기업이 없는
> 레위인과 네 성중에 우거하는 객과 및 고아와 과부들로 와서 먹어

> 배부르게 하라 그리하면 네 하나님 여호와께서 너의 손으로 하는 범사에 네게 축복을 주시리라(신명기 14장).
> 절기를 지킬 때에는 너와 네 자녀와 노비와 네 성중에 거하는 레위인과 객과 고아와 과부가 함께 연락하되(신명기 16장 14절).

여기서 우리는 가족이 가족을 넘어서 사회로 확장되는 것을 본다. 이스라엘 사람들은 가족별로 농사를 짓고 곡식걷이를 하고 절기들을 지키면서 한정된 가족의 범위를 계속 확장한다. 그래서 주위에 있는 어려운 사람들을 그들 가족 속으로 끌어들여서 그들과 함께 (한 가족이 된) 기쁨을 나눈다.[20] 하나님은 이스라엘 백성들이 이런 확장된 가족의식을 일년에 세 번씩 경험하게 했다. 삼대절기는 이스라엘 모든 사람들이 출애굽 정신을 되새기고 하나님이 이스라엘 국가를 세우신 뜻을 실천하는 계기였다.

이처럼 이스라엘의 가족의식은 가족을 넘어서 문중을 한 가족으로, 지파를 한 가족으로, 그리고 국가건설 이후에는 국가를 한 가족으로 생각하는 데까지 확장된다.[21] 아간 사건[22]은 이렇게 확장되는 가족의식의 근거를 명확하게 보여준다. 이스라엘이 아간으로 인해서 아이성 공격에 실패한 다음, 그 원인을 규명하는 장면을 살펴보자.

---

20) Roland de Vaux, *Ancient Israel v.1 Social Institutions* (New York: McGraw-Hill Book Company, 1965), 20.

21) '요셉의 집'과 '유다의 집'은 지파를 가족으로 규정하는 것이고, '야곱의 집'이나 '이스라엘 집'이라는 용어는 국가를 가족으로 규정하는 것이다. Roland de Vaux, *Ancient Israel*, 21.

22) 아간은 헤렘(חֵרֶם), 즉 하나님께 바쳐진 것으로 규정된 물건들을 개인적으로 착복했다는 이유로 죽임을 당한다. 하나님께 바쳐진 것은 이스라엘 모든 사람들이 공유해야 하는 것으로, 결코 개인의 치부를 위해서 사용해서는 안 되는 것이었다. 이 규정은 이스라엘 공동체를 정의롭게 유지하는 데 매우 중요했는데 이것을 어기고 아간이 사욕을 위해 값나가는 물건들을 착복함으로써 이스라엘 공동체 유지에 심각한 해를 끼친 것이다.

> 14 아침에 너희는 너희 지파대로 가까이 나아오라 여호와께 뽑히
> 는 지파는 그 족속대로 가까이 나아올 것이요 여호와께 뽑히는 족
> 속은 그 가족대로 가까이 나아올 것이요 여호와께 뽑히는 가족은
> 각 남자대로 가까이 나아올 것이며 15 바친 물건을 가진 자로 뽑힌
> 자를 불사르되 그와 그 모든 소유를 그리하라 이는 여호와의 언약
> 을 어기고 이스라엘 가운데서 망령된 일을 행하였음이라 하셨다
> 하라 16 이에 여호수아가 아침 일찌기 일어나서 이스라엘을 그 지
> 파대로 가까이 나아오게 하였더니 유다 지파가 뽑혔고 17 유다 족
> 속을 가까이 나아오게 하였더니 세라 족속이 뽑혔고 세라 족속의
> 각 남자를 가까이 나아오게 하였더니 삽디가 뽑혔고 18 삽디의 가
> 족 각 남자를 가까이 나아오게 하였더니 유다 지파 세라의 증손이
> 요 삽디의 손자요 갈미의 아들인 아간이 뽑혔더라(여호수아 7장).

여기서 보는 대로 이스라엘은 '이스라엘→지파→족속→가족→개인'으로 이루어진다. 이런 체계 속에서 개인은 결코 개인으로 존재하지 않고, 가족도 가족으로만 존재하지 않는다. 이스라엘은 가족과 족속 그리고 지파가 긴밀하게 연결된 매우 견고한 네트워크였기 때문에 한 개인과 한 가족의 문제는 전체에 영향을 미친다.[23)]

그래서 한 가족의 문제는 결코 그 가족에서 그치지 않는다. 특히 영향력있는 가족일수록 사회와 국가에 미치는 영향이 크다. 엘리 제사장 집안이 이것을 입증해준다. 엘리 집안은 불량자인 두 아들로 인해서 심판을 예고받는다. 그리고 홉니와 비느하스가 이끄는 이스라엘군대는 결국 블레셋에 패하고 법궤도 빼앗긴다. 그렇게 엘리 가문이 몰락하는 순간을 성경기자는 이렇게 기록해놓았다.

---

23) 국가건설 이후에 지파의 정치적인 중요성은 쇠퇴했지만 족속, 즉 문중은 여전히 존속했다. Niels Peter Lemche, *Early Israel-Anthropological and Historical Studies on the Israelite Society Before the Monarchy* (Leiden: E. J. Brill, 1985), 261.

> 18 하나님의 궤를 말할 때에 엘리가 자기 의자에서 자빠져 문 곁에
> 서 목이 부러져 죽었으니 나이 많고 비둔한 연고라 그가 이스라엘
> 사사가 된지 사십 년이었더라 19 그의 며느리 비느하스의 아내가
> 잉태하여 산기가 가까왔더니 하나님의 궤 빼앗긴 것과 그 시부와
> 남편의 죽은 소문을 듣고 갑자기 아파서 몸을 구푸려 해산하고 20
> 죽어갈 때에 곁에 섰던 여인들이 그에게 이르되 두려워 말라 네가
> 아들을 낳았다 하되 그가 대답지도 아니하며 관념치도 아니하고
> 21 이르기를 영광이 이스라엘에서 떠났다 하고 아이 이름을 이가
> 봇이라 하였으니 하나님의 궤가 빼앗겼고 그 시부와 남편이 죽었
> 음을 인함이며 22 또 이르기를 하나님의 궤를 빼앗겼으므로 영광
> 이 이스라엘에서 떠났다 하였더라(사무엘상 4장).

법궤를 빼앗김으로써 하나님의 영광이 이스라엘을 떠났다. 이것은 홉니와 비느하스의 행동결과가 그들 개인이나 그들이 속한 가족에서 그치지 않고 온 이스라엘로 확장되는 것을 보여준다. 그리고 사무엘의 두 아들들도 문제가 많았는데 그들이 저지른 악행은 결국 장로들로 하여금 이스라엘에 왕정제도를 도입할 필요를 역설케 하는 빌미를 제공한다.

> 1 사무엘이 늙으매 그 아들들로 이스라엘 사사를 삼으니 2 장자의
> 이름은 요엘이요 차자의 이름은 아비야라 그들이 브엘세바에서 사
> 사가 되니라 3 그 아들들이 그 아비의 행위를 따르지 아니하고 이
> 를 따라서 뇌물을 취하고 판결을 굽게 하니라 4 이스라엘 모든 장
> 로가 모여 라마에 있는 사무엘에게 나아가서 5 그에게 이르되 보소
> 서 당신은 늙고 당신의 아들들은 당신의 행위를 따르지 아니하니
> 열방과 같이 우리에게 왕을 세워 우리를 다스리게 하소서 한지라
> (사무엘상 8장).

이처럼 가족과 문중, 그리고 국가가 서로 영향을 주고받는다는

것은 국가 전체가 한 가족임을 경험케 하는 것으로 나아갔는데 이스라엘이라는 나라는 왕을 중심으로 하는 한 가족으로 인식되었다. 물론 이러한 국가가족사상은 가족을 앞세움으로써 사회와 국가를 실종시키는 '가족주의'와는 질적으로 다르다. 앞에서 말한 것처럼, 사무엘상 2장은 이러한 축소지향적 가족주의를 배격하는데 그것은 왕을 이야기하는 10절에서 명확해진다. 그리고 이 10절로 인해서 사무엘서 2장 1-10절은 왕이 어떤 일을 하는지 보여주는 시편 72편[24]과 연결된다.

> 1 하나님이여 주의 판단력을 왕에게 주시고 주의 의를 왕의 아들에
> 게 주소서 2 저가 주의 백성을 의로 판단하며 주의 가난한 자를 공
> 의로 판단하리니 3 의로 인하여 산들이 백성에게 평강을 주며 작은
> 산들도 그리하리로다 4 저가 백성의 가난한 자를 신원하며 궁핍한
> 자의 자손을 구원하며 압박하는 자를 꺾으리로다 5 저희가 해가 있
> 을 동안에 주를 두려워하며 달이 있을 동안에 대대로 그리하리로
> 다 6 저는 벤 풀에 내리는 비같이 땅을 적시는 소낙비 같이 임하리
> 니 7 저의 날에 의인이 흥왕하여 평강의 풍성함이 달이 다할 때까
> 지 이르리로다 8 저가 바다에서부터 바다까지와 강에서부터 땅 끝
> 까지 다스리리니 9 광야에 거하는 자는 저의 앞에 굽히며 그 원수
> 들은 티끌을 핥을 것이며 10 다시스와 섬의 왕들이 공세를 바치며
> 스바와 시바왕들이 예물을 드리리로다 11 만왕이 그 앞에 부복하
> 며 열방이 다 그를 섬기리로다 12 저는 궁핍한 자의 부르짖을 때에
> 건지며 도움이 없는 가난한 자도 건지며 13 저는 가난한 자와 궁핍
> 한 자를 긍휼히 여기며 궁핍한 자의 생명을 구원하며 14 저희 생명
> 을 압박과 강포에서 구속하리니 저희 피가 그 목전에 귀하리로다

24) 시편 72편은 이스라엘 왕의 대관식을 위해서 만들어진 것으로 보인다. Mitchell Dahood, *Psalms II(51-100)*, AB. (Garden City, New York: Doubleday & Company, Inc., 1968, 1983), 179.

> 15 저희가 생존하여 스바의 금을 저에게 드리며 사람들이 저를 위
> 하여 항상 기도하고 종일 찬송하리로다 16 산꼭대기의 땅에도 화
> 곡이 풍성하고 그 열매가 레바논 같이 흔들리며 성에 있는 자가 땅
> 의 풀같이 왕성하리로다.
> 17 그 이름이 영구함이여 그 이름이 해와 같이 장구하리로다 사람들
> 이 그로 인하여 복을 받으리니 열방이 다 그를 복되다 하리로다 18
> 홀로 기사를 행하시는 여호와 하나님 곧 이스라엘의 하나님을 찬송
> 하며 19 그 영화로운 이름을 영원히 찬송할지어다 온 땅에 그 영광
> 이 충만할지어다 아멘 아멘 이새의 아들 다윗의 기도가 필하다.

시편 72편이 상세하게 알려주는 것처럼 한 국가에 속하는 모든 사람들이 다 평화롭게 복되게 살 수 있도록 해주는 것이 왕의 책임이다. 그렇게 함으로써 국가라는 한 가족을 정의롭게 보존하고 또 이를 통해서 국가와 개별 가족들을 모두 보존하는 것이 왕의 책임이다. 이렇듯 본문은 가족을 그대로 유지하면서도 가족을 계속 확장함으로써 국가가족에까지 나아가는 것이 하나님 뜻임을 보여준다.

지금까지 우리는 확장된 가족으로서의 국가를 이야기했는데 신약성경은 예수님이 가족을 넘어서는 새로운 가족개념을 제시했음을 우리에게 알려준다. 이 이야기를 마가복음 3장 20-21절로 시작해보자.

> 20 집에 들어가시니 무리가 다시 모이므로 식사할 겨를도 없는지
> 라 21 예수의 친속들이 듣고 붙들러 나오니 이는 그가 미쳤다 함일
> 러라

이 구절은 3장 31절에서 다시 이어지는데 '예수의 친속들'은 예수의 모친과 동생들, 그리고 누이들이다. 예수님의 온가족들, '베트 아브'에 속한 사람들이 모두 나와서 예수님을 찾으러 나온 것이다. 이들은 사람을 보내어 예수님을 부른다. 이들이 예수님을 부른 것은

예수님을 걱정해서도 그렇지만 예수님이 그들 가족의 구성원이면서 동시에 가족을 넘어서 그가 속한 사회와 국가의 시민이며 백성임을 망각했기 때문이다. 그들은 예수님을 그들 가족 안으로 불러들임으로써, 즉 '소환'함으로써 예수님을 사회와 국가로부터 퇴장케 하려는 것이다. 아니 가족만을 남기고 사회와 국가를 실종시키는 것이다. 이들은 전형적인 가족주의에 빠져있었던 것이다.

> 31 때에 예수의 모친과 동생들이 와서 밖에 서서 사람을 보내어 예
> 수를 부르니 32 무리가 예수를 둘러 앉았다가 여짜오되 보소서 당
> 신의 모친과 동생들과 누이들이 밖에서 찾나이다 33 대답하시되
> 누가 내 모친이며 동생들이냐 하시고 34 둘러 앉은 자들을 둘러 보
> 시며 가라사대 내 모친과 내 동생들을 보라 35 누구든지 하나님의
> 뜻대로 하는 자는 내 형제요 자매요 모친이니라(마가복음 3장).

예수님은 "누가 내 모친이며 동생들이냐?"라고 질문하시면서 가족개념을 새롭게 정의하시고 이를 통해서 당시 예수님의 가족들(과 당시 거의 모든 가족들)이 보여주는 전형적인 가족주의에서 벗어나신다. 예수님이 말씀하시는 새로운 가족의 모습은 다음 구절에서 명확하게 드러난다.[25)]

---

25) "이런 예수의 말씀에서 들리지 않는 말을 감지해 낼 필요가 있다: 아버지와 어머니－그 뒤에는 태고 이래로 신성한, 십계명에서 보장된 가부장 중심의 가족 질서가 숨어 있다. 형제와 자매-그것은 피붙이들이다. 동방인이 속해 있는, 보답할 책임이 있고 보호도 받는 그런 혈족이다. 자녀－그것은 동방인의 가장 큰 기쁨이다. 자랑거리일뿐더러 사회적 보장, 이를테면 장래 생활을 위한 보험이다. 그리고 토지-그것은 한 뙈기의 "땅"이다. 하느님이 확약하신 거룩한 유산에 대한 이스라엘 사람의 몫이다.
이 모든 것이 그러나 이제는 예수에 의하여 상대화된다－부모, 혈족, 사회적 보장, 땅 … 이 모든 것을 버릴 수 있으며, 심지어 경우에 따라서는 그럴 필요도 있다. 물론 덮어놓고 버리자는 것은 아니다. 그보다는 바야흐로 새

29 예수께서 가라사대 내가 진실로 너희에게 이르노니 나와 및 복
음을 위하여 집이나 형제나 자매나 어미나 아비나 자식이나 전토
를 버린 자는 30 금세에 있어 집과 형제와 자매와 모친과 자식과
전토를 백배나 받되 핍박을 겸하여 받고 내세에 영생을 받지 못할
자가 없느니라 31 그러나 먼저 된 자로서 나중 되고 나중 된 자로
서 먼저 될 자가 많으니라(마가복음 10장).

예수님은 이 말씀을 통해서 우리에게 가족주의에 근거한 축소지향적인 가족개념을 버리고 새로운 가족개념, 즉 가족을 유지하면서도 가족을 사회와 국가 차원으로 확장해 나갈 것을 촉구하신다.

세계를 위해서

지금껏 우리는 가족이 사회와 국가로 확장해나가는 것을 살펴보았는데 이스라엘의 가족은 국가로 확장하는 것에서 그치지 않는다. 그것은 사회와 국가를 넘어서 세계로 자신을 확장한다. 이러한 확장은 창세기 10장의 족보에서 명확하게 드러난다.

1 노아의 아들 셈과 함과 야벳의 후예는 이러하니라 홍수 후에 그
들이 아들들을 낳았으니… 33 이들은 노아 자손의 족속들이요 그

로운 일이 일어나고 있기 때문이다: 예수를 바라보며 예수의 메시지를 듣는 사람들, 하느님 나라 때문에 옛 것을 버리고 떠나는 사람들이 새 가족이 되는 것이다. 그 가족 안에 역설적인 방식으로 다시 형제·자매·어머니·자녀·토지들이 있고—다만 아버지들이란 더는 없게 되는 것이다.
아버지들은 위에 인용한 말씀의 둘째 부분에서 빠져 있는데, 아버지란 너무나도 가부장 지배의 상징이기 때문이다… 예수의 형제 자매들이라는 새 가족 안에는 그러므로 인간의 "지배"란 더는 없어야 하며 형제성과 자매성과 모성만이 남아있어야 하는 것이다. Gerhard Lohfink, *Wem gilt die Bergpredigt? - Beitrage zu einer christlichen Ethik*, 정한교 옮김, 『산상설교는 누구에게?—그리스도교 윤리를 위하여』(왜관: 분도출판사, 1990, 1998), 80-81.

세계와 나라대로라 홍수 후에 이들에게서 땅의 열국백성이 나뉘었더라(창세기 10장)

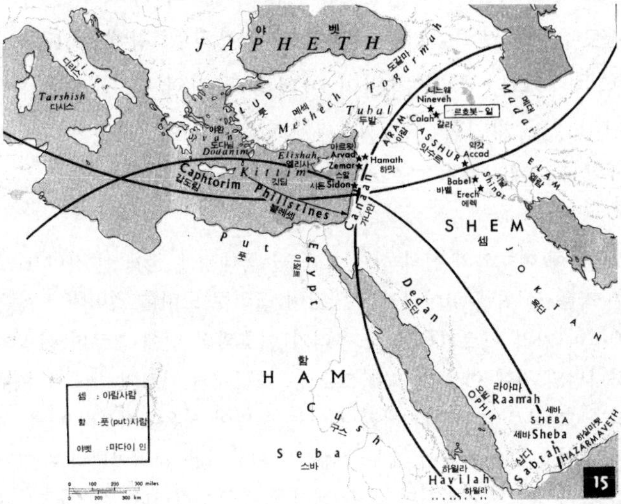

창세기 10장은 노아의 후손들을 지역별로 밝힌다.[26] 위 지도는 창세기 10장에 나오는 야벳, 셈, 그리고 함의 후손들이 거주하는 지역을 구분해놓은 것이다. 그런데 옆 지도를 보면서 발견하는 사실은 이스라엘이 세계의 중심이라는 것이다. 이것을 통해서 우리는 이스라엘이 당시 세계를 어떻게 생각했는지 알 수 있다. 이스라엘은 세계

26) 창세기 10장은 당시 세계의 모든 나라들을 망라해놓은 것이 아니다. 이스라엘에 알려진 주요 민족들을 언급하고 그들이 서로 이스라엘과 어떤 관계인지를 밝히는 데 목적을 둔다. 모두 70개 민족들이 언급되었는데 이것은 야곱의 가족들이 70명인 것과 일치한다. 이러한 일치를 통해서 이스라엘이 보다 넓은 인류 가족의 축소판(a microcosm of the wider family of humanity)임을 보여준다. Gordon J. Wenham, *Genesis 1-15*, WBC 1 (Waco, Texas: Word Books, 1987), 214.

가 이스라엘을 중심으로 형성된 한 가족이라는 생각을 갖고 있었음이 분명하다. 모든 인류는 홍수 후에 노아로부터 파생되었다고 보는 것이다. 그래서 어느 민족이든 노아까지 거슬러 올라가면 이 세상 사람들은 모두 한 가족이라는 것이다.[27] 이처럼 창세기 10장 기자는 가족개념을 사회나 국가 차원이 아니라 당시의 온 세계로 확장한다.

그리고 가족개념을 이렇게 세계적 차원으로 확장해나가는 경향은 예언자들에게서 더 명확하고 강하게 나타난다.

> 2 말일에 여호와의 전의 산이 모든 산 꼭대기에 굳게 설 것이요 모든 작은 산 위에 뛰어나리니 만방이 그리로 모여들 것이라 3 많은 백성이 가며 이르기를 오라 우리가 여호와의 산에 오르며 야곱의 하나님의 전에 이르자 그가 그 도로 우리에게 가르치실 것이라 우리가 그 길로 행하리라 하리니 이는 율법이 시온에서부터 나올 것이요 여호와의 말씀이 예루살렘에서부터 나올 것임이니라 4 그가 열방 사이에 판단하시며 많은 백성을 판결하시리니 무리가 그 칼을 쳐서 보습을 만들고 그 창을 쳐서 낫을 만들 것이며 이 나라와 저 나라가 다시는 칼을 들고 서로 치지 아니하며 다시는 전쟁을 연습지 아니하리라(이사야서 2장).

이 구절은 이스라엘은 영토가 매우 좁고 백성들이 소수였음에도 불구하고 그들이 상당히 개방적이고 포용적인 세계인식을 갖고 있었음을 보여준다. '세계는 하나'라는 인식을 우리는 세계주의(世界主義) 또는 유니버셜리즘(Universalism)이라고 한다. 이런 확장된 가족 이미지로서의 유니버셜리즘은 다른 어느 곳보다 이사야서에서 강하게 나타난다.

---

27) Gordon J. Wenham, *Genesis 1-15*, WBC 1 (Waco, Texas: Word Books, 1987), 215. "모든 사람들은 아담의 자손이면서 노아의 자손이다."

> 10 항해하는 자와 바다 가운데 만물과 섬들과 그 거민들아 여호와
> 께 새[28] 노래로 노래하며 땅 끝에서부터 찬송하라 11 광야와 거기
> 있는 성읍들과 게달 사람의 거하는 촌락들은 소리를 높이라 셀라의
> 거민들은 노래하며 산 꼭대기에서 즐거이 부르라 12 여호와께 영광
> 을 돌리며 섬들 중에서 그의 찬송을 선전할지어다(이사야 42장).

제2이사야는 지구 끝이라고 생각하는 곳까지를 포함하는 하나의 세계를 설정하며 그곳에서도 여호와께 찬양하는 모습을 꿈꾼다. 온 세상이 하나가 되어 한 하나님을 찬양하는 것이다. 이런 유니버셜리즘, 즉 확장된 가족 이미지는 제3이사야서에서도 볼 수 있는데 제3이사야는 그것을 제2이사야보다 더 분명하게 표현한다.

> 1 일어나라 빛을 발하라 이는 네 빛이 이르렀고 여호와의 영광이
> 네 위에 임하였음이니라 2 보라 어두움이 땅을 덮을 것이며 캄캄함
> 이 만민을 가리우려니와 오직 여호와께서 네 위에 임하실 것이며
> 그 영광이 네 위에 나타나리니 3 열방은 네 빛으로, 열왕은 비취는
> 네 광명으로 나아오리라 4 네 눈을 들어 사면을 보라 무리가 다 모
> 여 네게로 오느니라 네 아들들은 원방에서 오겠고 네 딸들은 안기
> 워 올 것이라 5 그 때에 네가 보고 희색을 발하며 네 마음이 놀라
> 고 또 화창하리니 이는 바다의 풍부가 네게로 돌아오며 열방의 재
> 물이 옴이라 6 허다한 약대, 미디안과 에바의 젊은 약대가 네 가운
> 데 편만할 것이며 스바의 사람들은 다 금과 유향을 가지고 와서 여
> 호와의 찬송을 전파할 것이며 7 게달의 양 무리는 다 네게로 모여
> 지고 느바욧의 수양은 네게 공급되고 내 단에 올라 기꺼이 받음이
> 되리니 내가 내 영광의 집을 영화롭게 하리라 8 저 구름 같이, 비둘
> 기가 그 보금자리로 날아 오는 것 같이 날아오는 자들이 누구뇨 9

28) '새'(하다쉬<חדש>)는 40-48장의 특징적인 단어인데 49-60장에는 나오지 않고 61-66장에 다시 나타난다. John D. W. Watts, *Isaiah 34-66*, WBC. (Waco, Texas: Word Books, 1987), 120.

> 곧 섬들이 나를 앙망하고 다시스의 배들이 먼저 이르되 원방에서 네 자손과 그 은금을 아울러 싣고 와서 네 하나님 여호와의 이름에 드리려 하며 이스라엘의 거룩한 자에게 드리려 하는 자들이라 이는 내가 너를 영화롭게 하였음이니라(이사야 60장).

여기서 보는 것처럼 이스라엘은 온 세계 사람들이 하나님께 경배하기 위해서 예루살렘으로 모여드는 황홀한 모습을 꿈꾸었다. 그들은 온 세상이 한 하나님 안에서 하나되는 때를 생각하는 것이다. 이렇듯 이스라엘 사람들은 윗지도에서 보았던 것처럼 온세상이 이스라엘을 중심으로 하나되는 세상, 세계로 확장된 가족 이미지를 마음에 새기며 그것이 이루어질 때를 꿈꾸며 살았다.

지금껏 우리는 성경이 가족에 관해서 무엇을 말하는지를 가족의 중요성과 가족개념의 확장이라는 측면에서 살펴보았는데 이제는 이야기를 마무리해야할 것 같다. 마지막으로 한 가지 더 말하고 싶은 것은 신약성경을 보면 예수님도 하나 되는 세계에 대해서 말씀하시는데 특이한 것은 거기서 이스라엘을 배제하신다는 사실이다.

> 10 예수께서 들으시고 기이히 여겨 좇는 자들에게 이르시되 내가 진실로 너희에게 이르노니 이스라엘 중 아무에게서도 이만한 믿음을 만나보지 못하였노라 11 또 너희에게 이르노니 동서로부터 많은 사람이 이르러 아브라함과 이삭과 야곱과 함께 천국에 앉으려니와[29] 12 나라의 본 자손들은 바깥 어두운 데 쫓겨나 거기서 울며 이를 갊이 있으리라(마태복음 8장).

이렇게 예수님은 구약성경이 보여주는 이스라엘 중심의 세계관을

29) 이것은 "식탁에 자리잡고 앉는다"는 의미인데 메시야적인 연회를 가리킨다. W. F. Albright and C. S. Mann, *Matthew*, AB. (Garden City, New York: Doubleday & Company, Inc., 1972, 1982), 93.

수정하심으로써 자칫 빠지기 쉬운 이스라엘 국가주의를 넘어서서 온전한 세계주의로 넘어가신다. 이런 온전한 세계주의는 한 분이신 하나님과 그리스도 안에서 이루어진다. 즉 하나님이 한 분이시라는 사실이 온세계를 하나되게 하는 것이다. 예수님은 이렇게 말씀하셨다.

> 8 그러나 너희는 랍비라 칭함을 받지 말라 ① 너희 선생은 하나이요 너희는 다 형제니라 9 땅에 있는 자를 아비라 하지 말라 ② 너희 아버지는 하나이시니 곧 하늘에 계신 자시니라 10 또한 지도자라 칭함을 받지 말라 ③ 너희 지도자는 하나이니 곧 그리스도니라 (마태복음 23장).

여기서 우리는 강력한 가족 이미지, 세계로 확장된 가족 이미지를 느낀다. 이 구절은 온 세계가 하나이며 모두가 가족(적)임을 세 번 반복해서 말한다. 하나님이 한 분이시라는 사실은 그분 안에서 이 세계가 하나이고 모든 사람들은 '형제'임을 뜻하고, 그 하나됨이 그리스도를 통해서 실현됨을 말한다.[30] 이처럼 예수님을 통해서 세계

---

30) 예수님은 막힌 공동체를 열린 공동체로 만드시는 분인데 이것을 가능케 해주는 것이 인터넷이다. 최근에 싸이버스페이스는 막힌 공동체를 열린 공동체로 만드는 데 기여할 수 있는 획기적인 도구로 인정받는다. 인터넷은 거리와 시간을 불문하고 어떤 사람과도 의사소통을 할 수 있게 해줌으로써 진정으로 개방된 만남을 형성케 해준다. "이러한 만남은 현실세계에서 경험해보지 못하는 새로운 형태의 만남이다. 싸이버스페이스는 현실세계에서 만날 기회가 없는 사람들에게 만남의 기회를, 더 나아가서 그들이 친분을 맺고 도움을 주고받으며 공동체적 느낌을 나누는 장소를 제공한다. 그러한 공동체는 약한 연줄에 바탕을 두고 있으며 누구에게나 열린 상태에서 유지된다. 그것은 특정한 개인들 사이의 구체적 친분을 바탕으로 하기보다는 확장된 커뮤니타스, 즉 사람 일반에 대해 보편적으로 느끼는 따스함을 바탕으로 하는 공동체이다. 이런 측면에서 싸이버스페이스의 열린 공동체는 우리 사회가 문화적으로 받아들여야 할 새로운 형태의 공동체이며 새로운 의미의 인간관계이다." 이건, "싸이버스페이스의 열린 공동체," 홍성욱·백욱인 엮

는 온전히 한 가족이 되는데 예수님 안에서 모두가 하나됨, 모든 사람이 한 가족(처럼)됨을 말하는 아름다운 말씀으로 가족에 관한 이야기를 끝내기로 하자.

> 11 그러므로 생각하라 너희는 그 때에 육체로 이방인이요 손으로
> 육체에 행한 할례당이라 칭하는 자들에게 무할례당이라 칭함을 받
> 는 자들이라 12 그 때에 너희는 그리스도 밖에 있었고 이스라엘 나
> 라 밖의 사람이라 약속의 언약들에 대하여 외인이요 세상에서 소
> 망이 없고 하나님도 없는 자이더니 13 이제는 전에 멀리 있던 너희
> 가 그리스도 예수 안에서 그리스도의 피로 가까워졌느니라 14 그
> 는 우리의 화평이신지라 둘로 하나를 만드사 중간에 막힌 담을 허
> 시고 15 원수된 것 곧 의문에 속한 계명의 율법을 자기 육체로 폐
> 하셨으니 이는 이 둘로 자기의 안에서 한 새 사람을 지어 화평하게
> 하시고 16 또 십자가로 이 둘을 한 몸으로 하나님과 화목하게 하려
> 하심이라 원수된 것을 십자가로 소멸하시고 17 또 오셔서 먼 데 있
> 는 너희에게 평안을 전하고 가까운데 있는 자들에게 평안을 전하
> 셨으니 18 이는 저로 말미암아 우리 둘이 한 성령 안에서 아버지께
> 나아감을 얻게 하려 하심이라 19 그러므로 이제부터 너희가 외인
> 도 아니요 손도 아니요 오직 성도들과 동일한 시민이요 하나님의
> 권속이라 20 너희는 사도들과 선지자들의 터 위에 세우심을 입은
> 자라 그리스도 예수께서 친히 모퉁이 돌이 되셨느니라 21 그의 안
> 에서 건물마다 서로 연결하여 주 안에서 성전이 되어가고 22 너희
> 도 성령 안에서 하나님의 거하실 처소가 되기 위하여 예수 안에서
> 함께 지어져 가느니라(에베소서 2장).

음, 『2001 싸이버스페이스 오디쎄이』(서울: 창작과비평사, 2001), 135-136.

5. 구약과 탈식민주의

일본제국주의가 한국교회의 구약성경이해에 미친 영향

구약과 탈식민주의

고대 이스라엘의 역사를 다룬 구약성경만큼 탈식민주의[1])를 연구

1) 탈식민주의에 관한 가장 최근의 논의에 대해서는, Robert J. C. Young, *Postcolonialism- An Historical Introduction* (Malden: Blackwell Publishers Ltd., 2001)을 보라. '탈식민주의'는 포스트콜로니얼리즘을 번역한 것인데, 정확하게 말하면 디콜로나이제이션(decolonization)이 탈식민주의이다. 포스트콜로니얼리즘은 식민지배에 대한 포괄적인 저항을 말하고, 식민주의로부터 벗어나려는 구체적인 행위가 디콜로나이제이션이기 때문에 포스트콜로니얼리즘이 좀더 넓은 의미를 갖는다고 할 수 있다. 그러나 일반적으로는 이 둘을 거의 동일한 의미로 사용하기 때문에 이 논문에서는 포스트콜로니얼리즘을 탈식민주의로 번역한다. 그리고 제국주의(imperialism)와 식민주의(colonialism)도 역사적인 전개에 따라 의미적으로 차이가 있는데, 도식적으로 말하면 타국을 정치적으로 통치하려는 지배이데올로기(dominant ideology)를 제국주의라고 하고, 경제적인 목적으로 타국을 침략하고 수탈하는 자본주의적 행위를 식민주의라고 한다. 제국주의가 좀더 포괄적이고 식민주의는 더 구체적이긴

하는 데 적합한 책은 없을 것이다. 고대 이스라엘은 끊임없이 주변 제국주의자들에 의해서 압제·수탈당하는 식민지적 역사였다. 그들은 오랜 세월 동안 이집트에 의해서 압제를 받았고(이스라엘은 이집트의 정치적 영향에서 벗어난 적이 없었다) 주전 722년에 신앗시리아 제국에 의해서 북왕국 이스라엘이 멸망당하고, 주전 587년에 신바빌로니아 제국에 의해서 남왕국 유다가 멸망당했으며 페르시아 제국에 이어서 고대근동을 장악한 헬라와 로마제국에 의해서도 억압을 받았고, 오랜 세월 동안 나라를 이루지 못하고 살아야 했다. 이런 이스라엘 역사를 담고 있는 것이 구약성경이다. 그렇기 때문에 구약성경을 기록하고 편집하는 것 자체가 탈식민주의적이고 또 구약을 연구하는 것도 탈식민주의적이라고 할 수 있겠다.

구약성경과 탈식민주의의 관계를 다룰 때 논리적으로 세가지 작업이 가능하다. 하나는 구약성경에 반영되어 있는 식민주의적 요소를 찾아내서 비판하는 것이고, 다른 하나는 구약성경에 나타나는 탈식민주의적 요소를 찾아내는 것이다. 그리고 마지막은 구약성경을 식민주의적으로 해석하고 사용하는 것, 즉 구약성경 이후에 이루어진 식민주의적 구약성경이해와 연구를 지적하고 비판하는 것이다. 이 논문에서는 마지막 작업을 택했다.[2] 그러면 먼저 탈식민주의 작

하지만 일반적으로는 이 둘이 서로 중첩되고, 사람들도 거의 동일한 의미로 사용하기 때문에 병용하려고 한다. 신식민주의(neocolonialism)는 전통적인 의미의 제국주의와 식민주의가 끝나고 식민지 국가들이 영토와 주권을 회복했음에도 불구하고 여전히 정치·경제적으로, 또 문화적으로 예전 제국주의 국가들이나 강대국들에 예속되어 있는 상태를 말한다.

2) 다른 두 가지 작업, 즉 구약성경에서 식민주의적 요소와 탈식민주의적 요소를 찾아내는 작업은 다음에 하려고 하는데 조만간 "엑소더스와 새 도시사상"이라는 주제로 구약성경에 나타나는 탈식민사상을 살펴볼 것이다. 그리고 이 논문에서는 셋째 작업 가운데 일본제국주의가 한국교회의 구약성경이해와 연구에 미친 영향을 다루지만, 한국교회가 학문적으로는 일본보다

업이 무엇인지 간단하게 살펴보고 넘어가도록 하자.

> 탈식민주의가 분석해야 할 대상은 경제, 문화, 정치 등의 다방면에 걸쳐 다른 민족, 인종, 문화 사이에 (때로는 그 자체 내에서) 형성된 지배와 종속 관계로서 이는 근대 유럽의 식민주의와 제국주의 역사에 그 뿌리를 두고 있으면서 동시에 현재의 신식민주의 체제 하에서도 명백히 지속되고 있다.[3)]

탈식민주의는 식민지적인 시각과 영향에서 벗어나려는 것인데, 제국주의의 식민지 지배를 통해서 형성된 중심부와 주변부의 주종 관계를 깨뜨리고 주변부가 중심부와 동등한 위치로 부상하는 것을 의미한다. 주변부는 더 이상 종속적인 위치가 아니고 비평적인 반성과 명료화를 위한 창의적인 공간이다.[4)]

그런데 "근대 유럽의 식민주의와 제국주의 역사에 그 뿌리를 두고 있"다는 구절이 말하듯 탈식민주의 이론이 주로 유럽 제국주의에 의해서 침략당하고 지배당한 지역을 다루기 때문에[5)] 유럽제국주의

오히려 서구로부터 많은 영향을 받았고 또 지금도 받고 있기 때문에 이제까지 한국에서 출판된 성경주석들과 논문들이 얼마나 서구지향적인지를 탈식민주의적으로 검토하는 작업도 필요하다고 생각한다.

3) Bart Moore-Gilbert, *Postcolonial Theory-Contexts, Practices, Politics*, 이경원 옮김, 『탈식민주의! 저항에서 유희로』(서울: 한길사, 2001), 63.

4) R. S. Sugirtharajah, "Introduction: The Margin as a Site of Creative Re-visioning," ed. R. S. Sugirtharajah, *Voices from the Margin- Interpreting the Bible in the Third World* (Maryknoll: Orbis Books, 1997), 2. Heikki Räisänen, Elisabeth Schüssler Fiorenza, R. S. Sugirtharajah, Krister Stendahl, James Barr, *Reading the Bible in the Global Village: Helsinki* (Atlanta: Society of Biblical Literature, 2000)도 보라. 아시아적인 시각으로 성경읽기에 대해서는, Choan-Seng Song, *Third-Eye Theology-Theology in Formation in Asian Settings*, 朱在鏞·李正熙 共譯, 『아시아의 苦難과 神學』(서울: 대한기독교출판사, 1982)를 보라.

5) 이렇게 말하면 식민주의가 이미 끝났다고 생각할 수 있는데 아직도 식민지배를 받고 있는 나라와 민족들, 그것도 동일 국가 내에서 타민족에 의해 그리고 접경국가에 의해서 식민지배를 당하는 사람들이 있다는 사실을 잊지

가 아닌 일본제국주의에 의해서 침탈당한 한국은 제외될 수밖에 없다는 문제가 있다.

> <포스트 콜로니얼>이라는 용어는 식민주의 시기로부터 현재에 이르기까지 제국주의적 영향으로부터 자유로울 수 없었던 모든 문화를 포괄하는 통칭적 개념으로 사용된다. 왜냐하면 <포스트 콜로니얼>이라는 용어는 유럽의 제국주의적 침략이 촉발한 일련의 유럽적 야심을 역사적 과정을 통해 반영하는 용어일 뿐만 아니라 근자에 출현한 새로운 <통문화적 비평 cross-cultural criticism>과 그 담론의 구성적 특성을 드러내는 데 가장 적합한 용어이기 때문이다. 이러한 의미에서 이 저작은 유럽의 제국주의적 지배와 그 지배가 동시대 문학에 끼친 영향을 주요 관심사로 삼고 있다. 그러므로 아프리카 국가들과 호주, 방글라데시, 캐나다, 카리브해 국가들, 인도, 말레이시아, 말타, 뉴질랜드, 파키스탄, 싱카포르, 남태평양의 섬나라들 그리고 스리랑카 같은 국가들의 문학이 모두 포스트 콜로니얼한 문학의 범주에 속하게 된다.[6]

여기서 보는 대로 일반적으로 '탈식민주의'하면 유럽제국주의와 그 식민지의 관계로 이해한다. 유럽의 식민지는 아시아와 아프리카,[7] 그리고 아메리카, 오세아니아 등 모든 대륙에 걸쳐 있었기 때문에[8] 대개의 경우 탈식민주의는 유럽제국주의적인 영향, 유럽에 종속

말아야 한다. Robert J. C. Young, 3-4. 이런 형태의 식민지배도 주류 탈식민주의논의에서는 배제된다.

6) Bill Ashcroft, Gareth Griffiths, and Helen Tiffin, *The Empire Writes Back*, 이석호 옮김, 『포스트콜로니얼 문학이론』(서울: 민음사, 1996), 12-13.

7) 아프리카의 탈식민주의에 대해서는, 이석호 엮음, 『아프리카 탈식민주의 문화론과 근대성』(서울: 도서출판 동인, 2001)과 Ngugi wa Thiong'o, *Decolonising the Mind - the Politics of Language in African Literature*, 이석호 옮김, 『탈식민주의와 아프리카 문학』(고양: 도서출판 인간사랑, 1999)를 보라.

8) 일차세계대전 무렵에 전세계 면적의 10분의 9가 식민지였다. 영국은 전세계 면적의 5분의 1을, 인구의 4분의 1을 지배했다. Robert J. C. Young, 2.

적인 상황에서 벗어나려는 데 목적을 둔다.[9] 그런데 우리는 유럽이 아닌 일본에 의해서 식민지화된 경험을 갖고 있다는 점에서 일반적인 탈식민주의 논의에서 한걸음 물러 설 수밖에 없다.[10] 물론 넓게 보면 한국교회가 초기부터 신학적으로 미국의 영향을 상당히 많이 받았고 아직도 여러 가지로 종속되어 있기 때문에 미국이 우리를 직접 지배하지는 않았다고 해도 신식민주의적(neocolonial) 관점에서 미국과의 관계를 다룰 수 있을 것이다. 미국선교사는 1945년 이전에 한국에 온 외국 선교사 총 1,529명 가운데 1,059명으로 69.3%를 차지했다.[11] 이런 점에서 미국 선교사들이 한국 교회에 주도적인 영향을 미쳤을 것은 분명하다. 그리고 "미국의 선교운동은 기독교 문화와 결합된 백인우월주의와 대아메리카 구상에 입각한 미 국력의 대외진출 의지가 결합되어 종교적 정열로 표출된 것이다"[12]는 점에서도 미국 제국주의와 한국의 관계를 탈식민주의적으로 다룰 수 있을 것으로 보인다.

---

9) 우리나라가 서구에 의해서 직접적인 식민지배를 받지는 않았지만 여러 가지 면에서, 특히 학문적으로 서구종속적이기 때문에 서구와 한국의 관계를 신식민주의적으로 규정할 수 있겠다. 논문이라는 글쓰기에서 나타나는 원전중심주의, 즉 서구종속적인 글쓰기에 대한 탈식민주의적 연구는 김영민, 『탈식민성과 우리 인문학의 글쓰기』(서울: 민음사, 1996, 1997)을 보라.

10) "그러나 극동의 三國, 곧 한국과 일본 및 중국의 경우에 있어서는 사정이 달랐다. 일본과 중국은 선교를 직접 서구에서 받았으나 植民의 대상이 되지 아니하였고, 한국의 경우에 있어서는 식민적 제국주의가 오히려 일본이었고, 기독교는 이 침략 일본에 대한 저항적 민족 에너지와 결탁하는 양상으로 전개되었다는 특수성이 있다. 다시 말하면 기독교는 한국에서 이 日帝의 식민 세력에 대한 민족적 同一性의 보존 충동에 동맹하는 형식으로 토착화하기 시작했다는 것이다." 민경배, 『교회와 민족』(서울: 대한기독교출판사, 1981), 16-17.

11) 김승태·박혜진 엮음, 『내한선교사 총람』(서울: 한국기독교사연구소, 1994), 4.

12) 이만열, 『한국 기독교 수용사 연구』(서울: 두레시대, 1998), 194.

> 그들의 신앙유형과 그들의 특정 신학전통만을 받아들이도록 교육시킨 것이다. 그들의 신학사상과 다른 교리나 성서해석은 아예 위험한 것으로 아니면 이단으로 정죄하고 배격하였던 것이다. 이런 그들의 신학적 편식이 결과적으로 한국 교회의 신학부재의 현상을 가져왔고 다른 신학사상에 대한 의구심과 자유로운 신학연구 분위기를 처음부터 봉쇄하기에 이른 것이다. 이리하여 초기 선교사들의 신학이 마치 한국 교회의 신학인 양 착각하고 있는 사람들도 있는 것이다.[13)]

이처럼 미국 선교사들이 한국교회에 미친 영향은 긍정적인 측면에서나 부정적인 측면에서나 지대하다. 그렇기 때문에 이제는 미국 선교사들이 한국에 미친 영향을 냉철하게 검토해야 하고 그들이 한국에 와서 어떤 일들을 했는지, 그들이 얼마나 제국주의적인 인물들이었는지도 알아야 할 것이다.[14)]

---

13) 송길섭, 『한국신학사상사』(서울: 대한기독교출판사, 1987, 1991), 75.

14) "한편 이러한 미국 세력의 부식(扶植)은 경제면에서도 전개되었다. 언더우드는 한국의 수입품에 영국과 미국의 셔츠·면직물·면사·모사·석유·의복·식량·목재·비누 및 설탕이 있음을 주목한다. 그는 1904년 한국의 수입이 880만 달러로 대폭 증가한 것은 새로운 철도 부설을 위해 미국으로부터 200만 달러의 자재를 수입했기 때문이라고 하면서 이를 두고 국가적 긍지감을 느낀다고 하였다. 이어서 그는 '그리하여 통상과 교회가 손에 손을 잡고 하나님의 나라를 진전시키고 평화의 왕자이신 그리스도의 교훈을 확장해 간다'고 의기양양하게 설파했다. 선교사들의 이러한 사고는 백인우월주의에 의해 미개 민족의 문명화가 곧 기독교화이며 나아가서는 미국화(식민지화)로 진전되어야 한다는 논리에 입각한 것이었다. 선교사들이 한국의 기독교화와 식민지화를 꾀하고 있었던 만큼 그들은 선교 활동 중에서도 상행위로 무역의 이득을 취하고 이권을 탐했다. 언더우드는 석유 석탄 농기구 등을 수입했고 다른 선교사들도 이같은 일을 따라 했다. 이들은 자신의 행위를 옹호하기 위해 자기들이 하는 일이 인류에게 봉사하는 것이라고 주장했다는 것이다." 이만열, 『한국 기독교 수용사 연구』, 195-196. 선교사들의 "미국 팔기와 자본주의 전하기"에 대해서는, 류대영, 『초기 미국선교사 연구(1884-1910)-선교사들의 중산층적 성격을 중심으로』(서울: 한국기독교역사연구소,

하지만 그럼에도 불구하고 한국이 경험한 직접적인 식민지배는 유럽이나 미국이 아닌 일본제국주의에 의한 것이다. 한국은 같은 동양인, 그것도 인접한 국가에 의해서 식민지배를 받았기 때문에, 에드워드 사이드가 말하는 '오리엔탈리즘'[15]도 일본과 한국과의 관계를 다룰 때에는 적합하지 않다. 앞으로 살펴보겠지만 오히려 일본이 탈서구화를 외치기 때문이다. 그리고 신학적 탈식민주의를 말하는 수기타라자의 저작들[16]이나 서구 신학계에서 다루는 탈식민주의[17]도 유럽제국주의와 비유럽 식민지의 관계에서 탈식민주의를 다루기 때문에 우리 경우에 잘 맞지 않다. 이런 이유로 우리의 식민지적 경험은 일반적인 탈식민주의 논의의 대상이 되지 못하고, 그래서 우리의 논의는 일반적인 탈식민주의 논의에 비해 열등해질 수밖에 없다. 문학적으로도 일반 탈식민주의 문학에 관한 논의에서는 주로 영문학과의 관계성을 다루는데 한국문학, 특히 근대서사에서 나타나는 식민성은 일본과의 관계에서 다루어야 하기 때문에[18] 역시 주류 탈식민주의 문학 논의에서 벗어날 수밖에 없다. 이런 양상은 종교적인 측

2001), 212-264도 보라.

15) Edward W. Said, *Orientalism*, 박홍규 옮김, 『오리엔탈리즘』(서울: 교보문고, 1991, 2000).

16) R. S. Sugirtharajah, *Asian Biblical Hermeneutics and Postcolonialism- Contesting the Interpretations* (Maryknoll: Orbis Books, 1998). 이 책은 서양의 지배를 받은 아시아 국가들의 관점에서 쓰였기 때문에 같은 동양인인 일본에 의해서 식민지배를 받은 한국의 경우에는 적합하지 않다. 그리고 R. S. Sugirtharajah, ed., *The Postcolonial Bible* (Sheffield: Sheffield Academic Press, 1998), R. S. Sugirtharajah, *The Bible and the Third World- Precolonial, Colonial and Postcolonial Encounters* (Cambridge: Cambridge University Press, 2001)도 비슷하다.

17) R. S. Sugirtharajah, "Postcolonialism and Scriptural Reading," *Semeia* 75 (Atlanta: Scholars Press, 1996).

18) 한국 근대서사에 대한 탈식민주의적 연구는 나병철, 『근대 서사와 탈식민주의』(서울: 문예출판사, 2001)을 보라.

면에서는 더하다. 그렇기에 일반적인 탈식민주의 논의와는 별개로, 우리는 자체적으로 탈식민주의 논의를 해야 한다. 이 논문은 그것을 위한 한 시도이기도 하다.

일본제국주의와 제국주의적 일본교회

일반적인 탈식민주의 논의가 우리 경험에 부적합하다는 것은 일본이 한국을 지배하면서 반서구적인 태도를 보이고 또 동양적인 주체성과 연대성을 강조했다는 사실에서도 입증된다.[19] 종교적으로 일본은 한국을 식민화하는 과정에서 미국과 영국을 비롯한 서구열강들을 적절히 이용했는데, 나중에는 선교사들을 배격하고 동양적이고 일본적인 기독교를 세우고자 했다.[20] 이런 정책은 한국교회에 즉각적으로 영향을 미쳤다.

---

19) 일본은 아시아를 서구와 구분지으려고 했고, 그 중심역할을 맡고자 했다. "'아시아는 하나'라는 명제로 유명한 오카쿠라 텐신(岡倉天心, 1862-1913)의 구상은 일본의 초기 아시아론으로서 주목된다. 그는… 동양의 우위를 주장하며 서양의 식민주의와 그것을 뒷받침하는 산업자본주의로부터의 해방을 꿈꿨다." 백영서, "진정한 동아시아의 거처-20세기 한·중·일의 인식," 최원식·백영서 엮음,『동아시아인의 '동양'인식: 19-20세기』(서울: 문학과지성사, 1997), 16. 청일전쟁 이후에 아시아에서 일본이 부상하면서 일본을 맹주로 한 아시아 연대론이 확산했다. 안중근도 아시아 연대론에 근거한 '동양평화론'을 주장했는데 그는 일본이 중요한 역할을 해주기를 기대했고 백인종과 대항하기 위해 황인종인 한·청·일이 제각기 자주 독립을 유지하는 대등한 아시아 연대를 꿈꿨다. ibid., 23.

20) 일제는 한국의 민족세력, 특히 기독교 지도자들을 제거하고 한국 기독교의 배후세력이라고 할 수 있는 미국 선교사들을 축출하려고 했는데 105인 사건이 대표적이다. Japan Chronicle 특파원, *The Korean Conspiracy Trial*, 1912, 윤경로 옮김,『105인 사건 공판 참관기』(서울: 한국기독교역사연구소, 2001), 10-11.

> 1918년 황해도 봉산에서 김장호 목사를 중심으로 '조선기독교회'가 창설되었다… 이스라엘 백성의 홍해 도하를 바닷물의 간조현상으로 해석하는 등 당시 서구 자유주의 신학적 성경해석을 그대로 채용하여 설교하였다… 김장호 목사의 '조선기독교회'는 성경에 대한 미신적 해석을 반대하며 그 같은 신학과 신앙을 주입하는 선교사들에 대한 비판의식이 강한 교회였다… 조선기독교회가 초기에는 이처럼 신학적 자유주의와 '동양적 기독교' 수립에 초점을 맞추었으나 1920년대 중반 이후 '반(反) 선교사' 기치를 강하게 내세우기 시작했다. 이 같은 반선교사 취지가 1930년대 후반 이후 일제의 종교정책에 유합되면서 1940년대에는 김장호가 일제로부터 '어대전기념장'(御大典紀念章)을 수여받기까지 조선기독교회는 '친일적' 교회로 전락하고 말았다.[21]

일본은 본국뿐만 아니라 한국에도 일본기독교를 건설하고자 했으며 서양 선교사들과 그들의 영향에서 벗어나고자 했다. 그리고 한국교회가 서구 선교사들에 대해서 미묘한 감정을 갖고 있음을 간파하고 그것을 이용해서 한국교회로 하여금 반선교사적인 태도를 취하도록 유도했다.

> 기독교에 대하여는 종파가 많고 신교구가 분산되어 있어 중앙집권화가 곤란하기 때문에 '미국선교사의 태도에 반감을 품고 있는 자'를 이용해서 '순연한 독립교회를 설립케 하고 민간유지(내지인)의 심복자로 하여금 이를 조종하게 해서 상당한 편의와 원조를 제공하여 점차 그 확장을 도모케 하여 장래는 총독부 문화정책선전의 1기관으로 만드는' 방침을 취하였다. 이로써 외국인 선교사의 영향력을 배제하였으며 또한 어용적 '일본조합교회'를 확장 동원함으로써 민족주의자의 배제를 도모하였다.[22]

---

21) 한국기독교사연구회, 『한국 기독교의 역사』 II, 193-194.
22) 김운태, 267.

김장호 목사처럼 서구 선교사들에 대해서 비판적이던 한국교회 지도자들이 여기에 동조했다. 서구에서 온 선교사들이 성경해석을 비롯해서 거의 모든 면에서 보수적이었고 상당히 권위적이었기 때문에 선교사들에 대해서 부정적인 견해를 가진 사람들이 있었는데 이런 반선교사적인 성향이 일본기독교수립이라는 일본제국주의 정책과 맞아떨어진 것이다. 이런 일제의 입장은 한국교회 지도자가 쓴 글에서도 선명하게 나타난다.

> 캘비니즘을 양기하고 메소디즘을 양기(揚棄)하고, 기타 외래의 교파적 사상을 파기하면서 여기에 새로운, 이 국토에서 돋아난 기독교를 실현하겠다는 정신이 없이는 기독교회는 진정한 의미에서의 재출발이 되지 않는 것이다… 현재의 조선에 진짜 기독교는 없다. 죽은 정통주의든가, 무신앙의 모더니즘이든가, 비기독교적 신비주의든가 그 중의 어느 것이며 성서적 신앙을 현대에 살린 진짜 기독교는 없는 것이다… 조선의 기독교회는 바르고 강한 종교를 낳기 위해서 이 국토에서 재생하고 재출발하지 않으면 안 된다. 조선의 기독교는 미영 선교사가 남겨놓고 간 골동품으로써 존재해야 하는 것은 아니다. 그것은 현재적(現在的)으로 변모하고, 재생하고, 재출발하지 않으면 안 된다.[23]

이런 류의 발언이 갖는 정치적인 의도를 고려하지 않는다면 매우 주체적인 신앙을 수립하려는 탈식민주의적인 의지로 볼 수도 있다. 기독교를 동양적인 종교로 규정함으로써 서구일변도에서 벗어나려고 한 것은 우리가 현재 논의하는 탈식민주의적인 시각에서 주목할 만하다.

---

23) 최태용, "조선기독교회의 재출발," 동양지광, 1942년 10월. 김승태, 『한국기독교의 역사적 반성』, 438.

> 물질문명은 서양에서 더 발달되었고 정신문화는 동양에서 시작되었으니 종교의 대부분이 동양에서 발원(發源)한 것이 사실이다. 속칭하기를 기독교는 서양 종교라 하지만 기독교도 아시아 서변 유태국에서 발상하였으니 구미의 소산은 아니다. 다만 기독의 복음이 동방으로 먼저 전파되지 않고 구미로 돌아서 극동으로 왔기 때문에 도중에서 서양문화의 영향을 많이 받았고 그 형식을 옷 입고 와서 얼른 보기에 서양식 종교로 알게 되었지만 기실은 그렇지 아니(不然)하다.[24)]

아직도 기독교와 성경을 서구태생으로 잘못 아는 사람들이 많은 상황에서 이런 주장은 매우 정확하며 서구에 의해서 형성된 동양인식, 즉 오리엔탈리즘을 탈피하려는 것으로 볼 수 있다. 그런데 문제는 일제가 동양적 기독교 건설을 표방한 배후에 일본제국주의의 간악한 지배야욕이 감춰져 있었다는 사실이다. "조선감리교단 혁신안 실천 요의"에는 이런 내용이 나온다.

> 과거 2년간 미 영계의 사람들이 어떻게 감리교회의 혁신이나 신학교 합동을 방해했는지는 사실이 증명한다. 그 사람들에 대하여 감리교단은 별도로 적당히 처치해왔는데 그 주요한 사람은 양주삼(대명처분)을 위시하여 윤치호, 류형기 (파면처분), 정일형 (휴직), 김종만 (사직), 김활란, 개성의 우상용, 김준옥 (사직), 평양의 이환신(파면처분), 배덕영(대명처분) 등으로 모두 미국계의 사람들이다. 지금도 저들은 비밀리에 한 무리가 되어 상통하면서 교단 혁신의 진행에 방해할 수단을 강구하고 있다. 아울러 그 반면에 혁신교단을 지지하고 열심히 활동하는 사람들에는 일본에 유학한 사람이 많다는 것은 주목할 만하다. 그 주요한 사람을 들면 교구장 중에 평양의 김종필·정지강, 공주의 안성호, 인천의 김응태, 진남포의 전진규 또한 목사 중에 평양의 정달

---

24) 심명섭, "경신애린의 정신-대동단결로 멸사적 봉공," 매일신보 1941년 9월 12-14일; 김승태, 『한국기독교의 역사적 반성』, 439.

> 무·박태진·박병철·전영택 등이나 경성의 김수철·심명섭·김영섭·박연서·홍현설 등은 모두 일본계의 교육을 받은 사람들이다. 그밖에도 교단혁신에 협력하는 대다수의 사람은 모두 조선 안에서 교육받은 사람이요 미·영계에 유학한 자는 적다. 이로 보면 교단 혁신을 방해하는 자는 미·영계의 사상을 가진 사람이라는 것이 증명될 것이다. 그러므로 감리교단에서는 금후 혁신을 방해하는 미·영계 사람들은 철저하게 배제하여 미·영사상에 근절을 꾀하며 일본정신 하에 재교육하여 일본적 기독교의 건설에 매진코자 한다.[25)]

일제는 종교가 갖는 영향력을 알고 있었고 또 기독교가 한국민에게 미치는 영향력을 파악하고 있었기 때문에 한국식민지배를 위해서 교회를 이용하려고 했다. 일제는 3·1 운동 이후 1920년에 친일파를 조직해서 이용하는 계획을 세우고 실행했는데 그 계획 가운데는 친일종교인들을 양산해서 친일단체를 조직하는 것도 들어있다.

> 1) 친일분자를 귀족, 양반, 유생, 부호, 실업가, 종교가 등 속에 침투시켜 그 계급과 사정을 참작해서 각종의 친일단체를 조직할 것.
> 2) 종교적 사회운동을 이용하기 위하여 寺刹令을 개정하여 불교 각 종파의 총본산을 '경성'에 두고 그 관장 내지 원조기관의 회장에 친일분자를 배치하는 동시에 기독교에 대해서도 상당한 편의와 원조를 제공할 것.[26)]

그리고 일제는 '일본적 기독교'를 제국주의 건설에 정치적으로 이용했고 일본교회도 거기에 동조했다. 일본의 모든 교파들이 한국의 일본화, 즉 동화정책을 지지했던 것은 아니지만 모든 교파들이 한

---

25) 김승태, 『일본강점기 종교정책사 자료집』, 369-370.
26) 齋藤實文書 742, "朝鮮民族運動ニ對スル 對策," 김운태, 『일본제국주의의 한국통치』(서울: 박영사, 1986, 1999), 256에서 인용.

일합방을 인정했다.[27] 특히 일본 조합교회[28]는 한국의 식민지화를 열렬히 지지했을 뿐만 아니라 실제로 한국에 와서 선교활동을 하면서 한국의 식민지화를 적극적으로 도왔다.

> 3·1 독립운동의 진압을 강행한 조선군(조선주둔 일본군) 참모부가 1919(大正 8)년 7월 14일에 제출한 「소요의 원인 및 조선통치에 있어서 주의해야될 점과 군비(軍備)에 대하여」의 제2장 12에 보면 "예수교 일본 조합기독교회로 하여금 적극적 활동을 할 수 있도록 해야 한다. 이번 소요에 있어 동교회(同敎會)에 속하는 교회원 2만인 중 소요에 가담한 사람이 한사람도 없는 이것으로 보아도 가히 종교의 힘이 위대함을 알 수 있다"라는 최상급의 찬사를 보냈다.[29]

일제는 한국민의 친일성향을 고취하고 한국민을 황민화(皇民化)하기 위해서 종교를 적극적으로 이용했고, 이미 어용화된 일본교회도 여기에 적극 협조했다. 한국교회가 결국 굴복하고 만 신사참배도 일본교회의 협조 아래 이루어진 한국민의 황민화를 위한 정책이었으며 이를 위해 한국교회를 무력화(無力化)시키려는 의도에서 강행되었다.

---

27) Kenneth M. Wells, *New God, New Nation- Protestants and Self-Reconstruction, Nationalism in Korea 1896-1937*, 김인수 옮김, 『새 하나님 새 민족』(서울: 한국장로교출판사, 1997), 121.

28) 조합교회의 대표자는 에비나였다. "데라우찌총독은 이와 같은 동화정책을 시행하기 위해 적극적으로 기독교를 이용하려고 생각하였다. 당장에 한일합병 곧바로 총독부의 기밀비로부터 연액 6천원이란 거액을 이름을 밝히지 않고 기부했고 일본인으로 하여금 조선전도를 시행하게 하려고 먼저 일본기독교회의 우에무라(植村正久)에게 꺼냈다가 거절을 당한 뒤에 에비나(海老名彈正)에게 접근, 그에게는 쾌히 승낙을 얻었다. 이 연액 6천원의 기부는 1921(大正 10)년경까지 계속되었다." 飯沼二郎·韓晳曦 지음, 南永煥 역, 『일제통치와 일본기독교』(서울: 도서출판 영문, 1989, 1993), 102.

29) 飯沼二郎·韓晳曦, 143.

선교사들의 비정치화 또는 친일화에서 나타나는 제국주의

> 일제는 1930년대 후반에 '동양적 기독교' 수립을 운운하며 서양 기독교 및 선교사 배척운동을 추진하였고 결국은 1940년대 한국 기독교를 일본 기독교에 '병합'시켰다. 이 같은 면에서 1920년대 반선교사운동이 "일제에 대하여는 한국 기독교의 친일화를 유도할 수 있는 통로를 제공할 수 있었다는 점에서 민족운동으로서의 한계점을 갖는 것"이란 지적도 타당하다고 하겠다. 그러나 1920-30년대 한국교회의 선교사 비판 내지 배척 운동은 한국 기독교인들의 '자립'과 '자치'운동의 측면에서 해석하는 것이 온당할 것이다. 복음 수용 1세대가 지나면서 주체적인 한국 기독교를 수립하려는 한국 기독교인들의 의지에 대해 일부 선교사들이 근시안적인 관점에서 이를 불순한 태도로 보았던 것이고 그 때문에 의식 있는 한국 기독교인들에게서 선교사 비판과 배척 발언이 야기되었던 것이다.[30]

선교사들에 대한 한국민의 반감(反感)은 초기부터 있었다고 해야 할 것이다. 그것은 선교사들이 보여주는 신학적 종속화 시도, 즉 그들이 갖고 있는 제국주의적이고 오리엔탈리즘적인 시각에서 비롯되었다.[31] 선교사들의 공로를 부정할 수는 없지만 그들이 끼친 악영향도 부정할 수 없다. 선교사들이 들어와서 활동하던 시기가 극히 혼란스러운 시대였기 때문에 선교사들이 어떤 정치적인 입장을 보이는지가 매우 중요했다. 그것이 한국교회의 가치관 형성, 특히 성경해석에 중대한 영향을 미쳤기 때문이다. 이처럼 선교사들이 한국교회신

---

30) 한국기독교사연구회, 『한국 기독교의 역사』 II, 175-176.

31) "선교사들의 한국 전통문화에 대한 몰이해 현상은 제2세대 선교사들이 들어오는 1920년대에 접어들면서 더욱 두드러져, 미국 본토의 '서구식 기독교'를 한국에 이식하려는 선교사들과 한국적 문화 풍토에 맞는 '토착 기독교'를 수립하려는 의식있는 한국인들 사이에 갈등과 마찰이 빚어질 수밖에 없었다." 한국기독교사연구회, 『한국 기독교의 역사』 II, 149-150.

학형성에 중요한 역할을 맡고 있었음에도 선교사들은 신학적인 폐쇄성, 연소(年少)함과 경험부족[32] 그리고 교파주의로 인한 근시안적인 시각으로 인해서 한국과 일본의 관계를 충분히 고려하지 못했으며 결국 일본의 정책에 휘둘릴 수밖에 없었다. 이것은 일제와 선교사의 관계를 살펴보면 알 수 있다.[33]

1901년 9월 장로회 공의회에서 결의한 "교회와 정부 사이에 교제할 몇 조건"[34]은 지교회와 교우에게 편지형식으로 전달되었는데 교

32) 한국기독교사연구회,『한국기독교의 역사』I(서울 :기독교문사, 1989, 1991), 228-229.
33) 김승태, "한말 일제침략기 일제와 선교사의 관계에 대한 연구(1894-1910)," 『한국기독교와 역사』 제6호, 67.

시기구분	주요 역사적 사건	일제의 선교사에 대한 정책 기조	미·일 외교 관계
제1기: 견제기 1894-1905	청일전쟁(1894-5), 러일전쟁(1904-5), '을사늑약'(1905)	일본 외무성의 미·일 외교를 통한 선교사 견제정책	우호적 협력 관계
제2기: 회유·이용기 1906-1910	'정미7조약'(1907), '한일합병'(1910)	통감부의 선교사 회유 이용 정책	우호적 협력 관계의 약화
제3기: 억압·제한기 1911-1919	제1차대전발발(1914), 3·1 운동(1919)	총독부의 선교사 억압 제한 정책	동아시아에서의 이권 대립
제4기: 회유·분열책동기 1920-1935	'만주침략'(1931), 평양신사참배강요사건(1935)	총독부의 선교사 회유 분열 정책	대립 갈등의 심화
제5기: 탄압·추방기 1936-1945	중일전쟁(1937), 태평양전쟁(1941), 일본의 패전(1945해방)	총독부의 선교사 탄압 추방 정책	극단적인 대립관계

34) 5개 결의안은 다음과 같다. "1. 우리 목사들은 대한나라 일과 정부일과 관원 일에 대하여 도무지 그 일에 간섭하지 아니하기를 작정한 것이요. 2. 대한국과 우리 나라들과 서로 약조가 있는데 그 약조대로 정사를 받으되 교회 일과 나라 일은 같은 일 아니라 또 우리가 교우를 가르치기를 교회가 나라 일 보는 회가 아니오. 또한 나라 일은 간섭할 것도 아니오. 3. 대한백성들이 예수교회에 들어와서 교인이 될지라도 그전과 같이 백성인데 우리 가르치기를 하나님 말씀 거스림없이 황제를 충성으로 섬기며 관원을 복종하며 나라 법을 다 순종할 것이오. 4. 교회가 교인이 사사로이 나라 일 편당에 참예하는 것을 시킬 것 아니오 금할 것도 아니오. 또 만일 교인이 나라일에 실수하거나 범죄하거나 그 가운데 당한 일은 교회가 담당할 것 아니오 가

회와 국가의 관계에 대해서 제시한 성경구절들은 로마서 13장 1-7절, 디모데전서 2장 1-2절, 베드로전서 2장 13-17절, 마태복음 22장 15-21절, 마태복음 17장 24-27절, 요한복음 18장 36절이었다. 선교사들은 이 성경구절들을 정교분리를 뒷받침해주는 본문들로 제시했다. 그렇기 때문에 그 결의는 성경을 어떻게 해석할지에 지대한 영향을 미쳤을 것이다. 그리고 선교사들이 소용돌이치는 국제정세와 국내정치 상황에서 한국교회를 보호하기 위해 이런 결정을 내렸다고 해도 이 결정이 내려질 때는 아직 한국인 목사가 한 사람도 나오지 않았기 때문에 모든 결정은 선교사들에 의해서 독단적으로 내려졌으며 그 결정의 결과에 대해서 선교사들의 책임이 그만큼 막중하다는 사실도 알아야 한다.[35]

선교사들이 보이는 정교분리적인 입장은 1907년 신앙대부흥운동에서 뚜렷하게 나타났으며 이로 인해 "이 신앙 대부흥운동은 한국이 일제의 식민지로 전락하는 과정에서 한국 민족으로 하여금 스스로 민족의 문제를 외면하도록 하는 원인이 되었다"[36]는 지적을 받는다. 신앙대부흥운동의 핵심 인물이었던 미국 북장로교 선교사 블레어(William N. Blair)는 명확하게 정교분리적인 입장을 보였다.

리울 것도 아니오. 5. 교회는 성신에 붙친 교회요 나라 일 보는 교회 아닌데 예배당이나 교회 학당이나 교회 일을 위하여 쓸 집이오 나라 일 의논하는 집은 아니오 그 집에서 나라 일 공론하러 모일 것도 아니오 또한 누구던지 교인이 되어서 다른 데 공론하지 못할 나라 일을 목사의 사랑에서 더욱 못할 것이요." 이만열, 『한국 기독교 수용사 연구』, 495. 각주 113번.

35) "우리는, 한국인 목사가 아직 한 사람도 나오지 못했던 그때 선교사들만으로 행한, 교회의 비정치화를 의미하는 저 결의의 배경과 그후의 영향에 대하여 확실히 모른다. 분명한 것은 장로교회가 거교단적으로 이러한 결의를 하여 신자들을 설득하지 않으면 안 될 상황에 처하였다는 점이다." 이만열, 『한국 기독교 수용사 연구』, 495.

36) 한규원, 188-189.

> 우리는 성령의 세계 밖에는 한국 형제들 앞에 놓인 시련을 이길 힘이 없다고 느꼈다. 한국 교회는 분리(分離)와 부조화의 죄를 뉘우칠 필요가 있으며 참 교인이 된다는 것은 예수를 믿고 하나님의 뜻을 따르는 데 있다고 생각한다. 우리는 한국 교회가 하나님의 거룩한 비젼을 가지고 비통한 영혼들이 이미 소망이 없는 나라 일을 잊고 주님과의 높은 인격적 관계를 맺어야 할 것을 느꼈다.[37]

이렇듯 선교사들이 애초부터 정교분리적인 입장을 취했기 때문에 그들은 대체로 한국과 일본의 관계에서 친일적인 성향을 보일 수 밖에 없었고[38] 일제의 회유정책[39]에 쉽게 빠져들었다. 그런데 이런 선교사들의 태도는 애국과 충정으로 가득했던 초기 한국의 기독교인들과는 거리가 멀었다.[40] 한국교회가 처음부터 현실문제를 회피했

---

37) W. N. Blair, *Gold in Korea* (New York: Presbyterian Church in the U.S.A., 1957), 63.

38) "장로교 내에서 비교적 친일 선교사로 지목된 게일은 1907년을 전후한 한국인의 항일 운동을 "위조애국(僞造愛國)의 미친 듯한 광란"으로 표현하였다. 감리교의 스크랜튼, 존스 및 해리스 감독도 친일적인 입장에 섰던 것으로 보인다. 이들은 '정치는 통감이, 정신적 교화는 종교가 맡아야 한다'는 통감부의 정책에 깊이 동조하고 있었다. 정·교의 분리를 의미하는 총독부의 이 방침은 당시 한국인에 의한 가장 강력한 조직체의 하나로 등장한 교회를 정치에서 소외시켜 한국의 독립 배일(排日)운동을 저지시키려는 것" 이었다. 이만열, 『한국 기독교 수용사 연구』, 505.

39) "일제는 그들이 한국을 지배하는데 방해가 되는 선교사들은 한국땅에서 추방해야 하다는 논리를 전개하면서도 그와는 반대로 한국국민의 민족의식을 약화시키기 위한 수단으로 이용하기 위하여 친일의 서구인과 선교사들을 상대로 회유정책을 펴 나가기 시작하였다." 한규원, 『개화기 한국기독교 민족교육의 연구』(서울: 국학자료원, 1997), 177.

40) 초기 한국기독교인들의 민족의식과 그것을 위험시한 선교사들 사이의 갈등에 대해서는 이덕주, 『초기 한국 기독교사 연구』(서울: 한국기독교역사연구소, 1995), 173-215 ("초기 한국 기독교인들의 민족의식에 관한 연구-구세군 입교동기와 <구세군가사>를 중심으로")를 보라.

던 것은 아니기 때문이다. 오히려 한국교회는 태동 당시부터 민족적이고 애국적이었다. 그 한 예로 1896년 9월 2일 고종 황제의 탄신기념일을 맞이해서 새문안교회는 '황제탄신축가'를 만들었다.

1. 높으신 상주(上主)님 자비론 상주님 긍휼히 보소서
이 나라 이 땅을 지켜 주옵시고 오 주여 이 나라 보우하소서
2. 우리의 대군주 폐하 만세 만세로다 만만세로다
복되신 오늘날 은혜를 내리사 만수무강케 하여 주소서
3. 상주의 권능으로 우리의 대군주 폐하 등극하셨네
이 나라 이 땅은 영세불멸하겠네 대군주 폐하께 만만세로다
4. 상주님 은혜로 이 나라 독립하였네 우리들
백성은 상하반상(上下班常) 구별없이 오주여 상주님 기도하겠네
5. 홀로 한 분이신 만왕의 왕이여 찬미 받으소서 상주님 경배
하는 나라와 백성들 국태민안 부귀영화 틀림없이 받겠네[41]

한국기독교가 보여주는 이런 민족적인 성향은 기독교인들이 주도적으로 참여한 3·1 운동에서 명백하게 드러난다. 3·1 운동에 수많은 기독교인들이 참여했고 기독교 지도자들이 이 운동을 주도적으로 이끌어갔다는 사실은 1901년에 선교사들이 내린 교회의 비정치화 결의가 한국교회에 그대로 수용되지는 않았음을 보여준다.

> 3·1 운동은 일제의 무단적 식민통치를 근본에서부터 붕괴시키고 한민족의 독립의지를 온 세상에 알린 거족적인 항일민족 독립운동이었다. 기독교인들이 이 운동에 적극적으로 참여하게 된 것은 구한말 이래의 기독교 민족운동의 전통과 민족구원을 열망하는 애국적 신앙에 그 뿌리를 두고 있다. 성서를 통하여 정의·자유·평등·해방 등의 이념을 체

---

41) 『새문안교회 70년사』(서울: 새문안교회, 1958), 33-34. 한규원, 314에서 재인용.

> 득한 기독교인들은 비기독교국가인 일본의 지배를 받게 되자 그들의 기만적인 정교분리정책에도 불구하고 성서를 토대로 한 신앙의 기초 위에서 항일민족운동에 적극 참여하였던 것이다. 그리고 이를 통하여 민족의 고난에 동참하는 신앙의 전통을 수립하였다.[42)]

기독교인들은 3·1 운동에 적극적으로 참여함으로써 대중적인 지지를 얻었고 이를 통해서 많은 사람들을 교회로 끌어들일 수 있었다. 물론 선교사들은 3·1 운동 과정에서 한국교회를 위해 많이 힘썼지만 오히려 그들은 비정치화를 촉구했기 때문에 이 운동을 주도하거나 지원하지 않았다.

> 선교사들은 놀라고 있었다. 자신들의 지시(?)가 없음에도 불구하고 한국교인들이 자발적인 민족신앙을 표현하는 데 있어 조금은 기이한 시각을 가졌다. 그리고 주일날의 국기게양은 주일이 지닌 '나라를 위해 기도하는 날'이라는 한국인들의 개념을 파악하고 그들의 나라에 대한 애틋한 존경까지를 파악하고 있었다. 이러한 초기의 입장은 한일합병기를 전후해서 심각한 우려의 입장으로 바뀌었고 앞서 언급한 바와 같이 1907년의 '대부흥운동'의 진행 과정에서 한국 선교사들은 한국교회 '비민족화'의 과정을 면밀히 추진해갔다는 해석이 가능할 정도의 행동을 나타낸다. 이러한 주류 선교사들의 전체적인 입장은 3·1 운동을 거쳐 일제 말기에 이르기까지 큰 변화를 보이지는 않는다.[43)]

이런 것을 보면, 한국교회는 애초부터 민족주의적이고 애국적이었는데 선교사들에 의해서, 그리고 일제에 의해서 정교분리적인 성향을 주입받았음을 알 수 있다. 이렇게 초기부터 정교분리적인 모습

---

42) 한국기독교사연구회, 『한국 기독교의 역사』 II(서울: 기독교문사, 1990, 1991), 40.

43) 서정민, "근대 아시아에서의 선교사 문제," 『한국기독교와 역사』 제5호, 237-238.

을 보이던 선교사들은 1920년대 일제의 선교사 회유정책으로 인해서, 상당수가 친일적인 경향으로 흘렀다.

> 조선총독부 學務局에 '宗教課'를 신설해서 종교행정과 제반조사 및 선교단과의 연락을 담당하게 하였다. 뒤이어 포교규칙을 개정(1920년 4월)하여 교회당, 설교소, 강의소의 설립을 허가제로부터 계출제로 변경함으로써 선교사의 환심을 샀다. 또한 선교계 사립학교에 있어서 성서의 教授를 공인제도화하여 외국인 선교사의 호감을 사기도 했다. 그리고 1920년 '종교 및 제사를 목적으로 하는 재산'에 한에서 이를 民事令에 의한 공익법인으로서 그 기본재산관리·유지의 편의를 도모하였다. 이와 같은 일련의 조치는 선교사로 하여금 친일경향으로 전향시키는 중요한 계기가 되었다… 사실상 齋藤實의 선교사 회유정책으로 선교사의 친일적 경향은 급속히 촉진되어 교회도 한때 일부 민족주의자의 피난처가 되었지만 다시는 이러한 역할을 기대할 수 없기에 이르렀다.[44]

일본제국주의의 구약말살정책

지금까지 일본교회와 한국에 온 선교사들이 직·간접적으로 일본제국주의에 어떻게 협조했으며 그것이 한국교회신앙형성, 특히 성경이해에 어떤 영향을 주었는지를 알아보았다. 이제는 좀더 구체적으로 일본제국주의가 한국교회구약성경이해에 미친 영향을 살펴보기로 하겠다. 초기부터 한국교회는 성경을 사랑하는 교회로 소문났다.[45]

---

44) 김운태, 296-297.
45) 문희석, 『한국교회구약성서해석사 1900-1977』(서울: 대한기독교출판사, 1978, 1982), 7. 초기 한국교인들은 급변하는 국제정세로 인해서, 특히 청일전쟁으로 인해서 시골로 피난하면서도 성경과 전도책자를 가지고 갔다. Daniel L. Giford, *Everyday Life in Korea- A Collection of Studies and Stories*, 심현녀 옮김, 『조선의 풍속과 선교』(서울: 한국기독교역사연구소, 1995, 1996), 150.

선교사가 공식적으로 입국하기 전에 만주와 일본에서 성경이 부분적으로 번역되고 있었다. 이 점은 그 뒤의 한국 기독교의 성격을 규정하고 중요한 역사적 조건이 되기도 했다. 기독교가 성경에 기반을 두고 있었다는 성경 지상주의적 성격이 이러한 전통 속에서 자리 잡혀 갔다고 할 것이다. 한국 기독교는 성경을 읽히는 데서부터 기독교의 터를 잡아갔다.[46)]

1907년 대부흥운동도 성경연구를 통해서 시작되었고 또 성경연구를 신앙생활에 필수적인 것으로 자리잡게 했다.[47)] 사경회가 한국만큼 성행한 곳은 세계 어느 곳에서도 찾아보기 어려울 정도이다.[48)]

그런데 현재 우리가 성경을 읽는 방식은 여러 가지 영향을 받았지만, 특히 일본제국주의에 의한 식민지배경험이 한국교회 성경읽기 방식에 큰 영향을 미치는 요소 가운데 하나이다. 한국교회는 구약보다는 신약을 더 좋아한다. 설교자들도 설교할 때 구약보다는 신약을 선호한다.[49)] 그런데 이런 경향 배후에 일본제국주의의 영향이 있다는

---

46) 이만열, "한말·일제하 기독교 사회운동의 맥락," 백종국 편저, 『한국기독교인의 정치의식과 민주화』(서울: 생명의 말씀사, 1994), 33-34.

47) 이영헌, 『한국기독교사』(서울: 컨콜디아사, 1978, 1983), 119. 백낙준, 『한국개신교사 1832-1910』(서울: 연세대학교 출판부, 1971, 1991), 394.

48) 문희석, 7. "한국교회에서의 부흥회는 1900년대 초부터 널리 확산되기 시작했으며 한국교회의 한 특성이 될 정도로 오늘날까지 대부분의 교회들에서 행해지고 있다. 부흥회의 양식은 대체로 1900년대 초에는 성경공부와 부흥회가 결합된 사경 부흥회가 주류를 이루다가 1920-30년대에는 내세의 소망을 강조하는 심령 부흥회, 1950년대 이후에는 성령체험과 전도에 강조점을 둔 전도 부흥회가 유행하였다." 김홍수, 『한국전쟁과 기복신앙확산연구』(서울: 한국기독교역사연구소, 1999), 164. 1920년부터 성경공부가 약화되었다는 점에서 이것 역시 일제의 영향 때문일 수도 있다.

49) "예를 들어 조용기목사설교전집 전21권의 총 780편의 설교를 분석해보면 구약본문이 193회로 전체 중 25%, 신약이 587회로 전체 중 75%를 차지하고 있음을 볼 수 있다." 서정민, 『일본기독교의 한국인식-기독교회와 민족

것이 이 논문의 주제이다. 원래 한국교회는 구약적 속성이 강했다.[50)]

> 일제 치하 성탄은 예수 탄생의 기념축제였지만 언제나 모세의 출애굽 테마가 연극으로 연출되곤 하였다.[51)] 한국의 비운이 이스라엘의 오랜 삶과 역사에 직접 비교되었기 때문이다. 기독교는 한국에서 '탈이스라엘'의 구조보다 '이스라엘화'가 훨씬 생동적으로 수용될 입지에 놓여 있었다. 생활관습이나 그 수탈과 붕괴, 포수(捕手)의 쓰라림이 피차에 병행한다고 보아 '제2의 이스라엘,' '동양의 예루살렘'과 같은 유비(類比)가 돋보였다.[52)]

성탄절에 신약성경을 소재로 연극을 하지 않고 구약성경, 특히 출애굽 사건을 소재로 연극을 했다는 것에서 일본제국주의에 의해 가혹한 식민지배를 받으면서 한국 기독교인들이 얼마나 구약성경을 사랑했는지 알 수 있다. 한국 기독교인들은 구약성경을 읽으면서 이스라엘 역사와 한국역사를 동일시했고 위로를 받았던 것이다. 한국 기독교인들은 구약성경을 읽으면서 자신들의 정체성을 명확하게 했다.

> 이동휘는 "사랑하는 형제들아! 우리는 구약의 이스라엘처럼 하나님께 헌신된 민족이다. 우리가 어디를 가든지 우리는 [하나님께] 이런 우리

국가 관계론 연구』(서울: 도서출판 한울, 200), 112, 각주 5번.

50) 성경을 보면 분명히 구약이 앞에 있고 신약이 뒤에 있는데도 우리는 순서에 따라서 '구신약'이라고 하지 않고 '신구약'이라고 한다. 이것은 구약보다 신약을 더 중시하는 성향을 반영한다. 그렇지만 한국교회가 처음부터 '신구약'이라고 한 것은 아니다. 양주삼이 1916년에 발표한 논문제목을 "구신약전서총론"이라고 했는데 이런 사실로 미루어 볼 때, 일제 시대를 거치면서 구신약이라는 용어가 신구약으로 바뀐 것으로 보인다.

51) "유대 역사 속의 사건들은 기독교 학교들의 연극에 흥미있는 주제가 되었다." Kenneth M. Wells, 154.

52) 민경배, "일제의 한국침략과 한일교회 관계," 『일제하의 한국기독교 신앙·민족운동사』(서울: 대한기독교서회, 1991), 74-75.

> 의 적당한 봉사[자기희생]를 해야 한다."고 기록하였다. 동경의 YMCA의 연설에서 한 한국 학생이 "한반도의 상황은 유대의 이스라엘 민족의 상황과 너무도 유사하게 정말 비참하며, 기독교를 통하지 않고는 한국을 구할 길이 없다"고 진술하였다.[53)]

이처럼 당시 한국 기독교인들은 자신들을 이스라엘의 남은 자와 동일시하고, 성직자들은 교인들에게 애국심을 고취하기 위해서 에스더, 에스라, 느헤미야를 내용으로 설교했다.[54)] 일본인인 사카모토도 한국교회의 유태적 정체성을 상세하게 논했다.

> 오늘날 한국의 환경 및 열국과의 관계를 보니, 마치 예언자 이사야 시대의 유태의 그것과 유사함을 본다. 이천육백년 전 아시아의 극서(極西)에 있었던 역사적인 현상이 이천육백년 후 아시아의 극동(極東)에 다시 나타남은 아주 홍미 있는 일이다.[55)]

사카모토는 한국 기독교인들이 이스라엘과 자신들을 동일시하고 거기서 자신들의 정체성을 발견하는 것을 보고 매우 경이롭게 여겼다. 그리고 사카모토는 이어 에스겔의 환상과 사명, 그 역할을 들어 한국과 이스라엘 역사의 유사성을 상세히 논하고 이스라엘에 내린 곤고가 다시 희망으로 전개될 섭리적 경륜을 발견하였다.[56)] 이렇듯 한국교회는 한민족과 이스라엘민족을 동일시하고 감정이입했다. 임영신은 자신이 에스더 왕비의 역할을 하면서 고대 이스라엘인의 감정을 경험했다고 말한다.

---

53) Kenneth M. Wells, 153.
54) Ibid., 154.
55) 복음신보, 522호, 1905, 6, 29일자.
56) 서정민, 『일본기독교의 한국인식』, 115.

> 내가 무대를 걸어다니며 소녀들과 부모 청중들을 둘러보았을 때, 나는 변화되었다. 내가 그렇게 조심스럽게 연습한 말들은 새로운 의미로 다가왔다. 그 말들은 과거뿐 아니라 현재에도 적합한 것으로 보였다. 내가 아하수에로 왕에게 히브리인들을 구해줄 것을 간청하였을 때, 그 말은 한국을 위한 애원이 되었다. 그리고 나의 의도의 의미는… 청중들에 의해 분명하게 이해되어졌다.57)

이런 감정을 한 두 사람이 경험한 것이 아니었다. 거의 모든 한국 기독교인들이 동일한 경험을 했던 것으로 보인다.

> 그러므로 한국의 기독교인들은 구약성서는 읽으면 읽을수록 마음이 흥분되었고 자신도 모르는 사이에 저절로 눈물이 흘러내렸다. 그리고는 우리도 이스라엘 민족과 같이 대적과 싸워야 하겠다고 결심을 다짐하였다.58)

선교사들 가운데 타마자(Talmage)도 구약에 깊은 관심을 보였는데 평소에도 구약성경을 열심히 연구했으며 감옥에 갇혀서도 구약성경을 읽었고, 구약을 통해서 환란을 이겨냈다.

> 60년 세월이 지나왔다. 그동안 나는 여러 각도에서 구약성경이 공격당하고, 또 공격당하는 소리를 들었다. 구약을 불신하는 이론들이 쭉 제기되어 왔다. 그러나 이 이론들은 바위를 때리는 파도처럼 시끄럽게 부서져 거품을 남길 뿐이었다. 구약성경이 폭풍에 시달려 오는 동안 구약에 대한 내 믿음이 자라났다. 나는 대학과 신학교에서, 또한 외국의 선교현장에서 구약성경을 증험했다. 그러한 증험은 역사, 고고학, 언어학, 과학, 인류학, 비교종교학, 그리고 개인 경험의 관점에서 이루어졌다. 구약은 나에게 깊은 믿음과 매력을 주었다. 나는 3~4천

---

57) Kenneth M. Wells, 154.
58) 김광수, 『한국기독교수난사』(서울: 한국교회사연구원, 1978), 20.

년 전에 하나님에 대해 말하는 내용이 오늘도 절대 진리라는 것을 알았다. 그것은 우리에게 불변의 하나님이 있다는 사실을 막힘없이 보여주고 있다. 이교도 일본에 의해 몇 개월을 갇혀 있는 동안, 나는 신약성경보다 구약성경을 더 자주 펼쳐 보았다. 거기에서 나는 내게 무례하게 구는 이교도와 싸우면서 용기와 위로를 받을 수 있었기 때문이었다.[59]

주제에서 약간 비켜가지만, 한국교회 지도자들에게 많은 영향을 준 우치무라 간조(內村鑑三)도 미국에서 신학을 공부할 때 구약 예언서, 그중에서도 예레미야서를 읽고 크게 감동받았다.

우치무라에게 큰 영향을 준 것은 구약성서의 의(義)의 정신이었다. 구약성서의 하나님의 의(의) 없이는 신약성서의 하나님 사랑은 성립될 수 없다고 본 우치무라는 말하기를 "나는 그리스도와 사도들로부터 나의 영혼의 구원을 배웠고 예언자들로부터는 나의 나라의 구원을 배웠다."고 하였다. 또 우치무라는 예레미야가 고독과 허무를 하나님의 사랑으로써 극복할 수가 있었음을 깨달았다. 이와 같은 정신적 지탱이 있었기 때문에 예레미야는 유다왕국에 대한 자기의 임무를 다하는 동시에 하나님에 대한 자기의 책임을 다할 수가 있었다. 우치무라는 예레미야에서 신앙과 애국을 일치시킬 수 있는 논리구조를 발견하였던 바 그는 '칙어사건' 이후의 자기의 고독이 바로 예레미야의 그것임을 발견하였던 것이다.[60]

우치무라 간조의 성경관과 애국관은 그의 한국인 제자들에게 직

59) John Van Neste Talmage, *A Prisoner of Jesus Christ in Korea- The First Step of Early Christian Mission in Korea*, 마성식·채진홍·유희경 옮김, 『한국 땅에서 예수의 종이 된 사람』(서울: 한국장로교출판사, 1998), 157-158.
60) 윤혜원, 『일본 기독교의 역사적 성격』(서울: 한국기독교역사연구소, 1995), 162.

접적인 영향을 미쳤다.[61] 우치무라 간조에 대해서는 비판적으로 재평가할 여지가 있지만 아무튼 선교 초기에 한국교회는 구약에 매우 깊은 관심을 보였는데 그런 경향이 아쉽게도 일제시대를 거치면서 신약 위주로, 그것도 4복음서 위주로 흘러갔다.

> 일제 통치기의 한국교회, 즉 이른바 '민족교회시대'로 규정되는 시기의 한국교회 강단은 비교적 구약설교의 비중이 높았던 것은 여러 자료에서 입증된다… 이에 일제 말기로 들어서면서 일제당국은 민족주의 고취라는 이유로 교회에서의 구약의 상고, 강독을 금지시키고 결국에는 신약 중에서 4복음서만을 사용하도록 한 극단적 조처까지 내렸던 경우를 볼 수 있다… 해방 이후 한국교회 강단의 설교는 급격히 신약중심으로 경사되었다.[62]

이런 그릇된 경향은 한국교회를 무력화(無力化)하려는 일본제국주의의 정책에 의한 것이다. 일본은 애초부터 기독교를 긍정적으로 보지 않았는데, 특히 유대교와 구약에 대해서 상당한 반감을 갖고 있었다. 그 이유는 유대교와 구약성경이 일본의 천황제도에 걸림돌이 된다고 생각했기 때문이다. 일본기독교는 일본 정부의 입장을 그대로 수용했다.

> 일본기독교는 출발단계에서는 철저한 '정교분리,' 예수복음 중심의 '신약적 신앙'을 목표로 삼았던 것은 분명하다. '로마의 것과 이스라

61) 물론 우치무라 간조는 일본인이었고, 다른 사람들에 비해서 한국에 우호적이었다고 해도, 그 역시 궁극적으로 일본의 침략정책을 옹호했다는 점에서 다시 평가받아야 할 것이며 그가 한국인 제자들에게 미친 영향도 비판적으로 재고해야 할 것이다. 한숭홍, 『한국 신학사상의 흐름』 I(서울: 한국신학사상연구원, 1991), 72.

62) 서정민, 『일본기독교의 한국인식』, 112, 각주 5번.

> 엘 것'의 분리, '내재적 신앙'과 '역사'와의 분리도 나타난다. 때로는 구약적이라거나 유태적인 사상 자체를 '악'으로 규정하는 분위기가 팽배하기도 하였다. 이러한 일본기독교 안팎의 신학적 조류에 따라 일본 내에서든지, 혹은 한국교회에 대해서든지 '유태적'이라는 개념은 일본의 국체에 맞지 않는 것, 기독교 신앙의 정수에도 맞지 않는 것으로 단정하는 입장이 강했다.[63]

일본 정부와 일본 기독교는 이런 반유대적·반구약적 성향을 한국교회에 심기 위해서 애썼다. "조선예수교장로회의 특성"이라는 글은 유대 역사를 아브라함으로부터 그리스도 시대까지를 다루면서 이렇게 말한다.

> 원래 기독교의 모체가 되는 유태민족이라는 것은 대개 민족적 결벽성·우월감·혁명사상을 가진 자로서 그 성격은 기독교 교리 가운데도 농후하게 나타나고 있는데… 유태민족이 가진 천재적인 혁명사상은 이렇게 오랜 세월에 걸쳐 그들 역사에서 배양된 것으로 그들의 혁명수단이 참으로 악마의 영이 만든 것처럼 생각될 정도로 극히 교묘한 까닭이 실로 여기에 있다고 해야 할 것이다.[64]

이 글을 보면 일본인들의 반유대적·반기독교적 정서가 얼마나 강한지 알 수 있다. 그리고 "일본기독교 조선장로교단 실천요목"에는 교회혁신을 위한 규정이 있는데 그 가운데 구약성경과 유대교에 대한 것도 나온다.

> 11) 일본기독교를 확립하기 위하여 특히 전문가로서 일본교학의 연찬

---

63) Ibid., 109.
64) 김승태 편역, 『일제강점기 종교정책사 자료집-기독교편 1910-1945』(서울: 한국기독교역사연구소, 1996), 336-338.

에 노력하고 일본적 신학을 수립시킬 것.
12) 말세·심판·재림 등은 세상적·물질적 해석을 고쳐 그것을 종교적·심령적으로 해석할 것.
13) 구약성서에 나타나는 비기독교적 유대사상을 시정하기 위하여 그 적당한 해석교본을 편찬할 것.
14) 전시에 있는 반도 교화의 실을 거두기 위하여 신앙 부흥 및 전도 진흥의 구체적 방법을 강구할 것.
15) 신도필휴·신찬미가·기도문 및 예전 요의(要義) 등을 편찬할 것.
16) 국어(일본어) 상용을 극력 장려할 것.
17) 예배당은 신축 또는 개축할 경우 일본적 양식을 고려할 것.
18) 예배 혹은 집회 양식에 대하여는 연구를 진행하여 될 수 있는 한 일본적 풍습을 채용할 것.[65)]

일본적 기독교 수립을 위해서, 또 한국 기독교를 일본 제국주의의 착실한 지지세력으로 만들기 위해서 이런 규정을 정하고 특히 구약성경을 일본제국주의에 유리하게 해석하도록 하기 위한 지침을 담은 교본까지 마련하려고 했다는 사실에서 일제가 얼마나 구약성경에 대해 민감한 반응을 보였는지 알 수 있다. 이것은 한국교회가 그만큼 구약에 심취한 구약적 기독교였음을 반증한다. 일제는 한국교회가 구약성경을 통해서 자신들의 정체성을 확립하고 애국심을 고취하며 반일감정을 북돋운다는 것을 잘 알았기 때문에 한국 기독교인들이 구약성경을 아예 읽지 못하게 했다.

특히 이와 같은 분위기는 제2차세계대전 기간 유태인 적대의 독일 나치 정권과 일본이 동맹적 관계에 있으면서 더욱 고조되었고, 그 영향은 한일 기독교의 변질화 종용에도 크게 작용하였다. 심지어 한국에

65) "조선야소교 장로회 총회상치위원회의 전말," 基督教新聞, 1943년 10월 6일자. 김승태, 『일제강점기 종교정책사 자료집』, 365-366.

서는 일제 말 구약성서의 강독 금지, 이스라엘 민족구원사와 관련하여 신앙고백된 찬송가의 찬양 금지 등으로까지 나타났다.[66]

이런 상황이었기 때문에 일제말기로 갈수록 한국교회는 구약성경으로 인해서 많은 어려움을 겪었다. 일본은 한국기독교를 자신들의 뜻에 따라서 통합시키려고 했고 혁신교단을 조종하면서 한국교회가 구약성경을 바르게 읽지 못하게 했다.

그러나 제2차 합동준비위원회에서 감리교단 측으로부터 소위 혁신기독교단에 관한 12개조의 혁신안이 제출되어 이에 대한 수정안이 의결되자 원안 통과를 주장하는 감리교측이 준비위원회에서 탈퇴하여 결렬되었다. 여기서 논쟁의 초점이 되었던 것은 구약을 시인하느냐 않느냐는 것이었다. 즉 혁신교단은 "신약성서를 기초로 하여 교의를 선포하고 구약성서에 나타난 유대사상을 일체 없애기 위하여 구약성서의 새로운 해석교본을 제정"하고 이것으로 신도를 가르칠 것을 주장하였던 것이다. 이것은 사실상 구약성서의 폐기를 의미하는 것이었다.[67]

한국교회 지도자들은 일제의 강경한 요구를 거부할 수 없었다. 1943년 12월 29일에 나온 "성결교 해산 성명서"를 보면 성결교는 지금껏 미국인 선교사의 지도를 받고 재정적으로도 의존해온 것을 반성하고 또 성경해석에도 문제가 있었다고 자백한다.

더구나 교리로서 신생(新生), 성결(聖潔), 신유(神癒), 재림(再臨)의 네 가지 가운데 복음을 고조하여 왔는데 그 가운데(就中) 재림의 항은 기독이 가까운 장래 육체로써 지상에 재림하여 유태인을 모으고 건국하여 그 왕이 될 뿐 아니라 만왕(萬王)의 왕인 자격으로서 전세계 각국의

66) 서정민, 『일본 기독교의 한국인식』, 109, 각주 1번.
67) 김승태, 『한국기독교의 역사적 반성』(서울: 다산글방, 1994), 151-152.

> 주권자로부터 그 통치권을 섭정(攝政)하여 이를 통치한다는 것으로 근본적으로 국체의 본의에 적합하지 못할 뿐더러, 신관(神觀)에 대하여도 성서의 해석에 기초하여 '여호와' 이외에 신이 없다는 사상을 선포하여 온 것은 현재 우리들(我等)의 심경으로 보면 실로 국민 사상을 혼미(昏迷)에 빠뜨린 것으로 그 죄를 통감하는 바입니다. 우리들은 최근 이점에 깊이 깨달은 바 있어 여하히 하여 성서의 해석을 우리 국체의 본의에 적합케 할 것이냐에 관한 연찬(硏鑽)을 거듭하여 왔으나 필경 성서는 그 기지(基址)를 유태사상에 두어 우리 국체의 본의에 배반하는 기다적(幾多的) 치명적 결함을 포장하는 것으로서 성서 자체로부터 이탈치 못한다면 완전한 국민적 종교로서 성립하지 못할 것으로 결론에 도달하였다.[68]

물론 일제의 강요에 의해서 작성되었겠지만 그렇다고 해도 한국교회가 역사에 남을 이런 공식문서를 작성했다는 것은 참으로 부끄러운 일이다. 특히 한국교회 구약성경이해에 있어서 지울 수 없는 오점을 남겼다고 할 수밖에 없다. 이런 정도로 일제는 한국교회가 구약사상을 수용하는 것을 막으려고 했다. 한편 한국교회의 친일인사들은 구약성경을 일본제국주의적인 시각에서 읽게 하려는 일본 정부의 지시를 충실히 시행해서 구약성경을 통해 친일사상을 전파하려고 했다. 강백남은 구약 출애굽기에 나오는 십계명을 강론하면서 신사참배는 결코 우상숭배가 아니라고 주장했다.

> 북미합중국의 워싱톤 동상이 있는데 합중국 국민으로는 그 동상에 경의를 표하지 않을 수 없고, 합중국 국기에 합중국 국민으로 누구나 다 경의를 표합니다. 합중국은 기독교국이니만치 기독교인이 대다수입니다. 그러면 그들은 다 우상숭배자로 간주합니까. 그렇지 않습니다. 그렇다면 대일본 황국신민만이 국조숭모(國祖崇慕)하는 의식에 기독

68) 東洋之光 1944년 2월호, 49쪽. 김승태,『일본강점기 종교정책사 자료집』, 384.

교인이 어찌 참례할 수 없으며 황국(皇國)을 대표한 일본 국기에 경의를 표함이 어찌 기독교인에게 죄가 되겠습니까. 전화위복(轉禍爲福)하는 자 있으나 기독교인은 그러한 의미에서 참배함은 절대로 아니요 국가의식에 국민의 의무로서 참례(參禮)함이 당연한 줄로 각오(覺悟)하고 시인(是認)한 즉 양심이 평안하고 충군애국지심(忠君愛國之心)이 날이 감을 따라 두터워집니다. 사신우상(邪神偶像)은 금수 곤충 어별(魚鱉)의 형상으로 된 것인데 어찌 우리의 조상이 그 우상과 동류(同類)가 될 수 있으랴? 그런즉 신사참배하는 일을 우상숭배라고 한다면 이(此)는 불경죄(不敬罪)에 가깝다고 말하여 둡니다.[69]

이들은 구약성경뿐만 아니라 신약성경도 인용하면서 일제의 한국침략을 합리화하기 위해 애썼다. 한국인들이 앞장서서 식민주의적으로 성경을 해석한 것이다. 한국인으로서 구약에 관한 논문을 최초로 쓴 영광을 누린 양주삼(梁柱三, 감리교 협성신학교 교수)은 "신동아 건설과 반도인 기독교도의 책임"라는 글에서 이렇게 말했다.

기독교의 설립자라고 칭할만한 사도 바울은 자기가 로마제국의 공민(공민)이 된 것을 영광스럽게 여기고 자랑하였습니다. 그와 같이 반도인들은 대 일본제국의 신민이 된 것을 영광스럽게 여기고 자랑할 것입니다. 그것이 반도인의 유일한 활로입니다. 반도인들은 이 기회에 죽은 과거를 청산하고 산 장래를 위하여 활동하여야 되겠습니다. 선각자가 된 기독교도들은 민중에게 이 활로를 지시할 책임이 있습니다.[70]

양주삼을 비롯해서 일본제국주의에 협조한 친일적인 조선기독교지도자들은 사도 바울이 유태인이면서도 협소한 민족주의를 버리고 로마제국의 시민임을 자랑스럽게 여겼고 또 이름도 로마식으로 창

69) 청년 9,10호, 1939년 2-3월호. 김승태, 『한국기독교의 역사적 반성』, 410.
70) 김승태, 『한국기독교의 역사적 반성』, 432.

씨개명한 것처럼 조선기독교도들도 당연히 그렇게 해야 한다고 주장하고 당시 로마를 중심으로 전세계 교통이 통하는 것처럼 지금은 누구나 대일본제국의 길을 밟고 다닌다고 말했다. 그리고 바울이 헬라어를 사용하고 신약성경도 헬라어로 기록했던 것처럼 우리도 국어인 일본어를 반드시 사용해야 한다고 말한다.[71] 그리고 여기서 한걸음 더 나아가 일본의 한국지배를 신의 뜻으로 본 사람도 있었다. 최태용은 "조선기독교회의 재출발"이라는 글에서 이렇게 말했다.

> 그리스도는 그 제자들이 이스라엘의 회복을 희망하며 따르는 것에 대해서 "나의 나라는 이 세상의 것이 아니다"(요한복음 18:36)하면서 이를 물리치고 영적 사명에 적합하도록 그들을 정결히 하여 그들을 종교적 사명을 달성하는 세계의 사도로 하였던 것이다. 즉 그리스도는 그 제자들이 로마의 주권에 복종하면서 그 종교적 사명을 달성하도록 인도했던 것이다. 조선을 일본에 넘긴 것은 신(신)이다. 그러므로 우리는 신을 섬기듯이 일본국가를 섬겨야 한다고 나는 생각한다. 오늘날 우리들에게 있어서 국가는 일본국가가 있을 뿐이다. 우리가 다해야 할 국가적 의무와 지성(지성)은 이를 일본국가에 바쳐야 마땅할 것이다. 우리는 가장 사랑하는 것을 일본국에 바치도록 신에게서 명령받고 있는 것이다.

이런 터무니없는 주장들을 일본 사람들이나 일본교회가 아닌 한국인 종교지도자들이 했다는 사실에 주목해야 한다. 이들은 성경을 일본제국주의의 한국식민통치를 정당화하려는 수단으로 삼은 식민주의적 성경해석의 전범(典範)들이다. 그리고 일본제국주의의 한국지배를 정당화하기 위해서 한국에 진출한 일본조합교회도 당연히

71) 김종대, "조선기독교의 진로," 장로회보 1941년 5월 28일, 6월 4일, 18일자; 김승태, 『한국기독교의 역사적 반성』, 449-451.

구약에 대해서 부정적이었다.

> 조선전도부의 어용적 성격은 1919년 3·1독립운동에 대한 반응에서도 유감없이 나타났다. 3·1독립운동을 목격한 와타세는 즉각적으로 "조선 소요 사건과 그 선후책"을 <新人> 4월호에 기고해 3·1 운동에 참가한 조선 기독교인들은 구약의 정신이 농후하고 기독교의 사랑의 정신이 없는 유대교도에 불과하다고 비난했다. 즉 만일 기독교인들이 산상수훈의 정신을 안다면 그들은 그런 식으로 반행해서는 안 될 것이며 "하나님을 아버지로 하는 형제로서 더 포용적으로 내선일체를 대성하는 정신"에 근거하여 행동했어야만 했다고 비판했던 것이다. 그러면서 그는 "건전한 신앙을 근거로 해 건전한 사상"을 배양함으로써 유다주의를 극복하고 "양민족의 새로운 영적 일치"를 달성하기 위한 조합교회의 조선 전도의 의의를 더욱 강조하였다.[72)]

일본 조합교회가 일본 정부의 입장에 발맞추어 구약을 비판하고 신약 복음서를 앞세우는 것을 알 수 있다. 그리고 일본기독교도들 가운데는 구약성경을 식민주의적으로 이해하면서 일본이 한국을 병합한 것을 '출애굽사건'으로 해석하는 사람들도 있었다.

> 한국은 드디어 제국의 판도(版圖)에 병합되었도다. 일장기가 계림의 아침을 비추어 참으로 빛나리라고 나는 마음 속으로 엄숙히 하나님께 기도하는 바이다. "모세가 여호수아를 불러 온 이스라엘 목전에서 그에게 이르되 너는 마음을 강하게 하고 담대히 하라 너는 이 백성을 거느리고 여호와께서 그들의 열조에게 주리라고 맹세하신 땅에 들어가서 그들로 그 땅을 얻게 하라 여호와 그가 네 앞서 행하시며 너와 함께하사 너를 떠나지 아니하시며 버리지 아니하시리니 너는 두려워 말라 놀라지 말라"(신명기 31:7-8). 우리나라와 한국과의 관계는 유래가

---

72) 양현혜, "일본 기독교의 조선전도," 『한국기독교와 역사』 제5호(서울: 한국기독교역사연구소, 1996), 195-196.

> 깊고 유구한 역사를 지녔다. 실로 하나님이 이 국민의 '열조에게 주리라'고 맹세하신 땅이라고 느껴야 한다. 이런 의식은 오랫동안 역사적으로 일본 국민들에게 이어져왔다… 이미 하나님으로부터 '조상들에게' 한국이 '주어진' 것이기 때문에 이것을 가질 권리가 있다.[73)]

이 얼마나 구약적인 발언인가. 이들은 출애굽사건과 가나안 정복사건을 일본제국주의의 한국침략과 동일시한다. 이런 그릇된 생각은 타국을 식민지화하는 제국주의적인 사고의 전형(典型)이라고 할 수 있는데 서구열강은 식민지를 개척하면서 가증스럽게도 출애굽과 가나안정복을 침략의 성경적 근거로 삼았다. 이것은 미국을 점령한 청교도들도 마찬가지였다.

> 1620년 매사추세츠 주 프리머츠에 정착한 청교도인들은 자신들이 새 이스라엘을 건설하고 있다고 생각했다. 실제로 모든 식민화 작업이 하나님의 인도하심으로 이루어졌다고 그들은 믿었다. 1613년 버지니아에서 휘태커(Alexander Whitaker)는 "하나님께서 친히 이 길을 우리에게 열어 주셨고 그의 손으로 우리를 이 일로 인도하셨다"고 설교하였다. 영국의 식민주의 사상에 이런 약속의 땅의 이미지가 깊게 자리잡고 있었다. 그 순례자들이라고 불리던 청교도인들은 자신들을 고대 히브리 백성과 일치시켰다. 그들은 신천지를 새로운 가나안으로 보았다. 그리고 그들은 약속의 땅으로 진군해 들어가는 하나님의 선민이었다… 1783년에 스타일스(Ezra Stiles)는 조지 워싱턴(George Washington)이야말로 '미국의 여호수아'이고 "독립전쟁에서처럼 명예스럽고 훌륭한 동기로 무기를 사용한 때가 역사상 눈의 아들 여호수아의 시대 이래로 일찍이 없었다"라고 주장하였다. 심지어는 1776년에 미 연방공화국의 설립자인 프랭클린(Benjamin Franklin)과 제퍼슨(Thomas Jefferson)

---

73) "大日本の朝鮮," 福音新報 제792호, 1910. 9. 1. 서정민, 『일본기독교의 한국인식』, 147.

> 은 신생 미국의 국쇄(Great Seal)에 약속의 땅 이미지를 넣자고 제안했다. 프랭클린은 모세가 홍해(갈대바다)를 가르면서 그 물살에 바로의 군사들이 빠져죽는 그림을 제안하였다. 제퍼슨은 광야에서 이스라엘 백성이 낮에는 구름 기둥, 밤에는 불기둥으로 인도되는 그림을 넣자고 주장하였다… 하나님의 선민이라는 사상이나 미국을 고대의 가나안과 일치시키려는 시도는 미 원주민이 대대로 살아왔던 땅에서 그들을 추방시키는 데에 정당성을 부여했다. 식민자들은 스스로를 '사탄의 세력'인 미 원주민들과 대결하고 있다고 보았다. 즉 미원주민들은 가나안 사람들처럼 멸망하고 추방되어야 한다고 여겼다.[74]

신앙을 찾아서 신대륙으로 갔다는 청교도들이 얼마나 그릇된 성경관을 갖고 있었는지 그리고 그런 그릇된 성경관으로 인해서 얼마나 많은 원주민들이 고통당하고 학살당했는지 알 수 있다.[75] 구약성경, 특히 출애굽과 가나안정착에 대한 왜곡된 인식은 미국을 정복한 청교도들에게서만 나타나는 것은 아니었다. 스페인과 포르투갈은 중남미 지역을 정복했는데 그들도 가나안 정복을 모델로 삼았다. 그래서 멕시코 성서학자 타메즈는 이렇게 말한다.

> 가장 많이 사용된 대륙 정복의 성서적 근거는 가나안 정복의 이야기였다. 16세기 스페인 사람으로 명성과 영향을 끼쳤던 철학자인 세플베다(Juan Gine de Sepulveda)는 이 성서의 주제를 사용해서 원주민과

---

74) Roy H. May, Jr., *Joshua and the Primised Land*, 서광선 옮김, 『여호수아와 약속의 땅』(서울: 대한기독교서회, 1982), 134-135.

75) 1890년 기록을 보면 잔존 원주민 수는 25만 명뿐이었는데, 스태나드는 청교도들이 300년 동안 최소한 1억명 이상의 원주민들을 학살했고 최소 3천만 명에서 최고 6천만 명의 아프리카 흑인들을 학살했을 것으로 추정한다. D. E. Stannard, *American Holocaust* (Oxford: Oxford University Press, 1992), 151, 317. 조찬선, 『기독교죄악사(하)』(서울: 평단문화사, 2000, 2001), 176, 176쪽 각주 90번, 177쪽 각주 91번에서 재인용.

> 의 전쟁을 정당화했다. 그는 신성 모독을 처벌한다는 명목으로, 또한 그 대륙이 약속의 땅과 마찬가지로 하나님이 주신 특별한 선물이라는 명목으로 대륙 정복을 합리화했다(교황은 그리스도의 대리자로서 땅을 줄 권한을 부여받았다는 주장이었다). 하나님께서 스페인 사람들을 선택해서 야만인들에 대한 하나님의 심판을 집행하게 했고 그들의 땅을 정복하게 했다. 세플베다는 이러한 신념에 근거해서 침략 전쟁을 합법화했을 뿐만 아니라 원주민들의 범죄의 무게를 생각한다면 필수적으로 있어야 한다고 주장했다.[76]

기독교적인 유럽의 제국주의뿐만 아니라 일본제국주의에 편승한 어용적인 일본 기독교인들 역시 일제의 한국침략과 식민지배를 가나안정복에 근거해서 정당화하려고 했다는 사실을 우리는 확인할 수 있었는데 이들 제국주의자들이 서로 협약이라도 한 듯 구약성경을 동일하게 왜곡하는 모습에서 전율을 금치 못한다. 물론 이런 성경해석이 한국교회구약성경이해에 얼마나 큰 영향을 미쳤는지는 정확하게 알 수 없지만 출애굽과 가나안정복을 식민지 백성들의 입장에서 읽지 않고 제국주의적인 입장에서 읽을 때, 그것이 성경내용을 훼손할 뿐만 아니라 타국을 침략하고 점령하는 무자비한 도구가 된다는 것을 명심해야 한다. 그리고 우리도 은연중에 이런 제국주의적 성경해석에 물들어 있지 않은지 반성해야 할 것이다.

지금까지 살펴본 것처럼 한국교회는 처음부터 성경을 매우 사랑했다. 선교사들이 들어올 때 한국사람들이 번역한 성경을 가져와서 선교했다는 것은 역사적으로 유례없는 일로 평가받는다. 한국 기독교인들은 성경읽기를 중시했으며 성경연구를 통해서 신앙을 키웠다. 특히 구약성경을 읽으면서 한국을 이스라엘과 동일시하고, 민족의

---

76) Elsa Tamez, "Biblia y 500 anos," *Revista de Interpretacion biblica latinoamericana* 16 (1993), 12. Roy H. May, Jr., 140에서 재인용.

아픔에 동참하고자 했다. 그런데 한국교회는 정교분리원칙을 내세우는 선교사들에 의해서 영향을 받고, 또 일제식민지배시기를 거치면서 일본에 의해서 반구약적 성향을 주입받게 되었으며 이런 과정을 통해서 한국교회는 해방 이후에 구약보다는 신약을 더 중히 여기는 습성을 갖게 된 것으로 보인다. 한국교회의 구약경시태도가 상당 부분 일본제국주의에 의한 식민주의적 유산이기 때문에 이런 성향을 극복하고 구약과 신약을 동일한 하나님 말씀으로 받아들이고 동등하게 선포하는 것이 바로 탈식민주의적 작업이라고 할 수 있겠고 이 논문을 쓰는 의의가 여기에 있음을 밝히는 것으로 글을 마치려 한다.

6. 구약과 탈민족주의

이스라엘 · 민족 · 선교

구약성경과 선교

선교에 관한 성경적인 근거를 찾으려고 할 때, 구약성경은 그다지 적합하지 않은 듯하다. 신약성경은 선교에 관한 직접적인 내용을 풍부하게 담고 있는데 비해, 구약성경은 선교와는 거리가 먼 것처럼 보이기 때문이다. 그래서 어떤 사람들은 구약성경에서는 선교에 관한 언급을 찾을 수 없다고 말한다.[1] 이들은 이스라엘이 모두 하나님

---

1) "선교 이해의 탐구에서 우리가 반드시 구약에서 시작해야 하는지 그 여부를 먼저 물어야 한다. 이것은 합당한 질문이다. 기독교 교회와 기독 신학에 있어서 구약과 분리된 신약은 결코 존재하지 않는다. 그러나 선교의 문제에서 특히 우리가 선교를 먼 지역에 설교자를 파송하는 전통적인 이해를 고수하는 한 여기에서 어려움에 빠진다. 구약에는 옛 언약의 신자들이 다른 사람들을 여호와 신앙으로 개종시키기 위해 지리적, 종교적, 사회적인 국경을 건너도록 하나님에 의해 파송받은 암시가 전혀 나타나지 않는다.

을 믿는 단일 신앙공동체이기 때문에 이스라엘 내부적으로는 선교할 필요가 없었다고 생각하는 듯하다. 그리고 이스라엘은 자신들이 하나님을 믿고 섬기며 하나님의 백성으로 사는 것에 만족했기 때문에 이방민족들에 대해서는 선교하려는 마음이 없었으며 또 설혹 그런 마음이 있었다고 해도 선교사를 보내는 것과 같은 직접적인 선교 행위를 하지는 않았다고 생각했는지도 모른다. 그래서 구약성경에서 선교에 관한 본문을 찾아볼 수 없으며 구약성경은 선교학적인 근거를 제시하지 못한다고 말한다. 이들에게 구약성경은 비선교적인 책이다.

그러나 이들이 구약성경을 비선교적인 책으로 보는 것은 구약성경과 이스라엘에 대한 개념설정을 잘못했기 때문이다. 그들은 구약성경을 심층적으로 읽지 못하고 이스라엘이 어떤 공동체였는지를 정확히 알지 못한 것으로 보인다. 그리고 그들은 현대적인 선교개념으로 구약성경을 평가하는데 고대 이스라엘에는 우리가 생각하는 것과 같은 구체적이고 체계적인 선교 개념, 즉 현대적인 선교개념이 없었음을 기억해야 한다. 그렇기 때문에 현대적인 선교개념으로 구약성경을 읽으면 구약적인 정황에서는 충분히 선교적으로 읽힐 수 있는 본문들까지 놓쳐버리는 잘못을 범할 수 있다.

그러므로 레프코우스키(Rzepkowski)가 '구약과 신약의 결정적인 차이점은 선교이다. 신약은 본질적으로 선교에 관한 책이다'라고 말할 때에 그는 옳게 말한 것이다. 심지어 요나서도 선교 단어의 표준적인 의미에서 선교와 무관한 책이다. 요나 선지자는 불신자들에게 구원이 아닌 심판을 선포하도록 파송을 받았다. 그 자신은 선교에 전혀 관심이 없다. 그는 단지 파괴에 관심이 있다. 과거의 학자들이 제안한 것과는 반대로 심지어 제2이사야도 선교에 관한 책으로 간추될 수 없다." David J. Bosch, *Transforming Mission: Paradigm Shifts in Theology of Mission*, 김병길·장훈태 공역, 『변화하고 있는 선교』(서울: 기독교문서선교회, 2000), 43-44. 보쉬는 구약을 거의 언급하지 않고 신약을 집중적으로 다룬다.

구약성경을 비선교적으로 보는 사람들과 달리 구약에서 선교적인 근거를 찾아내려는 사람들이 있는데 이들은 특이하게도 요나서[2] 아니면 세계에 관심을 가지신 하나님이라는 보편적 사상을 제시하는 제2이사야서[3]를 선교적 근거로 삼는 획일적인 경향을 보인다.

이러한 접근은 구약성경에서 선교적 근거를 찾아내는 긍정적인 측면도 있지만 그것을 요나서나 제2이사야서같은 특정한 본문에 국한시킴으로써 선교학적인 근거나 원리를 풍부하게 담고 있는 구약성경의 많은 부분을 배제하는 결과를 가져온다.

그리고 어떤 사람들은 구약성경의 모든 본문들을 선교적인 차원에서 이해하려는 범선교학적 태도를 보이는데 이것은 지나치게 자의적인 성경이해로 나아가기 쉽다. 성경본문에서 독자들이 나름대로 선교적인 원리를 찾아내는 것과 그 본문이 선교적인 본문이라는 것은 다르기 때문이다.

우리가 구약성경에서 선교적인 근거를 찾으려고 할 때 지금까지 지적한 몇 가지 점들을 명심해야 한다. 성경기자들이 구약성경을 기록할 때 선교학적인 개념을 제시하기 위한 목적으로 기록하지 않았고 그들이 처한 상황 속에서 직면한 문제를 해결하기 위해 어떤 특정한 신학적 의도를 갖고 기록했기 때문에 체계화된 선교적 근거를 찾아내는 것이 쉽지 않다고 해도 기술방식을 잘 헤아려서 구약성경을 읽어보면 구약성경이 의외로 매우 선교학적인 책이라는 사실을 알게 될 것이다.

---

2) 이광순, "요나서를 통해 본 선교,"『선교와 신학』, 1998; 이광호,『세계 선교의 새로운 과제들』(서울: 예영커뮤니케이션, 1998), 38-45; 홍기영, "효과적인 통문화 선교를 위한 요나서의 교훈,"『인간의 문화와 하나님의 선교』(서울: 대한기독교서회, 2000), 15-72.

3) David J. Bosch, 46-47.

이스라엘의 민족개념과 선교

성경기자들이 구약성경을 기록할 때 그들이 가진 신학적인 의도를 강하게 부여해놓았기 때문에 구약성경에서 선교에 관한 근거를 찾아내기 위해서는 몇 가지 기초적인 작업을 거쳐야 하는데 제일 먼저 해야 할 작업은 '이스라엘'이 무엇인지를 분명하게 하는 일이다. 우리가 생각하는 이스라엘 개념은 실제로는 매우 피상적이기 때문에 이런 개념으로는 구약성경을 바르게 읽지 못할 뿐만 아니라 구약성경이 우리에게 전달해주는 선교에 관한 중요한 사실들도 놓칠 가능성이 많다. 그래서 우리는 먼저 '이스라엘은 무엇인가?'를 물어야 하는데 '이스라엘은 무엇인가?'라는 질문은 이스라엘은 어떻게 형성되었으며 이스라엘을 구성하는 사람들은 누구이고 그들이 어떻게 나라를 세웠는지를 동시에 묻는 것이다.

이스라엘은 무엇인가? '이스라엘'이라는 이름은 주전 1220년경의 메르넵타 승전비에서 처음으로 나타난다.[4] 그런데 이 승전비가 언급하는 이스라엘[5]이 과연 구약성경이 말하는 이스라엘과 동일한 것인지를 살펴보아야 한다.[6] 구약성경에서 이스라엘은 국가를 가리

---

4) 밀러와 헤이즈는 메르넵타 승전비 연대를 주전 1230년경으로 본다. J. Maxwell Miller & John H. Hayes, *A History of Ancient Israel and Judah* (philadelphia: The Westminster Press, 1986), 68. 예전 학자들은 이 승전비 연대를 통해서 출애굽 연대를 추정하려고 했는데, 요즘 학자들은 이 승전비 연대로 출애굽 연대를 알아낼 수 없다고 주장한다.

5) 알스트룀은 '가나안'은 문화적이고 도시적인 지역을 가리키고, '이스라엘'은 군사요충지가 거의 없는 산간고지대를 가리킨다고 말한다. Gösta W. Ahlström, *The History of Ancient Palestine from the Palaeolithic Period to Alexander's Conquest*, JSOTS 146 (Sheffield: Sheffield Academic Press, 1993), 285.

6) 성경에서 말하는 이스라엘은 구릉지대에 살거나 그곳에 정착한 상이한 여러 민족 집단들이 결합해서 형성된 것이다. 후에 그들은 사울 왕국에 속했

키기도 하며 또 민족을 가리키기도 한다. 메르넵타 승전비에서 말하는 이스라엘이 구약성경에 나오는 이스라엘과 어떤 관련이 있는 것은 분명하지만 그렇다고 해서 이 둘이 완전히 동일한 것은 아니다.[7] 그리고 '이스라엘 민족'이라고 할 때 이스라엘이라는 민족이 처음부터 독자적으로 존재했다는 식으로 생각해서는 안 된다. 애초에 이스라엘 민족이라는 것이 별도로 존재하지 않았다.[8] 이스라엘 민족의 조상들은 전형적인 고대근동인들이었고 그들은 간혹 '히브리인'으로 불리기는 했어도 '이스라엘 민족'으로는 불리우지 않았다. 이스라엘 민족은 인류역사에서 상당히 후대에 형성되었다. 그리고 '이스라엘 민족'이라고 할 때, 우리는 그들을 단일민족으로 생각하는데 순수한 단일혈통으로서의 이스라엘 민족이라는 것도 없었다. 이스라엘은 어느 특정한 시기부터 역사적인 과정을 거치면서 점진적으로 형성된 복합적인 민족이었고 이스라엘 국가는 배경이 다른 다양한 사람들로 이루어졌다.[9] 팔레스타인에 국가가 건설되기 이전에 그곳에서 사

다. 왕정시대에 이르러서야 비로소 이스라엘이라는 이름은 정치적인 단위를 가리키게 되었다. Gösta W. Ahlström, 286.

7) H. Cazelles, "The Hebrews," ed. D. J. Wiseman, *Peoples of Old Testament Times* (Oxford: Clarendon Press, 1975), 1-28. 까젤은 '히브리'와 '이스라엘'을 구별해야 한다고 말한다. 이스라엘은 이스라엘 국가와 백성들을 가리키고, 히브리는 출애굽해서 이스라엘에 합류한 사람들을 가리킨다.

8) 창세기 10장에 나오는 민족들의 계보에는 '이스라엘' 민족이 나오지 않는다. 이것은 이스라엘이 후대에 등장했음을 보여준다. Siegfried Herrmann, *Geschichte Israels*, tr. John Bowden, *A History of Israel in Old Testament Times* (London: SCM Press, 1975, 1981), 43.

9) "밀러는 이스라엘을 단일한 민족이 아니라 원래 가나안 땅에 살았던 사람들, 즉 유목민으로 정착한 사람들, 이주한 아람인들, 해양 족속들, 해양 족속에 쫓겨온 해안지역 주민들 등 모두가 섞여서 이루어진 집단으로 보았다." 정중호, 『이스라엘 역사』(서울: 대한기독교서회, 1994), 53. "이스라엘은 결코 단일 민족으로 출발하지 않았다. 경제-사회-정치적인 이유에서 여러 다양한 집단이 모여서 이룩되었으며 이것은 고대중동의 국제사회가 만

람들은 작은 도시국가를 이루면서 살았다.[10] 여호수아 12장에 나오는 명단만큼 팔레스타인에는 여러 도시국가들이 있었고(Map 8. Cities of Amarna Letters)[11] 나중에 이들 가운데 여러 부족들이 이스라엘이라는 국가를 이루고 그들은 이스라엘 백성이 되고 그러면서 점차 이스라엘 민족을 형성해나갔다.

그러면 이것을 더 자세히 알아보기 위해서 이스라엘의 건국과정을 살펴보기로 하자. 우리가 대충 알기에는 애굽에 있던 이스라엘 백성들이 모세를 따라서 출애굽하고 모세 사후에 그들 모두가 여호수아를 따라서 가나안땅으로 들어가 그곳을 정복하고 이스라엘 국가를 건설한다. 애굽에 있던 이스라엘 백성들이 그대로 가나안으로 들어가서 이스라엘을 건설한 것이다. 이스라엘 건국은 출애굽집단들에 의해서 이루어졌고 그들이 이스라엘 백성의 대다수를 차지한다는 것이다.

하지만 이스라엘 건국과정을 자세히 살펴보면 결코 그렇지 않다.[12] 최근의 고고학적인 결과는 가나안 내부에서 문화적인 변동이

들어낸 작품 중의 하나였다. 후대 이스라엘 사람들은 야웨 하나님 앞에서 야웨께서 자신들을 낳으셨다고 고백하며 찬양했다." 정중호, 『이스라엘 역사』, 56. 이러한 민족형성과정은 한민족에게도 적용할 수 있다. "한민족이란 한반도에 살고 있던 다수의 민족과 외부에서 유입된 사람들이 오랫동안의 통합과정을 거쳐 형성된 것이지 기원전에 이미 형성되어 있었던 것이 아니다." 이전, 『우리는 단군의 자손인가』(서울:도서출판 한울, 1999), 65.

10) "이 다양한 족속들이 섞여 살던 팔레스틴 땅은 철기시대로 바뀌면서 종족들이 단일화하기보다 더 많은 종류의 종족들이 유입되어 팔레스틴 땅은 각종 종족들의 전시장을 방불케 하였다." 정중호, 『이스라엘 역사』, 61. 후기 청동기 시대의 팔레스타인에는 다양한 민족들이 살고 있었고 애굽이 쇠약해지면서 해양민족들이 들어왔다. Miller & Hayes, 81.

11) Gösta Ahlström, *The History of Ancient Palestine from the Palaeolithic Period to Alexander's Conquest*.

12) 이스라엘의 모든 사람들이 애굽에 있었다고 생각하는 것은 역사적으로 어

거의 나타나지 않는다[13]는 점에 주목해서, 이스라엘 건국을 외부로부터 들어온 사람들이 주축을 이룬 사건으로 보지 않고 가나안 내부적인 사건, 즉 가나안의 사회적 체제변혁으로 본다.[14] 이제 학자들은 이스라엘 건국에서 외부인들의 역할을 거의 고려하지 않는다. 정복설과 이주설이 외부에서 들어온 사람들에게 초점을 맞추었다면 이제는 팔레스타인 내부에 거주하는 사람들에게 초점을 맞춘다.

앞에서 살펴본 것처럼 가나안에 이스라엘이라는 집단이 존재하고 있었고 이들이 여러 부족들을 결합하고 영역을 확장하면서 국가를 건설했다. 이스라엘 민족이라는 것이 처음부터 있었던 것이 아닌 것처럼, 이스라엘 고유의 영토라는 것도 처음부터 있었던 것이 아니다. 이스라엘은 국가적으로도 그렇고 민족적으로도 계속 확장하면서 자신을 형성시켜 나갔다.[15] 초대왕 사울 시대에 이스라엘 영토는 매

불성설이다. Siegfried Herrmann, 56.

13) "고고학적 발굴물이 말해 주듯이 팔레스틴 지역에서 특이한 이스라엘 문명을 구별해 내기는 힘들다. 오히려 이스라엘의 문명이 가나안 문명과 연속성이 있음을 보여주고 있다. 이스라엘이 가나안과 구별되어 나타나기 시작한 것은 이스라엘이 한 집단으로 응집되며 세력을 떨치기 시작할 때부터인 것으로 보인다." 정중호,『이스라엘 역사』, 55. 초기 철기 시대에 여러 민족들 가운데서 이스라엘 민족을 구분지을 만큼 독특한 고고학적인 자료들을 찾아볼 수 없다. Miller & Hayes, 85.

14) Gösta Ahlström, *The History of Ancient Palestine from the Palaeolithic Period to Alexander's Conquest*. William G. Dever, *Recent Archaeological Discoveries and Biblical Research* (Seattle and London: University of Washington Press, 1990), 81.

15) 나는 여기서 '민족주의에 대한 운동사적 접근'을 따르려고 하는데 "그것이 각각 처해 있는 사회적 존재 조건을 중시하며 사회적 역학 관계 속에서 그 논리에 대한 발생론적 접근을 시도한다. 즉 그것은 사회적 총관계의 변화에 따라 끊임없이 방향과 내용을 수정하면서 살아 움직이는 역사적 변화에 열려 있는 운동으로서 민족주의를 파악하고자 한다. 이렇게 볼 때 역사 현실로서의 민족주의에는 주관적 요소와 객관적 요소가 모두 내포되어 있다.

우 협소했고(Map 13. Saul's Kingdom)[16] 그만큼 백성들도 적었다. 하지만 다윗 시대에 이르러 이스라엘 영토가 상당히 넓어지면서(Map 14. David's Kingdom),[17] 백성들도 그만큼 늘어났다. 이것은 이스라엘이 영토나 민족개념에서 점차 자신을 확장하면서 '이스라엘'을 형성해갔음을 보여준다.

'이스라엘' 구성의 복합성은 솔로몬 사후에 일어난 남북 분열에서도 드러나는데 이 분열과정에서 우리가 확인할 수 있는 사실은 다윗과 솔로몬이 전체 이스라엘을 통치하는 상황에서도 남과 북이 완벽하게 결합하지 못했다는 것이다.[18] 그리고 북왕국 이스라엘은 하나의 국가이기는 하지만 다양한 부족들이 하나로 통합되지 못하고 여전히 독자적인 성격을 유지함으로써 정권쟁탈전이 치열했다.

그리고 이스라엘이 처음부터 야훼신앙을 갖고 있었다고 보기는 어렵다. 그래도 구약성경을 얼핏 보면 다양한 사람들로 구성된 이스라엘이 형식적으로나마 야훼신앙을 국가신앙으로 표방했다는데 이것은 어떻게 가능했으며 실제 상황은 어떠했을까? 앞에서도 말한 대로 출애굽 집단과 이스라엘을 일치시킬 수는 없지만 애굽에서 빠져

단지 그 구성비가 역사 조건의 변화에 따라 달라지고 또 다양한 사회 이데올로기들과 결합되면서 민족주의는 천의 얼굴을 갖게 된 것이다." 임지현, 『민족주의는 반역이다-신화와 허무의 민족주의 담론을 넘어서』(서울: 조합공동체 소나무, 1999), 25.

16) Gösta Ahlström, *The History of Ancient Palestine from the Palaeolithic Period to Alexander's Conquest*.

17) Gösta Ahlström, *The History of Ancient Palestine from the Palaeolithic Period to Alexander's Conquest*.

18) 분열 이후에 북왕국은 이스라엘이라는 이름을 계속 유지했고, 남쪽은 지파명인 유다라는 이름을 갖게 되었는데 이런 점에서 이스라엘의 정통성은 북왕국으로 이어졌고 남왕국에 비해서 북왕국 이스라엘이 주도권을 장악했음을 보여준다.

나와 가나안으로 진입해 들어온 무리들이 분명히 있었고 이 출애굽 집단이 이스라엘 건국과정에서 어떤 역할을 한 것은 분명하다. 그들은 비록 수는 적었지만 이스라엘 건국과 민족개념 형성과정에서 매우 중요한 역할을 한 것으로 보인다.

그러면 이제부터 이 출애굽 집단에 대해서 생각해보기로 하자. 우리가 먼저 생각해야 할 것은 출애굽한 사람들도 한 무리는 아니었다는 사실이다. 그들은 다양한 무리들이었다. 그리고 출애굽이라는 노예탈출사건이 한번만 일어난 것이 아니다. 그래서 출애굽한 사람들은 다양한 무리들이었고 그들은 어떤 통일성이나 공통점을 갖고 있지 않았다. 그런데 그들 가운데 몇몇 무리들은 애굽에서 팔레스타인으로 도망하는 과정에서 만나 서로 연대하거나 결속하기도 했다. 그들은 시내산에서,[19)] 그리고 가데스 바네아에 체류하면서 서로 마음을 모으고 결속을 다졌는데,[20)] 그러면서 야훼신앙을 받아들였던 것으로 보인다. 출애굽 무리들은 출애굽 과정을 통해서 서로 결속하게 되었고 그 결속을 강화시켜준 것이 바로 야훼신앙이었다는 것이다. 다시 말하면 출애굽한 무리들 가운데 야훼신앙을 가진 사람들이 있었고 이들이 그 신앙을 다른 집단들에게 전파했다는 것이다. 이 출애굽 무리들이 내면적으로 어느 정도까지 야훼신앙을 수용했는지는 알 수 없지만 그들은 표면적으로라도 야훼신앙을 중심사상으로 표방했다. 이렇듯 야훼신앙은 그 다양한 출애굽 무리들을 결속시켜주는 힘이었던 것이다.[21)]

---

19) Siegfried Herrmann, 60.

20) Siegfried Herrmann, 77-78.

21) Rainer Albertz, *Religionsgeschichte Israels in alttestamentlicher Zeit*, tr. John Bowden, *A History of Israelite Religion in the Old Testament Period, volume 1: From the Beginnings to the End of the Monarchy* (Westminster: John Knox Press, 1994), 76-77.

그렇다면 다양한 출애굽 무리들이 야훼 신앙을 통해서 결합하는 과정을 선교사역이라고 볼 수 있을 듯하다. 이렇게 결속된 출애굽무리들은 야훼신앙공동체를 이루면서 가나안으로 들어왔고 가나안에 있던 그 '이스라엘'에 합류한 것으로 보인다. 해양민족들의 침입으로 인해서 가나안의 여러 부족들이 보다 강력하게 결속할 필요가 있었고, 그러한 필요성이 국가건설로 이어지는데 이렇게 해서 만들어진 것이 바로 이스라엘이라는 나라이다.[22] 그런데 야훼신앙이 출애굽한 무리들을 광야에서 결속시켜 주었듯이, 가나안의 다양한 부족들을 '이스라엘'로 결속시켜서 국가를 건설할 수 있도록 하는 데에도 야훼신앙이 큰 역할을 했던 것으로 보인다. 이스라엘은 다양한 무리들이 외부적인 요인으로 인해서 서로 결합하면서 이루어졌고 내부적으로는 야훼신앙으로 어느 정도 공통성을 확보하게 되었는데 그렇다면 이스라엘이라는 국가건설 과정도 선교사역으로 볼 수 있겠다.

지금까지 우리가 이야기한 것들 가운데 이스라엘이 결코 단일민족이 아니라는 사실이 매우 중요하다. 구약성경도 그것을 증명해준다. 이스라엘이 야곱, 즉 이스라엘로 시작해서 그의 열두 아들에게 속하는 십이 지파 체계를 갖고 발전했다는 것은 후대 역사가들이 이스라엘 역사를 신학적으로 매우 깔끔하게 정리해놓은 것이다.[23] 그렇다고 해서 구약성경이 허구라는 말은 아니다. 성경기자가 그렇게 기록한 것은 어떤 신학적인 의도가 있었기 때문이다. 성경기자는 이스라엘 백성들이 모두 원래부터 한 민족이며 한 신앙공동체임을 강

---

22) 마틴 노트는 이스라엘이 전형적인 국가체제를 갖추지 못했기 때문에 이스라엘을 '국가'(Nation)로 부르는 것이 적합지 않다고 말한다. 그래서 '이스라엘 국가'라는 말 대신에 그냥 '이스라엘'이라고 부르는 것이 낫다고 말한다. Martin Noth, 4-5.

23) 이스라엘이 언제나 12지파체계를 유지한 것도 아니다.

조하려고 했다. 이것은 그럴 필요가 있었기 때문이다. 이스라엘이 한 민족임을 애써 강조하는 것은 이스라엘이 그렇지 못하기 때문이기도 하다. 구약성경은 출애굽 할 때도 여러 잡족들이 함께 했다고 말한다.

> 중다한 잡족과 양과 소와 심히 많은 생축이 그들과 함께하였으며(출애굽기 12장 38절).

가나안에 들어온 이후에도 이스라엘 사람들이 그곳에 거주하는 토착민들과 함께 살았다는 기록들을 구약성경 여러 곳에서 찾아볼 수 있다.

> 여호와께서 유다와 함께 하신 고로 그가 산지 거민을 쫓아내었으나 골짜기의 거민들은 철병거가 있으므로 그들을 쫓아내지 못하였으며(사사기 1장 19절).

> 27 므낫세가 벧스안과 그 향리의 거민과 다아낙과 그 향리의 거민과 돌과 그 향리의 거민과 이블르암과 그 향리의 거민과 므깃도와 그 향리의 거민들을 쫓아내지 못하매 가나안 사람이 결심하고 그 땅에 거하였더니
> 28 이스라엘이 강성한 후에야 가나안 사람에게 사역을 시켰고 다 쫓아내지 아니하였더라
> 29 에브라임이 게셀에 거한 가나안 사람을 쫓아내지 못하매 가나안 사람이 게셀에서 그들 중에 거하였더라
> 30 스불론은 기드론 거민과 나할롤 거민을 쫓아내지 못하였으나 가나안 사람이 그들 중에 거하여 사역을 하였더라
> 31 아셀이 악고 거민과 시돈 거민과 알랍과 악십과 헬바와 아빅과 르홉 거민을 쫓아내지 못하고
> 32 그 땅 거민 가나안 사람 가운데 거하였으니 이는 쫓아내지 못함이었더라
> 33 납달리가 벧세메스 거민과 벧아낫 거민을 쫓아내지 못하고 그 땅 거민 가나안 사람 가운데 거하였으나 벧세메스와 벧아낫 거민들이 그들에게 사역을 하였더라
> 34 아모리 사람이 단 자손을 산지로 쫓아들이고 골짜기

에 내려오기를 용납지 아니하고 35 결심하고 헤레스 산과 아얄론과 사알빔에 거하였더니 요셉 족속이 강성하매 아모리 사람이 필경은 사역을 하였으며 36 아모리 사람의 지계는 아그랍빔 비탈의 바위부터 그 위였더라(사사기 1장).

그리고 기브온 거민들은 이스라엘에 자발적으로 복속했다(여호수아 9장). 이렇듯 다양한 사람들로 이루어진 이스라엘, 그들은 원래 하나는 아니었지만 점차 한 공동체가 되어 갔고 국민과 백성을 넘어서 민족을 형성하기 시작했던 것이다. 그렇기 때문에 '단일조상·십이지파체계'는 배타적인 민족개념이 아니고 기원과 배경이 다른 다양한 사람들을 하나로 묶어주는 포괄적인 개념이었고 이 개념에 의해서 이스라엘은 한 민족이라는 개념을 형성할 수 있었다.

이스라엘은 처음부터 한 민족이 아니었다는 사실이 우리를 혼란스럽게 하지만 그 막을 걷고 나면 거기서 우리는 이스라엘이라는 국가가 건설되는 과정에서 나타나는 민족형성과 선교사역을 분명하게 밝혀낼 수 있을 것이다.

이야기를 계속해보자. 사울과 다윗 시대까지도 이스라엘은 아직 단일민족개념을 갖지 못한 것으로 보인다. 그리고 사울과 다윗이 거느린 신하들 중에도 민족적인 다양성을 보인다.[24] 이런 점들을 볼 때 이스라엘이 결코 단일민족공동체로 출발하지 않았다는 것은 분명한 사실이다. 다양한 민족들이 필요에 따라 함께 살아가면서 이스라엘 국민이 되었고 그들이 점차 이스라엘 민족을 형성해간 것이다. 이러한 민족형성개념은 폐쇄적이고 국수적인 민족주의에 빠지지 않게 하고 역사적인 흐름 속에서 민족을 개방적으로 이해하게 만든다.

---

24) 룻기를 보면 다윗·솔로몬 시대에는 자민족과 타민족에 대한 구별의식이 거의 없었던 듯하고 민족의식 자체도 없었던 것으로 보인다.

그리고 이렇듯 이스라엘 민족이 역사가 흘러가면서 점진적으로 형성되었다는 것은 다른 한편으로는 야훼신앙이 이스라엘에 점진적으로 침투해 들어갔음을 보여준다. 앞에서 이야기한 것처럼 다양한 민족들을 한 민족으로 형성시켜주는 원동력이 야훼신앙이었기 때문이다. 그래서 이스라엘 민족형성사는 이스라엘 선교의 역사라고 볼 수 있다.[25)]

그래서 이스라엘이 처음부터 한 민족으로 출발했고 한 하나님을 섬기면서 살아온 것으로 성경기자들이 정리하는 것 자체가 선교적이다. 성경기자들은 단일민족개념을 자꾸 강조함으로써 그 사상을 독자들에게 주입하려고 한다. 그러면서 다양한 사람들로 이루어진 이스라엘을 단일민족화시키고 그들을 하나로 결속시키려는 것인데 이런 노력 자체가 바로 선교적이라는 것이다.

이스라엘 역사와 민족형성과정에서 출애굽사건은 매우 중요한 개념인데 이스라엘 백성들 가운데 실제로 출애굽을 경험한 사람들은 극소수였다.[26)] 그런데 그들은 자신들이 경험한 작은 사건을 전체

---

25) 그래서 민족개념이 강하게 나타날 때마다 야훼신앙이 강조되었다. 이것은 신명기에서 강하게 드러나는데 히스기야 시대와 요시야 시대는 민족개념을 강하게 고취시키면서 자민족과 타민족을 철저히 구분하고 타민족에 대해서 극히 적대적인 자세를 보였는데, 그러면서 순수한 야훼신앙을 이스라엘에 뿌리내리기 위해서 애를 썼다. 이스라엘에서 민족개념은 그곳에서 오랫동안 함께 살아온 다양한 무리들을 하나로 묶어주는 포괄성을 보여주면서 동시에 그들 이외의 사람들을 타민족으로 규정하고 배척하는 배타성을 보여준다는 점에서 양면성을 갖는다. "민족주의를 하나의 문화표현으로 볼 때 민족주의가 민족을 어떻게 신성시하며 정치적 활동을 어떻게 종교적 예배로 전환시키는지 알아내기란 어렵지 않다. 문화와 민족은 하나가 되며, 각각은 상대방의 신성한 특성을 재강화한다." Kenneth M. Wells, *New God, New Nation-Protestants and Self-Reconstruction Nationalism in Korea 1896-1937*, 김인수 옮김, 『새 하나님 새 민족』(서울: 한국장로교출판사, 1997), 21.

26) 엑소더스에 참여한 사람은 몇 천 명을 넘지 않았다. 그리고 후대의 이스라

이스라엘, 즉 장정만 60만명[27]에 이르는 엄청난 사람들이 함께 경험하는 사건으로 기록한다. 그들이 경험한 사건을 전 이스라엘이 경험한 사건으로 기록하는 작업은 이스라엘에 속한 모든 사람들을 하나님의 역사 안으로 끌어들임으로써 그들 모두로 하여금 동일한 하나님을 경험케 하려는 선교적 사역이다. 그들은 '온 이스라엘 백성'과 함께 하시는 하나님, 그들이 알든 모르든 그들과 함께 하시는 하나님을 이야기하고 싶었다. 이렇듯 이들이 출애굽 사건을 전체 이스라엘이 함께 경험한 사건으로 이야기하는 것[28]은 배경이 다양한 사람들을 하나로 묶으려는 신학적이고 정치적인 의도이며·종교가 다양한 사람들을 야훼신앙으로 결속시키려는 선교적인 작업이었다.

출애굽을 경험한 야훼주의자들, 즉 모세집단의 사역이 선교적인 모습을 보이는 것은 이스라엘 건국 당시에만 그런 것이 아니다. 이스

엘 모든 사람들이 그들의 직접적인 후손일 가능성은 거의 없다. John Bright, *A History of Israel*(1981), 134.

27) "인구증가는 유아사망율 등 숱한 변수의 영향을 받는다. 루카스(A. Lucas)라는 학자가 1907-1937년에 걸친 이집트의 공식 인구조사 기록을 바탕으로 천 명당 년 평균 인구증가율을 계산한 후, 이를 토대로 이스라엘 백성의 인구 증가를 따져보니 70명이 430년 후에 10,363명으로 느는 데 불과했다. 더욱이 족보로 살펴보면 모세는 레위의 증손자밖에 안 되니, 이 경우 문제는 한층 복잡해진다. 또 이스라엘 백성의 인구가 200만 명에 달했다면, 당시 에집트 인구는 어느 정도였을까? 기원후 1세기 후반의 유대인 역사가 요세푸스(F. Josephus)는 당시 에집트 인구가 알렉산드리아를 제외하면 750만 명 정도라고 적었다. 기원전 1세기 중반의 그리스 역사가 디오도루스 시클루스(Diodorus Siculus)는 그 당시 주민을 700만 명이라고 보고했다. 오늘날 학자들은 고대 에집트의 인구 규모를 4-500만 명 선으로 보고 있다." 성서와 함께 편집부, 『어서 가거라-성서가족을 위한 출애굽기 해설서』(서울: 성서와 함께, 1992, 1995), 185-186.

28) 이스라엘 부족들은 공통된 언어, 지리적 인접성, 그리고 공통된 역사 경험에 의해서 하나로 결속되었다. Martin Noth, *The History of Israel* (New York: Harper & Row Publishers, 1960), 4.

라엘 전 역사를 통해서 그들은 계속 이어가면서 선교적인 입장을 포기하지 않는다. 그것은 그들이 여전히 소수였기 때문이다. 단일민족 개념이 점차 확립되어가던 때에도 이스라엘 내부에는 정치적으로나 종교적으로 다양한 세력들이 있었다. 이들 가운데서 순수하게 야훼 신앙을 가진 사람들은 그렇게 많지 않았다. 이 소수의 야훼주의자들이 오랜 세월을 거치면서 구약성경의 많은 부분을 기록했는데 그들은 일관되게 전체 이스라엘을 하나님의 백성으로 규정했다. 이러한 작업이 바로 선교적이다. 성경기자들이 이스라엘 백성들을 하나님의 백성으로 규정했다는 것과 이스라엘 백성들이 자신들을 하나님의 백성으로 생각하는 분명한 자의식을 갖고 살았느냐는 것은 별개이다. 전체 이스라엘 백성들이 단일한 신앙공동체였던 적은 거의 없었을 것이기 때문이다.[29] 그럼에도 불구하고 성경기자들이 이스라엘을 단일 민족으로 또 단일신앙공동체로 규정하는 것은 그들을 하나님의 영역 안에 두려는 선교사역이다.

이스라엘이 결코 단일한 신앙공동체가 아니었다는 것은 성전건축에서도 드러난다. 우리는 솔로몬이 성전을 건축했다고 말한다. 물론 솔로몬은 성전을 건축했고 그것은 중요한 일이었다. 특히 역대기 기자는 다윗과 솔로몬이 성전건축을 준비하고 성전을 건축한 것에

29) "기드온과 미가의 경우를 보면서 결론을 내린다면 ① 사사시대의 종교생활은 팔레스틴의 종교와 단절된 것이 아니라 연속된 모습을 보여주며 ② 신전, 제단, 성소, 제사장 등이 단일화되고 제도화되어 있는 것이 아니라 각 마을마다 혹은 씨족마다 개별적으로 만들어져 있으며 다양함을 알 수 있고, ③ 따라서 통일된 하나의 종교가 있었다기보다 다양한 종교 속에서 야웨종교가 다소 중요한 역할을 하고 있었음을 알 수 있다." 정중호, 『이스라엘 역사』, 68. Miller & Hayes, 109. 사마리아의 오스트라카에 "보내는 자들의 이름에는 바알적인 요소가 많고, 받는 자들의 이름에는 야웨적인 요소가 많다는 것이다. 이러한 사실을 바로 야웨 종교와 바알 종교의 병존 현상을 말해 주고 있는 것이다." 정중호, 『이스라엘 역사』, 172.

초점을 맞춘다. 그러나 이것은 역대기 기자의 신학적인 입장이고 실제 솔로몬은 우리가 생각하는 것처럼 그렇게 신앙심 깊은 사람이 아니었고 그가 건축한 성전이 이스라엘 역사에서 언제나 중요한 역할을 했던 것도 아니다.[30] 솔로몬은 다양한 배경과 종교를 가진 사람들을 다스려야 할 정치인이었고 이스라엘은 여전히 단일 종교공동체가 아니었다. 물론 이스라엘이 단일종교공동체였다고 해도 숱한 정치적 종교적 세력들 사이에 갈등이 있어서 정치적 분쟁과 종교적 이단논쟁이 빈번했을 것이다. 그리고 이스라엘은 국가체제를 갖춘 정치공동체였기 때문에 솔로몬은 그 나라를 야훼신앙에 의해서만 다스려나갈 수가 없었다. 그는 성전을 건축하기는 했지만 야훼성전만 건축하지는 않았다. 그는 궁전에 여러 이방신전들을 만들었다.

> 4 솔로몬의 나이 늙을 때에 왕비들이 그 마음을 돌이켜 다른 신들
> 을 좇게 하였으므로 왕의 마음이 그 부친 다윗의 마음과 같지 아니
> 하여 그 하나님 여호와 앞에 온전치 못하였으니 5 이는 시돈 사람
> 의 여신 아스다롯을 좇고 암몬 사람의 가증한 밀곰을 좇음이라 6
> 솔로몬이 여호와의 눈앞에서 악을 행하여 그 부친 다윗이 여호와
> 를 온전히 좇음같이 좇지 아니하고 7 모압의 가증한 그모스를 위하
> 여 예루살렘 앞 산에 산당을 지었고 또 암몬 자손의 가증한 몰록을
> 위하여 그와 같이 하였으며 8 저가 또 이족 후비들을 위하여 다 그
> 와 같이 한지라 저희가 자기의 신들에게 분향하며 제사하였더라
> (열왕기상 11장).

솔로몬은 야훼신앙도 인정하는 사람이었지 야훼신앙만을 가진 사람은 아니었다. 그렇기 때문에 우리는 실제 이스라엘을 지나치게

---

30) '중앙성소'는 오랫 동안 방치되기도 했고, 오히려 '산당'으로 불리는 지방성소들이 더 번창했다.

야훼종교적으로만 보려는 시각에서 벗어나야 한다.[31]

이스라엘 사람들에게 야훼신앙은 토착적인 신앙이 아니었다. 그들 대다수는 가나안땅에서 계속 살아온 사람들이기 때문에 그들의 토착신앙이 따로 있었다. 그 토착신앙 위에 야훼신앙을 덤으로 올려놓은 것이다. 그렇기 때문에 이스라엘 모든 백성들이 다 야훼만을 섬기는 것은 아니었다. 우리는 그것을 구약성경에서 확인할 수 있다. 이스라엘이 멸망한 이유를 하나님을 제대로 섬기지 못한 데서 찾는 것은 그들이 지금까지 섬겼던 하나님을 배반했다기 보다 그때까지도 아직 모든 이스라엘 사람들이 하나님 신앙을 확고하게 갖지 못했음을 보여준다.[32]

그래서 우리가 너무도 당연하게 여기는 종교집회들도 실상은 정치적인 측면과 아울러서 민족개념주입과 야훼신앙을 전파하려는 선

---

31) "솔로몬의 궁전에는 야웨 성전만 있는 것이 아니라 여러 개의 다른 신전들이 자리잡고 있었다. 왕비들과 후궁들의 간청 혹은 유혹 때문에 이러한 신전들이 건립되었다고 하지만 그것은 역사가의 해석으로 여겨지며 보다 더 근본적인 이유는 솔로몬이 통치한 국가가 단일 종교 국가가 아니라 여러 종교가 병존하는 국가라는 데 있다. 이러한 백성들과 조정 중신들, 왕비와 후궁들을 위한 신전들이 국가의 돈으로 건립된 것이다. 솔로몬은 즉위할 때 지파의 장로들과 백성들의 지지가 없었다. 있었다면 분명히 기록하였을 것이다. 다만 예루살렘 안에서만 알려지고 소수의 궁중 사람들에 의해 옹립된 왕이었다. 아마도 솔로몬은 종교를 통해 왕실의 권위도 세우고 백성들도 위무할 수 있기를 바랐을 것이다. 이 경우 단일 종교를 강요하기보다는 백성들이 섬기고 있는 여러 종교를 인정해 주는 편이 유리하고 자연스러운 것이다." 정중호, 『이스라엘 역사』, 115.

32) 이스라엘이 처음에는 순수한 신앙을 갖고 있다가 나중에 타락해서 혼합종교화 했다는 것은 사실이 아니다. 오히려 혼합주의적이거나 다종교체제에서 점차 단일종교체제로 나아간 것으로 보인다. J. Alberto Soggin, *Storia d'Israele, dalle origini alla rivolta di Bar-Kochba, 135 d.C.*, tr. John Bowden, *A History of Ancient Israel from the Beginnings to the Bar Kochba Revolt, A.D. 135* (Philadelphia: The Westminster Press, 1984), 67.

교적인 차원에서 이루어지는 것이다. 모세의 고별집회도 마찬가지고, 여호수아가 사람들을 세겜에 불러모으고 '계약갱신'을 한 것도 실제로는 야훼신앙을 전 이스라엘에 확산시키려는 시도로 볼 수 있는 것이다. 그래서 이런 집회들도 본질적으로는 선교사역으로 볼 수 있다.

구약성경을 보면 때로 왕들이 선교사역을 주도하는 경우가 있는데, 여호사밧이 사람들을 보내서 백성들을 가르치게 한 것은 대표적인 국내민족선교사역으로 볼 수 있겠다.

> 여호사밧이 예루살렘에 거하더니 나가서 브엘세바에서부터 에브라임 산지까지 민간에 순행하며 저희를 그 열조의 하나님 여호와께로 돌아오게 하고(역대하 19장 4절).

그리고 요시야가 행한 유월절 행사도 대대적인 선교사역이라고 할 수 있다. 그 당시 예루살렘에는 이방신을 섬기는 신전들이 즐비했다.

> 4 왕이 대제사장 힐기야와 모든 버금 제사장들과 문을 지킨 자들에게 명하여 바알과 아세라와 하늘의 일월 성신을 위하여 만든 모든 기명을 여호와의 전에서 내어다가 예루살렘 바깥 기드론 밭에서 불사르고 그 재를 벧엘로 가져가게 하고 5 옛적에 유다 왕들이 세워서 유다 모든 고을과 예루살렘 사면 산당에서 분향하며 우상을 섬기게 한 제사장들을 폐하며 또 바알과 해와 달과 열두 궁성과 하늘의 모든 별에게 분향하는 자들을 폐하고 6 또 여호와의 전에서 아세라 상을 내어 예루살렘 바깥 기드론 시내로 가져다가 거기서 불사르고 빻아서 가루를 만들어 그 가루를 평민의 묘지에 뿌리고
> 7 또 여호와의 전 가운데 미동의 집을 헐었으니 그곳은 여인이 아세라를 위하여 휘장을 짜는 처소이었더라 8 유다 각 성읍에서 모든 제사장을 불러오고 또 제사장이 분향하던 산당을 게바에서부터 브엘세바까지 더럽게하고 또 성문의 산당들을 헐어 버렸으니 이 산

> 당들은 부윤 여호수아의 대문 어구 곧 성문 왼편에 있었더라 9 산
> 당의 제사장들은 예루살렘 여호와의 단에 올라가지 못하고 다만
> 그 형제 중에서 무교병을 먹을 뿐이었더라 10 왕이 또 힌놈의 아들
> 골짜기의 도벳을 더럽게 하여 사람으로 몰록에게 드리기 위하여
> 그 자녀를 불로 지나가게 하지 못하게 하고 11 또 유다 열왕이 태
> 양을 위하여 드린 말들을 제하여 버렸으니 이 말들은 여호와의 전
> 으로 들어가는 곳의 근처 시종 나단멜렉의 집곁에 있던 것이며 또
> 태양수레를 불사르고 12 유다 열왕이 아하스의 다락지붕에 세운
> 단들과 므낫세가 여호와의 전 두 마당에 세운 단들을 왕이 다 헐고
> 거기서 빻아내려서 그 가루를 기드론 시내에 쏟아버리고 13 또 예
> 루살렘 앞 멸망산 우편에 세운 산당을 더럽게 하였으니 이는 옛적
> 에 이스라엘왕 솔로몬이 시돈 사람의 가증한 아스다롯과 모압사람
> 의 가증한 그모스와 암몬 자손의 가증한 밀곰을 위하여 세웠던 것
> 이며 14 왕이 또 석상들을 깨뜨리며 아세라 목상들을 찍고 사람의
> 해골로 그곳에 채웠더라(열왕기상 23장).

우리는 이 구절을 통해서 요시야 시절에도 여전히 이방종교가 성행했음을 알 수 있다. 하나님을 믿던 이스라엘 백성들이 범죄해서 하나님을 버리고 다른 신을 섬기는 것이 아니고, 그들은 예전부터 그 때까지 야훼가 아닌 다른 신들을 섬겨온 것이다. 그 이전에 히스기야 왕이 노력을 많이 기울였음에도 불구하고 북부 이스라엘은 말할 것도 없고, 유다도 아직 야훼신앙이 전체적으로 확산되지 못했다. 이런 상황에서 요시야가 취한 행동은 남왕국 유다뿐만 아니라 북부 이스라엘에까지 야훼신앙을 강권적으로 전파하려는 선교사역이었다.

예언자들도 선교사역에서 중요한 역할을 했다. 아모스가 남왕국에서 북왕국으로 간 것은 매우 의미심장하다. 아모스는 북왕국을 같은 민족으로 생각하고 그곳에 야훼신앙을 바르게 전파하기 위해서 간 것으로 볼 수 있겠다.

그리고 예레미야는 동족들에 의해서 강제적으로 애굽까지 끌려갔는데 그곳에서 이스라엘 사람들이 행하는 예식은 매우 이교적이었다.

> 15 때에 자기 아내들이 다른 신들에게 분향하는 줄을 아는 모든 남자와 곁에 섰던 모든 여인 곧 애굽 땅 바드로스에 거하는 모든 백성의 큰 무리가 예레미야에게 대답하여 가로되 16 네가 여호와의 이름으로 우리에게 하는 말을 우리가 듣지 아니하고 17 우리 입에서 낸 모든 말을 정녕히 실행하여 우리의 본래 하던 것 곧 우리와 우리 선조와 우리 왕들과 우리 방백들이 유다 성읍들과 예루살렘 거리에서 하던 대로 하늘 여신에게 분향하고 그 앞에 전제를 드리리라 대저 그때에는 우리가 식물이 풍부하며 복을 받고 재앙을 만나지 아니하였더니 18 우리가 하늘 여신에게 분향하고 그 앞에 전제 드리던 것을 폐한 후부터는 모든 것이 핍절하고 칼과 기근에 멸망을 당하였느니라 하며 19 여인들은 가로되 우리가 하늘 여신에게 분향하고 그 앞에 전제를 드릴 때에 어찌 우리 남편의 허락이 없이 그에게 경배하는 과자를 만들어 놓고 전제를 드렸느냐(예레미야서 44장).

우리는 이 구절을 통해서 이스라엘 백성들은 원래 이교도들이었으며 그들이 아직도 그 습관을 버리지 못했음을 확인한다. 애굽으로 도망친 그들은 다시 그들의 전통신앙으로 복귀한다. 아니 지금까지 지켜온 그들의 전통신앙을 애굽에서도 그대로 이어간다고 할 수 있겠다. 이런 점에서 이스라엘 백성들이 모두 야훼신앙을 갖고 있었다고 보기는 어렵다. 그렇기 때문에 예레미야는 예언자로서 뿐만 아니라 선교적인 차원에서도 중요한 역할을 했다.

예레미야는 바벨론에 포로로 끌려간 백성들에게 편지를 보내는데 이방에 끌려간 백성들도 한 민족으로 생각하고 그들에게 관심을 보였다는 점에서 매우 의미 깊다.

> 4 만군의 여호와 이스라엘의 하나님 내가 예루살렘에서 바벨론으로 사로잡혀 가게 한 모든 포로에게 이같이 이르노라 5 너희는 집을 짓고 거기 거하며 전원을 만들고 그 열매를 먹으라 6 아내를 취하여 자녀를 생산하며 너희 아들로 아내를 취하며 너희 딸로 남편을 맞아 그들로 자녀를 생산케 하여 너희로 거기서 번성하고 쇠잔하지 않게 하라 7 너희는 내가 사로잡혀 가게 한 그 성읍의 평안하기를 힘쓰고 위하여 여호와께 기도하라 이는 그 성이 평안함으로 너희도 평안할 것임이니라(예레미야서 29장).

예레미야는 타국에 흩어진 백성들을 무리하게 본국과 연결시키려는 폐쇄적인 국수주의를 버리고 (부정한) 이방땅에서의 삶을 인정하고 그 성읍이 평안하기를 힘쓰며 여호와께 기도하라고 권고하는 개방성을 보여준다.

그리고 에스겔은 이방에 포로로 끌려간 백성들을 위해서 부름받는데 이것은 에스겔이 이방에 거주하는 백성들을 민족적인 차원에서 뿐만 아니라 신앙적인 차원에서 돌보는 목회적이고 선교적인 사역을 감당했던 것으로 이해할 수 있겠다. 에스겔은 바벨론의 유대인 포로공동체를 단일민족 공동체로 규정하고 그들을 야훼신앙으로 결속시키고자 했다는 점에서 그의 사역은 다분히 선교적이다.

북왕국과 남왕국의 멸망은 이스라엘 민족개념형성에서 대단히 중요한 계기가 되었던 것으로 보이는데 국가가 멸망당한 후, 이스라엘 백성들이 이방땅에 포로로 끌려가 그곳에 포로공동체를 이루면서 사는 현실은 이스라엘 사람들이 민족을 새롭게 생각하고 규정하는 계기가 되었을 것이다.

그리고 에스라의 사경회도 민족개념을 축소시킴으로써 폐쇄적인 경향을 보이지만 그럼에도 불구하고 축소된 공동체를 위한 대단히 중요한 선교사역으로 보아야 한다. 에스라는 이것을 통해서 새롭게 민족개념을 형성하고 예루살렘 공동체를 단일민족·단일신앙공동체로 규정한다.

이런 측면에서 이스라엘의 국가건설과 그 역사는 민족형성과정이며,[33] 동시에 야훼신앙을 전파하는 선교의 역사였던 것이다.[34]

---

33) 이스라엘에서 민족개념은 북왕국 멸망을 계기로 강화되었을 것이고, 요시야가 일으킨 개혁을 통해서 남북을 아우르는 민족개념으로 확대되었을 것이다. 이런 민족개념은 앗수르 멸망 이후에 북이스라엘 사람들이 앗수르에서 귀환할 때 예레미야가 선포한 메시지에서도 나타난다. 이처럼 요시야 시대에 등장한 이스라엘의 민족주의는 배타적인 방향으로 흐르면서 동시에 예전의 개방적인 민족개념, 즉 계약공동체로서의 민족개념을 회복시켜 주었다. B. W. Anderson, *Understanding the Old Testament*, 4th Edition, 390.

34) 이런 발전론적인 민족형성은 한민족에게도 나타난다. "철기 시대에 들어서도 한반도에 단일 민족이 살고 있었던 것은 아니다. 청동기 시대부터 존재하던 다수의 부족연맹체들이 이합집산을 거치면서 고대국가 체제를 갖추어 삼국시대로 접어든 것이다. 삼국시대에 신라인·고구려인·백제인은 문화적인 측면에서 사뭇 달랐기 때문에 동일한 민족으로 취급할 수 없다. 그렇지만 삼국 내부에서는 수백 년 동안 문화적 동화과정이 진행되었기 때문에 삼국 내부의 동질성이 많이 강화된 것이 사실이다. 통일신라 시대에 들어서 한반도 주민들은 단일 국가체제 내에서 문화적 동화과정을 겪게 되었지만 통일신라 시대의 200여년이 다수 민족들을 단일민족으로 완전히 통합시키는 데 충분한 기간은 아니었다. 그래서 후삼국 시대에는 고구려나 백제를 계승하겠다는 무리들이 등장하였던 것이다. 한반도에 살고 있는 사람들이 동질적 민족의식을 확고히 공유하기 시작한 것은 고려 시대 말부터였을 것이다. 고려 시대 말 대몽항쟁을 통해서 한반도에 살고 있던 사람들의 유대감이 강화되었는데 이것이 단일 민족이라는 의식을 불어넣는 데 크게 작용하였을 것으로 판단된다. 원의 압력을 받던 시기에 엮어진 『삼국유사』 첫머리에 단군신화가 실린 것은 바로 당시에 동질적 민족의식이 확고하게 강화된 것을 반영하는 것이고 또한 민족적 자긍심의 강화가 시대적으로 요청되고 있었음을 반영하는 것이다." 이전, 『우리는 단군의 자손인가』, 174-175.

아브라함과 민족

이스라엘이 아브라함을 그들의 조상으로 섬기는 것은 양면성을 갖는다. 아브라함은 이스라엘 민족의 조상일 뿐만 아니라 다른 족속들의 조상이기도 하다.

> 1 아브라함이 후처를 취하였으니 그 이름은 그두라라 2 그가 시므란과 욕산과 므단과 미디안과 이스박과 수아를 낳았고 3 욕산과 스바와 드단을 낳았으며 드단의 자손은 앗수르 족속과 르두시 족속과 르움미 족속이며 4 미디안의 아들은 에바와 에벨과 하녹과 아비다와 엘다아니 다 그두라의 자손이었더라 5 아브라함이 이삭에게 자기 모든 소유를 주었고 6 자기 서자들에게도 재물을 주어 자기 생전에 그들로 자기 아들 이삭을 떠나 동방 곧 동국으로 가게 하였더라(창세기 25장).

> 12 사라의 여종 애굽인 하갈이 아브라함에게 낳은 아들 이스마엘의 후예는 이러하고 13 이스마엘의 아들들의 이름은 그 이름과 그 세대 대로 이와 같으니라 이스마엘의 장자는 느바욧이요 그다음은 게달과 앗브엘과 밉삼과 14 미스마와 두마와 맛사와 15 하닷과 데마와 여둘과 나비스와 게드마니 16 이들은 이스마엘의 아들들이요 그 촌과 부락대로 된 이름이며 그 족속대로는 십 이 방백이었더라 17 이스마엘은 향년이 일백 삼십 칠세에 기운이 진하여 죽어 자기 열조에게로 돌아갔고 18 그 자손들은 하윌라에서부터 앗수르로 통하는 애굽 앞 술까지 이르러 그 모든 형제의 맞은편에 거하였더라(창세기 25장).

이런 측면으로 인해서 아브라함을 강조하는 것은 그만큼 주변 민족들과의 관계성을 강조하는 것이다. 그래서 아브라함과 야곱은 조금 다른 모습을 보여준다. 아브라함이 이스라엘의 조상이면서 동시에 주변 민족들의 조상인데 비해서, 야곱은 이스라엘 민족의 조상이기 때문이다. 그래서 이스라엘에서는 민족개념을 확대시키려는 아브라함적 경향과 축소시키려는 야곱적 경향이 병존했던 것으로 보인다.

이스라엘은 포로기까지는 대체적으로 민족개념을 확장시켜온 것으로 보이는데 포로기를 지나면서 민족개념을 더 분명하게 하면서 범위를 좁혀나간다. 귀환공동체는 공동체 영역을 극단적으로 좁힌다. 그래서 그들은 자신들을 매우 배타적이고 협량한 민족주의적인 공동체로 규정한다. 그들은 다양한 인종들을 포괄하려기보다는 배제한다. 물론 여기에 대해서 제3이사야[35]같은 사람들은 반대한다. 바벨론에서 돌아온 공동체는 배타적인데 그러면서도 그들은 '온이스라엘' 사상을 내세운다. 그들이 공동체 영역을 좁힌 까닭은 여러 가지 이유가 있겠지만 민족적으로는 자신들을 순수한 이스라엘 민족으로 그리고 종교적으로는 자신들을 순수한 야훼신앙집단으로 보았기 때문이다. 이것은 온 이스라엘 사상과 연결되면서 예전 이스라엘 영토에 거주하는 모든 사람들을 선교하려는 강력한 의지로 표출된다. 이에 비해서 제3이사야는 첫 엑소더스인 출애굽 때처럼 다양한 사람들을 다시 포괄하면서 새로운 이스라엘을 형성하려는 개방적인 시도를 한다.

> 1 여호와께서 이같이 말씀하시되 너희는 공평을 지키며 의를 행하라 나의 구원이 가까이 왔고 나의 의가 쉬 나타날 것임이라 하셨은즉 2 안식일을 지켜 더럽히지 아니하며 그 손을 금하여 모든 악을

---

35) 슈람은 제3이사야가 반대하는 사람들을 이교도들이나 비공식적인 민간신앙을 가진 사람들로 보기 쉬운데 실제로는 혼합적인 야훼신앙을 가진 사람들이라고 말한다. Brooks Schramm, *The Opponents of Third Isaiah-Reconstructing the Cultic History of the Restoration*, JSOTS 193 (Sheffield: Sheffield Academic Press, 1995), 180-181.

> 행치 아니하여야 하나니 이같이 행하는 사람, 이같이 굳이 잡는 인생은 복이 있느니라 3 여호와께 연합한 이방인은 여호와께서 나를 그 백성 중에서 반드시 갈라 내시리라 말하지 말며 고자도 나는 마른 나무라 말하지 말라 4 여호와께서 이같이 말씀하시기를 나의 안식일을 지키며 나를 기뻐하는 일을 선택하며 나의 언약을 굳게 잡는 고자들에게는 5 내가 내 집에서, 내 성안에서 자녀보다 나은 기념물과 이름을 주며 영영한 이름을 주어 끊치지 않게 할 것이며 6 또 나 여호와에게 연합하여 섬기며 나 여호와의 이름을 사랑하며 나의 종이 되며 안식일을 지켜 더럽히지 아니하며 나의 언약을 굳게 지키는 이방인마다 7 내가 그를 나의 성산으로 인도하여 기도하는 내 집에서 그들을 기쁘게 할 것이며 그들의 번제와 희생은 나의 단에서 기꺼이 받게 되리니 이는 내 집은 만민의 기도하는 집이라 일컬음이 될 것임이라 8 이스라엘의 쫓겨난 자를 모으는 주 여호와가 말하노니 내가 이미 모은 본 백성 외에 또 모아 그에게 속하게 하리라 하셨느니라(이사야서 56장).

이방인 개종자를 언급하는 이런 포괄적인 민족관은 대세를 이루지 못하고 그 이후 유대교가 굳어지면 질수록 이스라엘의 민족관은 점점 더 배타적인 경향으로 흘러갔다. 그러면서 부정적인 측면의 민족주의, 즉 역사적이고 포괄적인 측면의 민족주의와는 반대방향으로 나아갔고 그만큼 선교적인 차원에서도 배타적이 되었다. 구약성경이 보여준 포괄적인 성향은 협량한 민족개념을 뛰어넘는 개방적 선교를 지향하는 기독교에 의해서 계승되었다.[36)]

종말론과 선교

이스라엘의 선교는 종말론과 결합하면서 한층 확대된다.

---

36) Mario Liverani, "Nationality and Political Identity," *ABD* 4, 1036.

2 말일에 여호와의 전의 산이 모든 산 꼭대기에 굳게 설 것이요 모
든 작은 산 위에 뛰어나리니 만방이 그리로 모여들 것이라 3 많은
백성이 가며 이르기를 오라 우리가 여호와의 산에 오르며 야곱의
하나님의 전에 이르자 그가 그 도로 우리에게 가르치실 것이라 우
리가 그 길로 행하리라 하리니 이는 율법이 시온에서부터 나올 것
이요 여호와의 말씀이 예루살렘에서부터 나올 것임이니라 4 그가
열방 사이에 판단하시며 많은 백성을 판결하시리니 무리가 그 칼
을 쳐서 보습을 만들고 그 창을 쳐서 낫을 만들 것이며 이 나라와
저 나라가 다시는 칼을 들고 서로 치지 아니하며 다시는 전쟁을 연
습지 아니하리라(이사야서 2장).

우리는 이 구절에서 현대적인 측면의 선교개념은 아니라고 해도, 또 이방선교를 분명하게 표명한 것은 아니라고 해도 말일에 야훼신앙이 온 이방에 확산되는 것을 꿈꾸는 선교적 열망을 발견할 수 있다. 온 만방이 예루살렘으로 몰려드는 구심적인 모습을 이 구절이 보여준다면 다음 구절은 야훼신앙이 이방 내에서 이뤄지는 원심적인 모습을 보여준다.

18 그 날에 애굽 땅에 가나안 방언을 말하며 만군의 여호와를 가리
켜 맹세하는 다섯 성읍이 있을 것이며 그 중 하나를 장망성이라 칭
하리라 19 그 날에 애굽 땅 중앙에는 여호와를 위하여 제단이 있겠
고 그 변경에는 여호와를 위하여 기둥이 있을 것이요 20 이것이 애
굽 땅에서 만군의 여호와를 위하여 표적과 증거가 되리니 이는 그
들이 그 압박하는 자의 연고로 여호와께 부르짖겠고 여호와께서는
한 구원자, 보호자를 보내사 그들을 건지실 것임이라 21 여호와께
서 자기를 애굽에 알게 하시리니 그 날에 애굽인이 여호와를 알고
제물과 예물을 그에게 드리고 경배할 것이요 여호와께 서원하고
그대로 행하리라 22 여호와께서 애굽을 치실 것이라도 치시고는
고치실 것인고로 그들이 여호와께로 돌아올 것이라 여호와께서 그

> 간구함을 들으시고 그를 고쳐주시리라 23 그 날에 애굽에서 앗수르로 통하는 대로가 있어 앗수르 사람은 애굽으로 가겠고 애굽 사람은 앗수르로 갈 것이며 애굽 사람이 앗수르 사람과 함께 경배하리라 24 그 날에 이스라엘이 애굽과 앗수르로 더불어 셋이 세계 중에 복이 되리니 25 이는 만군의 여호와께서 복을 주어 가라사대 나의 백성 애굽이여, 나의 손으로 지은 앗수르여, 나의 산업 이스라엘이여, 복이 있을지어다 하실 것임이니라(이사야서 19장).

우리는 여기서 이스라엘의 민족 개념을 넘어서서 여러 민족들을 아우르는 '하나님의 백성' 개념으로 나아가는 것을 볼 수 있는데[37] 이것은 선교사역의 범위가 그만큼 넓어지는 것을 보여준다. 그리고 이런 개방적인 입장은 민족을 인종적인 차원이나 혈연적인 차원이 아니라 문화적이고 신앙적인 차원에서 이해하게 만듦으로써 그 영역을 우주적인 지평으로 확장시킨다.[38]

---

37) 그렇다고 해서 모든 민족적인 구분이 없어지고 온민족들이 하나로 통합되는 세계사회를 지향하는 것은 아니다. 이사야서 2장 2-4절에서 이야기하는 것처럼 민족들이 각기 독특성을 지니면서 문화적으로, 또는 신앙적으로 서로 연결되는 세상을 희망한다. 송두율은 전통적인 지리나 국경의 의미가 사라짐으로써 혈연적인 민족개념이 희박해지는 추세 속에서 한민족의 전통성과 고유성을 확보함으로써 민족통일을 이루려는 염원을 고집한다. 송두율, 『민족은 사라지지 않는다』(서울: 한겨레신문사, 2000).

38) "일반 대중들이 갖고 있는 '민족은 혈연 공동체이다'라는 인식은 현실적으로 그대로 적용되는 개념도 아니고 과학적인 개념도 아니다. 왜냐하면 실제는 민족 구분의 지표로서 혈연 공동체적 요소보다도 문화 공동체적 요소가 중요하게 간주되기 때문이다. 가장 극단적인 사례로 유대민족을 구분하는 방식을 들 수 있다. 유대민족이 오랫동안 세계 각지로 흩어져 살아오면서 그들의 체질적 특성은 다양하게 변화하였고, 결국에는 유대민족 태고의 유전자적 특성이 거의 사라져 버린 경우도 있다. 예컨대, 아프리카의 에티오피아에 살고 있는 유대인들은 아프리카 흑인과 외형적으로 거의 차이가 없다. 에티오피아로 이주한 유대인들이 현지인들과 혼혈과정을 거치는 동안에 생물학적으로 그들과 다를 바 없게 된 것이다. 그런데 그들은 스스로

지금까지 우리가 살펴본 대로 이스라엘은 다양한 민족들을 야훼신앙으로 결속시키면서 점진적으로 한 국가를 이뤄갔으며 그것과 아울러서 한 민족 개념을 형성해갔다. 그래서 이스라엘의 국가형성과 민족형성 과정은 야훼신앙을 전 국민에게 전파하려는 선교적 사역을 필수적으로 수반했으며 이것은 종말론과 결합하면서 우주적인 차원의 선교사역으로 확대되었다.

유대민족의 후손임을 자각하고 있고 그 문화를 고수하고 있기 때문에 그들은 유대민족으로 간주된다. 오늘날 이스라엘 국민 중에는 소수의 흑인들이 있는데 이들은 에티오피아에서 조국을 찾아온 유대인들이다." 이전, 『우리는 단군의 자손인가』, 24-25.

7. 생명의 해석학

'임마누엘'에 나타나는 생명사상을 중심으로

생명(生命), 이 얼마나 고귀한 말인가. 아니 생명이라는 말이 고귀하기도 하지만 생명 자체가 그 무엇과도 비교할 수 없게 고귀한 것이기에 그 말을 듣기만 해도 마음이 한없이 숭고해지는 듯하다. 사방으로 인공적인 것들에 압도당하듯 둘려있지만 그래도 우리는 온 세상천지가 결코 인위적일 수 없는 생명으로 그득하다는 것을 온 몸으로 보고 느낀다. 내가 생명체인 까닭이다. 우리가 바라보는 우주는 매순간마다 죽음을 넘어서는 생명으로 충일하다. 이 생명으로 오늘도 우리는 삶을 엮어나간다. 그렇기에 우리는 생명과 삶에 관한 이야기를 할 수밖에 없는데 이것은 성경을 생명의 책으로 읽는 '생명의 해석학'적 작업으로 시작된다. 우리 교단에서 추진하는 생명살리기운동10년은 성경을 생명의 책으로 읽어내는 '생명의 해석학'에서 출발해야 한다. 그렇게 해야만 하나님이 생명살리기운동의 주체이시고 생명살리기운동이 하나님의 제일명령임을 인식할 수 있기 때문이다.

> 생명신학의 관점에서 볼 때 성경은 생명의 책이고 하나님의 영광을 위하여 모든 피조물이 더불어 살아가는 지구생명공동체를 이루기 위한 생명살리기운동 이야기이라고 할 수 있다. 하나님의 창조는 바로 생명의 창조이며 생명살리기운동의 시작이다. 생명을 창조하신 하나님이 그것을 보전하는 명령을 내리신 것은 생존과 지탱, 지속을 위한 행위를 포괄한다. 하나님이 창조하시고 기뻐하신 생명의 세계가 인간의 범죄로 말미암아 파괴되었지만 하나님은 생명을 사랑하시되 끝까지 사랑하셔서 생명을 다시 살리는 작업을 하셨는데 이것의 결정적 증표가 예수의 부활이다. 이것은 육체의 부활이며 생명을 다시 살리는 것으로 세상 모든 것들을 살리는 운동이다. 또한 하나님은 예언자들을 통해 생명을 다시 살리는 길을 확인해주시고 본래적 창조질서를 보여주셨다. 이사야 11장의 비전은 단순한 자연의 회복을 넘어선 생명살리기운동의 표본이다. 성경이 보여주는 균형을 이루는 아름다운 삶의 모습을 지탱, 지속할 수 있게 해야 하는데 궁극적으로 이것은 새로운 세상, 새 하늘과 새 땅을 의미한다. 요한계시록 21장의 새 하늘과 새 땅은 하나님이 보여주시는 새로운 세상이며, 새로운 천년은 새 하늘과 새 땅에 이르는 과정에 나타나는 시간으로 이 기간에 교회와 인류의 선교적 과제는 바로 생명살리기운동이다(생명살리기운동 10년－총회 21세기위원회 제안서).

그런데 생명의 해석학은 자아중심적이고 관조적이며, 관념적이고 추상적인 성경읽기를 비판하며 타자대면적이고 참여적이며 실제적이고 구체적인 성경읽기로의 전환을 의미한다. 생명의 해석학은 삶과 이념의 일치를 추구하는 해석학적이고 신앙적인 실천이다. 생명의 해석학은 근본적이면서도 혁신적인 성경읽기이다. 생명의 해석학은 무엇보다 인간에 대한 새로운 이해를 촉구하고 인간과 더불어 모든 '생명체' 자체들을 신학적으로 탐구케 한다. 생명 또는 생명체는 관념론적인 것이 아니며 지금 이 순간 살아 움직이는 실제적인 것이다.

생명의 해석학은 역사적으로 구약성경이 상당히 오독(誤讀)되고 오용(誤用)되었음을 지적하고 그 슬픈 역사를 반성하면서 성경을 바르게 읽고, 그리고 읽어낸 대로 실천하려는 실천적 성경읽기이다.

구약성경은 교육적인 목적에 의해서 고대 이스라엘 사람들에 의해서 형성되고 오랫동안 전수되어왔는데 구약학자들은 고대 이스라엘 시대의 교육에 관해서 거의 다루지 않았다. 구약성경의 형성과정을 역사비평적이고 문헌적인 연구를 통해서 상세하게 밝혀내었지만 구약성경의 각 부분들이 그것을 형성시킨 공동체에서 어떤 교육적 역할을 담당하고 어떤 영향을 미쳤는지에 대해서는 거의 언급하지 않는다. 그리고 교육에 대해서 언급하는 사람들도 고대 이스라엘 시대의 교육에 관한 것은 지혜문학을 다루면서 솔로몬 시대에 지혜학교, 즉 서기관 학교가 세워졌을 것이라고 추정하는 정도에서 그친다.[1)]

구약성경을 교육적인 측면에서 살피려는 지혜문학 연구자의 작업[2)]이 주목을 끄는데 그 역시 고대 이스라엘의 교육을 구체적으로 규명하는 데에는 미흡하다. 그리고 구약에서 교육에 관한 것을 다루려고 할 때 구약성경의 다른 부분들은 언급하지 않고 지혜문학에만 국한하는 한계를 보인다.

이렇듯 구약성경을 교육학적인 측면에서 연구하고 고대 이스라엘 시대의 교육에 대해서 깊이 있게 다루는 학자를 찾아보기 어렵다. 물론 기독교 교육학자들이 교육사(敎育史)적 입장에서 구약시대의

1) E. W. Heaton, *The School Tradtion of the Old Testament-The Bampton Lectures for 1994* (Oxford: Oxford University Press, 1994). 재미슨 드레이크는 사회-고고학적인 방법을 통해서 고대 이스라엘 사회에 공식적인 교육기관이 있었다는 주장들은 불확실한 것이라고 비판한다. David W. Jamieson-Drake, *Scribes and Schools in Monarchinc Judah-A Socio- Archeological Approach* (Sheffield: Sheffield Acdemic Press, 1991).

2) James L. Crenshaw, *Education in Ancient Israel* (New York: Doubleday, 1998).

교육을 언급하기는 하지만 그 분량이 한두 쪽에 불과할 정도로 내용이 매우 피상적일 뿐만 아니라 유대교의 교육을 주로 다룸으로써 이스라엘의 교육을 전반적으로 살피지 못한다. 그래서 우리가 알고 있는 이스라엘의 교육은 구약시대, 즉 고대 이스라엘 시대의 교육이 아니고 후대 유대교 교육이다.

최근에 구약성경의 지혜문학을 기독교교육학자가 교육학적인 차원에서 연구하면서 지혜문학을 통해 고대 이스라엘의 교육을 조명하고 그것을 현재에 적용시키기 위해 노력하는데,[3] 상당히 신선하기는 하지만 그 역시 고대 이스라엘의 교육을 구체적으로·밝히지 못하고 지혜문학을 개론적으로 소개하는 정도에 그치는 아쉬움을 보인다.

성경, 특히 구약성경은 고대 이스라엘 사회에서 공동체를 교육하기 위한 교과서 역할을 했다. 구약성경은 전체적으로도 그렇지만 각 부분들도 일일이 양피지에 기록해야 했기 때문에 성경기록작업은 여러 가지 면에서 쉽지 않은 일이었다. 그리고 만약 어떤 공동체가 그것을 필요로 하지 않았다면 성경은 기록되지도 않았을 것이고, 또 보존되고 전수되지도 않았을 것이다. 이런 점에서 구약성경은 전체적으로 또 각 부분별로 공동체의 교육을 위해서 그 공동체에 의해서 형성되었고, 그 공동체 의해서 보전되었다. 이처럼 구약성경은 고대 이스라엘 공동체를 교육하기 위한 교과서였다.

기독교를 '책의 종교'라고 하는데 이 말에서 알 수 있듯이 기독교는 그들이 경전으로 인정한 구약과 신약성경을 매우 중요하게 생각한다. 기독교에 있어서 성경은 기독교인의 사고와 삶에 절대적인 기준이고, 또 기독교인을 교육하는 교과서이다. 그렇기 때문에 기독교인들이 성경을 어떻게 읽고 거기서 어떤 내용을 파악하느냐에 따

---

3) Charles F. Melchert, *Wise Teaching - Biblical Wisdom and Educational Ministry* (Harisburg: Trinity Press International, 1998).

라서 기독교의 성향이 달라질 수 있다. 이런 점에서 기독교인들이 성경을 바르게 읽고 제대로 이해하는 것은 기독교 자체적으로는 말할 필요도 없고 사회적으로도 대단히 중요하다.

그러나 지금까지의 역사를 살펴보면 기독교인들은 성경을 제대로 읽지 못했고 제대로 교육받지 못했다. 기독교인들은 성경의 많은 부분을 곡해하고 바르게 이해하지 못했으며 오히려 성경이 말하는 것과 정반대 방향으로 나아가기도 했다.

기독교인들은 성경을 오용(誤用)했다.[4] 특히 근대에 들어오면서 서구 기독교회는 선교 제국주의에 사로잡혀 아시아와 아프리카, 남아메리카를 침략하고 식민지로 삼았는데 그들은 다른 나라를 침략하는 근거를 성경에서 찾았으며 다른 민족들을 무자비하게 학살하는 데에도 성경을 인용했다. 아메리카에 건너간 청교도들이 인디안들을 학살하고 그들로부터 땅을 빼앗고 국가를 세우면서도 성경을 인용해서 자신들의 추악한 행동을 합리화했고[5] 흑인들을 노예로 부리면서도 그들의 비인간적인 행위를 성경을 통해서 정당화했다.[6] 남미를 정복한 스페인 사람들도 성경에 근거했고, 네덜란드 사람들도 남아프리카 공화국을 정복하고 통치하면서 성경에 근거해서 자신들의 행위를 출애굽 사건으로 해석했다.

이렇듯 수많은 범죄가 성경에 근거해서 저질러졌다는 것은 성경

---

4) 조찬선, 『기독교죄악사(상,하)』(서울: 평단문화사, 2000).

5) Bartolome de las Casas, *A Short Account of the Destruction of the Indies* (London: Penguin Books, 1992).

6) 김형인, "북아메리카 기독교의 형성과 발전," 『외대사학』 12호(2000), 한국외국어대학교 역사문화연구소); 김형인, "'신은 우리편'—미국 노예제 찬반론의 성서적 해석," 『서양사론』 58호, 63-88; 배성은, "엘라 베이커(Ella Baker)와 남부 기독교 지도자회의(SCLC)," 『북미연구』 6호(2000), 한국외국어대학교 외국학종합연구센터 북미연구소.

을 제대로 이해하는 것이 얼마나 중요한 일인지를 보여준다.

전 세계 기독교인들이 17억명 이상이고, 한국은 전체 인구 가운데 25%가 기독교인인 상황에서 성경을 기독교인들에게 바르게 교육하는 것이 사회적으로 그리고 세계적으로 정말 중요하고 시급한 문제라고 할 수 있다. 우선 성경이 교육을 위한 교과서임을 파악하는 것이 필요하다. 구약성경의 각 책들은 이스라엘 백성들을 교육하기 위한 교과서 역할을 했다. 물론 그 당시에는 오늘날의 학교나 학원같은 공식적인 교육기관이 언제나 있었던 것도 아니고 모든 사람들이 의무적으로 교육을 받지도 못했고 대다수 사람들이 문맹이어서 교육을 받는 것 자체가 일종의 특권이었지만 고대 이스라엘의 여러 공동체들은 각 시대마다 교육을 위해서 성경을 기록하고 편찬했으며 그것을 교과서로 삼아서 자녀들을 가르치고 또 그것을 후손들에게 전수했다. 이러한 교육적 과정을 통해서 고대 이스라엘 사람은 성경을 만들어내고 수집·편찬했으며 끊임없이 재해석하면서 후대에 전했다. 이스라엘 사람들이 고대 기록인 구약성경을 수천 년간 전하면서 언제나 매 시대를 위한 교과서로 사용했다는 것은 고대 이스라엘 사람들이 교육을 얼마나 중요하게 생각했는지 보여주는 증거이다.

그러나 학자들이 이러한 사실을 잘 알고 있음에도 불구하고 그들은 구약성경을 교육적인 측면에서 규명하고 이를 통해서 고대 이스라엘의 교육을 제대로 밝히려는 노력을 거의 기울이지 않는다. 물론 고대 이스라엘의 교육에 관한 역사적인 증거를 찾는 일이 쉽지 않기 때문이기도 하지만, 근본적인 이유는 구약성경을 교육과 연결해서 연구하려는 자세를 보이지 않는 데 있다.

앞으로는 구약성경이 공동체를 위한 교육을 목적으로 기록되었으며 교과서적인 기능을 했음을 밝히는 연구, 즉 구약학과 교육학적 연구를 병행하는 학제적 연구가 활발히 이루어져야 한다. 그럼으로써 기독교인들에게 성경을 바르게 가르치는 계기로 삼아야 한다. 물론 기독교는 성경을 정경으로 삼고 성경을 가장 중요한 것으로 내세우고 있지만 실제적으로는 "기독교 이후 시대"(Post-Christianity)라고 일컬어지는 오늘날, 기독교회와 교인들에게 성경이 그렇게 큰 힘을 미치지 못한다. 기독교인들은 성경을 잘 모를 뿐만 아니라 성경이 말하고 가르치는 대로 살지 못한다. 이런 면에서 기독교회와 기독교인들은 매우 심각한 위기에 처해 있다고 할 수 있을 것이다. 기독교회가 가장 중요하게 생각하는 성경이 기독교인들에게조차 제 역할을 하지 못하는 것이 기독교의 가장 큰 문제이다. 이것은 교육의 실패에 기인한다. 성경이 말하는 바를 바르고 확실하게 교육하지 못했기 때문에 그러한 위기를 초래한 것이다.

지금부터 최소 2,200여년 이전에 기록된 구약성경은 그 고대성에도 불구하고 현재 우리들에게 교과서적 기능을 할 수 있다. 무엇보다 최근 나타나는 여러 가지 문제들, 예를 들면 환경문제나 전쟁문제, 인종차별문제, 경제적·종교적·문화적 차별 같은 매우 현실적이고 전지구적인 문제들, 특히 최근에 신학적 중심주제로 등장한 생명문제를 기독교인들이 깊이 있게 논의하면서 그 해결방안을 찾고 실생활에서 실천하게 하는 교육을 위해서, 즉 생명의 해석학을 실천하는데 성경은 무엇보다 좋은 교과서이다.

이제 생명의 해석학에 대한 이야기를 '임마누엘 예언'을 중심으로 풀어보도록 하자. '임마누엘'(עִמָּנוּ אֵל)이라는 말을 기억하는가. 우리와 함께 하시는 하나님. 이 말씀대로 하나님은 우리와 함께 하신다. 그런데 중요한 사실은 그 하나님이 '몸'(여기서 말하는 '몸'은 body만은 아니다. body를 지닌 한 인간 자체, 즉 한 인격체를 가리킨다. 동양사상에서 말하는 身에 가깝다)으로 우리와 함께 하신다는 것이다.

몸이 없으면 삶도 없고, 외부지각과 자기표현도 불가능하다. 몸이 없으면 언어작용이 불가능하기 때문이다. 인간은 정신이나 혼으로 존재하는 것이 아니고 그것들을 발생시키고 또 포함하는 통합적인 몸으로 존재하고 또 그래야하기에 인간은 당연히 신체를 지녀야만 한다. 그렇기에 우리는 신체없이 정신으로만 존재하는 인간을 상상할 수 없다. 신체에서 발생하는 정신은 발생 이후에는 신체 자체와 구별할 수 있고 심지어 신체 기능을 넘어서는 놀라운 일들을 할 수 있지만 근본적으로는 신체작용, 즉 뇌를 중심하는 온 몸의 작용이기 때문에 신체없이 정신은 존재할 수 없고, 정신 역시 신체에 포함된다. 그래서 인간은 신체와 정신의 통합체가 아니고 온전히 몸으로만 존재한다.

그런데 여기서 말하는 '신체'는 물질로서의 육체 자체를 가리키는 것은 아니다. 물론 신체는 사물적인 육체를 배제하고 이야기할 수 없지만 그런 육체만을 말하는 것이 아니고 삶이라는 운동성을 통해서 다른 사람들과 함께 어우러지는 인간 자체, 즉 몸으로 삶을 만들어가는 인격적인 존재를 말한다. 이렇게 말하면 인간을 추상화하는 것으로 보일 수도 있지만 인간이라는 인격적인 존재는 눈에 보이고 또 접촉가능한 몸을 지니고 있기 때문에 결코 추상화될 수 없다.

이때의 신체라는 것은 일차적으로는 물질로서의 몸을 말하지만 그러나 그것만을 가리키지 않고 몸으로 존재하면서 살아가는 인격체인 인간을 의미한다. 인간은 결코 신체를 탈피한 정신적인 존재로 추상화할 수 없고 그렇다고 기계적으로 움직이는 물질로 규정할 수도 없다. 인간은 몸으로 살아가는 존재이다. 그리고 몸을 통해서 다층적이고 다변적인 삶을 영위함으로써 삶의 차원을 육체적 차원 이상으로 확장한다. '삶'은 제논의 역설을 뛰어넘게 만드는 운동성같은 것이다. 이 삶을 통해서 인간은 물질적인 측면과 정신적인 측면이 하나인 온전한 신체성을 확보할 수 있기 때문이다. 이것은 인간 몸에 기계를 부착하거나 인간과 컴퓨터를 직접 연결하는 '포스트 휴먼'(post human) 시대에서도 마찬가지다. 그때도 여전히 인간은 삶을 영위해야 하기 때문이다.

다시 임마누엘로 돌아가 보자. 하나님은 '그저 말로만' 우리와 함께 하시는 것이 아니다. 말이 아닌 몸으로 우리와 함께 하신다. 그래서 '임마누엘' 사건은 형체없는 개념이 아니라 몸이라는 실체를 통해서 이루어진다.

> 14 그러므로 주께서 친히 징조로 너희에게 주실 것이라 보라 처녀가
> 잉태하여 아들을 낳을 것이요 그 이름을 임마누엘이라 하리라 15 그
> 가 악을 버리며 선을 택할 줄 알 때에 미쳐 뻐터와 꿀을 먹을 것이라
> 16 대저 이 아이가 악을 버리며 선을 택할 줄 알기 전에 너의 미워하
> 는 두 왕의 땅이 폐한 바 되리라(이사야서 7장).

이것이 그 유명한 임마누엘 예언인데 이 예언은 구체적인 시대(주전 734-732년) 상황 속에서 선포되었다.

> 1 웃시야의 손자요 요담의 아들인 유다왕 아하스 때에 아람왕 르신과
> 르말리야의 아들 이스라엘왕 베가가 올라와서 예루살렘을 쳤으나 능
> 히 이기지 못하니라 2 혹이 다윗집에 고하여 가로되 아람이 에브라임
> 과 동맹 하였다 하였으므로 왕의 마음과 그 백성의 마음이 삼림이 바
> 람에 흔들림 같이 흔들렸더라(이사야서 7장).

앗수르가 세력을 확장하면서 서진하는 상황에서 팔레스타인의 여러 국가들은 애굽의 지원을 받아 반앗수르 동맹을 결성해서 앗수르에 대항했다. 그러나 유다는 당시 국제정세가 앗수르에 유리하다는 판단을 했기 때문에 반앗수르 동맹에 가담하지 않았다. 이것을 괘씸하게 여긴 아람과 북왕국 이스라엘이 남왕국 유다를 응징하기 위

해 연합군을 출동시켜서 예루살렘을 침공한 것이다. 북왕국에 비해서 남왕국은 여러 가지로 약한데, 북왕국이 아람과 연합해서 예루살렘을 침공했으니 남왕국 유다가 그 전쟁에서 이길 가능성은 거의 없었을 것이다. 이처럼 나라가 망할지도 모르는 상황 속에서 임마누엘 예언이 선포된다.

하나님은 위급한 상황 속에서 공포에 떠는 유다 백성들을 위로하고 그들에게 확신을 주려고 하신다. 임마누엘 예언은 이렇듯 현실적이고 구체적이다. 그런데 '임마누엘'은 이 세상에 태어날 한 아이의 이름이다. 급변하는 국제정세 속에서 당시 세계가 전쟁으로만 치달리는 파괴와 살육, 몸이 몸을 파괴하고 해체하는 그 죽음의 시대에 새로운 생명이 탄생하는 것이다. 이 얼마나 극적인 대조인가. 새로이 태어나는 아이 이름이 '임마누엘'이다. 그리고 그 아이가 커가는 삶의 과정에서 임마누엘 역사가 일어난다. 그렇기에 '임마누엘'은 실체 없는 허상이 아니고 가장 구체적인 것, 즉 새로운 생명, 곧 태어날 아이 몸으로 표현된다. 이렇듯 임마누엘은 '하나님이 우리와 함께 하심'을 '몸,' 새로 태어난 아이의 몸으로 보여준다. 그래서 임마누엘은 새 생명탄생과 떼어놓을 수 없으며, 임마누엘을 통해서 하나님은 죽음 앞에서 두려워하는 남왕국 사람들에게 생명을 약속하신다. 이렇듯 임마누엘 예언은 죽음과 죽음에 대한 공포를 퇴치하는 강력한 생명사상을 담고 있는 것이다.

"임마누엘"이라는 용어는 우리가 생각하는 것만큼 성경에서 그렇게 많이 나오는 말이 아니다. 그런데 이 '임마누엘'이라는 말이 이사야 시대로부터 700여년이 지난 후에 다시 나타난다.

> 보라 처녀가 잉태하여 아들을 낳을 것이요 그 이름은 임마누엘이라 하리라 하셨으니 이를 번역한즉 하나님이 우리와 함께 계시다 함이라 (마태복음 1장 23절).

주전 8세기에 이사야는 임마누엘을 예언했고, 신약성경은 예수님이 임마누엘이라고 증언한다. 몸으로 표현하는 '임마누엘' 예언(이사야서)을 하나님의 '성육'(成肉), 새 생명탄생으로 완성한 것(마태복음)이다. 여러 번 쓰이지는 않았지만 임마누엘은 700년이라는 시간적인 간격을 메우고, 구약과 신약을 묶어주는 결정적인 개념이다. 예전 임마누엘처럼 예수님은 이 땅에 새 생명으로, 즉 몸으로 오셨다. 그리고 인간들을 섬기다가, 즉 몸들과 함께 하시다가 인간들을 위해서 자기 몸을 버리셨다. 그리고 다시 몸으로 부활하셨고 승천하시면서 그 몸으로 다시 오겠다고 약속하셨다. 이것이 바로 임마누엘의 삶이다. 그러면서 두 번째 임마누엘인 예수는 첫 번째 임마누엘을 넘어선다. 이렇듯 구약과 신약을 이어주는 매우 중요한 개념인 '임마누엘'은 하나님과 하나님의 사역을 드러내는 데 생명체인 인간의 몸이 얼마나 중요한 것인가를 보여준다.

기독교는 초기부터 예수의 육신에 대한 논쟁을 벌였는데, 떼르뚤리아누스(Tertullianus)가 그리스도의 육신을 부인하는 영지주의자들을 비판하는 『그리스도의 육신론』(De carne Christi, 이형우 역주, 분도출판사, 1994)이 대표적이다. 그는 "만일 그리스도께서 실제로 계시지 않았다면 또 그분이 못박히시고 죽으시고 묻히시고 부활하신 몸, 즉 피를 흘리시고 뼈들로 골격을 이루고 신경들로 엮어져 있고 혈관들로 얽혀져 있는 육신을 지니고 계시지 않았다면 어떻게 이런 일들이 그분 안에서 실제로 일어났겠느냐? 탄생과 죽음을 맛본 그분의 육신은 의심 없이 인간의 육신이며 인간에게서 태어났기 때문에 죽을 육신이었다. 그리스도는 이 육신으로 말미암아 '사람'이 되시고 '사람의 아들'이 되시는 것이다"고 말한다.

그런데 하나님이 몸으로 우리와 함께 하시는 '임마누엘 사건'은 하나님이 초월(超越)하시는 사건이다. 하나님은 언제나 '삶으로 초월'

(transcendence to our life)하시는 분이다. 인간이 초월하는 게 아니다. 하나님이 초월하시며, 하나님만이 초월하실 수 있다. 인간은 결코 이 세상을 초월할 수 없다. 하나님이 초월하셔서 이 세상 속으로, 인간들 삶 속으로 들어오신다. 하나님의 역사는 하나님의 초월, 즉 삶으로의 초월에 의해서 이루어진다. 그 하나님이 하신 초월 사건 가운데 가장 결정적인 것이 바로 예수님이 성육하신 사건이다.

> 말씀이 육신이 되어 우리 가운데 거하시매 우리가 그 영광을 보니 아버지의 독생자의 영광이요 은혜와 진리가 충만하더라(요한복음 1장 14절).

우리는 예수님이 인간으로, 즉 몸으로 이 땅에 오셔서 인간들과 함께 하셨음을 중요하게 생각해야 한다. 먼저 우리가 알아야 할 사실은 하나님이 인간을 소중하게 여기신다는 것이다. 스스로 인간이 되실 정도로 하나님은 인간을, 몸을 소중하게 여기신다는 사실을 성육사건은 확실하게 보여준다. 그리스도의 성육(成肉)은 인간이 몸으로 살고 몸을 이루며 산다는 것을 보여준다. 인간은 몸 그 자체이다. 하나님이 인간을 만드실 때 몸을 만드셨지, 추상적인 무엇을 만드신 것이 아니기 때문이다.

> 26 하나님이 가라사대 우리의 형상을 따라 우리의 모양대로 우리가 사람을 만들고 그로 바다의 고기와 공중의 새와 육축과 온 땅과 땅에 기는 모든 것을 다스리게 하자 하시고 27 하나님이 자기 형상 곧 하나님의 형상대로 사람을 창조하시되 남자와 여자를 창조하시고 28 하나님이 그들에게 복을 주시며 그들에게 이르시되 생육하고 번성하여 땅에 충만하라, 땅을 정복하라, 바다의 고기와 공중의 새와 땅에 움직이는 모든 생물을 다스리라 하시니라(창세기 1장).

이 구절은 하나님이 직접 인간을 하나님 모습대로 만드셨으며, 하나님 모습대로 만들어진 인간, 즉 몸이 고귀하다는 것을 보여준다. 정신이나 영혼이 하나님의 모습과 형상대로 지음 받은 것이 아니고 몸으로 존재하는 인간 자체, 우리가 눈으로 보고 서로 만나서 함께 부대끼며 살아가는 생명체 자체가 바로 하나님의 형상과 모습이라는 것이다. 그래서 인간창조는 몸에 관한 이야기이며, 몸에 기초한 인권선언이기도 하다. 이 구절은 몸으로 지음 받은 인간이란 무엇이며, 인간은 어떻게 살아야 하는지, 인간이 인간을 어떻게 대접해야 하는지, 즉 몸이 몸을 어떻게 대해야 하는지를 보여준다. 우리는 새 가족을 맞이할 때마다 "형제(자매) 안에서 주의 영광을 보네"라고 환영한다. 이것은 형제와 자매 몸에서 주님의 영광, 즉 주님의 모습을 본다는 것이다. 이 얼마나 놀라운 '사상'인가. 생전 처음 보는 사람에게서, 그의 몸에서 주님을 본다는 것. 이 얼마나 감동적인가. 인간을 지극히 소중하게 여기고 생명을 고귀하게 여기는 사상이 이 짧은 노래에 담겨있다. 그 사람이 어떻든 우리는 그(그녀)에게서 주님의 영광을 보고, 또 그래야 한다. 우리가 맞이하는 그 사람, 그 생명을 하나님이 자신의 형상과 모습대로 지으셨기 때문이다. 그래서 우리가 사람들과 함께 하는 것은 곧 '하나님과 함께 함'과 다름 아니다.

우리가 살펴본 대로 하나님은 자신의 형상과 모습대로 몸을 만드셨는데 하나님이 인간을 만드시는 장면, 즉 몸을 만드시는 장면을 더 직설적으로 말하는 구절을 읽어보자.

> 여호와 하나님이 흙으로 사람을 지으시고 생기를 그 코에 불어 넣으시니 사람이 생령이 된지라(창세기 2장 7절).

하나님은 우리를 살아있는 몸으로 만드셨다. 우리 몸 자체가 생령, 즉 생명체가 된 것이다. 창세기 2장 7절은 에스겔서 37장에서 상세하게 나타난다. 에스겔서 37장은 창세기 2장을 이어받아서 인간의 몸이 만들어지는 과정을 자세히 보여준다.

> 7 이에 내가 명을 좇아 대언하니 대언할 때에 소리가 나고 움직이더니 이 뼈 저 뼈가 들어맞아서 뼈들이 서로 연락하더라 8 내가 또 보니 그 뼈에 힘줄이 생기고 살이 오르며 그 위에 가죽이 덮이나 그 속에 생기는 없더라 9 또 내게 이르시되 인자야 너는 생기를 향하여 대언하라 생기에게 대언하여 이르기를 주 여호와의 말씀에 생기야 사방에서부터 와서 이 사망을 당한 자에게 불어서 살게 하라 하셨다 하라 10 이에 내가 그 명대로 대언하였더니 생기가 그들에게 들어가매 그들이 곧 살아 일어나서 서는데 극히 큰 군대더라.

우리는 이 장면을 읽으면서 에스겔이 얼마나 감동했을까 생각하지만 실제로 에스겔은 매우 끔찍했을 것이다. 마른 뼈들이 지천으로 널려있는 것을 보는 것도 섬뜩했겠지만, 뼈들이 붙고 그리고 거기에 핏줄과 힘줄이 붙고 살이 붙고, 피부가 덮이는 과정은 보기에 매우 공포스러웠을 것이다. 그래도 에스겔은 이 장면을 보면서 인간이란 것이 무엇인지를 알았을 것이다. 인간은 철저히 몸으로 존재한다. 에스겔서 37장은 이것을 보여준다.

투명인간을 소재로 한 '할로우맨'이라는 영화가 있는데 인간이 몸 없이 산다면 어떻게 될 것인지를 이 영화는 알려준다. 인간들은 예전부터 몸을 거추장스럽게 생각해서 몸을 벗어버리려는 탈육(脫肉)을 원하고 디지털 시대에서 몸없이 정신으로만 존재하는 사이보그(cyborg)로 살고 싶어 하는 사람들도 있다('론머맨'이라는 영화를 보라. 이 영화 마지막 장면에서 주인공은 육체를 버리고 컴퓨터 속으로 들어간다). 그러나 인간은 결코 몸 없이 존재할 수 없음을 깨달아야 한다. 몸이 없으면 그것은 이미 인간이 아니다. 몸이 없으면 인간으로서의 정체성도 가질 수 없다. '할로우맨'은 이것을 경고한다. 그리고 '바이센테니얼맨'이라는 영화는 로봇이 온전한 인간이 되기를 사모해서 갖은 노력 끝에 마침내 진정한 인간이 되어 죽는 모습을 보여준다. 몸, 병들고 쇠약해져서 죽을 수밖에 없는 거추장스런 몸이지만, 그럼에도 불구하고 이 몸이 바로 인간을 인간답게 해주며 생로병사의 과정이 성육, 즉 몸을 이루는 것임을 알아야 한다. 예수님이 이것을 직접 보여주셨으며 그것이 바로 '임마누엘'이다. 그렇기에 임마누엘은 우리로 하여금 탈육의 욕망에서 벗어나서 성육을 지향하게 한다.

그런데 에스겔서 37장에서 우리가 주목해야 할 것은 에스겔이 이름 모를 골짜기에서 수많은 뼈들을 보았다는 사실이다. 이것은 생명체인 몸들이 어떤 것에 의해 파괴되어서 해체되고 소멸되었음을 의미한다. 무엇을 위한 것인지 납득할 수 없는 참담한 전쟁으로 인해서 수많은 사람들이 죽고 마른 뼈만 남았다. 몸이 몸을 파괴하고 해체한 것이다. 인간들은 이제껏 몸을 해체하는 생명파괴를 저질러 왔고 지금도 그런 일들을 세계 도처에서 벌이고 있다. 이것은 생명창조를 지향하는 임마누엘을 정면으로 거부하는 범죄이다.

그리고 삶에 기반한 이러한 신체성은 죽음과 부활의 과정에서도 나타난다. 인간의 삶과 죽음, 그리고 부활은 인간이 물질적인 몸을 넘어서 온전한 몸을 이루는 과정이다. 에스겔서는 이런 통합적인 몸, 물질적인 몸에 근거하면서도 그것을 넘어서는 온전한 몸으로 살아가는 인간모습을 보여준다. 그렇게 함으로써 바른 인간관을 정립케 한다.

지금까지 살펴본 대로, 창세기 2장과 에스겔서 37장은 인간이 몸으로 존재한다는 것을 분명하게 보여준다. 몸이 없는 인간을 생각할 수 없다. 그렇기 때문에 (데카르트처럼) 몸과 정신을 분리하고 몸을 하찮게 생각하는 것은 옳지 않다. 몸으로 살 수밖에 없는 인간들이 몸과 정신을 분리하고 정신보다 몸을 하찮은 것으로 멸시하면 거기서부터 심각한 비극이 일어난다. 몸을 멸시하는 곳에서는 인간들이 인간들을 차별하고 학대한다. 인간이 인간을 차별하고 학대하는 것은 다른 것이 아닌, 몸을 통해서 나타난다. 몸이 몸을 차별하고 몸을 학대하는 것이다. 이 가운데 가장 비극적인 것이 바로 '전쟁'인데 전쟁은 인간의 몸을 고깃덩어리 정도로 생각하고, 이유 없는 증오를 일으켜서 몸을 파괴하고 해체함으로써 생명을 파괴하는 잔인한 행위이다.

그리고 '임마누엘'을 거부하는 탈육의 욕망은 인간을 더 고귀하게 만드는 것이 아니고 인간을 더 악하게 만든다. 인간은 결코 몸을 벗어버릴 수도 없지만 몸을 벗으려고 하면 할수록 인간은 정상상태에서 벗어난다. 전쟁에서만 그런 것이 아니다. 일상적인 삶에서도 그렇다. 인간을 이원화하고 몸을 멸시하고 거기서 벗어나려고 하면 할수록 몸과 무관해지는 것이 아니고, 오히려 비정상적으로 몸에 집착한다. 육체가 아무 것도 아니라고 하면서 그 몸을 위해서 온갖 정성을 다 기울이는 모순된 행동을 하거나 다른 사람의 신체적인 고통에 무감각해지고 성적으로 몸을 학대하며 상품화한다.

그러나 성경이 우리에게 분명히 알려주는 것은 인간은 몸으로 존재한다는 사실이다. 인간은 몸으로 존재하기에 인간이다. 그래서 탈육(脫肉)과 관음(觀淫)의 욕망을 넘어서서 우리 자신이 몸으로 존재한다는 것을 명확히 깨닫고 우리와 더불어 몸으로 존재하는 인간들을 응시해야 한다. 인간 몸은 몸 그 자체로 고귀하다. 예수님이 그것을 보여주신다. 그분은 인간들이 몸으로 사는 존재임을 누구보다 잘 아셨다. 몸으로 살면서 몸들에 의해서 학대받고 고통당하는 인간들을 위해서 예수님이 이 땅에 몸으로, 새 생명으로 오셨다. 그래서 그분은 '임마누엘'이시다. 이처럼 임마누엘은 하나님이 이 땅에 인간으로 오셔서 우리와 함께 몸으로 사신 것을 알려준다. 하나님과 함께 하는 삶은 몸으로 몸을 섬기는 것이다. 인간들은 몸으로 다른 사람들과 함께 한다.

그렇기 때문에 인간이 몸으로 보여줄 수 있는 가장 아름다운 모습은 남을 섬기는 것이다. 우리는 TV가 조장하는 소비적이고 몸 파괴적인 성적(性的) 미학에서 벗어나야 한다. 이미지를 중시하는 이 영상시대에 가장 아름다운 이미지는 섬김을 실천하는 몸이다. 인간들은 '섬김의 미학'을 몸으로만 표현할 수 있다. 그렇기에 교회는 인간의 몸을 상품화하는 몸값 이데올로기에서 벗어나서 진정 아름다운 몸이 어떤 것인지를 사람들에게 알려주는 몸존중운동을 펼쳐야 한다.

이렇게 하나님과 함께 하는 삶은 바로 몸으로 몸을 섬기는 것이고 몸들이 어우러지는 것이다. 그래서 생명은 '네트워크'(network)이고, 인간들은 만남, 즉 '몸과 몸의 네트워크'를 염원한다. 생명이 네트워크라는 것은 하나님이 인간을 만드시면서 하시는 말씀 중에서 이미 나타난다. 하나님은 인간을 그 이전에 하나님이 만드신 모든 것들과 연결지으신다.

> 하나님이 그들에게 복을 주시며 그들에게 이르시되 생육하고 번성하여 땅에 충만하라, 땅을 정복하라, 바다의 고기와 공중의 새와 땅에 움직이는 모든 생물을 다스리라 하시니라(창세기 1장 28절).

그리고 생명 네트워크는 창조에서 뿐만 아니고 심판에서도 나타난다.

> 5 여호와께서 사람의 죄악이 세상에 관영함과 그 마음의 생각의 모든
> 계획이 항상 악할 뿐임을 보시고 6 땅위에 사람 지으셨음을 한탄하사
> 마음에 근심하시고 7 가라사대 나의 창조한 사람을 내가 지면에서 쓸

어 버리되 사람으로부터 육축과 기는 것과 공중의 새까지 그리하리니 이는 내가 그것을 지었음을 한탄함이니라 하시니라(창세기 6장)
2 여호와께서 가라사대 내가 지면에서 모든 것을 진멸하리라 3 내가 사람과 짐승을 진멸하고 공중의 새와 바다의 고기와 거치게 하는 것과 악인들을 아울러 진멸할 것이라 내가 사람을 지면에서 멸절하리라 나 여호와의 말이니라(스바냐 1장)

이처럼 생명은 네트워크이기 때문에 인간은 자신의 몸을 책임져야 하며, 주변과 자연세계도 책임져야 한다. 그래서 모든 몸, 모든 생명들을 함께 어우러지게 해야 한다. 그것이 임마누엘의 또 다른 면이다. 새 생명을 만드시는 임마누엘 하나님이 생명을 보호하라고 인간을 몸으로 만드셨음을 잊지 말아야 한다.

지금까지 우리는 '임마누엘예언'을 본문으로 삼아서 성경을 생명의 책으로 읽어내는 해석학적 작업을 해보았다. 성경을 생명의 책으로 읽어내는 작업이 바로 '생명의 해석학'이다. 그런데 생명의 해석학은 해석학적 작업에서 그치면 안 된다. 생명은 분명 해석의 대상이지만 모든 생명체를 통해 드러나는 현재적·미래적 '삶'이기 때문이다.

이런 것이 참된 소망이다. 참된 소망은 철저히 탐욕을 거부한다. 참된 소망은 공동체적이며 생명을 사랑한다. 그러나 탐욕은 개인적이고 생명을 파괴한다. 탐욕은 공동체적 '소망'(所望), 즉 '비젼'(vision)이 아닌 개인적 '야망'(野望)을 갖기 때문에 발생한다. 그런데 우리는 비젼, 즉 소망과 야망을 혼동한다.

이사야서 2장 2-4절을 보면 이사야는 하나님이 보여주시는 비젼(vision)을 본다. 이사야는 왜 그런 비젼을 보았을까? 이사야가 그것을 죽을 만큼 보고 싶어 했기 때문이다. 세상이 전쟁으로 끔찍한 고통을 당하던 시절, 이사야는 전쟁 없는 세상 보기를 간절히 원했고, 하나님은 이사야에게 그런 세상을 비젼으로 보여주셨다. 비젼. 참 좋은 말이다. 그래서인지 우리 기독교인들은 '비젼'이라는 말을 유별나게 많이 한다. '비젼 집회' '비젼 트립'(vision trip) '비젼 목회'… 사람들은 비젼을 가져야 한다고 생각하고 다른 사람들에게도 비젼을 가지라고 권고한다. 그런데 우리가 알아야 할 분명한 사실은 우리가 우리 마음대로 비젼을 갖는 게 아니라는 것이다. 비젼은 내가 보려고 해서 보는 것도 아니고 내가 가지려고 해서 갖는 것도 아니다. 비젼은 하나님이 우리에게 보여주시는 것이다. 이사야에게 보여주신 것처럼 하나님의 역사를 보여주시는 것이 비젼이다. 하나님이 만드실 그 아름답고도 복된 세상, 새 시대, 새 하늘과 새 땅의 모습을 보여주시는 것이 바로 비젼이다. 그리고 하나님은 우리로 하여금 그 날을 소망하게 하신다. 그래서 비젼, 즉 하나님이 만드시는 새 나라 이미지는 하나님의 역사, 생명창조와 회복의 역사를 바라는 간절한 소망의 이미지다. 그래서 우리는 내가 무엇을 할 것인지를 묻지 말고 또 내가 주님을 위해서 무엇을 하겠다고 하지 말고 하나님이 무엇을 하실 것인지 그분이 무엇하기를 원하시는지를 물어야 한다.

그렇기에 하나님이 보여주시는 비젼은 결코 개인적인 차원이 전혀 아니다. 하나님은 한 개인이 앞으로 어떻게 될 것인지를 비젼으로 보여주시지 않는다. 비젼은 하나님이 만드실 새 나라에 대한 이미지이기 때문에 언제나 공동체적이다. 비젼을 개인적인 차원에 국한시켜서 생각하면 그것은 더 이상 '소망'(所望)이 아니고 '야망'(野望)일 뿐이다. 개인적인 차원에서 '비젼을 갖자'고 말하는 것은 소망을 갖자는 것이 아니고 야망을 갖자는 뜻이다.

많은 사람들이 요셉을 '꿈꾸는 자'라고 하면서 우리도 '꿈을 꾸자'고 한다. '꿈은 이루어진다'는 말이 유행하기도 했다. 그런데 우리가 그토록 좋아하는 요셉이 꾼 두 번의 꿈은 결코 비젼이 아님을 알아야 한다. 그것은 하나님이 우리에게 주시는 소망도 아니고 단지 요셉의 개인적인 야망일 따름이다. 이 개인적인 야망으로 인해서 요셉과 그의 부모, 형제들은 엄청난 고통을 겪어야 했다. 요셉이 본 진정한 비젼은 유언하는 장면에서 드러난다. 요셉은 하나님이 이스라엘 백성을 언젠가는 출애굽시켜 주실 것으로 확신했다. 그는 출애굽 장면을 미리 보았을 것이다. 요셉은 그 영광스런 순간에 자신도 해골이나마 출애굽하기를 '소망'했다. 그는 자신의 삶이 출애굽이라는 놀라운 일을 이루시는 하나님의 역사, 생명의 역사에 동참한 것이었음을 깨닫는다. 이것은 요셉이 형들을 만나서 들려주는 신앙고백에서 명확하게 나타난다. 이렇듯 하나님은 우리에게 비젼을 보여주시면서 하나님이 만드실 새나라 건설사역에 우리를 부르신다. 이것이 '소명'(召命)이다. 우리는 하나님이 보여주시는 비젼을 보고 하나님의 부름에 응답해서 하나님의 역사에 동참한다.

마틴 루터 킹 목사님은 'I Have a Dream'이라는 연설에서 이런 말씀을 하셨다. "지금 나에게는 꿈이 있습니다! 골짜기마다 돋우어지고 산마다, 작은 산마다 낮아지며 고르지 않은 곳이 평탄케 되며 험한 곳이 평지가 될 것이요, 주님의 영광이 나타나고 모든 육체가 그것을 함께 보게 될 날이 있을 것이라는 꿈입니다. 이것은 우리 모두의 희망입니다. 저는 이런 희망을 가지고 남부로 돌아갈 것입니다. 이런 희망이 있다면 우리는 절망의 산을 토막 내어 희망의 이정표를 만들 수 있습니다."

이런 것이 비젼이다. 다시 말하지만 자신이 앞으로 무엇이 될 것이라거나 앞으로 어떤 일을 해낼 것이라는 지극히 사적인 욕심을 비젼이라고 하지 않는다. 그것은 야망일 뿐이다. 비젼은 하나님이 우리에게 보여주시는 미래에 대한 '소망'이지, 결코 내 스스로 꿈꾸는 '포부'나 '야망'이 아니다.

그런데 한국교회는 지나치게 탐욕적이다. 탐욕은 우리가 경계해야할 가장 큰 대적이다. 주님이 보여주시는 비젼을 보고 생명을 사랑하는 사람은 결코 탐욕스럽지 않고 그럴 수도 없다. 과거 에스겔 공동체가 그랬던 것처럼 우리는 에스겔서, 특히 40-48장을 교과서로 삼아 생명을 사랑하는 법을 가르치고 배우는 생명교육을 해야 한다. 생명교육은 생명의 해석학에 의해서 성경을 바르게 읽게 함으로써 무엇보다 탐욕을 벗어버리고 올바른 소망을 갖도록 교육하는 것이다.

참고문헌

김규원, 『몸의 확장-미디어, 섹슈얼리티, 폭력』(서울: 가산출판사, 2000).

김도훈 외, 『디지털 시대의 인문학, 무엇을 할 것인가』(서울: (주)사회평론, 2001).

김윤상, "정보사회의 '탈육체' 경향과 물리적 고통의 문제: 사이보그(cyborg)와 가상신체(virtual body)를 중심으로," 미간행 석사학위논문, 연세대학교 대학원, 1999년.

소흥렬, 『자연주의적 유신론-우주의 마음 사람의 마음 컴퓨터의 마음』(서울: 서광사, 1992).

송기득, 『인간』(천안: 한국신학연구소, 1984).

설혜심, 『서양의 관상학, 그 긴 그림자』(서울: (주)도서출판 한길사, 2002).

심상태, 『인간: 신학적 인간학 입문』(서울: 서광사, 1989).

안재중, "과학기술시대의 인간이해에 대한 개혁신학적 고찰," 미간행 석사학위논문, 장로회신학대학교 신학대학원, 2000.

오생근·윤혜준 공편, 『성과 사회-담론과 문화』(서울: 나남출판, 1998, 2000).

우리사상연구소 엮음, 『우리말철학사전2－생명·상징·예술』(서울: 지식산업사, 2002).

윤선희·이수연 편저, 『사이버 문화와 여성』(서울: 도서출판 한나래, 2000).

이거룡 외, 『몸 또는 욕망의 사다리』(서울: 한길사, 1999).

이정우, 『기술과 운명-사이버펑크에서 철학으로』(서울: 한길사, 2001).

정대현, 『심성내용의 신체성-언어신체성으로 마음도 보인다』, 대우학술총서 528 (서울: 아카넷, 2001).

조찬선, 『기독교죄악사(상, 하)』(서울: 평단문화사, 2000).
철학연구회 편, 『정보사회의 철학적 진단』(서울: 철학과현실사, 1999).
한국성폭력상담소 엮음, 『섹슈얼리티 강의』(서울: 도서출판 동녘, 1999, 2001).
한국현상학회 편, 『몸의 현상학』(서울: 철학과 현실사, 2000).
홍성태 엮음, 『사이보그 사이버컬처－문화과학』, 테크노문화신서2 (서울: 문화과학사, 1997, 2000).
加納喜光, 中國醫學の誕生, 동의과학연구소 옮김, 『몸으로 본 중국사상』(서울: 조합공동체 소나무, 1999).
Ariès P. & Duby, G., ed., *Histoire de la vie privée: de l'Empire romain à l'an mil*, 주명철 전수연 옮김, 『사생활의 역사 1－로마제국부터 천년까지』(서울: 새물결, 2002).
Bakhtin, M., *Rabelais and His World*, 이덕형·최건영 옮김, 『프랑수아 라블레의 작품과 중세 및 르네상스의 민중문화』, 대우학술총서 507 (서울: 아카넷, 2001).
Beal, T. K., & Gunn, D. M., eds., *Reading Bibles, Writings Bodies-Identity and the Book* (New York: Routledge, 1997).
Benedikt, M., ed., *Cyberspace: First Step* (Cambridge, Massachusetts: The MIT Press, 1991, 1994).
Biale, D., *Eros and the Jews- From Biblical Israel to Contemporary America* (Berkeley: University of California Press, 1997).
Brooks, P., *Body Work: Objects of Desire in Modern Narrative*, 이봉지·한애경 옮김, 『육체와 예술』(서울: 문학과지성사, 2000).
Brown, P., *The Body and Society-Men, Women, and Sexual Renunciation in Early Christianity* (New York: Columbia University Press, 1988).
____________, *The Cult of the Saints: Its Rise and Function in Latin Christianity*, 정기문 옮김, 『성인숭배』(서울: 새물결출판사, 2002).
Bynum, C. W., *Fragmentation and Redemption-Essays on Gender and the Human Body in Medieval Religion* (New York: Zone Books, 1991, 1996).
____________, *Jesus as Mother: Studies in the Spirituality of the High Middle Ages* (University of California Press, 1982).
____________, *Holy Feast and Holy Fast-The Religious Significance of Food to Medieval Women* (Berkeley: University of California Press, 1987).

____________, *Metamorphosis and Identity* (New York: Zone Books, 2001).

____________, *The Resurrection of the Body in Western Christianity, 200-1336* (New York: Columbia University Press, 1995).

Cobb, J., *Cybergrace-The Search for God in the Digital World* (New York: Crown Publishers, Inc., 1998).

Comar, Philippe, *Les images corps*, 안정미 옮김, 『인체-에로티시즘과 해부학』(서울: (주)시공사, 2001).

Comblin, J., 김수복 역, 『그리스도교 인간학』(왜관: 분도출판사, 1988).

Damasio, A. R., *Descartes' Error: Emotion, Reason, and the Human Brain*, 김린 역, 『데카르트의 오류: 감정, 이성, 그리고 인간의 뇌』(서울: 중앙문화사, 1999).

Davis, E., *Techgnosis-Myth, Magic+Mysticism in the Age of Information* (New York: Three Rivers Press, 1998).

Eilberg-Schwartz, H., *People of the Body-Jews and Judaism from and Embodied Perspective* (Albany: State University of New York Press, 1992).

____________, *The Savage in Judaism - An Anthropology of Israelite Religion and Ancient Judaism* (Bloomington and Indianapolis: Indiana University Press, 1990).

Exum, J. C., "Prophetic Pornography," in *Plotted, Shot and Painted: Cultural Representations of Biblical Women* (Sheffield: Sheffield Academic Press, 1996), 101-128.

Foulcault, M., *Histoire de la Sexualité*, 이규현 외 역, 『성의 역사 1, 2, 3권』(서울: 나남출판사, 1997).

Gelin, A., 이성배 역, 『성서의 인간』(왜관: 분도출판사, 1984).

Giddens, A., *Sexuality, Love & Eroticism in Modern Societies*, 배은경·황정미 옮김, 『현대 사회의 성·사랑·에로티시즘－친밀성의 구조변동』(서울: 새물결, 1996, 2001).

Halperin, D. J., *Seeking Ezekiel- Text and Psycology* (Pennsylvania: The Pennsylvania State University Press, 1993).

Haraway, D. J., Simians, *Cyborgs, and Women- The Reinvention of Nature* (New York: Routledge, Chapman and Hall, Inc., 1991).

Hayles, N. K., *How We Became Posthuman- Virtual Bodies in Cybernetics, Literature, and Informatics* (Chicago: University of Chicago Press,

1999), 286-291.

Heim, M., *The Metaphisics of Virtual Reality*, 여명숙 옮김, 『가상현실의 철학적 의미』(서울: 책세상, 1997, 2001).

Howard-Johnston, J. and Hayward, P. A., *The Cult of Saints in Late Antiquity and the Early Middle Ages- Essays on the Contribution of Peter Brown* (Oxford: Oxford University Press, 1999, 2002).

Hwa-Yol Jung, *Body Politics*, 박현모 옮김, 『몸의 정치학』(서울: 민음사, 1999).

Kirkup, G., Janes, L., Woodward, K., Hovenden, F., eds., *The Gendered Cyborg-A Reader* (London: Routledge, 2000).

Johnson, M., *The Body in the Mind-The Bodily Basis of Meaning, Imagination, and Reason*, 노양진 옮김, 『마음 속의 몸-의미·상상력·이성의 신체적 근거』(서울: 철학과 현실사, 2000).

Kurzweil, R., *The Age of Spiritual Machines-When Computers Exceed Human Intelligence* (New York : Penguin Books, 1999).

Lakoff, G., and Johnson, M., *Metaphors We Live By*, 노양진·나익주 옮김, 『삶으로서의 은유』(서울: 서광사, 1995).

________________________, *Philosophy in the Flesh-The Embodied Mind and Its Challenge to Western Thought*, 임지룡·윤희수·노양진·나익주 옮김, 『몸의 철학-신체화된 마음의 서구사상에 대한 도전』(서울: 도서출판 박이정, 2002).

Moltmann, J., *Gott in der Schöpfung-Ökologische Schöpfungslehren*, 김균진 옮김, 『창조 안에 계신 하느님』(서울: 한국신학연구소, 1991).

Moravec, H., *Mind Children: The Future of Robot and Human Intelligence* (Cambridge: Harvard University Press, 1988).

Noble, D. F., *The Religion of Technology - The Divinity of Man and the Spirit of Invention* (New York: Penguin Books, 1997, 1999).

Patton, C. L., "'Should Our Sister Be Treated Like a Whore?'-A Response to Feminst Critiques of Ezekiel 23," eds. Margaret S. Odell & John T. Strong, *The Book of Ezekiel-Theological and Anthroplogical Perspective* (Atlanta: Society of Biblical Literature, 2000), 224.

Posch, W., *Körper machen Leute-Der Kult um die Schönheit*, 조원규 옮김,

『몸－숭배와 광기』(서울: 도서출판 여성신문사, 2001).
Rossi, W., *The Sex Life of the Foot and Shoe*, 이종인 옮김, 『에로틱한 발』(서울: 도서출판 그린비, 2002).
Russell, J. B., *A History of Witchcraft*, 김은주 역, 『마녀의 문화사』(서울: 다빈치, 2001).
Sandoval, C., "New Sciences: Cyborg Feminism and the Methodology of the Oppressed," ed. by Chris Hables Gray, *The Cyborg Handbook* (New York: Routledge, 1995), 407-421.
Setel, T. D., "Prophets and Pornography: Female Sexual Imagery in Hosea," ed. *Letty M. Russell, Feminist Interpretations of the Bible* (Philadelphia: Fortress Press, 1985), 86-95.
Shilling, Chris, *The Body and Social Theory*, 임인숙 역, 『몸의 사회』(서울: 나남출판, 1999).
Springer, C., *Eletronics Eros: Bodies and Desire in the Postindustrial Age*, 정준영 옮김, 『사이버 에로스-탈산업 시대의 육체와 욕망』(서울: 도서출판 한나래, 1998).
Steinberg, L., *The Sexuality of Christ in Renaissance Art and in Modern Oblivion* (The University of Chicago Press).
Thompson, L., *The Wandering Womb*, 백영미 옮김, 『자궁의 역사』(서울: 아침이슬, 2001).
Turkle, S., *Life on the Screen - Identity in the Age of the Internet* (New York: Touch Stone Books, 1997).
Turner, B. S., *The Body & Society*, 임인숙 옮김, 『몸과 사회』(서울: 몸과 마음, 2002).
Varela, F. J., Thompson, E., and Rosch, E., *The Embodied Mind- Cognitive Science and Human Experience* (Cambridge: The MIT Press, 1993, 1999).
Walters, S., *Material Girls: Making Sense of Feminist Cultural Theory*, 김현미·김주현·신정원·윤지영 옮김, 『이미지와 현실 사이의 여성들－여성주의 문화이론을 향해』(서울: 도서출판 또 하나의 문화, 1999).
Wiener, N., *Cybernetics: or Control and Communication in the Animal and Machine* (Cambridge, M.A.: MIT Press, 1948).
Wolff, H. W., *Anthropologie des Alten Testaments*, 문희석 옮김, 『구약성서의 인간학』(왜관: 분도출판사, 1976).

8. 상상의 해석학

갈멜산 사건의 진상

갈멜산 사건은 왜 일어났는가?

도대체 갈멜산 사건은 왜 일어난 것인가?[1] 우리가 아는 대로, 갈멜산 사건은 가뭄과 기근 때문에 일어났다. 북왕국 아합왕 시절에 가뭄이 크게 들었다. 그런데 그 가뭄이라는 자연재해가 엘리야로 인해서 일어난 사건이라고 성경은 말한다.

길르앗에 우거하는 자 중에 디셉[2] 사람 엘리야[3]가 아합에게 고하되

---

1) 이 논문에서는 엄밀한 역사비평적인 방식보다는 문학비평적인 방식으로 본문을 읽으면서 거기에 역사적 상상력을 가미하는 방식을 택하려고 한다.

2) 디셉은 비잔틴 시대 이후로 al-Istib로 알려진 곳인데 얍복에서 북쪽으로 8마일 떨어진 곳이다. 그 바로 근처에 Mar Elias, 즉 성 엘리야 사원이 있다: John Gray, *I & II Kings*, OTL. (London: SCM Press, Ltd., 1964, 1977), 377. 디셉(הַתִּשְׁבִּי)을 지명으로 읽지 않고 '거주자'(הַתֹּשָׁבִי)로 읽는 사람들도 있다:

> 나의 섬기는[4] 이스라엘 하나님 여호와의 사심을 가리켜 맹세하노니[5] 내 말이 없으면 수년 동안 우로가 있지 아니하리라 하니라(왕상 17장 1절).

이것은 엘리야 이야기에서 가장 먼저 나오는 구절인데 여기서 보는 대로 엘리야는 예고 없이 갑자기 등장해서 가뭄을 선포한다.[6] 본문기자는 엘리야를 느닷없이 등장시킨다. 엘리야에게 하나님의 말씀이 임했다는 식의 전형적인 표현이 없고[7] 가뭄선포를 하나님이 명령하셨는지도 밝히지 않는다. 엘리야는 홀연히 나타나서 하나님의 사심에 맹세하고 가뭄을 선포하고 자기 말이 없으면 가뭄이 계속될

Simon J. DeVries, *1 Kings*, WBC (Waco, Texax: Word Books, 1985), 216. 하지만 굳이 이렇게 바꿔 읽어야 할 필요는 없다고 생각한다. '밋티쉬베 길르앗'을 '미이야베쉬 길르앗'(מִיָּבֵשׁ גִּלְעָד), 즉 야베스 길르앗으로 읽으려는 사람들도 있는데 굳이 그렇게 수정할 필요는 없다: T. R. Hobbs, *2 Kings*, WBC (Waco, Texas: Word Books, 1985), 9.

3) 힐(Hill)은 엘리야가 이스라엘에 들어오기 이전에 길르앗에서 유명한 사람이었으며, 반대세력의 지도자였거나 소문난 도적이었을 것으로 본다: Scott D. Hill, "The Local Hero in Palestine in Comparative Perspective," ed. by Robert B. Coote, *Elijah and Elisha in Socioliterary Perspective* (Atlanta, Georgia: Scholars Press,1992), 65. 그리고 힐은 길르앗 지역의 영웅이던 엘리야가 갈멜산 사건을 통해서 "세계적인 영웅"(global hero)으로 첫걸음을 내디뎠다고 말한다 (71).

4) '섬기다'는 것은 히브리어로 아바드인데 여기서는 서있다 대기하다는 의미를 지닌 아마드를 사용했다. 하나님 뜻을 듣기 위해서 대기중인 인물로 묘사하는 것이다.

5) 히브리어에는 '맹세한다'는 말이 없다. '이스라엘의 하나님 야훼의 사심'이라고만 되어 있는데 이것이 맹세양식이기 때문에 그렇게 번역한 것이다.

6) 열왕기상 18장에서 오바댜가 하는 말을 보면 엘리야는 등장하고 사라지는 것이 돌발적이어서 사람들이 예기치 못했던 모양이다.

7) 17장 2절과 8절에는 "여호와의 말씀이 엘리야에게 임하여 가라사대" (וַיְהִי דְבַר־יְהוָה אֵלָיו לֵאמֹר)라는 도입구가 나오는데 1절에는 그런 말없이 엘리야가 바로 아합에게 가뭄을 예고한다.

것이라고 이야기한 다음 또 홀연히 사라진다.[8] 그런데 엘리야의 갑작스러운 등장은 가뭄을 아무도 예기치 못한 극적인 사건으로 만든다.[9] 길르앗의 디셉 사람 엘리야는 아합을 직접 찾아가서 앞으로 몇 년 동안 전혀 비도 내리지 않고 또 이슬도 내리지 않을 것이라고 말한다. 우리는 엘리야를 하나님이 세운 예언자라고 믿기 때문에 본문이 자세하게 밝히지 않는다고 해도 엘리야가 가뭄을 예고하는 것을 엘리야가 임의대로 한 일이라고는 보지 않는다. 하나님이 엘리야에게 지시하셨을 것이라고 믿는다. 그리고 본문은 왜 하나님이 비를 내리지 않는지에 대해서는 전혀 말하지 않고 하나님 자신도 그 이유를 밝히지 않지만 17장 이전을 읽은 독자는 오므리와 아합이 지은 죄 때문에 하나님이 가뭄을 내렸다고 생각할 것이다.

> 29 유다 왕 아사 제 삼십 팔년에 오므리의 아들 아합이 이스라엘 왕이
> 되니라 오므리의 아들 아합이 사마리아에서 이십 이년을 이스라엘을
> 다스리니라 30 오므리의 아들 아합이 그 전의 모든 사람보다 여호와
> 보시기에 악을 더욱 행하여 31 느밧의 아들 여로보암의 죄를 따라 행
> 하는 것을 오히려 가볍게 여기며 시돈 사람의 왕 엣바알의 딸 이세벨
> 로 아내를 삼고 가서 바알을 섬겨 숭배하고 32 사마리아에 건축한 바
> 알의 사당 속에 바알을 위하여 단을 쌓으며 33 또 아세라 목상을 만들
> 었으니 저는 그 전의 모든 이스라엘 왕보다 심히 이스라엘 하나님 여
> 호와의 노를 격발하였더라(왕상 16장).

역사가는 오므리에 이어서 더욱 악행을 저지르는 아합[10]을 이스

---

8) 이러한 홀연히 나타남과 사라짐은 엘리야의 특징적인 모습이다.
9) 도입구가 원래 있었는데 사라졌다고 주장하는 사람들도 있지만, 현재의 본문형태는 엘리야의 등장을 극적으로 만드는 효과가 있다: James A. Montgomery, *A Critical and Exegetical Commentary on the Books of Kings*, ICC (Edinburgh: T&T Clark Ltd., 1951, 1971), 292.

라엘 모든 왕들 중에서도 가장 악한 왕이라고 평가하는데 그런 의미의 말을 두 번이나 한다(30절, 33절). 이렇게 역사가는 아합을 바알숭배에 가장 열성을 보인 왕으로 평가하고 아합시대를 종교적으로 가장 악한 시대로 규정한다. 특히 아합이 이세벨과 결혼한 이후에 바알숭배를 강화했음을 말하면서 이세벨에게 그 책임을 지운다. 하나님은 아합왕과 이세벨을 징계하기 위해서 가뭄을 내리셨을 것이다.[11)]

그런데 아합과 이세벨을 징계하기 위해서 가뭄을 내린 것이라면 이것은 납득하기 어렵다. 그 기근으로 인해서 누가 고통을 당했을까? 아합을 비롯한 귀족계층들도 어려움을 당했겠지만 실제로 더 큰 어려움을 당한 것은 일반 백성이었을 것이다. 그릿 시냇가에서 도피생활을 하던 엘리야도 가뭄으로 물이 다 말라버려서 더 이상 그곳에 머무를 수 없게 되었다. 그래서 사르밧으로 가는데 사르밧에서는 양식이 다 떨어져서 내일 죽을 작정을 한 과부를 만난다. 이것은 당시 가뭄으로 인해서 일반 백성들이 얼마나 큰 어려움을 겪었는지를 단적으로 보여준다.

> 8 여호와의 말씀이 엘리야에게 임하여 가라사대 9 너는 일어나 시돈에 속한 사르밧으로 가서 거기 유하라[12)] 내가 그 곳 과부에게 명하여 너를 공궤하게 하였느니라 10 저가 일어나[13)] 사르밧으로 가서 성문에 이를 때에[14)] 한 과부가 그곳에서 나무가지를 줍는지라 이에 불러 가

---

10) '오므리의 아들 아합'이라는 말을 29절과 30절에서 세 번씩이나 반복한다.
11) Simon J. DeVries, 216.
12) '유하라'와 '내가' 사이에 히브리어 힌네(הִנֵּה), 즉 주의를 집중시키는 말이 있는데, 개역은 번역하지 않았다. 이 힌네는 사르밧으로 가라는 하나님의 말씀에 의아해하는 엘리야를 설득하려는 효과를 한다.
13) '일어나'(와이야콤<וַיָּקָם>) 바로 다음에 샬셸렛(|)이 나오는데 이것은 바로 앞 음을 아홉 번 길게 발음하라는 표기이다. 그가 그곳에서 일어난 것을 강조하는 것이다.

로되 청컨대 그릇에 물을 조금 가져다가 나로 마시게 하라 11 저가 가
지러 갈 때에 엘리야가 저를 불러 가로되 청컨대 네 손에 떡 한 조각
을 내게로 가져오라[15] 12 저가 가로되 당신의 하나님 여호와의 사심
을 가리켜 맹세하노니 나는 떡이 없고 다만 통에 가루 한움큼과 병에
기름 조금 뿐이라 내가 나무가지 두엇을 주워다가 나와 내 아들을 위
하여 음식을 만들어 먹고 그 후에는 죽으리라 13 엘리야가 저에게 이
르되 두려워 말고 가서 네 말대로 하려니와 먼저 그것으로 나를 위하
여 작은 떡 하나를 만들어 내게로 가져 오고 그 후에 너와 네 아들을
위하여 만들라 14 이스라엘 하나님 여호와의 말씀이 나 여호와가 비
를 지면에 내리는 날까지 그 통의 가루는 다하지 아니하고 그 병의 기
름은 없어지지 아니하리라 하셨느니라 15 저가 가서 엘리야의 말대로
하였더니 저와 엘리야와 식구가 여러날 먹었으나 16 여호와께서 엘리
야로 하신 말씀 같이 통의 가루가 다하지 아니하고 병의 기름이 없어
지지 아니하니라(왕상 17장).[16]

우리가 읽은 대로 엘리야는 시돈에 속한 사르밧으로 피신한다.[17] 엘리야가 찾아간 사르밧 과부는 성밖에 살았던 것으로 보이는데 매우 어려운 형편이었다. 아합 왕에게 가뭄을 예고한 직후에 그릿 시내로 피했다가 거기서 사르밧까지 도망쳐온 엘리야는 얼마나 지치고 피곤했던지 그 과부에게 마실 문을 좀 달라고 부탁하고 떡도 가져달라고 부탁한다. 이것은 엘리야가 매우 지치고 시장했음을 보여준

---

14) 여기에도 히브리어 힌네-샴이 있는데 개역은 번역하지 않다. '보라 그곳에'라는 뜻이다. 그러니까 하나님이 말씀하신 대로 과부가 그곳에 있었다는 말이다.

15) 물과 떡 조금은 창세기 18장 4-5절에 나온다. 아브라함은 소돔과 고모라를 심판하러 가는 세 천사를 대접한다.

16) 비슷한 이야기가 열왕기하 4장 8-10절에 나온다.

17) 이때 엘리야 혼자 가지는 않았을 것이다. 엘리야 본문들을 읽어보면 엘리야는 언제나 사환과 동행한다. 그러니까 최소 서너 명은 되었을 것이다.

다.[18] 그런데 그녀에게는 한끼 분량의 식량 밖에는 없었다. 그녀는 남은 식량으로 음식을 만들어서 아들과 함께 먹고 그 후에는 죽을 작정을 했다고 엘리야에게 털어놓는다. 죽음을 앞둔 최후의 만찬을 준비하는 그녀, 그런 그녀가 엘리야를 만난 것은 정말로 행운이었다. 죽음을 앞둔 그녀는 이제 다시 삶을 얻은 것이다. 그렇게 지내던 어느 날 그 집 아들이 병들어 죽는다.

> 17 이 일 후에 그 집 주모 되는 여인의 아들이 병들어 증세가 심히 위
> 중하다가 숨이 끊어진지라 18 여인이 엘리야에게 이르되 하나님의 사
> 람이여 당신이 나로 더불어 무슨 상관이 있기로 내 죄를 생각나게 하
> 고 또 내 아들을 죽게 하려고 내게 오셨나이까 19 엘리야가 저에게 그
> 아들을 달라 하여[19] 그를 그 여인의 품에서 취하여 안고 자기의 거처
> 하는 다락에 올라 가서 자기 침상에 뉘이고 20 여호와께 부르짖어 가
> 로되 나의 하나님 여호와여 주께서 또 내가 우거하는 집 과부에게 재
> 앙을 내리사 그 아들로 죽게 하셨나이까 하고 21 그 아이 위에 몸을
> 세 번 펴서 엎드리고 여호와께 부르짖어 가로되 나의 하나님 여호와
> 여 원컨대 이 아이의 혼으로 그 몸에 돌아오게 하옵소서 하니 22 여호
> 와께서 엘리야의 소리를 들으시므로 그 아이의 혼이 몸으로 돌아오고
> 살아난지라 23 엘리야가 그 아이를 안고 다락에서 방으로 내려가서
> 그 어미에게 주며 이르되 보라 네 아들이 살았느니라 24 여인이 엘리
> 야에게 이르되 내가 이제야 당신은 하나님의 사람이시요 당신의 입에
> 있는 여호와의 말씀이 진실한 줄 아노라 하니라(왕상 17장).[20]

그 아이가 무슨 병으로 죽었는지는 알 수 없지만 잘 먹지 못해서

---

18) 엘리야는 말씀을 선포한 다음에는 종적을 감추는데 그때마다 지치고 허기진 상태이다. 가뭄선포한 다음에 잠적했을 때도 그렇고 갈멜산 사건 이후에 잠적했을 때에도 탈진한 상태였다.
19) 직역하면, "그가 그녀에게 '당신 아들을 내게 주시오'라고 말했다"이다.
20) 비슷한 이야기가 열왕기하 4장 11-37절에 나온다.

영양실조에 걸려서 병든 것은 아닐까? 본문은 과부의 말로 시작해서 그녀의 말로 끝나는데 그녀는 처음에 엘리야를 '하나님의 사람'이라고 부르는데 끝에서 엘리야가 하나님의 사람이라는 것을 알았다고 말한다. 그리고 당신의 입에 있는 여호와의 말씀, 즉 엘리야가 들려주는 그 말씀들이 진실임을 알았다고 말한다. 과부가 하는 말을 들으면서 거기에는 어떤 간격이 있음을 감지한다. 과부는 엘리야를 신뢰하지 못했는가? 아니면 엘리야의 무능력을 꼬집는 것인가? 과부가 그런 식으로 말하는 것이 아니라고 해도 우리는 이런 의문을 품을 수밖에 없다. 그 아이가 갑자기 병에 걸려서 죽은 것이 아니라면 상당한 기간 동안 앓았을 텐데 그때 하나님의 사람이라는 엘리야는 도대체 무엇을 했단 말인가? 그 재난의 상황에서 도대체 엘리야는 무엇을 한 것인가? 그가 하나님의 사람이라는 것이 무슨 소용이 있는가? 무능력한 엘리야. 대책없이 가뭄을 선포해놓고, 수많은 사람들이 병들고 죽는 이 상황을 그대로 방치하는 이 사람, 엘리야는 2년 동안 그 과부집에서 머무는데 그 기간 동안 본문은 그 과부의 집을 벗어나지 않는다. 그래서 그 집밖에서 일어나는 일들을 은폐한다. 죽은 아이를 살려내는 장면에서 우리는 감격스러워하지만 그것은 과부의 집이라는 작은 공간에서 이루어지는 기적과 행복일 따름이다. 엘리야가 외면함으로써 아니 본문기자도 외면함으로써 우리에게 은폐하는 그 바깥세상은 과연 어떤 상황이었을까?

엘리야는 가뭄을 일으킨 다음에 그릿 시내로 도피하는데 아합왕이 엘리야 검거명령을 내린 듯하다. 본문은 그릿 시내로 도망한 엘리야를 따라가기 때문에 가뭄 선포 이후에 사람들이 어떤 어려움을 겪었는지는 알 수 없다. 본문은 엘리야 자신도 가뭄으로 어려움을 겪었음을 보여준다.

> 2 여호와의 말씀이 엘리야에게 임하여 가라사대 3 너는 여기서 떠나 동으로 가서 요단 앞 그릿 시냇가에 숨고 4 그 시냇물을 마시라 내가 까마귀들[21)]을 명하여 거기서 너를 먹이게하리라 5 저가 여호와의 말씀과 같이 하여 곧 가서 요단 앞 그릿 시냇가에 머물매 6 까마귀들이 아침에도 떡과 고기를, 저녁에도 떡과 고기를 가져 왔고 저가 시내를 마셨더니 7 땅에 비가 내리지 아니하므로 얼마 후에 그 시내가 마르니라 (왕상 17장).

가뭄을 선포해놓고 자신은 물이 있는 그릿 시내로 도망쳐서 그곳에서 도움을 받으며 지내는 엘리야가 어떤 측면에서는 가증스럽기도 하다. 그곳에 숨어 지내는 데 가뭄이 심해서 그릿 시내도 말라버린다. 그러니 그곳에 더 이상 머물 수 없었다. 그래서 엘리야는 사르밧으로 갔다.

엘리야에게 격노한 아합은 엘리야 체포명령을 내렸다.[22)] 열왕기상 18장을 읽어보면 2년 동안 아합이 엘리야를 찾기 위해서 얼마나 심혈을 기울였는지 알 수 있다. 이 과정에서 어려움을 당한 사람들이 많았을 것이다. 우리는 그런 흔적을 오바댜의 말에서 짐작한다.

---

21) 히브리어로 하오레빔(הָעֹרְבִים)인데 이것을 하아라빔(הָעֲרָבִים), 즉 아랍인으로 고쳐 읽기도 하고, 하오라빔(הָעֹרָבִים)이라는 종족으로 보는 견해도 있다. 그레이는 아랍인으로 번역한다: John Gray, 378. 그레이는 엘리야가 시돈의 과부에게 도움을 받았음을 말하면서 엘리야가 그릿 시내에 머물면서 아랍인들인 베두인으로부터 도움을 받았다고 말한다(379). 그리고 우유제품을 먹고 살던 베두인들이 고기를 가져온 것은 가뭄이 심해서 그들이 기르던 가축들을 죽인 것으로 본다(380). 엘리야와 엘리사를 경제적으로 돕는 사람들이 있었다는 것은 열왕기하 4장 42-44절을 통해서 알 수 있다.

22) 가뭄대책을 세우기는커녕 엘리야를 체포하기 위해서 혈안이 된 아합의 모습은 독자로 하여금 아합이 얼마나 무책임한 왕인지를 깨닫게 한다. 모든 사람들이 어려움을 당하는데 아합은 가뭄 대책을 세우지 않고 엘리야 체포에만 주력함으로써 왕으로서의 직무를 유기한다.

> 13 이세벨이 여호와의 선지자들을 죽일 때에 내가 여호와의 선지자 중에 일백인을 오십인씩 굴에 숨기고 떡과 물로 먹인 일이 내 주께 들리지 아니하였나이까(왕상 18장).

오바댜가 하는 이 말은 아합이 잠적한 엘리야를 추적하는 과정에서 일어난 일일 것이다. 그릿 시내로 도망한 엘리야를 찾기 위해서 아합의 수사관들은 야훼의 선지자들을 추궁했을 것이고 그 과정에서 수많은 선지자들이 죽임을 당함으로써 야훼조직이 일망타진되었을 가능성이 있다. 그런 다음에 엘리야는 시돈에 속한 사르밧에 머물고 있었는데 시돈은 이세벨의 고향이 아닌가. 이세벨의 부친이 바로 시돈 왕 엣바알이기 때문에 엘리야가 그곳에 있다는 것을 알았다면 시돈 왕이 결코 그대로 두지 않았을 것이다. 그런데도 엘리야가 그곳에서 2년 정도 머물렀다면 시돈왕도 모르게 감쪽같이 숨어 지냈음을 뜻한다. 엘리야를 찾던 사람들은 아합왕에게 엘리야를 실종자로 보고했을 것이다. 엘리야는 이 세상에 없는 사람처럼 종적을 감춰버렸다. 사람들은 서서히 엘리야를 잊고 있었을 것이다. 그렇게 세월이 흘러서 삼 년째 되던 해에 엘리야는 다시 예언계에 컴백한다.

> 1 많은 날을 지내고 제 삼년에 여호와의 말씀이 엘리야에게 임하여 가라사대 너는 가서 아합에게 보이라 내가 비를 지면에 내리리라 (왕상 18장).

하나님이 비를 내리겠다고 말씀하시는데 자세한 말씀을 하지 않으신다. 왜 다시 비를 내리시는지 전혀 말씀하지 않으신다. 엘리야도 묻지 않는다. 아합이 회개했다거나 이스라엘이 하나님 앞에 바로 섰다거나 하는 이야기는 전혀 없다. 하나님이 하시는 말씀을 세밀하게 살펴보면 하나님은 엘리야에게 가서 아합에게 보이라고 말씀하신다.

그리고 비는 하나님이 내리시겠다고 말씀하신다. 그러니까 엘리야가 아합에게 가서 하나님이 비를 내리실 것이라는 말씀을 대언하는 것이 아니다. 하나님은 그런 명령을 내리지 않는다. 그저 엘리야가 아합을 만나면 하나님이 비를 내리시겠다는 것이다. 엘리야가 할 일이 따로 있고 하나님이 하실 일이 따로 있는 것이다. 그런데 엘리야가 아합에게 보이러간다(헤라에<הֵרָאֵה>)는 것은 무엇을 의미하는가? 담판지으러 간다는 뜻일 것이다. 열왕기상 23:29를 보면, "애굽왕이 요시야를 므깃도에서 만나본(키레오토<כִּרְאֹתוֹ>) 후에 죽인지라"는 구절이 나온다. 그래서 만나본다는 것은 그저 얼굴을 본다는 것이 아니고 담판을 짓는다는 의미를 갖는다. 엘리야는 아합을 만나서 무엇을 담판짓겠다는 것인가?

엘리야가 아합을 만나러가는 장면을 살펴보자.

> 2 엘리야가 아합에게 보이려고 가니 그 때에 사마리아에 기근이 심하
> 였더라 3 아합이 궁내 대신 오바댜를 불렀으니 이 오바댜는 크게 여
> 호와를 경외하는 자라 4 이세벨이 여호와의 선지자들을 멸할 때에 오
> 바댜가 선지자 일백인을 가져 오십인씩 굴에 숨기고 떡과 물을 먹였
> 었더라 5 아합이 오바댜에게 이르되 이 땅의 모든 물 근원과 모든 내
> 로 가자 혹시 꼴을 얻으리라 그러면 말과 노새를 살리리니 짐승을 다
> 잃지 않게 되리라 하고 6 두사람이 두루 다닐 땅을 나누어 아합은 홀
> 로 이 길로 가고 오바댜는 홀로 저 길로 가니라 7 오바댜가 길에 있을
> 때에 엘리야가 저를 만난지라 저가 알아보고 엎드려 말하되 내 주 엘
> 리야여 당신이시니이까 8 대답하되 그러하다 가서 네 주에게 고하기
> 를 엘리야가 여기 있다하라 9 가로되 내가 무슨 죄를 범하였기에 당
> 신이 당신의 종을 아합의 손에 붙여 죽이게 하려 하시나이까 10 당신
> 의 하나님 여호와의 사심을 가리켜 맹세하노니 내 주께서 사람을 보
> 내어 당신을 찾지 아니한 족속이나 나라가 없었는데 저희가 말하기를
> 엘리야가 없다 하면 그 나라와 그 족속으로 당신을 보지 못하였다는

> 맹세를 하게 하였거늘 11 이제 당신의 말씀이 가서 네 주에게 고하기
> 를 엘리야가 여기 있다 하라 하시니 12 내가 당신을 떠나간 후에 여호
> 와의 신이 나의 알지 못하는 곳으로 당신을 이끌어 가시리니 내가 가
> 서 아합에게 고하였다가 저가 당신을 찾지 못하면 내가 죽임을 당하
> 리이다 당신의 종은 어려서부터 여호와를 경외하는 자라 13 이세벨이
> 여호와의 선지자들을 죽일 때에 내가 여호와의 선지자 중에 일백인을
> 오십인씩 굴에 숨기고 떡과 물로 먹인 일이 내 주께 들리지 아니하였
> 나이까 14 이제 당신의 말씀이 가서 네 주에게 고하기를 엘리야가 여
> 기 있다 하라 하시니 그리하면 저가 나를 죽이리이다 15 엘리야가 이
> 르되 내가 모시는 만군의 여호와[23]의 사심을 가리켜 맹세하노니 내가
> 오늘날 아합에게 보이리라(왕상 18장).

본문은 엘리야가 아합을 만나기 직전의 상황을 상당히 길게 이야기한다. 아합은 엘리야를 찾는 대신에 기근이 너무 심해서 물을 확보하기 위해서 직접 나선다. 수원을 찾기 위해서 사람들을 동원하고 팀을 둘로 나누어서 한 팀은 자신이 직접 지휘하고 다른 팀은 오바댜에게 맡긴다. 가뭄 초기에는 전혀 가뭄대책을 세우지 않던 아합이 이렇게 직접 나서는 것을 보면 당시 가뭄이 매우 극심했음을 보여준다. 그런데 문제는 사람들을 위해서 수원을 찾아 나선 것이 아니라는 것이다. 말과 노새들을 위해서 나선 것이다(5절).[24] 그렇게 수원을 찾는 도중에 엘리야는 오바댜에게 나타난다.

그런데 본문은 엘리야가 오바댜를 만나는 장면을 필요 이상으로 길게 말한다. 왜 이렇게 장황하게 말하는 것일까? 오바댜는 매우 위험한 일을 하는 사람이다. 그는 왕의 신임을 두텁게 받던 사람이면서 비밀결사단체같은 야훼 조직의 일원이었다. 이세벨이 선지자들을 체

---

23) 이 용어는 열왕기에서 다섯 번 나오는데 그 첫 번째이다.
24) Simon J. DeVries, 218f. 당시 아합의 전차부대는 2,000대였다고 한다: James S. Montgomery, 299.

포해서 처형할 때 선지자 100명을 동굴로 피신시켜서[25] 그들을 구해 낸 사람이 바로 오바댜라는 것을 본문은 해설자 입을 통해서 그리고 오바댜 자신의 입을 통해서 두 번이나 말하게 한다. 100명을 얼마 동안 숨겨주었는지 모르지만 그들을 피신시키는 경비가 엄청나게 들었을 것이고 그 일을 결코 혼자서 할 수 없었을 것이기 때문에 틀림없이 오바다를 돕는 조직이 있었을 것이다. 오바댜가 하는 말을 통해서 우리는 당시에 극심한 탄압이 있었고 이 탄압은 엘리야 때문에 일어났다는 것을 알 수 있는데, 오바댜는 아합이 아닌 이세벨이 선지자들을 처형했다고 밝힘으로써, 초점을 이세벨에게 맞춘다.

오바댜는 엘리야를 만나자 그 앞에 엎드려서 존경을 표하기는 하지만 반가워하지는 않는다. 반가워하기는커녕 자신이 엘리야을 만난 것만으로도 생명이 위험하다고 말한다. 엘리야가 두 번이나 부탁을 하는데도 오바댜는 그 말을 신뢰하지 않는다. 엘리야는 오바댜를 위험에 빠뜨리고 그 남은 조직까지 어렵게 만들 수 있는 위험인물이라는 것이다. 엘리야는 하나님을 걸고 맹세를 한 다음에야 오바댜를 설득시킬 수 있었다. 그러니까 엘리야는 그렇게 환영받는 인물은 아니었던 것이다.

엘리야는 오바댜를 간신히 설득해서 아합을 만나는데 이제 엘리야가 아합을 만나는 장면을 살펴보자.

> 16 오바댜가 가서 아합을 만나 고하매 아합이 엘리야를 만나려 하여 가다가 17 엘리야를 볼 때에 저에게 이르되 이스라엘을 괴롭게 하는 자여 네냐 18 저가 대답하되 내가 이스라엘을 괴롭게 한 것이 아니라

25) 그레이는 오바댜가 선지자들을 피신시킨 그 동굴들이 갈멜산에 있었을 것으로 본다. 갈멜산은 예로부터 동굴들이 많은 곳으로 알려졌다: John Gray, 390.

당신과 당신의 아비의 집이 괴롭게 하였으니 이는 여호와의 명령을 버렸고 당신이 바알들을 좇았음이라 19 그런즉 보내어 온 이스라엘과 이세벨의 상에서 먹는 바알의 선지자 사백 오십인과 아세라의 선지자 사백인을 갈멜산으로 모아 내게로 나오게 하소서 20 아합이 이에 이스라엘 모든 자손에게로 보내어[26] 선지자들을 갈멜 산으로 모으니라 (왕상 18장).

엘리야와 아합은 만나서 당시 사태에 대해서 이야기를 나눈다. 아합은 나라가 어려운 것이 엘리야 때문이라고 말하는데 엘리야는 아합이 바알을 섬기는 것 때문에, 즉 이세벨을 중심으로 한 바알종교 세력들 때문에 국가가 어렵다고 말한다. 이렇게 책임공방을 한 다음, 엘리야는 이세벨의 지지세력들을 갈멜산으로 모아달라고 아합에게 부탁한다. 그런 다음 엘리야가 하는 말이 계속 이어지는 것을 보면 아합도 엘리야가 지적한 것을 수긍했을 가능성이 있다. 아합은 엘리야가 제안한 것을 순순히 받아들이고 사람들을 이스라엘 전 지역으로 보내서 이세벨의 지지세력인 바알과 아세라 선지자들을 갈멜산으로 불러 모은다. 갈멜산 사건이 자신에게 불리할 것이라고 생각했다면, 아합은 엘리야가 제안하는 것을 수용하지 않았을 것이다. 그런데 이렇게 아합이 엘리야가 하는 말을 받아들여서 갈멜산 사건을 주관하는 것을 보면 그것이 자신에게 유리하다고 판단했던 것으로 보인다. 그리고 아합은 자신의 정치적 입지를 확고하게 하기 위해서 엘리야와 어떤 협상을 했는지도 모른다.[27] 이런 조짐은 엘리야가 문제

---

26) 이것은 이세벨을 지지하는 바알과 아세라 선지자들이 이스라엘 전역에 흩어져 있고 그 세력이 막강했음을 보여준다.

27) 갈멜산 집회는 당시 가뭄으로 인한 곤경을 벗어나기 위해서 아합이 꾸민 고도로 치밀한 계략이었을까? 아합의 입장에서는 누구든 희생제물이 되기를 바란 것은 아닐까? 가뭄을 빌미로 삼아서 누군가를 처형하고 자기 권력을 강화하려는 의지가 있었던 것은 아닐까? 마치 다윗왕때 3년간 연속해서

삼는 것이 아합이 아니고, 이세벨이라는 것에서도 드러난다.[28] 그래서 우리는 이런 의문을 갖는다. 엘리야는 갈멜산 사건을 통해서 바알 선지자들을 제거함으로써 이세벨을 완전히 제거하지는 못한다 해도 그 힘을 약화시키려고 한 것은 아닐까? 그래서 아합이 이세벨에게서 벗어나도록 도우려 한 것이 아닐까? 그리고 아합도 이것을 묵시적으로 인정한 것이 아닐까? 갈멜산 사건은 엘리야가 제안하고 아합이 주관해서 일어난 두 사람의 합작품은 아닐까? 앞으로 이것들을 규명하면서 갈멜산 사건의 진상을 살펴보려고 한다.

엘리야의 제안을 받아들인 아합은 사람들을 보내서 전국에 있는 바알과 아세라 선지자들을 불러 모은다. 그래서 850명이나 되는 사람들이 모여들었다. 엘리야는 누구와 함께 그곳에 왔을까? 단을 보수하고 물을 길어오고 제물을 올리는 일, 그리고 바알 선지자 450명을 도망가지 못하게 하고 그들을 다 끌고 기손 시내로 내려가서 쳐 죽인 일. 이런 일들은 엘리야 혼자서 할 수 있는 일이 아니다. 그렇다면 엘리야를 돕는 사람들이 있었고 그들은 어느 정도 무장을 했을 것이다. 그들은 과연 누구일까? 그레이는 엘리야가 갈멜산을 택한 이유를 오바댜가 숨겨놓은 선지자들이 그곳 동굴들에 숨어있어서 동지를 규합하기 쉬웠기 때문이라고 말한다.[29] 그리고 시간적으로 엘리야가 모든 일을 다 처리할 수 없었기 때문에 바알의 선지자 450

기근이 발생했을 때 사울이 기브온 사람들을 이유없이 학살했다는 것을 들어서 사울 자식 일곱을 처형한 것과 같은 이유일까?

28) 앤더슨은 아합이 이스라엘의 하나님 야훼를 배척할 생각은 전혀 없었던 것으로 보인다고 말하는데 그 근거를 아합이 자녀들의 이름에 '야'를 넣고, 그리고 야훼의 선지자들에게 자문을 구한 사실에서 찾는다: B. W. Anderson, *Understanding the Old Testament*, 강성열·노항규 옮김, 『구약성서이해』(서울: 크리스찬다이제스트, 1994, 1996), 330. 이런 아합과 달리 이세벨은 이스라엘의 전통적인 신앙을 뿌리뽑기 위해서 야훼의 선지자들을 멸절시켰다(331).

29) John Gray, 390, 394f.

명을 처형하는 일을 그 동지들에게 맡겼을 것으로 보인다.[30]

갈멜산 사건의 하이라이트는 무엇인가?

갈멜산 사건을 자세하게 살펴보자.

첫째 제안
21 엘리야가 모든 백성에게 가까이 나아가 이르되 너희가 어느 때까
지 두 사이에서 머뭇머뭇 하려느냐 여호와가 만일 하나님이면 그를
좇고 바알이 만일 하나님이면 그를 좇을지니라 하니 백성이 한 말도
대답지 아니하는지라
둘째 제안
22 엘리야가 백성에게 이르되 여호와의 선지자는 나만 홀로 남았으나
바알의 선지자는 사백 오십인이로다 23 그런즉 두 송아지를 우리에게
가져오게 하고 저희는 한 송아지를 택하여 각을 떠서 나무 위에 놓고
불은 놓지 말며 나도 한 송아지를 잡아 나무 위에 놓고 불은 놓지 말
고 24 너희는 너희 신의 이름을 부르라 나는 여호와의 이름을 부르리
니 이에 불로 응답하는 신 그가 하나님이니라 백성이 다 대답하되 그
말이 옳도다
1. 바알의 선지자
25 엘리야가 바알의 선지자들에게 이르되 너희는 많으니 먼저 한 송
아지를 택하여 잡고 너희 신의 이름을 부르라 그러나 불을 놓지 말라
26 저희가 그 받은 송아지를 취하여 잡고 아침부터 낮까지 바알의 이
름을 불러 가로되 바알이여 우리에게 응답하소서 하나 아무 소리도
없으므로 저희가 그 쌓은 단 주위에서 뛰놀더라 27 오정에 이르러는
엘리야가 저희를 조롱하여 가로되 큰 소리로 부르라 저는 신인즉 묵
상하고 있는지 혹 잠간 나갔는지 혹 길을 행하는지 혹 잠이 들어서 깨
워야 할 것인지 하매 28 이에 저희가 큰 소리로 부르고 그 규례를 따

30) John Gray, 385f.

라 피가 흐르기까지 칼과 창으로 그 몸을 상하게 하더라 29 이같이 하
여 오정이 지났으나 저희가 오히려 진언을 하여 저녁 소제 드릴 때까
지 이를지라도 아무 소리도 없고 아무 응답하는 자도 없고 아무 돌아
보는 자도 없더라

2. 엘리야

30 엘리야가 모든 백성을 향하여 이르되 내게로 가까이 오라 백성이
다 저에게 가까이 오매 저가 무너진 여호와의 단을 수축하되 31 야곱
의 아들들의 지파의 수효를 따라 열 두 돌을 취하니 이 야곱은 여호와
께서 옛적에 저에게 임하여 이르시기를 네 이름을 이스라엘이라 하리
라 하신 자더라 32 저가 여호와의 이름을 의지하여 그 돌로 단을 쌓고
단으로 돌아 가며 곡식 종자 두 세아를 용납할 만한 도랑을 만들고 33
또 나무를 벌이고 송아지의 각을 떠서 나무 위에 놓고 이르되 통넷에
물을 채워다가 번제물과 나무위에 부으라 하고 34 또 이르되 다시 그
리하라 하여 다시 그리하니 또 이르되 세번 그리하라 하여 세번 그리
하니 35 물이 단으로 두루 흐르고 도랑에도 물이 가득하게 되었더라
36 저녁 소제 드릴때에 이르러 선지자 엘리야가 나아가서 말하되 아
브라함과 이삭과 이스라엘의 하나님 여호와여 주께서 이스라엘 중에
서 하나님이 되심과 내가 주의 종이 됨과 내가 주의 말씀대로 이 모든
일을 행하는 것을 오늘날 알게 하옵소서 37 여호와여 내게 응답하옵
소서 내게 응답하옵소서 이 백성으로 주 여호와는 하나님이신 것과
주는 저희의 마음으로 돌이키게 하시는 것을 알게 하옵소서 하매 38
이에 여호와의 불이 내려서 번제물과 나무와 돌과 흙을 태우고 또 도
랑의 물을 핥은지라

결과와 후속조치

39 모든 백성이 보고 엎드려 말하되 여호와 그는 하나님이시로다 여
호와 그는 하나님이시로다 하니 40 엘리야가 저희에게 이르되 바알의
선지자를 잡되 하나도 도망하지 못하게 하라 하매 곧 잡은지라 엘리
야가 저희를 기손 시내로 내려다가 거기서 죽이니라(왕상 18장).

본문을 읽어보면 엘리야가 주도적임을 금방 알 수 있다. 대결방

식도 엘리야가 정한다. 다른 선지자들은 거기에 순순히 따른다. 어떻게 엘리야가 주도적으로 대결을 이끌어나갔을까? 아합이 엘리야에게 모든 것을 맡기지 않았다면 그렇게 하지 못했을 것이다. 우리는 여기서도 아합과 엘리야 사이에 묵계가 있었을 것으로 짐작한다.

우리는 하늘에서 불이 내린 것을 갈멜산 사건의 하이라이트로 보는데 엘리야 전승들에서 불을 강조하는 곳은 없다. 엘리야 전승 본문들을 순서대로 살펴보자.

> 5 보라 여호와의 크고 두려운 날이 이르기 전에 내가 선지자 엘리야
> 를 너희에게 보내리니 6 그가 아비의 마음을 자녀에게로 돌이키게 하
> 고 자녀들의 마음을 그들의 아비에게로 돌이키게 하리라 돌이키지 아
> 니하면 두렵건대 내가 와서 저주로 그 땅을 칠까 하노라 하시니라(말
> 라기 4장).

> 2 요한이 옥에서 그리스도의 하신 일을 듣고 제자들을 보내어 3 예수
> 께 여짜오되 오실 그이가 당신이오니이까 우리가 다른이를 기다리오
> 리이까 4 예수께서 대답하여 가라사대 너희가 가서 듣고 보는 것을
> 요한에게 고하되 5 소경이 보며 앉은뱅이가 걸으며 문둥이가 깨끗함
> 을 받으며 귀머거리가 들으며 죽은 자가 살아나며 가난한 자에게 복
> 음이 전파된다 하라 6 누구든지 나를 인하여 실족하지 아니하는 자는
> 복이 있도다 하시니라 7 저희가 떠나매 예수께서 무리에게 요한에 대
> 하여 말씀하시되 너희가 무엇을 보려고 광야에 나갔더냐 바람에 흔들
> 리는 갈대냐 8 그러면 너희가 무엇을 보려고 나갔더냐 부드러운 옷
> 입은 사람이냐 부드러운 옷을 입은 자들은 왕궁에 있느니라 9 그러면
> 너희가 어찌하여 나갔더냐 선지자를 보려더냐 옳다 내가 너희에게 이
> 르노니 선지자보다도 나은 자니라 10 기록된바 보라 내가 내 사자를
> 네 앞에 보내노니 저가 네 길을 네 앞에 예비하리라 하신 것이 이 사
> 람에 대한 말씀이니라 11 내가 진실로 너희에게 말하노니 여자가 낳
> 은 자 중에 세례요한보다 큰 이가 일어남이 없도다 그러나 천국에서

는 극히 작은 자라도 저보다 크니라 12 세례요한의 때부터 지금까지 천국은 침노를 당하나니 침노하는 자는 빼앗느니라 13 모든 선지자와 및 율법의 예언한 것이 요한까지니 14 만일 너희가 즐겨 받을진대 오리라 한 엘리야가 곧 이 사람이니라(마태복음 11장).

13 예수께서 가이사랴 빌립보 지방에 이르러 제자들에게 물어 가라사대 사람들이 인자를 누구라 하느냐 14 가로되 더러는 세례 요한, 더러는 엘리야, 어떤이는 예레미야나 선지자 중의 하나라 하나이다 15 가라사대 너희는 나를 누구라 하느냐 16 시몬 베드로가 대답하여 가로되 주는 그리스도시요 살아계신 하나님의 아들이시니이다 17 예수께서 대답하여 가라사대 바요나 시몬아 네가 복이 있도다 이를 네게 알게 한 이는 혈육이 아니요 하늘에 계신 내 아버지시니라 18 또 내가 네게 이르노니 너는 베드로라 내가 이 반석 위에 내 교회를 세우리니 음부의 권세가 이기지 못하리라 19 내가 천국 열쇠를 네게 주리니 네가 땅에서 무엇이든지 매면 하늘에서도 매일 것이요 네가 땅에서 무엇이든지 풀면 하늘에서도 풀리리라 하시고 20 이에 제자들을 경계하사 자기가 그리스도인 것을 아무에게도 이르지 말라 하시니라(마태복음 16장).

24 또 가라사대 내가 진실로 너희에게 이르노니 선지자가 고향에서 환영을 받는 자가 없느니라 25 내가 참으로 너희에게 이르노니 엘리야 시대에 하늘이 세 해 여섯 달을 닫히어 온 땅에 큰 흉년이 들었을 때에 이스라엘에 많은 과부가 있었으되 26 엘리야가 그 중 한 사람에게도 보내심을 받지 않고 오직 시돈 땅에 있는 사렙다의 한 과부에게 뿐이었으며 27 또 선지자 엘리사 때에 이스라엘에 많은 문둥이가 있었으되 그 중에 한 사람도 깨끗함을 얻지 못하고 오직 수리아 사람 나아만 뿐이니라 28 회당에 있는 자들이 이것을 듣고 다 분이 가득하여 29 일어나 동네 밖으로 쫓아내어 그 동네가 건설된 산 낭떠러지까지 끌고 가서 밀쳐 내리치고자 하되 30 예수께서 저희 가운데로 지나서 가시니라(누가복음 4장).

> 13 너희 중에 고난 당하는 자가 있느냐 저는 기도할 것이요 즐거워하
> 는 자가 있느냐 저는 찬송할지니라 14 너희 중에 병든 자가 있느냐 저
> 는 교회의 장로들을 청할 것이요 그들은 주의 이름으로 기름을 바르
> 며 위하여 기도할지니라 15 믿음의 기도는 병든 자를 구원하리니 주
> 께서 저를 일으키시리라 혹시 죄를 범하였을찌라도 사하심을 얻으리
> 라 16 이러므로 너희 죄를 서로 고하며 병 낫기를 위하여 서로 기도하
> 라 의인의 간구는 역사하는 힘이 많으니라 17 엘리야는 우리와 성정
> 이 같은 사람이로되 저가 비 오지 않기를 간절히 기도한즉 삼년 육개
> 월 동안 땅에 비가 아니 오고 18 다시 기도한즉 하늘이 비를 주고 땅
> 이 열매를 내었느니라(야고보서 5장).

말라기 4장과 마태복음 11장, 그리고 마태복음 16장은 다시 올 엘리야를 주제로 한다는 점에서 서로 연관성이 있고 누가복음 4장은 엘리야-엘리사 전승을 상당히 폭넓게 수용한다. 그리고 야고보서 5장은 엘리야가 기도하는 사람임을 부각한다. 어느 본문도 불 이야기를 언급하지 않는다. 그렇기 때문에 우리는 갈멜산 사건의 핵심이 무엇인지를 다시 생각해보아야 한다. 갈멜산에 불이 내린 것이 그토록 엄청난 일이었다면 후대 사람들도 그것을 핵심사건으로 기억했을텐데, 그렇지 않다는 점에서 의문이 생긴다. 불이 내린 것은 하나님 능력을 보여주는 것이라고 할 수 있지만 그것이 갈멜산 사건의 핵심은 아니라는 것이다. 엘리야가 호렙산 동굴 앞에서 바람과 지진, 불에서 하나님을 만나지 못하고 세미한 음성으로 하나님 말씀을 듣는 장면을 보면 불이 아무리 센세이셔날한 것이라고 해도 핵심은 아니라는 것이다.[31]

---

31) 그럼에도 불구하고 우리가 여전히 불에 매어있다면 그것은 일종의 우상숭배이다. 모세시대에 뱀들이 나타나서 사람들을 물어죽이자 하나님은 모세로 하여금 구리뱀을 만들어서 장대에 걸고 사람들이 그것을 쳐다보게 했는데 뱀에 물린 사람들이 그것을 살아났다. 그런데 그 구리뱀은 그 이후로 우

갈멜산 사건은 어떤 영향을 미쳤는가?

하늘에서 불이 내려 주변을 태우고 사람들은 그것을 보고 하나님이 참신이라고 고백하는 장면은 언제 생각해보아도 감격스럽다. 그런데 갈멜산 사건은 도대체 무슨 의미가 있는 사건인가? 갈멜산 사건이 하나님과 바알의 대결이었다면, 그래서 하나님이 승리해서 사람들이 하나님을 참신으로 고백했다면 이세벨을 지지하는 바알 선지자 450명이 제거되었다면, 그 이후에 신앙적인 변화가 일어나야 하는데 전혀 그런 흔적이 보이질 않는다.[32] 그렇다면 하나님과 바알이 겨룬 대결 자체가 무슨 의미가 있는가? 그곳에 모여서 하나님이 내린 불을 보고 하나님을 참신이라고 고백한 사람들은 도대체 어떻게 되었을까? 아합이 이세벨에게 갈멜산 사건을 보고하자 이세벨은 엘리야를 죽이려고 한다. 그녀를 지지하는 선지자 450명이 갈멜산 근처에서 무참히 도륙을 당했는데도 이세벨이 여전히 그 힘을 잃지

상처럼 숭배되어서 히스기야때까지 이어졌다. 사람들은 그 구리뱀이 능력을 갖고 있는 것으로 생각하고 구리뱀을 숭배한 것이다. 그래서 그 구리뱀은 원래 하나님의 능력을 드러내는 역할을 했는데 이제는 오히려 하나님을 가리는 우상이 된 것이다. 그래서 히스기야는 그 폐해를 알고 구리뱀, 즉 느후스단을 부셔버린다. 우리가 불에 집착하는 것은 느후스단에 집착하는 것과 마찬가지다. 우리는 히스기야가 느후스단을 부셔버리듯이 불에 대한 집착을 깨뜨려야 한다. 그래야만 불에서 벗어나 하나님을 볼 수 있는 것이다.

32) "갈멜산에서의 대결–'온 이스라엘(왕상 18:19-20)의 참여, 백성들의 야훼에 대한 일치된 신앙고백, 바알 예언자들의 대량 학살-에 관한 극적인 묘사는 우리에게 바알 종교가 한꺼번에 완전히 무너졌다는 인상을 주기 쉽다. 그러나 실제로 엘리야의 승리는 그렇게 결정적이지 못했다. 몇 년 후의 상황을 보면 바알 신전을 꽉 채울 만큼 바알 숭배자들은 여전히 많았다(왕하 10:21). 또한 갈멜산의 승리는 싸움의 끝도 아니었다. 이세벨이 여전히 권세를 쥐고서 엘리야를 바싹 뒤쫓고 있다는 것을 엘리야도 알고 있었다": B. W. Anderson, 334f.

않았다면 그녀가 가진 힘은 얼마나 막강한 것인가? 엘리야가 아합을 설득해서 일으킨 갈멜산 사건은 가뭄을 끝내고 비를 내린 것 외에 이스라엘에 어떤 영향을 미쳤는가? 엘리야는 과연 갈멜산에서 승리한 것인가 실패한 것인가?

그리고 갈멜산 사건으로 인해서 가장 큰 이득을 본 사람은 누굴까? 우리는 당연히 엘리야를 비롯한 야훼 세력이 가장 많은 이득을 얻었을 것으로 생각한다. 이 일로 인해서 엘리야가 능력을 보여주고 입지를 확보했을 것으로 생각한다. 그러나 우리 생각과는 달리 엘리야는 이 일로 인해서 전혀 이득을 얻지 못했고 실제로는 아합과 이세벨이 가장 많은 덕을 보았다.[33] 오랫동안 비가 내리지 않아서 국가가 어려웠을 때는 아합과 이세벨이 어려웠을 것이다. 백성들이 아합과 이세벨에게 불만을 품었을 것이다. 그러나 이제 비가 내림으로써 2년 동안의 가뭄이 끝나고, 아합과 이세벨도 곤경에서 벗어났다. 그리고 비가 오지 않아서 고통을 당하면서 아합과 이세벨에 대해서 불만을 품었던 사람들도 드디어 비가 내리고 가뭄이 해소되자 모두 자기 삶의 터전으로 돌아갔을 것이다. 가뭄으로 짓지 못했던 농사를 다시 지었을 것이다. 비가 내림으로써 이스라엘은 다시 평화를 찾은 것이다. 이 갈멜산 사건으로 이세벨은 힘을 더 강화시킨 반면, 엘리야는 위기에 처하는 아이러니가 일어난다. 갈멜산 사건에도 불구하고 이세벨은 전혀 타격을 입지 않았고 바알종교세력들이 붕괴되었다는 흔적도 찾아보기 어렵다. 오히려 갈멜산 사건으로 이세벨은 힘을 더 강화하고 엘리야는 목숨을 위협받는 상황에 처한 것이다. 왕상 19장 1-14절[34]을 읽어보자.

33) 야훼종교세력들이 얻은 승리는 잠시 뿐이었고, 바알세력들은 예후가 쿠데타를 일으켜서 제거하기까지 여전했고, 유다에서는 아달랴가 암살될 때까지 바알종교가 지속되었다: John Gray, 403.

1 아합이 엘리야의 무릇 행한 일과 그가 어떻게 모든 선지자를 칼로 죽인 것을 이세벨에게 고하니 2 이세벨이 사자를 엘리야에게 보내어 이르되 내가 내일 이맘때에는 정녕 네 생명으로 저 사람들 중 한 사람의 생명 같게 하리라 아니하면 신들이 내게 벌 위에 벌을 내림이 마땅하니라 한지라 3 저가 이 형편을 보고 일어나 그 생명을 위하여 도망하여 유다에 속한 브엘세바에 이르러 자기의 사환을 그 곳에 머물게 하고 4 스스로 광야로 들어가 하룻길쯤 행하고 한 로뎀나무 아래 앉아서 죽기를 구하여 가로되 여호와여 넉넉하오니 지금 내 생명을 취하옵소서 나는 내 열조보다 낫지 못하니이다 하고 5 로뎀나무 아래 누워 자더니 천사가 어루만지며 이르되 일어나서 먹으라 하는지라 6 본즉 머리맡에 숯불에 구운 떡과 한 병 물이 있더라 이에 먹고 마시고 다시 누웠더니 7 여호와의 사자가 또 다시 와서 어루만지며 이르되 일어나서 먹으라 네가 길을 이기지 못할까 하노라 하는지라 8 이에 일어나 먹고 마시고 그 식물의 힘을 의지하여 사십주 사십 야를 행하여 하나님의 산 호렙에 이르니라 9 엘리야가 그곳 굴에 들어가 거기서 유하더니 여호와의 말씀이 저에게 임하여 이르시되 엘리야야 네가 어찌하여 여기 있느냐 10 저가 대답하되 내가 만군의 하나님 여호와를 위하여 열심이 특심하오니[35] 이는 이스라엘 자손이 주의 언약을 버리고 주의 단을 헐며 칼로 주의 선지자들을 죽였음이오며 오직 나만 남았거늘 저희가 내 생명을 찾아 취하려 하나이다 11 여호와께서 가라사대 너는 나가서 여호와의 앞에서 산에 섰으라 하시더니 여호와께서 지나가시는데 여호와의 앞에 크고 강한 바람이 산을 가르고 바위를 부수나 바람 가운데 여호와께서 계시지 아니하며 바람 후에 지진이 있으나 지진 가운데도 여호와께서 계시지 아니하며 12 또 지진 후에 불이 있으나 불 가운데도 여호와께서 계시지 아니 하더니 불 후에 세미한 소리가 있는지라 13 엘리야가 듣고 겉옷으로 얼굴을 가리우고 나가 굴 어귀에

---

34) 이 본문에 대한 자세한 설명은 이종록, “엘리야는 겁쟁이?,” 『삶이 있는 성경읽기』(서울: 한국장로교출판사, 1999), 207-240쪽을 보라.

35) 엘리야는 같은 말을 두 번씩(10, 14절) 하는데 ‘열심’은 예후의 열심을 연상케 한다(열왕기하 10장 16절).

> 서매 소리가 있어 저에게 임하여 가라사대 엘리야야 네가 어찌하여 여기 있느냐 14 저가 대답하되 내가 만군의 하나님 여호와를 위하여 열심이 특심하오니 이는 이스라엘 자손이 주의 언약을 버리고 주의 단을 헐며 칼로 주의 선지자들을 죽였음이오며 오직 나만 남았거늘 저희가 내 생명을 찾아 취하려 하나이다(왕상 19장).

아합으로부터 갈멜산 사건을 전해들은 이세벨은 전령을 엘리야에게 보내서 그를 반드시 죽이겠다고 말한다. 그래서 엘리야는 자기 사환들 몇 명만 데리고 숨 가쁜 피난길에 나선다. 그러면서 그가 느끼는 것은 자신이 철저히 고립되었다는 것이다. 이것은 이런 추리를 가능케 한다. 엘리야가 갈멜산 사건을 일으키기 전까지는 오바댜가 숨겨놓은 선지자들이 발각되지 않았는데, 그들이 갈멜산에 등장해서 바알 선지자들을 죽임으로써 마지막 조직까지 드러났고 이것을 이세벨이 붕괴시켜버리고 오바댜도 제거한 것은 아닌가? 그래서 엘리야는 아무에게도 도움을 받지 못한 것은 아닐까? 오바댜가 엘리야를 만났을 때 바로 이것을 염려한 것은 아니었을까? 어쨌든 엘리야는 이제 자기만 남았는데 자기 목숨도 위태롭다고 하나님께 하소연한다(10절). 아합 왕의 마차 앞에서 달려갈 정도로 힘이 왕성했던 엘리야는 불과 며칠이 지나지 않아서 완전히 탈진한 채 브엘세바 근처 광야로 숨어든다. 사환들을 브엘세바에 남겨놓고 엘리야가 혼자서 더 깊숙한 광야로 들어가서 로뎀나무 아래 누웠다는 것은 그가 얼마나 다급하게 피신하는지를 보여준다. 자기를 쥐도 새도 모르게 제거해버리기 위해서 이세벨이 파견한 암살자들을 피해서 정신없이 도망갔을 것이다. 아무도 엘리야를 도와주거나 은신처를 제공해주지 않았다. 갈멜산의 영웅 엘리야를 도와주거나 은신시켜주는 사람들이 전혀 없어서 유다에 속한 브엘세바까지 도망을 가고 거기도 안전하지 못해서 다시 호렙까지 40일이나 걸려 도망가는 모습에서 우리는 엘리야가 얼마나 고립되었는지를 충분히 짐작할 수 있다. 엘리야는 차라리 자기를 죽여 달라고 하나님께 말한다. 도대체 갈멜산 사건이 일어난지 며칠이나 지났다고 엘리야가 이 지경에 이르렀단 말인가. 갈멜산 사건에도 불구하고 그동안 은신하던 야훼종교세력을 완전히 색출해서 그 조직을 파괴해버리고, 엘리야를 고립시켜버린 이세벨은 얼마나 주도면밀하고 그녀의 힘은 도대체 얼마나 막강한 것인가?

엘리야는 왕권을 교체할 마음이 있었는가?

갈멜산 사건을 계획하면서 엘리야는 아합과 이세벨을 제거하고 왕권을 교체하려고 했을까? 갈멜산 사건을 계획하고 그 일을 진행할 때까지만 해도 엘리야를 비롯한 야훼종교세력들은 아합을 제거할 마음이 전혀 없었다. 엘리야가 아합을 제거할 마음이 없었다는 것은 다음 본문에서 확인할 수 있다.

> 41 엘리야가 아합에게 이르되 올라가서 먹고 마시소서 큰 비의 소리
> 가 있나이다 42 아합이 먹고 마시러 올라가니라 엘리야가 갈멜산 꼭
> 대기로 올라 가서 땅에 꿇어 엎드려 그 얼굴을 무릎 사이에 넣고 43
> 그 사환에게 이르되 올라가 바다 편을 바라보라 저가 올라가 바라 보
> 고 고하되 아무것도 없나이다 가로되 일곱번까지 다시 가라 44 일곱
> 번째 이르러서는 저가 고하되 바다에서 사람의 손만한 작은 구름이
> 일어나나이다 가로되 올라가 아합에게 고하기를 비에 막히지 아니하
> 도록 마차를 갖추고 내려가소서 하라 하니라 45 조금 후에 구름과 바
> 람이 일어나서 하늘이 캄캄하여지며 큰 비가 내리는지라 아합이 마차
> 를 타고 이스르엘로 가니 46 여호와의 능력이 엘리야에게 임하매 저
> 가 허리를 동이고 이스르엘로 들어가는 곳까지 아합 앞에서 달려갔더
> 라(왕상18장).

이 구절들을 읽어보면 아합도 마찬가지고 엘리야도 아합에 대해

서 전혀 적대감을 갖고 있지 않다. 본문은 엘리야가 오히려 아합에게 예의를 갖추었음을 보여준다. 아합과 엘리야는 위엄 있는 군주와 충성스런 신하 사이로 보인다. 엘리야가 아합을 제거할 마음이 있었다면 결코 그렇게 하지 않았을 것이다. 엘리야가 아합을 얼마나 정중하게 대하는가? 엘리야는 아합에게 비가 올 것이기 때문에 먹고 마시라고 말한다. 이것은 아합과 엘리야, 그리고 야훼의 관계가 갱신되었음을 보여준다.[36] 그리고 비가 내릴 때 엘리야는 아합보다 앞서서 달려갔다. 아합의 마차를 선두해서 달려가는 엘리야.[37] 이런 모습은 엘리야가 아합을 제거하려고 하지 않았을 뿐만 아니라 오히려 아합을 지지하는 듯한 모습을 보여준다.[38] 그렇다면 엘리야가 의도한 것은 무엇이었을까? 바알 선지자들을 제거해버림으로써 아합 주위에 포진하는 이세벨 세력을 끊어버리고 그 자리를 야훼지지세력으로 채우고 시돈의 영향력에서 벗어나 이스라엘 왕권을 아합에게 온전히 돌려주려고 했던 것일까? 그래서 어떤 측면에는 아합과 엘리야가 내심 결탁한 것은 아닐까? 이세벨은 이것을 눈치 채고 자신의 절대적 지지세력인 바알 선지자들과 아세라 선지자들이 엘리야 집단과 대결하는 갈멜산에 가지 않고 왕궁에 남아있으면서 갈멜산 사건 이후를 준비한 것은 아닐까? 갈멜산 사건으로 드러난 야훼종교세력들을 일망타진하고 엘리야까지 제거하려 한 것은 아닐까? 그리고 아합

36) John Gray, 403.

37) 아합의 동의를 얻어내서 갈멜산 사건을 이뤄내고 승리함으로써 아합의 신뢰를 얻은 엘리야는 이스르엘로 가는 아합 왕의 마차를 앞서서 달려가면서 이스르엘에 있는 이세벨 반대세력들에게 자신의 성공을 과시하고 그들에게 확신을 줌으로써 아합이 이세벨을 제어하는 데 필요한 도움을 주고자 했던 것으로 보인다: John Gray, 405.

38) 엘리야는 아합을 여전히 왕으로 인정하고 그를 깨우쳐서 선한 왕이 되게 하려고 한다: Simon J. DeVries, 219.

을 압박해서 엘리야와 어떤 협약을 맺었는지 알아낸 것은 아닐까? 어쨌든 최소한 갈멜산 사건 때까지만 해도 엘리야는 아합을 제거하려고 생각하지 않았고 오히려 그를 도와주려고 했던 것으로 보인다. 엘리야를 비롯한 야훼종교세력들은 아합이 문제가 아니고 이세벨이 문제라고 생각했기 때문에 아합을 제거하고 다른 왕을 세우려고 하기 보다는 이세벨을 제거하면 문제가 해결된다고 생각했던 듯하다.

그런데 이세벨이 자신을 죽이려고 하는 것을 보고 브엘세바를 거쳐서 호렙까지 도망간 엘리야는 거기서 하나님으로부터 이스라엘의 왕권을 교체하라는 명령, 즉 아합 가문을 제거하라는 명령을 받는다.

> 15 여호와께서 저에게 이르시되 너는 네 길을 돌이켜 광야로 말미암
> 아 다메섹에 가서 이르거든 하사엘에게 기름을 부어 아람 왕이 되게
> 하고 16 너는 또 님시의 아들 예후에게 기름을 부어 이스라엘 왕이 되
> 게 하고 또 아벨므홀라 사밧의 아들 엘리사에게 기름을 부어 너를 대
> 신하여 선지자가 되게 하라 17하사엘의 칼을 피하는 자를 예후가 죽
> 일 것이요 예후의 칼을 피하는 자를 엘리사가 죽이리라(왕상 19장).

그러나 엘리야는 그 명령을 다 수행하지 못한다. 엘리야가 하나님으로부터 받은 세가지 명령 가운데서 마지막 임무 즉 엘리사[39]를

39) 버겐은 엘리야와 엘리사가 서로 다른 성향을 가졌을 것이라고 생각한다. 엘리야가 변방출신으로 돕는 사람들 없이 혼자서 활동했다면, 엘리사는 이스라엘의 도시들에서 거주했고, 선지자의 생도들과 함께 생활했으며, 그 외에도 다른 사람들과 함께 했다는 것이다. 그리고 메시지에서도 서로 달랐다고 말한다: Wesley J. Bergen, "The Prophetic Alternative: Elisha and the Israelite Monarchy," ed. by Robert B. Coote, *Elijah and Elisha in Socioliterary Perspective*, JSOTS 286 (Sheffield: Sheffield Academic Press, 1999), 136. 그리고 버겐은 엘리야가 엘리사를 후계자로 임명했을 때, 이세벨과 아합 가문을 제거하라는 사명도 함께 부여받았을텐데, 엘리사의 이야기를 살펴보면 그런 모습을 전혀 발견할 수 없다고 말한다. 바알과 바알종교, 이세벨, 야훼에 관한 이야기

후계자로 정하는 것만 수행하고 나머지 두 가지, 즉 이스라엘 왕과 아람 왕에게 기름 붓는 일은 엘리사가 이어받는다. 갈멜산 사건 이후로 엘리야가 주도적으로 할 일은 더 이상 없었다. 그는 은퇴를 준비해야 했고 후계자를 준비해야 했다.[40] 이런 점에서 갈멜산 사건은 엘리야를 최정상에 오르게 한 사건이 아니고 엘리야를 잠시나마 예언계에서 물러나게 한 사건이다.[41] 그런 엘리야는 호렙산 경험을 통해서 지금까지 해온 운동방향을 완전히 변경한다. 엘리야는 이세벨 제거뿐만 아니라 왕권교체쪽으로 방향을 바꾸면서 엘리사를 후계자로 지명하고 그를 교육하는 일로 그 첫걸음을 시작한다.

> 19 엘리야가 거기서 떠나 사밧의 아들 엘리사를 만나니 저가 열 두 겨리 소를 앞세우고 밭을 가는데 자기는 열둘째 겨리와 함께 있더라 엘리야가 그리로 건너가서 겉옷을 그의 위에 던졌더니 20 저가 소를 버리고 엘리야에게로 달려가서 이르되 청컨대 나로 내 부모와 입맞추게 하소서 그리한 후에 내가 당신을 따르리이다 엘리야가 저에게 이르되 돌아가라 내가 네게 어떻게 행하였느냐 하니라 21 엘리사가 저를 떠나 돌아가서 소 한 겨리를 취하여 잡고 소의 기구를 불살라 그 고기를 삶아 백성에게 주어 먹게 하고 일어나 가서 엘리야를 좇으며 수종 들

들이 엘리사 이야기에는 전혀 나타나지 않는다는 것이다: *Elisha and the End of Prophetism*, 175. 이런 점에서 엘리야-엘리사-예후로 이어지는 것이 아니고, 엘리야-예후로 이어진다고 말한다(162-169). 물론 이런 차이점이 있겠지만 엘리야가 말년에는 엘리사와 더불어 조직재건에 주력했고, 엘리야 승천 이후에 엘리사가 계속해서 조직재건과 유지에 힘을 쏟았기 때문에 왕과 이세벨에 대한 공격에는 전략적인 측면에서 잠시 소홀했던 것으로 볼 수 있겠다.

40) "엘리야가 하사엘과 예후를 기름붓지 않았다는 사실은 호렙 경험이 그의 삶의 끝에서 일어났다는 것을 보여준다": John Gray, 411.

41) 엘리야는 이세벨의 반격을 받으면서 자신이 예언사역을 더 이상 감당할 수 없다고 느끼고 모든 것을 포기했을 것이다: Simon J. DeVries, 235.

었더라(왕상 19장).

이렇게 후계자를 임명한 후에 엘리야는 이스르엘[42] 사람 나봇[43]의 포도원 사건 때 일부러 사마리아로 가서 아합을 만나서 하나님의 심판을 선포하는데 엘리야는 아합 가문이 멸망당할 것임을 분명하게 말한다.

> 17 여호와의 말씀이 디셉 사람 엘리야에게 임하여 가라사대 18 너는
> 일어나 내려가서 사마리아에 거하는 이스라엘 왕 아합을 만나라 저가
> 나봇의 포도원을 취하러 그리로 내려 갔나니 19 너는 저에게 말하여
> 이르기를 여호와의 말씀이 네가 죽이고 또 빼앗았느냐 하셨다 하고
> 또 저에게 이르기를 여호와의 말씀이 개들이 나봇의 피를 핥은 곳에
> 서 개들이 네 피 곧 네 몸의 피도 핥으리라 하셨다 하라 20 아합이 엘
> 리야에게 이르되 나의 대적이여 네가 나를 찾았느냐 대답하되 내가

---

42) 토드는 당시 북왕국 이스라엘 백성들이 이스라엘인과 가나안인으로 구성되어 있었는데 이 두 부류가 서로 긴장관계를 형성하고 있었다고 말한다. 그리고 토드는 사마리아와 이스르엘을 대비하는데 사마리아는 가나안적인 성향이 강한 곳이고, 이스르엘은 이스라엘적인 성향이 강한 곳이며, 사마리아와는 다르게 이스르엘의 지배층은 고대 이스라엘 전통에 따라서 다스렸다고 말한다. 즉 장로들이 공동체에서 일어난 일들을 재판하고 전통적인 토지 영속제도를 준수했다는 것이다: Judith A. Todd, 33.

43) 이스르엘에서 나봇은 아합과 이세벨에 반대하는 대표적인 인물이었을지도 모른다: John Gray, 441. 그렇다면 이 사건 역시 이세벨이 반대세력, 특히 야훼종교세력을 제거하기 위해서 일으킨 것으로 볼 수 있다. 갈멜산 사건 이후로도 이세벨은 반대세력 숙청작업을 계속했던 것이다. 하지만 나봇을 죽임으로써 아합과 이세벨은 이스르엘 사람들의 반감을 샀을 것이다. 이것은 나중에 예후가 쿠데타를 일으킬 때 하는 말(열왕기하 9장 25-26절)에서도 짐작할 수 있다. 나봇 계열에 속한 이스르엘 사람들은 예후의 쿠데타를 지지했을 것이다. 엘리야와 엘리사를 지지하는 사람들 중에는 빈농들도 있었지만 나봇같은 상류층 지주들도 있었다: Judith A. Todd, 8. 엘리사가 머물던 수넴 여인도 상당한 재산가였던 것으로 보인다.

찾았노라 네가 스스로 팔려 여호와 보시기에 악을 행하였으므로 21
여호와의 말씀이 내가 재앙을 네게 내려 너를 쓸어 버리되 네게 속한
남자는 이스라엘 가운데 매인 자나 놓인 자를 다 멸할 것이요 22 또
네 집으로 느밧의 아들 여로보암의 집처럼 되게 하고 아히야의 아들
바아사의 집처럼 되게 하리니 이는 네가 나의 노를 격동하고 이스라
엘로 범죄케 한 까닭이니라 하셨고 23 이세벨에게 대하여도 여호와께
서 말씀하여 가라사대 개들이 이스르엘 성 곁에서 이세벨을 먹을지라
24 아합에게 속한 자로서 성읍에서 죽은 자는 개들이 먹고 들에서 죽
은 자는 공중의 새가 먹으리라 하셨느니라 하니 25 예로부터 아합과
같이 스스로 팔려 여호와 보시기에 악을 행한 자가 없음은 저가 그 아
내 이세벨에게 충동되었음이라 26 저가 여호와께서 이스라엘 자손 앞
에서 쫓아내신 아모리 사람의 모든 행한 것 같이 우상에게 복종하여
심히 가증하게 행하였더라 27 아합이 이 모든 말씀을 들을 때에 그 옷
을 찢고 굵은 베로 몸을 동이고 금식하고 굵은 베에 누우며 행보도 천
천히 한지라 28 여호와의 말씀이 디셉 사람 엘리야에게 임하여 가라
사대 29 아합이 내 앞에서 겸비함을 네가 보느냐 저가 내 앞에서 겸비
함을 인하여 내가 재앙을 저의 시대에 내리지 아니하고 그 아들의 시
대에야 그 집에 재앙을 내리리라 하셨더라(왕상 21장).

이렇게 끔찍한 심판을 선포하는 엘리야는 아합뿐만 아니라(19-22절) 이세벨에 대해서도 심판을 선포하는데(23-26절) 아합이 회개하고 근신하자 하나님은 아합에게 재앙 내리는 것을 그의 아들 시대로 연기하신다. 여기서 보는 대로 엘리야는 하나님으로부터 이스라엘 왕권교체 명령을 받았지만 그럼에도 불구하고 아합 제거를 주저하는 것을 볼 수 있다. 이것은 엘리야가 왕권교체로 운동방향을 바꾸었지만, 그래도 원래 목표하던 것이 아합 제거가 아니고 이세벨 제거였기 때문일 것으로 보인다. 본문은 회개한 아합은 심판을 면하지만, 이세벨은 회개하지 않았기 때문에 그녀가 결코 심판을 면할 수 없음을 우리에게 보여준다. 본문기자와 엘리야 집단이 이세벨 제거에 집

착하는 것을 알 수 있다.

나봇의 포도원 사건 때 아합을 만난 엘리야는 그 이후로 얼마 동안은 등장하지 않는다. 아합이 전사할 때에도 그는 등장하지 않는다. 아합이 전사할 때는 미가야가 등장한다. 그래서 엘리야는 아합의 죽음에 개입하지 않는다. 그의 목표는 아합이 아니고 이세벨이었기 때문이다. 아합 시절에도 막강한 힘을 행사했던 이세벨은 아합이 죽은 다음에도 자기 아들들을 왕으로 세우고 계속 수렴청정을 했을 것으로 보인다. 앞에서 보았던 것처럼 이세벨은 왕궁뿐만 아니라 이스라엘 전역에 막강한 지지세력을 갖고 있었다. 엘리야는 아합의 아들 아하시야가 병들어 죽을 즈음에 다시 등장해서 아하시야의 죽음을 예고하는데 이것이 엘리야의 마지막 사역이다.

> 1 아합이 죽은 후에 모압이 이스라엘을 배반하였더라 2 아하시야가
> 사마리아에 있는 그 다락 난간에서 떨어져 병들매 사자를 보내며 저
> 희더러 이르되 가서 에그론의 신 바알세붑에게 이 병이 낫겠나 물어
> 보라 하니라 3 여호와의 사자가 디셉 사람 엘리야에게 이르시되 너는
> 일어나 올라가서 사마리아 왕의 사자를 만나서 저에게 이르기를 이스
> 라엘에 하나님이 없어서 너희가 에그론의 신 바알세붑에게 물으러 가
> 느냐 4 그러므로 여호와의 말씀이 네가 올라간 침상에서 내려오지 못
> 할 지라 네가 반드시 죽으리라 하셨다 하라 엘리야가 이에 가니라 5
> 사자들이 왕에게 돌아오니 왕이 이르되 너희는 어찌하여 돌아왔느냐
> 6 저희가 고하되 한 사람이 올라와서 우리를 만나 이르되 너희는 너
> 희를 보낸 왕에게로 돌아가서 저에게 고하기를 여호와의 말씀이 이스
> 라엘에 하나님이 없어서 네가 에그론의 신 바알세붑에게 물으려고 보
> 내느냐 그러므로 네가 올라간 침상에서 내려오지 못할지라 네가 반드
> 시 죽으리라 하셨다 하라 하더이다 7 왕이 저희에게 이르되 올라와서
> 너희를 만나 이 말을 너희에게 고한 그 사람의 모양이 어떠하더냐 8
> 저희가 대답하되 그는 털이 많은 사람인데 허리에 가죽 띠를 띠었더
> 이다 왕이 가로되 그는 디셉 사람 엘리야로다 9 이에 오십부장과 그

> 오십인을 엘리야에게로 보내매 저가 엘리야에게로 올라가서 본즉 산
> 꼭대기에 앉았는지라 저가 엘리야에게 이르되 하나님의 사람이여 왕
> 의 말씀이 내려오라 하셨나이다 10 엘리야가 오십부장에게 대답하여
> 가로되 내가 만일 하나님의 사람이면 불이 하늘에서 내려와서 너와
> 너의 오십인을 사를지로다 하매 불이 곧 하늘에서 내려와서 저와 그
> 오십인을 살랐더라 11 왕이 다시 다른 오십부장과 그 오십인을 엘리
> 야에게로 보내니 저가 엘리야에게 일러 가로되 하나님의 사람이여 왕
> 의 말씀이 속히 내려 오라 하셨나이다 12 엘리야가 저희에게 대답하
> 여 가로되 내가 만일 하나님의 사람이면 불이 하늘에서 내려와서 너
> 와 너의 오십인을 사를지로다 하매 하나님의 불이 곧 하늘에서 내려
> 와서 저와 그 오십인을 살랐더라 13 왕이 세번째 오십부장과 그 오십
> 인을 보낸지라 세째 오십부장이 올라가서 엘리야의 앞에 이르러 꿇어
> 엎드려 간구하여 가로되 하나님의 사람이여 원컨대 나의 생명과 당신
> 의 종인 이 오십인의 생명을 당신은 귀히 보소서 14 불이 하늘에서 내
> 려와서 전번의 오십부장 둘과 그 오십인들을 살랐거니와 나의 생명을
> 당신은 귀히 보소서 하매 15 여호와의 사자가 엘리야에게 이르되 너
> 는 저를 두려워 말고 함께 내려가라 하신지라 엘리야가 곧 일어나 저
> 와 함께 내려와서 왕에게 이르러 16 고하되 여호와의 말씀이 네가 사
> 자를 보내어 에그론의 신 바알세붑에게 물으려 하니 이스라엘에 그
> 말을 물을만한 하나님이 없음이냐 그러므로 네가 그 올라간 침상에서
> 내려오지 못할지라 네가 반드시 죽으리라 하셨다 하니라 17 왕이 엘
> 리야의 전한 여호와의 말씀대로 죽고 저가 아들이 없으므로 여호람이
> 대신하여 왕이 되니 유다 왕 여호사밧의 아들 여호람의 제 이년이었
> 더라 18 아하시야의 남은 사적은 모두 이스라엘 왕 역대지략에 기록
> 되지 아니하였느냐(왕하 1장).

엘리야는 아하시야가 에그론의 신 바알세붑을 의지하지 말고 이스라엘의 하나님 여호와를 의지해야 한다고 촉구한다. 이것은 다른 말로 하면 바알세붑을 추종하는 세력들을 중심으로 하지 말고 여호와를 믿는 사람들을 등용하라는 말일 것이다. 이 말을 들은 아하시야

왕은 오십부장을 군인들과 함께 엘리야에게 보내는데 아하시야는 엘리야를 불러서 여러 가지 이야기를 자세하게 듣고 싶었던 모양이다. 그리고 아하시야는 엘리야를 잘 알고 있었다. 아하시야의 신하들은 엘리야를 알아보지 못했지만 그의 생김새를 전해들은 아하시야는 그가 엘리야라는 것을 금방 알아챘다. 아하시야는 엘리야를 불러오게 하기 위해서 군대를 보내는데 이것은 엘리야가 상당한 세력을 확보하고 있었을 뿐만 아니라, 아하시야가 엘리야를 만나고 싶어했음을 알려준다. 아하시야를 만나기 위해 궁전에 들어간 엘리야[44]는 아하시야를 만난 다음에 그곳에서 무사히 나오는데 이것은 아하시야가 엘리야를 죽이려는 마음이 없었음을 암시한다. 아하시야는 이세벨이 알지 못하게 은밀하게 엘리야를 만났을 것이다. 만약 엘리야가 아하시야를 만난 사실을 이세벨이 알았다면 엘리야를 가만 두지 않았을 것이기 때문이다. 아하시야와 엘리야는 과거에 아합과 엘리야가 은밀한 이야기를 나눈 것처럼 그렇게 이야기를 나누었을 것으로 보이는데 아하시야는 그 만남 이후로 별다른 일을 하지 못하고 세상을 떠나고 만다. 아하시야는 아들이 없이 죽어서 왕위는 그의 형제인 여호람이 차지한다. 그래서 아합도 세상을 떠나고 아하시야도 죽었지만, 이세벨은 여전히 힘을 발휘하고, 여호람은 허울 뿐인 왕이었다.[45]

엘리야는 말년을 어떻게 보냈는가?

아하시야를 만난 다음에 엘리야는 승천하는데 여기서 우리가 주

---

44) 아하시야는 중병이 들어서 움직일 수 없었기 때문에 엘리야가 그를 만나기 위해서는 왕궁으로 들어가야 했을 것이다.

45) 그가 실권을 갖고 개혁을 하려고 했을지라도 이세벨의 힘이 너무도 강했기 때문에 불가능했을 것이다: John Bright, *A History of Israel* (Philadelphia: Westerminster Press, 1981), 244.

의 깊게 살펴 볼 것은 여기저기에 선지자 생도들이 있었다는 것이다. 이것은 그동안 엘리야가 엘리사와 더불어 야훼종교 재건에 힘썼음을 보여준다. 갈멜산 사건 이후에 홀로 남았다는 사실을 절감한 엘리야에게 가장 중요한 문제는 이스라엘에 야훼종교를 재건하는 일이었다. 하나님께서도 그런 말씀을 엘리야에게 들려주신다.

> 그러나 내가 이스라엘 가운데 칠천인[46]을 남기리니 다 무릎을 바알에게 꿇지 아니하고 다 그 입을 바알에게 맞추지 아니한 자니라(열왕기상 19장 18절).

갈멜산 사건 이후에 호렙에서 돌아온 엘리야는 조직재건을 위해서 애쓴다. 그래서 여러 곳에 조직을 재건한다. 다음 본문을 읽어보면 엘리야는 엘리사와 함께 길갈에 머물렀는데 이것은 길갈에 그들의 조직이 있었음을 암시한다. 다음 본문은 길갈 외에 다른 곳에도 엘리야 집단이 존재했음을 보여준다.

> 1 여호와께서 회리바람으로 엘리야를 하늘에 올리고자 하실 때에 엘리야가 엘리사로 더불어 길갈에서 나가더니 2 엘리야가 엘리사에게
> 이르되 청컨대 너는 여기 머물라 여호와께서 나를 벧엘로 보내시느니라 엘리사가 가로되 여호와의 사심과 당신의 혼의 삶을 가리켜 맹세하노니 내가 당신을 떠나지 아니 하겠나이다 이에 두 사람이 벧엘로
> 내려가니 3 벧엘에 있는 선지자의 생도들이 엘리사에게로 나아와 이르되 여호와께서 오늘날 당신의 선생을 당신의 머리 위로 취하실 줄
> 을 아나이까 가로되 나도 아노니 너희는 잠잠하라 4 엘리야가 저에게
> 이르되 엘리사야 청컨대 너는 여기 머물라 여호와께서 나를 여리고로 보내시느니라 엘리사가 가로되 여호와의 사심과 당신의 혼의 삶을 가리켜 맹세하노니 내가 당신을 떠나지 아니하겠나이다 하니라 저희가

46) 이 숫자는 상징적인 것으로 보는 것이 좋겠다.

여리고에 이르매 5 여리고에 있는 선지자의 생도들이 엘리사에게 나
아와 이르되 여호와께서 오늘날 당신의 선생을 당신의 머리 위로 취
하실 줄을 아나이까 엘리사가 가로되 나도 아노니 너희는 잠잠하라 6
엘리야가 또 엘리사에게 이르되 청컨대 너는 여기 머물라 여호와께서
나를 요단으로 보내시느니라 저가 가로되 여호와의 사심과 당신의 혼
의 삶을 가리켜 맹세하노니 내가 당신을 떠나지 아니하겠나이다 이에
두 사람이 행하니라 7 선지자의 생도 오십인이 가서 멀리 서서 바라
보매 그 두 사람이 요단가에 섰더니 8 엘리야가 겉옷을 취하여 말아
물을 치매 물이 이리 저리 갈라지고 두 사람이 육지 위로 건너더라 9
건너매 엘리야가 엘리사에게 이르되 나를 네게서 취하시기 전에 내가
네게 어떻게 할 것을 구하라 엘리사가 가로되 당신의 영감이 갑절이
나 내게 있기를 구하나이다 10 가로되 네가 어려운 일을 구하는도다
그러나 나를 네게서 취하시는 것을 네가 보면 그 일이 네게 이루려니
와 그렇지 않으면 이루지 아니하리라 하고 11 두 사람이 행하며 말하
더니 홀연히 불수레와 불말들이 두 사람을 격하고 엘리야가 회리바람
을 타고 승천하더라 12 엘리사가 보고 소리 지르되 내 아버지여 내 아
버지여 이스라엘의 병거와 그 마병이여 하더니 다시 보이지 아니하는
지라 이에 엘리사가 자기의 옷을 잡아 둘에 찢고 13 엘리야의 몸에서
떨어진 겉옷을 주워가지고 돌아와서 요단 언덕에 서서 14 엘리야의
몸에서 떨어진 그 겉옷을 가지고 물을 치며 가로되 엘리야의 하나님
여호와는 어디 계시니이까 하고 저도 물을 치매 물이 이리 저리 갈라
지고 엘리사가 건너니라 15 맞은편 여리고에 있는 선지자의 생도들이
저를 보며 말하기를 엘리야의 영감이 엘리사의 위에 머물렀다 하고
가서 저를 영접하여 그 앞에서 땅에 엎드리고 16 가로되 당신의 종들
에게 용사 오십인이 있으니 청컨대 저희로 가서 당신의 주를 찾게 하
소서 염려컨대 여호와의 신이 저를 들어 가다가 어느 산에나 어느 골
짜기에 던지셨을까 하나이다 엘리사가 가로되 보내지 말라 하나 17
무리가 저로 부끄러워 하도록 강청하매 보내라 한지라 저희가 오십인
을 보내었더니 사흘을 찾되 발견하지 못하고 18 엘리사가 여리고에
머무는 중에 무리가 저에게 돌아오니 엘리사가 저희에게 이르되 내가

가지 말라고 너희에게 이르지 아니하였느냐 하였더라(열왕기하 2장).

여기서 보는 대로 길갈[47] 뿐만 아니라 벧엘과 여리고에도 생도들(베네 한네비임<בְנֵי־הַנְּבִיאִים>)[48]이 있었는데 이것은 엘리야가 그곳에 세력을 확보해놓았음을 보여준다. 7절에 근거해 보면 여리고 생도들은 최소한 50명을 넘었을 것이다. 여리고의 생도들은 용사들(베네 하일<בְנֵי־חַיִל>), 즉 군인들을 보유하고 있었다. 군인들을 50명씩 거느리는 이 사람들은 도대체 어떤 집단인가? 엘리야 집단은 하나의 교단으로서 독립된 정치조직임, 즉 하비루들이었을 것이다.[49] 엘리야-엘리사 집단은 자체적으로 거처를 확보하고 있었으며[50] 군

47) 엘리사가 길갈을 다시 방문한 이야기는 열왕기하 4장 38-41절에 나온다.
48) '선지자의 생도들'은 엘리야와 엘리사를 돕는 '평신도 지지자들'일 것이다. 그들은 전국에 퍼져 있었으며 다양한 방식으로 엘리사와 관계를 갖고 그를 도와주었을 것이다: T. R. Hobbs, 27.
49) 이것은 김용옥이 말하는 공자집단과 유사하다. "공자의 士의 집단은 과연 어떠한 사람들에 의하여 어떻게 형성된 것일까? 여기에 해답을 주는 한마디가 나는 '盜'라고 생각한다. 공자의 무리는 '盜'였다. 이러한 나의 갑작스러운 결론에 독자들은 의아심을 금치 못할 것이다. 그러나 이것은 내 말이 아닌 莊子의 말이다. 莊子는 공자집단을 '도적의 무리'로 규정하는데 서슴치 않는다… 盜는 城邑국가의 기반이 흔들려가는 시대에 國과 國 사이에, 즉 '封疆'의 사이에 어느 國에도 속하지 않는 일종의 空白地帶에서 새로운 聚落을 형성하여 사는 사람들이라고 규정되는 것이다. 이들은 대개 기존의 邑의 지배체제의 가혹한 수탈로부터 이탈된 사람들이며, 따라서 '도적질'도 마다하지 않을 수 있는 사람들이었지만 그 나름대로 확고한 존재이유를 갖는 집단이었다. 城邑국가의 붕괴과정에서 이러한 群盜의 출현은 적지않은 사회문제로 등장하였던 것이다. 盜는 '均分'을 지향하며, 본질적으로 遊客의 성격을 띠기 때문에 기존의 어떤 체제적 가치와도 타협하지 않는 진보적 사상의 소유자들일 수 있다.": 김용옥, 『도올논어 1』(서울: 통나무, 2000), 105-6쪽. 盜에 대해서는 다음을 보라: 이성규, 『中國古代帝國成立史硏究』(서울: 일조각, 1984, 1997), 40-46.
50) 열왕기하 2장 19-22절, 6장 1-7절을 보라.

지휘관들과도 유대관계를 맺고 있었던 것으로 보인다.[51]

그런데 엘리야가 일으킨 갈멜산 사건이 궁극적으로 이세벨을 제거하는 것이 목적이었고 그것을 이루기 위해서 조직을 재건했다면 그 일은 예후가 이세벨을 죽이는 장면에서 마무리된다.[52]

> 30 예후가 이스르엘에 이르니 이세벨이 듣고 눈을 그리고 머리를 꾸
> 미고 창에서 바라보다가 31 예후가 문에 들어오매 가로되 주인을 죽
> 인 너 시므리여 평안하냐 32 예후가 얼굴을 들어 창을 향하고 가로되
> 내 편이 될 자가 누구냐 누구냐 하니 두어 내시가 예후를 내다보는지
> 라 33 가로되 저를 내려던지라 하니 내려던지매 그 피가 담과 말에게
> 뛰더라 예후가 그 시체를 밟으니라 34 예후가 들어가서 먹고 마시고
> 가로되 가서 이 저주 받은 계집을 찾아 장사하라 저는 왕의 딸이니라
> 하매 35 가서 장사하려 한즉 그 두골과 발과 손바닥 외에는 찾지 못한
> 지라 36 돌아와서 고한대 예후가 가로되 이는 여호와께서 그 종 디셉
> 사람 엘리야로 말씀하신 바라 이르시기를 이스르엘 토지에서 개들이
> 이세벨의 고기를 먹을지라 37 그 시체가 이스르엘 토지에서 거름 같이
> 밭 면에 있으리니 이것이 이세벨이라고 가리켜 말하지 못하게 되리라
> 하셨느니라(열왕기하 9장).

이세벨은 이렇게 예후에 의해서 제거되는데 엘리야와 엘리사는 이 일을 주도면밀하게 준비했다. 예후는 엘리사가 보낸 소년 선지자가 일러준 대로(열왕기하 9장 6-10절) 아합의 자손들을 완전히 제거

---

51) 엘리야가 길르앗 지역 출신이고, 예후가 길르앗 라못에 주둔하고 있었다는 것에서 엘리야-엘리사 집단과 예후를 중심한 군부와의 연관성을 추정해볼 수 있겠다.

52) 예후는 이세벨 제거를 쿠데타 명분으로 삼는다: "요람이 예후를 보고 가로되 예후야 평안이냐 대답하되 네 어미 이세벨의 음행과 술수가 이렇게 많으니 어찌 평안이 있으랴"(열왕기하 9장 22절).

했을 뿐만 아니라(열왕기하 10장 1-11절) 바알 지지세력들도 거의 뿌리를 뽑아버림으로써(열왕기하 10장 18-27절) 엘리야가 갈멜산에서 이루려고 했던 일을 완성한다. 예후 자신도 자기가 하는 일이 엘리야의 예언을 이루는 일이라고 밝힘으로써(36-37절)[53] 자신이 엘리야의 뜻을 이어받았음을 밝힌다.[54] 우리가 지금까지 살펴본 것처럼 이세벨 제거가 엘리야와 엘리사 집단, 그리고 예후가 목적했던 일이고 갈멜산 사건 역시 이것을 위해서 일으킨 것이라고 보아야 할 것이다. 아합도 처음에는 그 일에 동조했을 것으로 보이는데 갈멜산 사건으로도 이세벨을 제압하지 못함으로써 아합과 그의 뒤를 이은 아들들은 이스라엘을 주도적으로 다스릴 기회를 얻지 못하고 이세벨에게 국정주도권을 맡김으로써 결국 아합과 그 아들들 역시 엘리야 집단에게 타도의 대상이 된다. 그럼에도 불구하고 엘리야 집단의 주목표는 여전히 이세벨과 그녀의 지지세력을 타파하는 것이었다.

이제 이야기를 마무리하자. 갈멜산 사건, 이 사건의 진상은 과연 무엇인가? 갈멜산에서 도대체 어떤 일이 일어났을까? 갈멜산 사건은 엘리야가 아합을 만나서 담판을 한 결과로 엘리야가 아합의 묵인 아래 이세벨의 핵심 세력을 제거하려한 사건이었지만, 예상 외로 이세벨이 강력해서 결국 실패하는데 그 일은 나중에 엘리야-엘리사 집단과 연결된 예후가 쿠데타를 일으켜서 이세벨을 즉결 처형함으써 성취되고 이것으로 갈멜산 사건은 종결된다.

---

53) 본문 기자도 그렇게 평가한다(열왕기하 10장 17절).

54) 토드는 예후 계열이 예후의 쿠데타를 정당화하기 위해서 엘리야 이야기를 구성한 것으로 본다: Judith A. Todd, "The Pre-Deuteronomistic Elijah Cycle," ed. by Robert B. Coote, *Elijah and Elisha in Socioliterary Perspective* (Atlanta, Georgia: Scholars Press, 1992), 1. 힐(Hill)도 그렇게 생각한다(81).

9. 재난의 해석학[1]

요엘서 2장 1-17절을 중심으로

여호와의 날1-경천동지 대경실색

요엘서 2장 1-17절을 읽으면서 우리가 첫째로 느끼는 것은 '묘사의 섬세함'이다. 본문은 재난묘사(1-11절)와 회개촉구(12-17절) 두 부분으로 나눌 수 있는데 1-11절은 이미 시작된 재난을 생생하게 묘사하고 12-17절은 진지하게 회개를 촉구한다. 그리고 앞부분인 1-11절은 '여호와의 날'(욤 아도나이[יוֹם יהוה])로 시작해서 '여호와의 날'로 끝난다. 이런 점에서 1-11절은 12-17절과 구별되는 한 단락을 이루는데 특히 1-10절은 그 구성이 매우 짜임새 있다.[2]

---

1) 재난에 대한 더 상세한 논의는 이종록, 『삶이 있는 성경읽기』(서울: 한국장로교출판사, 1999)를 보라. 특히 9장("궁전노래가 애곡으로")부터 14장("겨울절벽에 매달려")을 보라.

2) 11절은 10절과 연속성을 가지면서도 본문을 1-10절에서 12-17절로 전환시키는 역할을 함으로써 본문의 중심이 된다.

[전체상황]

1 시온에서 나팔을 불며[3] 나의 성산에서 호각을 불어[4] 이[5] 땅 거민
으로 다 떨게 할찌니 이는 여호와의 날이 이르게 됨이니라 이제 임박
하였으니[6] 2 곧 어둡고 캄캄한 날이요[7] 빽빽한 구름[8]이 끼인 날이라
새벽 빛이 산꼭대기에 덮인 것과 같으니[9] 이는 많고 강한 백성이 이
르렀음이라 이같은 것이 자고 이래로 없었고 이후 세세에 없으리로다
3 불이 그들의 앞을 사르며 불꽃이 그들의 뒤를 태우니 그 전의 땅은
에덴동산 같았으나 그 후의 땅은 황무한 들 같으니[10] 그들을 피한 자
가 없도다[11]

---

3) 히브리어로 '티크우 쇼파르 베치이온'(תִּקְעוּ שׁוֹפָר בְּצִיּוֹן)인데 이것을 15절이 그대로 반복한다. 쇼파르는 양각(羊角)나팔인데 옛 이스라엘사람들은 이것을 불어서 신호했다.

4) '호각을 분다'는 것은 '경고한다'는 의미이다. '나팔을 불어서 경고하는 것'은 스바냐 1장 16절('나팔을 불어 경고하는 날'[욤 쇼파르 우테루아, יוֹם שׁוֹפָר וּתְרוּעָה])에도 나온다. 이것은 요엘서가 스바냐서와 연관이 있음을 보여주는데 스바냐서가 여호와의 날을 이야기한다는 점에서 요엘서와 비슷하다.

5) 원문에는 '이'에 해당하는 히브리어가 없다. '하아레츠'(הָאָרֶץ), 즉 '그 땅'이라고 되어 있다.

6) 이 구절은 "그 이유는 여호와의 날이 정말로 가깝게 다가왔기 때문이다"로 번역하는 것이 좋겠다.

7) 여기에 쓰인 히브리어 '호쉐크'(חֹשֶׁךְ)와 '아펠'(אֲפֵל)은 여호와의 날을 제일 먼저 이야기하는 아모스 5장 18-20절에 나오는데 이런 점에서 본문은 아모스서와 연관이 있다. 그리고 스바냐 1장 14-18절과도 관계가 있는데 '캄캄하고 어두운 날 구름과 흑암의 날'(욤 호쉐크 와아펠라 욤 아난 와아라펠)이라는 구절은 스바냐 1장 15절에 그대로 나온다.

8) '빽빽한 구름'은 히브리어로 '아난 와아라펠'(עָנָן וַעֲרָפֶל)인데 '아난'은 구름이고, '아라펠'은 먹장구름같은 짙은 구름, 또는 구름이 짙게 덮여서 생긴 어둠을 뜻한다. 그래서 먹장 구름이 짙게 덮여서 캄캄해진 상태를 연상케 한다.

9) 아침햇빛이 산들을 뒤덮으면서 신속하게 지나가는 모습을 보여준다.

10) 에스겔서 36장 35절("…이땅이 황무하더니 이제는 에덴 동산같이 되었고")은 이것과 정반대다.

11) 이것과 반대되는 것이 2장 32절('시온과 예루살렘에서 피할 자가 있을 것임

[재난상황1]

[재난]

4 그 모양은 말 같고[12] 그 달리는 것은 기병 같으며 5 그들의 산 꼭대
기에서 뛰는 소리가 병거 소리와도 같고 불꽃이 초개를 사르는 소리
와도 같으며 강한 군사가 항오를 벌이고 싸우는 것같으니[13]

[반응]

6 그 앞에서 만민이 송구하여 하며 무리의 낯빛이 하얘졌도다

[재난상황2]

[재난]

7 그들이 용사같이 달리며 무사같이 성을 더위잡고 오르며 각기 자기
의 길로 행하되 그 항오를 어기지 아니하며 8 피차에 부딪히지 아니
하고 각기 자기의 길로 행하며 병기를 충돌하고 나아가나 상치 아니
하며 9 성중에 뛰어 들어가며 성위에 달리며 집에 더위잡고 오르며
도적같이 창으로 들어가니

[반응]

10 그 앞에서 땅이 진동하며 하늘이 떨며 일월이 캄캄하며 별들이 빛
을 거두도다

본문은 '여호와의 날'로 일컫는 재난의 날을 전체적으로 조망하면서(1-3절) 이 여호와의 날이 역사에서 유래를 찾아볼 수 없는 정도로 참담하며 그 파급영역이 광범위하다는 사실을 강조한다. 본문을 펼치는 순간 들려오는 재난경보, 쉴 새 없이 불어대는 나팔소리와 호각소리는 재난이 얼마나 다급한지를 실증한다. 본문은 마치 에덴같았던 곳이 불에 타서 황무지로 변하고 아무도 그 재난에서 벗어나지 못하는 장면("한 사람도 도망치지 못했다")을 보여준 다음, 4-10절에

이요')에 나온다.

12) '모양이 …같다'는 것은 히브리어로 '케마르에'(כְּמַרְאֵה)인데 이것은 에스겔서의 독특한 표현이기 때문에 요엘과 에스겔이 관련이 있을 것으로 보인다.

13) 4절은 다른 절들에 비해서 직유법을 많이 사용한다(다섯 번).

서 더 세밀하게 상황을 보고하는데 재난을 일으키는 것들이 얼마나 강력한 파괴력을 갖고 있는지를 알리기 위해서 애쓴다. 4-10절은 동일한 형식을 두 번(4-6절과 7-10절)이나 반복하면서 재난의 파괴력과 참담함을 배가시킨다. 먼저 4-6절을 보면 재난을 일으키는 것들이 삶을 파괴하는 모습을 4절과 5절에서 묘사하는데 그 모습이 참으로 전율스럽다. 이 장면에서 우리를 감동케 하는 것은 공포스러움에도 불구하고 본문기자가 그 장면을 예리하게 응시한다는 사실이다. 본문기자는 그것들에게서 잠시도 시선을 떼지 않는다. 그러나 그렇다고 해서 그것들만 주목하지는 않는다. 그는 재난을 당한 사람들도 바라본다. 주위를 둘러보면서 사람들이 그 살벌한 장면을 보고 어떤 반응을 보이는지를 생생하게 묘사한다(6절).

그런 다음 본문은 재난장면을 7절과 8절, 9절에서 다시 상세하게 보여준다. 4-6절에서는 두 절로 묘사한 것을 여기서는 분량을 한 절 늘려 세 절에 묘사하고 4-6절보다 더 자세하게 묘사한다. 그리고 10절에서는 온땅과 우주가 어떤 반응을 보이는지 보여준다. 4-10절은 이렇게 동일한 형식을 두 번 반복시키는데 그것은 결코 단순한 반복이 아니고 일종의 점층적(漸層的) 효과를 갖는다. 재난에 대한 반응을 보면 사람들의 안색이 변하는 것(6절)에서 시작해서 온우주의 안색이 변하는 데까지 이른다(10절). 그리고 '떨다,' '진동하다'는 의미를 가진 동사 '라가즈'(רָגַז)가 1절과 10절에 나오는데 1절에서는 '그 땅의 거민들'이 떨고 10절에서는 '땅이 진동하고(라가즈) 하늘이 떨며' 그래서 결국 '일월이 캄캄하며 별들이 빛을 거두'는 상황에 이른다. 이렇듯 본문은 뒤로 갈수록 그 강도가 심해진다. 이런 반복과 점층기법을 통해서 본문은 당시의 재난이 얼마나 참담한 것이었는지를 우리에게 실감나게 보여준다. 그것은 한마디로 경천동지(驚天動地) 대경실색(大驚失色)이다.

여호와의 날2-메뚜기 재난

본문을 읽으면서 우리는 재난이 얼마나 끔찍한지를 현장감있게 체험하는데 도대체 무엇이 그토록 공포스런 재난을 일으키는지 궁금해진다. 메뚜기떼로 보는 견해도 있고 외적들로 보는 견해도 있다.[14] 본문이 '…처럼'에 해당하는 히브리어 전치사 케(כְּ)를 앞세우는 직유법을 많이 사용하면서 그것들을 모두 군대에 비유하기 때문에 이스라엘을 침공하는 외적으로 보기는 어렵다. 그리고 1장이 연이어서 닥쳐오는 메뚜기떼 재난을 상세하게 이야기하고 그 반대로 2:18-27은 곡식을 풍성하게 주시겠다는 말씀을 반복하며 "내가 전에 너희에게 보낸 큰 군대, 곧 메뚜기와 늣과 황충과 팟종이의 먹은 햇수대로 너희에게 갚아 주리니"(2:25)라고 말하기 때문에 1:1-2:27가 일관성있게 메뚜기재난을 말하는 것으로 보는 게 좋겠다. 온세상을 쑥대밭으로 만드는 그것들은 다름 아닌 메뚜기떼다. 본문은 메뚜기떼가 정예부대처럼 일사분란하게 들판과 성읍을 공격하는 모습을 묘사한다. 메뚜기, 우리에게 메뚜기는 "검정 고무신 행여 닳아질세라 두 손에 꼬옥 쥐고 맨발로/어미 메뚜기처럼 동생을 등에 업은 대동강 예쁜 계집애였구나"[15]라는 구절에서 느끼듯 매우 정겨운 곤충이다. 그런데 그 만만해 보이는 것들이 본문에서는 인간이 도저히 통제할 수 없는 묵시적 상황을 만들어내는 것이다. (물론 본문에서 메뚜기는 메뚜기 자체만은 아니다. 메뚜기 재난은 실제적인 재난이지만 그 재난을 겪은 이후로 메뚜기는 재난을 의미하는 '상징'(象徵)이 된다)

---

14) Hans Walter Wolff, *Dodekapropheton 2 Joel und Amos*, tr. by Waldemar Janzen S. Dean McBride, Jr., and Charles A. Muenchow, *Joel and Amos, Hermeneia* (Philadelphia: Fortress Press, 1977), 42.

15) 김준태가 지은 '아 한반도, 코리아 50년'이라는 시에서 인용.

친근하게 보이는 메뚜기가 인류를 위협하는 대재난을 일으키는 막강한 적대세력이라 것이 우리에게는 그다지 실감나지 않지만 예전에는 말할 것도 없고 요즘에도 메뚜기는 엄청난 재난을 일으킨다. 최근 인도네시아, 마다가스카르, 카자흐스탄이 메뚜기떼로 인해서 큰 어려움을 겪었다. 그리고 불과 얼마 전에 중국과 페루도 메뚜기떼로 인해 큰 피해를 입었다.

> 사상 최악의 메뚜기 피해로 고심하고 있는 페루 정부가 메뚜기 퇴치를 위해 비상 작전에 돌입했다. 페루 정부는 북부지역의 농작물을 닥치는대로 먹어치우고 있는 메뚜기떼를 박멸하기 위해 군용 헬기를 동원해 공중에서 살충제를 뿌리고 있으며, 지상에서는 특수방제반이 메뚜기와 한바탕 전쟁을 벌이고 있다. 현지 언론에 따르면 벨리사리오 엘 라스 카사스 농업장관은 약 1천500만마리의 메뚜기가 50㎢ 면적의 농경지를 뒤덮고 있으며 이는 페루 사상 최악의 재앙이라고 말했다. 구름처럼 몰려 다니는 메뚜기떼의 규모는 웬만한 시골 도시 보다 크며 주민들의 일상 생활을 위협하고 있다. 농업부에 따르면 공포의 메뚜기떼는 옥수수, 보리, 쌀, 콩 등 시골 경제를 지탱하는 주요 작물을 닥치는대로 먹어치우고 있다. 카사스 장관은 피해 지역을 시찰한뒤 정확한 피해 농지면적을 알수 없지만 문제가 매우 심각한 것만은 사실이라고 밝혔다. 카사스 장관은 화염 방사기와 연기 소독 장비등으로 무장한 메뚜기 방제부대를 창설하고 군부대에 헬기 추가 지원을 요청했다. 페루 당국은 지난 88년 해수 온도 상승으로 강우량이 증가하는 기상이변인 엘니뇨 현상으로 메뚜기수가 급증한 것으로 보고있다. 한편 가뭄으로 이미 극심한 해를 입은 중국 북부 지역에도 메뚜기떼가 덥쳐 농작물 피해가 심화되고 있다. 중·북부 지역의 최소 6개성이 메뚜기떼의 출몰로 엄청난 해를 입었으며 북서쪽 신장성의 경우 또다른 메뚜기떼가 출몰해 여름 농작물을 빠른 속도로 먹어치우고 있다. 신장성에서도 가장 피해가 큰 지역에선 ㎡ 당 4천마리의 메뚜기가 날아다니고 있으며 이는 25년만에 최악의 상황이라고 현지 신문이 전

> 했다. 이처럼 메뚜기떼가 창궐하고 있는데는 2년간 계속되고 있는 건조한 날씨도 한 가지 원인으로 지적되고 있다. 이와 함께 지난해 최악의 메뚜기떼 해를 입은 중앙아시아 카자흐스탄이 재원부족으로 메뚜기떼를 제때 박멸하지 못해 중국으로 피해가 확산되고 있다고 중국 관리들은 우려했다. 중국 당국은 농업부 산하에 메뚜기 퇴치 전담기구를 설치하고 메뚜기 박멸작전에 돌입했지만 건조한 날씨가 지금처럼 계속될 경우 실효를 거두기 어려울 것이라는 비관적 전망이 나오고 있다[한겨레신문 2000년 6월 22일].

옛 이스라엘 백성들뿐만 아니라 지금 이 시간에도 메뚜기떼로 인해 고통당하면서 도움의 손길을 간절히 기다리는 사람들이 있음을 우리는 기억해야 한다. 본문은 메뚜기가 재난을 일으키는 장면을 정물화처럼 꼼꼼하게 묘사하는데 사실적(寫實的) 리얼리즘(realism)이 탁월하다. 본문기자는 먼저 당시 상황을 정확하게 살핀다. 메뚜기떼가 온세상을 뒤덮은 이 종말론적이고 묵시적인 상황, 그 참담한 상황 속에서도 그는 결코 응시하는 것을 멈추지 않는다. 그 냉철함, 메뚜기떼에 대한 침착하고 집요한 관찰, 그리고 그것을 생생하게 묘사하는 문학적 상상력, 이것은 본문을 우리에게 현실을 똑바로 바라보고 철저하고 섬세하게 묘사하는 신앙적 훈련을 요구한다.

메뚜기떼가 어떻게 재난을 일으키는지, 도대체 그것들이 얼마나 강력한 파괴력을 지녔는지를 세밀하게 보여준 다음 본문은 그 메뚜기 부대의 정체를 밝힌다.

> 11 여호와께서 그 군대[16] 앞에서 소리를 발하시고 그 진은 심히 크고 그 명령을 행하는 자는 강하니 여호와의 날이 크고[17] 심히 두렵도

---

16) '그의 군대,' 즉 여호와의 군대이다.
17) '그 진… 크고'는 '그 진은 심히 크고/그 명령을 행하는 자는 강하니/여호와의 날이 크고'로 구분되는데 각 구절이 모두 히브리어 '키'(כִּי)로 시작한다.

다[18] 당할 자가 누구이랴.[19]

그것들은 단순히 메뚜기떼가 아니고 군대, 즉 여호와께서 지휘하시는 여호와의 군대였다. (여기서 메뚜기는 메뚜기 자체를 넘어서는 재난의 상징으로 작용할 가능성을 보여준다) 본문기자는 그 무시무시한 것들을 일사분란하게 지휘하는 총사령관이 누구인지 밝혀내는데 그 통찰력이 예사롭지 않다. 곡식을 닥치는 대로 먹어치우는 그 맹렬한 메뚜기들의 모습에서 분노하시는 하나님을 본다는 것은 얼마나 놀라운 영안(靈眼)인가. 온땅을 뒤덮은 메뚜기떼는 온땅을 뒤덮은 하나님의 극단적인 분노하심을 상징한다. 그래서 예언자는 메뚜기떼를 보면서 실제로는 메뚜기떼를 넘어서서 하나님을 보는 것이다. 이러한 '넘어섬'이 중요하다. 메뚜기가 그 자체를 넘어서서 '상징'이 될 수 있다는 것은 해석학적으로 초월을 의미한다.

> 상징은 정적이면서 동시에 인지적이고, 실존적이면서도 존재론적이다. 본질적으로 상징은 인간 삶에서 감정의 영역을 인지적 측면 또는 존재론적 측면에서의 가장 중요한 영역과 연결시켜 준다. 이처럼 상징은 인간 경험의 총체를 효과적으로 소통시켜 주는 역할을 한다.[20]

메뚜기떼 재난을 하나님이 직접 일으키셨는가 하는 문제와 별도

이것은 일차적으로는 '…때문에'라는 의미를 갖지만 여기서는 '정말로'라는 강조의 의미를 갖는다.

18) '심히 두렵도다'는 현재 개역번역처럼 앞 구절과 바로 이어지지 않는다. 그래서 '여호와의 날이 심히 크고 두렵도다'로 번역하지 말고 '여호와의 날이 심히 크다. 정말로 두렵다'로 번역해야 한다.

19) '누가 그것을 당해낼 수 있으랴'로 번역하는 것이 좋겠다.

20) D.M. Rasmussen, *Symbol and Interpretation*, 장석만 옮김, 『상징과 해석』(서울: 서광사, 1991, 2001), 23.

로 그 재난이 어떻게 일어난 것이든 메뚜기는 하나님을 생각게 하고 경험케 하는 매개물이라는 사실이 해석학적으로 의미를 갖는다. 어떤 사람이 재난에서 벗어나 "하나님이 자기와 함께 하셨다"고 말할 때 그렇지 못한 사람은 하나님이 버렸다는 의미를 함축할 수 없듯이 메뚜기떼 재난을 통해서 하나님의 진노를 경험한다는 것이 하나님이 그 메뚜기 재난을 일부러 일으켰다는 것을 바로 지시하지 않는다는 것을 알아야 한다. 오히려 메뚜기는 성스러움이 출현하는 매개물이다.

> 성은 이를테면 돌, 대지, 사람 뿐만 아니라 상상할 수 있는 모든 형태 안에서 자신을 드러낸다… 성은 속 안에서 그리고 속을 통해 나타난다… 그러므로 성은 일상적인 속된 것의 맥락에서 인식된다. 그리고 이때의 속된 것은 그것이 평소에 지니고 있던 일상적인 역할과는 분리되어 따로 서게 된다.[21]

> 종교 현상이 종교 현상으로서 나타나는 것은 그 고유의 양태에서 파악되는, 다시 말하면 종교라는 척도로서 연구되는 경우에 한해서일 뿐이다. 생리학, 심리학, 사회학, 경제학, 언어학, 예술 등에 의해 종교 현상의 본질을 파악하려고 하는 것은 잘못이다. 이렇게 종교 아닌 다른 척도를 사용하게 되면 확실히 종교 현상 속에 있는 환원 불가능한 독특한 요소 즉 성의 요소를 잃어 버리고 말 것이기 때문이다.[22]

이러한 재난이해는 전쟁에서도 나타난다. 예를 들어 바벨론의 1차 침공은 수많은 사람들이 죽임을 당하는 생명파괴를 일으켰다. 그

---

21) D. M. Rasmussen, *Symbol and Interpretation*, 장석만 옮김, 『상징과 해석』(서울: 서광사, 1991, 2001), 56.

22) M. Eliade, *Patterns in Comparative Religion*, 이은봉 옮김, 『종교형태론』(서울 : 형설출판사, 1979),

런 비극적인 일들, 생명파괴의 일들은 왜 일어났을까? 그것은 하나님 때문이 아니다. 하나님이 일부러 사람들을 죽이신 것이 아니다. "하나님의 심판"에 의해서 수많은 사람들이 죽은 것이 아니다. 그것은 이스라엘의 범죄 때문이었다. 참담한 재난은 이스라엘이 자초한 것이었다.

하나님은 생명을 만드시는 분이시지 생명파괴를 하는 분이 아니시다. 그래서 생명파괴를 원치 않으신다. 하나님은 그렇게 경고했음에도 불구하고 끝내 비참한 결과를 맞이한 백성들을 보시면서 오히려 안타까워 하신다. '재난의 해석학'에서는 이것을 명확하게 해야 한다.

본문으로 돌아가 보자. 11절은 재난을 말하는 1-10절과 회개를 촉구하는 12-17절을 이어줄 뿐만 아니라 메뚜기떼로 인한 참혹한 재난의 상황을 회개로 전환시키는 역할을 한다.[23] (그들이 메뚜기떼를 보면서 분노하시는 하나님을 경험하는 것은 그들이 자신들의 죄를 심각하게 생각하기 때문이다. 자신들의 죄를 생각하지 않으면 분노하시는 하나님의 모습도 볼 수가 없다. 그리고 이런 생각이 그들을 회개로 이끈다)

예언자는 역사와 시대를 바라보는 통찰력만 지닌 것이 아니고 현실을 넘어서서 그 배후를 볼 수 있는 날카로운 눈도 갖고 있었다. 그래서 사건 배후에 서 계시는 하나님을 명확하게 본다. 일어나는 재난을 정확하게 응시하는 현실적 예리함뿐만 아니라 그 재난 배후까지 꿰뚫어보는 날카로운 영적 통찰력. 그런데 우리들은 어떠한가? 닥친 현실에 눈이 가려져서 현실도 제대로 직시하지 못하고 하나님은 아예 그림자조차 볼 수 없는 우리들이 아닌가.

---

23) Douglas Stuart, *Hosea-Jonah*, WBC 31 (Waco, Texas: Word Books, 1987), 249.

회개의 날1－회개촉구

둘째로 느끼는 것은 재난에 대처하는 자세이다. 본문은 재난에 대한 구체적인 대처방안을 말하지는 않는다. 재난이 이미 인간이 어떻게 할 수 있는 정도를 벗어났기 때문이다. 그러면 어떻게 할 것인가? 하나님이 일으키시는 그 대재난 앞에서 인간들이 도대체 무엇을 할 수 있단 말인가? 이 망연자실(茫然自失) 속수무책(束手無策). 그런데도 예언자는 좌절하지 않고 이스라엘이 이제 무엇을 해야 하는지, 이 사태를 어떻게 극복해나가야 할 것인지를 들려준다. 그는 지금이야말로 회개할 시간임을 깨닫는다. 얼마나 철저히 회개해야 하는지 그는 안다. 회개한다는 것은 모든 것을 자신들이 책임진다는 것이다. 끔찍한 대재난을 겪으면서 회개할 수 있다는 것은 진정 놀라운 일이다. 그들은 어려운 일을 당하면 자신들이 마땅히 져야할 책임을 생각하고 회개하면서 하나님을 경험한다. 이런 솔직함이 우리를 부럽게 그리고 부끄럽게 만든다. 우리는 무슨 일이 벌어지면 무조건 남에게 모든 책임을 전가하려는 자기 변호능력을 강하게 교육받았기 때문에 우리 자신의 부족함을 솔직하게 인정하고 회개함으로써 새로운 역사를 만들어간다는 것이 얼마나 어려운지 모른다.

그러나 예언자를 비롯한 이스라엘 사람들은 역사가 어떻게 전개되는지를 분명하게 안다. 그들이 보는 역사는 '[범죄→심판(재난)]→[회개→구원]'으로 이루어진다. 그런데 [범죄→심판(재난)]은 실제로는 [심판(재난)→범죄]이다. 범죄로 인해서 재난이 일어났다기 보다 일어난 재난을 보면서 거기서 그들의 책임을 통감하고 회개하는 것이다. 다른 사람들이나 하나님을 원망하지 않고 일어난 재난을 자신이 책임지려는 생각으로 인해서 결과적으로 [범죄→심판(재난)]이라는 형식이 발생하는 것이다. 그리고 [회개→구원] 역시 [구원→회개],

즉 하나님의 구원을 미리 체험하면서 회개하는 것이다. 이런 역사관을 갖고 있었기에 이스라엘은 애굽에 내린 메뚜기 재난 속에서 애굽을 심판하시는 하나님을 만났던 것처럼 이번 메뚜기 재난 속에서도 이스라엘을 회개시키기 위해 그들을 징계하시는 하나님을 만나는 것이다. 재난을 넘어서 하나님을 만나는 것, 이것이 바로 '재난의 해석학'이다.

이 문제를 좀더 깊이 생각해보자. 재난은 왜 일어나는가? 예레미야서 4장은 하나님이 이스라엘의 죄악에 진노하셨기 때문이라고 말한다. 하나님의 진노하심으로 재난이 일어나고 세상이 온통 황무해진 것이다. 그런데 하나님의 진노하심은 무엇에 대한 진노하심인가? 모든 사람들이 끔찍한 재난 속에서 죽고 고통당하는 것은 모두 하나님이 책임져야할 일인가? 그런 재난을 하나님이 원하시는가? 그렇지 않다. 그 재난은 이스라엘 백성들의 범죄로 인해서 일어난 것이다. 하나님은 분노하셔서 재난을 일으키시는 분이라기보다는 범죄에 의해서 재난이 일어나고 수많은 사람들이 죽는 모습을 보시고 안타까워하시고 그런 재난을 일으키게 만든 자들에게 분노하시는 것이다. 우리는 재난의 현장에서 죽은 사람들의 시신을 끌어안고 절규하는 하나님의 모습을 보아야 한다.

그리고 그 재난에 책임져야할 사람들을 준엄하게 꾸짖는 눈길로 바라보시는 모습을 보아야 할 것이다. 이것은 예레미야서 4장 27절부터 30절까지에서도 마찬가지인데 여기에는 재난에 대한 하나님의 굳은 의지가 기록되어 있다. 하나님은 결코 뜻을 돌이키지 않으신다. 그러니 이스라엘 백성이 하나님의 심판을 벗어날 가능성은 전무하다. 우리는 이 구절을 읽으면서 이스라엘에 끔찍한 재난을 내리시는 잔인하고, 냉혹하고, 복수심에 불타는 듯한 하나님의 모습을 연상할지도 모르는데 여기서 독자들이 주의해야 할 것은 본문은 하나님이 재난을 내렸다는 것보다는, 하나님이 잔인한 심판자라는 것보다는, 이스라엘 백성들이 그들의 범죄로 인해서 자초한 재난을 이제는 결코 피할 길이 없다는 사실을 하나님이 강조한다는 것이다. 그러니 '도저히 피할 길 없는 재난'이 중심주제이다. 일어난 일을 하나님의 심판으로 받아들이는 것은 자신들의 잘못으로 그러한 재난이 일어났다고 고백하는 것이다. 죄를 자각하고 뉘우치는 것이다. 그리고 거기에 책임을 지는 것이다. 하나님이 심판하셨다는 사실보다는 이런 점들이 더 부각되어야 할 것이다.

다시 본문으로 돌아가자. 다른 사람들보다 하나님을 먼저 만난 예언자는 하나님이 하신 말씀을 이스라엘 백성들에게 들려준다. 그것은 회개를 촉구하는 말씀이다.

> 12 여호와의 말씀에[24] 너희는 이제라도 금식하며 울며 애통하고 마음
> 을 다하여 내게로 돌아오라 하셨나니 13 너희는 옷을 찢지 말고 마음
> 을 찢고 너희 하나님 여호와께로 돌아올지어다 [25]그는 은혜로우시며
> 자비로우시며 노하기를 더디하시며 인애[26]가 크시사 뜻을 돌이켜 재
> 앙을 내리지 아니하시나니[27] 14 주께서 혹시[28] 마음과 뜻을 돌이키시

---

24) 히브리어로 '네움 아도나이'(נְאֻם יהוה)이고 '하나님이 친히 하신 말씀'이라는 의미인데 요엘서에는 여기에만 나온다. 이것은 요엘서에서 하나님이 들려주시는 말씀 가운데 다른 구절들보다 이 구절을 더 강조하는 것으로 보인다.

25) '그는… 아니하시니'는 요나서 4:2에 그대로 나온다. 이런 점에서 요엘서는 요나서와 관련이 있는데, 특히 요엘서가 요나서처럼 모든 사람들이 참여하는 철저한 회개(요나서 3:5-9)를 강조한다는 점에서 일치한다.

26) 인애는 히브리어로 '헤세드'(חֶסֶד)인데 이것은 하나님의 변함없으신 사랑, 이스라엘과 맺은 계약을 끝까지 지키시는 신실하심과 의로움을 뜻하는 매우 중요한 단어다.

27) 히브리어로는 '웨니함 알 하라아'(וְנִחָם עַל־הָרָעָה)인데 여기서 '니함'은 '후회하다,' '애석해하다,' '마음아파하다'는 뜻이 있어서 '회개'와 연관이

고[29] 그 뒤에 복을 끼치사 너희 하나님 여호와께 소제와 전제[30]를 드리게 하지 아니하실는지 누가 알겠느냐.[31]

메뚜기 재난 현장에서 들려오는 하나님의 음성. 이처럼 재난 속에서도 하나님을 만나고 그 음성을 듣는 사람이 있다. 그런데 하나님은 무엇을 말씀하시는가? 하나님은 회개를 촉구하신다.[32] 하나님 말씀을 백성들에게 전하면서 예언자는 백성들에게 회개할 것을 간절

있는 단어다. 그래서 이 구절을 직역하면 '그가 그 악에 대해서 애석해하다'인데 이스라엘이 저지른 악에 대해서 하나님이 원래 가지신 생각을 바꾸신다는 것이다.

28) 히브리어로 '울라이'(אוּלַי)인데 이 단어는 아모스 5:15, 습2:3, 애가3:29b, 출32:30에 나온다. 이 구절들에서 '울라이'는 회개하고 돌아온 자들에게 베푸시는 하나님의 자유를 가리킨다.

29) '마음과 뜻을 돌이키사'는 히브리어로 '야슈브 웨니함'(יָשׁוּב וְנִחָם)인데 야슈브는 '회개하다'는 슈브의 미완료형이고, 니함은 바로 앞구절에 나온 단어다. 여기서 보듯 슈브와 니함은 깊은 연관을 갖는데 이 단어들을 통해서 하나님은 이스라엘의 회개, 즉 마음바꿈을 촉구하실 뿐만 아니라, 하나님 자신도 원래 가진 생각과 계획을 바꾸시는 것을 보여준다. 이스라엘의 마음바꿈과 하나님의 마음바꿈이 이어진다. 그리고 요엘은 하나님이 뜻을 바꾸시는 것 외에는 이스라엘이 살 길이 없음을 알고 하나님이 마음을 바꾸시기를 기대한다.

30) 소제(히브리어로 민하[מִנְחָה])와 전제(히브리어로 네세크[נֶסֶךְ])는 하나님과의 교제를 강조하는 제사로서 하루에 아침 저녁으로 두 번 드렸다. 소제에는 곡식가루와 기름이 필요하고, 전제에는 포도주가 필요하다. 그런데 메뚜기떼 재난으로 인해서 곡식과 기름, 포도주를 얻지 못해서 소제와 전제를 드릴 수 없는 상황이 된 것이다. 그래서 다시 소제와 전제를 드릴 수 있다는 것은 곡식과 기름, 포도주를 다시 얻는 풍성한 상황이 된다는 것을 의미한다.

31) 이것과 비슷한 문장형태가 요나서 3:9에 나온다.

32) 12-14절에서 특징적인 단어는 히브리어 '슈브'(שׁוּב)다. '회개하다,' '마음을 돌이키다'는 의미를 가진 '슈브'가 각절마다 한번씩 모두 세 번 나온다는 사실은 12-14절이 회개를 강조한다는 것을 명확하게 보여준다.

히 촉구한다. "하나님께 회개하고 복을 받자. 그래서 우리 삶이 다시 풍성해지면 그동안 제물이 없어 드리지 못한 소제와 전제를 하나님께 드리자." 그들은 제사조차 드릴 수 없는 종말론적인 상황에서도 하나님께 제사 드리기를 이토록 고대했는데 어느 때보다 물질이 풍요로운 시대를 사는 우리는 과연 어떠한가?

회개의 날2-두 번째 나팔소리

본문을 읽으면서 셋째로 느끼는 것은 강력한 공동체의식이다. 이스라엘은 결코 나뉠 수 없는 하나의 공동체이다. 그렇기에 공동체 내에서 일어나는 일들에 대해 모두가 책임져야 한다. 무슨 일에 책임을 지는 사람은 자기 죄를 회개한다. 그래서 본문은 이스라엘 공동체에게 재난에 대해 그들 모두가 책임질 것과 아울러 모두가 참여하는 철저한 회개를 요구한다.

> 15 너희는 시온에서 나팔을 불어 거룩한 금식일을 정하고 성회를 선
> 고하고 16 백성을 모아 그 회[33]를 거룩케 하고 장로[34]를 모으며 소아
> 와 젖먹는 자를 모으며 신랑을 그 방에서 나오게 하며 신부도 그 골방
> 에서 나오게 하고 17 여호와께 수종드는 제사장들은 낭실과 단 사이
> 에서 울며 이르기를 여호와여 주의 백성을 긍휼히 여기소서 주의 기
> 업으로 욕되게하여 열국들로 그들을 관할하지 못하게 하옵소서 어찌
> 하여 이방인으로 그들의 하나님이 어디 있느뇨 말하게 하겠나이까 할
> 지어다.

이스라엘 공동체의 회개는 나팔소리로 시작한다(15절). 15절은 1

---

33) 히브리어로 카할(קָהָל)인데 이것은 예배하는 공동체를 뜻한다.
34) 히브리어로 제케님(זְקֵנִים)인데 '장로들'이라기 보다는 뒤에 나오는 젖먹이와 아이들과 비교해서 노인들이라고 하는 것이 좋겠다.

절과 비슷하다. 그런데 이 나팔소리는 메뚜기떼가 몰려오는 상황에서 상징적으로 울려 퍼졌던 그 다급한 나팔소리와 호각소리(1절)와는 전혀 다르다. 첫 번째 나팔소리를 들은 그들은 이제 '두 번째 나팔소리'를 기대한다. 그리고 그 날은 여호와의 날(재난의 날)과는 다른 거룩한 금식일(회개의 날)이다. 그들은 성회를 선포하는데 이스라엘 공동체에 속한 모든 사람들은 누구나 이 성회에 참석해야 한다. 예외는 없다. 1년간 모든 의무에서 자유로운 신랑신부들[35]까지도 이번 만큼은 골방에서 나와야 한다. 현재 상황은 그 정도로 심각하다. 이렇게 모인 사람들에게 예언자는 온 이스라엘 백성들이 하나님께 어떻게 회개해야 하는지를 알려준다(15-17절).

희망-재난 속에서 만나는 하나님

넷째로 느끼는 것은 미래에 대한 희망이다. 그들은 한 공동체로서 재난에 대한 책임도 함께 나누어질 뿐만 아니라 그것을 넘어서는 미래에 대한 희망도 함께 나눈다. 그 끔찍한 재난, 절망과 좌절을 경험할 수밖에 없는 그 종말론적이고 묵시적인 상황 속에서도 그들은 미래를 결코 포기하지 않는 믿음을 보여준다.

우리는 이렇게 요엘서 2:1-17을 읽었는데 본문을 통해서 가장 강력하게 느끼는 것은 '하나님 체험'이다. 이스라엘은 하나님을 이미 재난 속에서 만났다. 재난 속에서 만난 그 하나님은 용서를 모르는 잔혹한 하나님처럼 느껴진다. 그러나 하나님이 결코 그런 분이 아니

35) 신명기 20장 7절("여자와 약혼하고 그를 취하지 못한 자가 있느냐 그는 집으로 돌아갈찌니 전사하면 타인이 그를 취할까 하노라 하고"), 24장 5절("사람이 새로이 아내를 취하였거든 그를 군대로 내어보내지 말 것이요 무슨 직무든지 그에게 맡기지 말 것이며 그는 일년 동안 집에 한가히 거하여 그 취한 아내를 즐겁게 할찌니라").

라는 것은 이스라엘뿐만 아니라 우리도 잘 안다. 하나님은 그들이 회개하고 새로운 삶을 살기를 간절히 바라시는 분임을 이스라엘은 재난 속에서 다시 깨닫는다.

> 그는 은혜로우시며 자비로우시며 노하기를 더디하시며 인애가 크시사 뜻을 돌이켜 재앙을 내리지 아니하시나니(13절).

이 구절은 하나님이 사람들에게 진정으로 바라는 것이 무엇인지 알려준다. 그분은 우리가 회개하고 삶을 얻기를 원하신다. 아무리 재난이 참담하다 해도 하나님의 이런 심정과 의지를 지워버릴 정도로 강력하지는 않다. 그것을 알기에 예언자는 이스라엘 백성들이 모두 나와서 하나님께 회개하기를 강력하게 촉구하고 그들이 모여서 하나님께 드릴 기도문도 알려준다. 그 기도를 다시 들어보자.

> 여호와여 주의 백성을 긍휼히 여기소서 주의 기업으로 욕되게 하여 열국들로 그들을 관할하지 못하게 하옵소서 어찌하여 이방인으로 그들의 하나님이 어디 있느뇨 말하게 하겠나이까.

가슴을 쥐어뜯는 이 처절한 한탄. 제사장들이 울면서 이렇게 기도하면 우리 하나님 마음이 뜨거워지고 녹아져서 모든 죄를 용서해주실 것이다. 그렇기에 이스라엘 백성들은 말할 것도 없고 우리도 본문을 읽으면서 끝내 우리 죄를 용서해주실 하나님의 사랑을 미리 경험한다. 손쓸 여지가 전혀 없는 재난의 현장에서 모든 것이 우리의 책임임을 통감하고 회개기도하면서 하나님의 용서하심을 미리 체험하는 이스라엘의 믿음. 우리도 그런 기도를 드려보자. 그래서 하나님의 용서하심을 체험하자. 하나님은 이스라엘 백성들이 새로운 삶을 살기를 원하시고 결국은 그렇게 되도록 역사하는 분이시기에 회개

다음 이야기는 분명 하나님의 구원사역일 것이다. 우리는 그것을 희망한다. 하나님은 우리의 기대를 결코 저버리지 않으신다. 그렇기에 우리의 요엘서 읽기는 2장 17절에서 끝나지 않고 그 다음 이야기, 곧 구원이야기로 이어진다.

펄벅의 대지, 그리고 메뚜기떼

이제 마무리 할 시간이다. 매일 드리는 제사마저 거듭되는 자연재해로 인해서 드릴 수 없을 정도로 철저히 파괴된 삶의 현장. 그럼에도 불구하고 하나님께 다시 제사드릴 그 날을 소망하면서 사는 사람들. 옛 이스라엘 사람들은 자연재해를 겪으면서 그 자연재해를 넘어서서 그들에게 다가오시는 하나님을 만났고 저지른 죄를 고백하면서 하나님이 베풀어주시는 새로운 삶을 꿈꾸었다. 재난 속에서 이스라엘 백성들은 회개하고 다시 살기를 바라시는 하나님의 음성을 들었고 마침내 구원을 베푸시는 하나님을 만났다.

앞에서도 이야기했지만 지금도 자연재해로 인해서 특히 메뚜기떼 재난으로 인해서 고통을 겪는 사람들이 있다.

> "남쪽 하늘에 작은 먹구름이 이는가 싶더니 삽시간에 부채꼴로 퍼지며 온 하늘을 뒤덮었다. 세상이 온통 밤처럼 캄캄해지고 메뚜기들이 서로 부딪히는 소리가 천지를 진동했다. 그들이 내려앉는 곳은 모두 졸지에 누런 황무지로 돌변한다. 아낙네들은 모두 손을 높이 쳐들고 하늘의 도움을 청하는 기도를 올렸고 남정네들은 밭에 불을 지르고 장대를 휘두르며 메뚜기떼와 싸웠다." 펄 벅의 '대지'를 책으로 읽었거나 영화로 본 사람이면 누구나 가장 생생하게 기억하는 장면이다. '대지'의 배경이었던 이웃 나라 중국이 올해 20년 만에 최악의 가뭄을 겪고 있다. 엎친 데 덮친 격으로 메뚜기 떼마저 극성이란다. 멀리 남미의 페루에도 엘니뇨로 인한 기상 이변으로 약 1억 5,000만 마리의

> 메뚜기들이 엄청난 면적의 농경지를 쑥밭으로 만들고 있다. 그곳도 역시 거의 20년만에 겪는 최악의 상황이라고 한다… 이른바 이동성 메뚜기들은 세계 곳곳에 수십 종이 분포하지만 그 중 가장 악랄한 종류는 바로 아프리카 메뚜기들이다. 이들은 주로 대륙의 중부와 동북부 지역에 살다가 기후조건이 적절해지면 그 수가 급증하여 중동지방은 물론 멀리 인도까지 이동한다. 계절풍을 타고 하루에 평균 30~40km에서 심지어는 100km를 이동하며 많게는 10억에서 100억 마리가 함께 떼를 지어 움직인다. 이들이 잠시 묵어 가기로 결정한 곳에 풀잎 하나 제대로 남기 어려운 것은 바로 이 엄청난 숫자 때문이다…[최재천, 동아일보 2000년 8월 1일].

지금도 재난당하는 이들을 위해서 기도하자. 그들이 자연재해를 넘어서서 하나님을 만나고 지금까지의 삶을 회개하면서 하나님이 이뤄주실 새로운 삶을 꿈꾸기를, 그래서 마침내 풍성함을 주시는 하나님의 구원을 경험하기를 기도하자. 우리 사회도 메뚜기떼로 인한 재난은 아니지만 몇 해 동안 여러 가지 어려움을 거듭 겪어왔다. 그런데 우리는 아직도 1-10절의 상태에 머물러 있는 듯하다. 11절(하나님 체험)을 거쳐서 12-17절(회개)로 나아가야 하는데 재난을 겪으면서도 우리를 깨우치시는 하나님을 만나지 못하고, 우리가 져야할 책임이 무엇인지 알지 못하고, 우리의 지난 삶을 회개하지 않은 채 살아가는 듯하다.

여기서 우리가 다시 명확하게 해야 할 것이 하나 있다. 하나님이 우리를 회개케 하기 위해서 재난을 일으키신 것은 아니라는 사실이다. 재난이 회개를 촉구한다고 해도, 그래서 재난경험이 회개로 이어진다고 해도 회개를 촉발시키기 위해서 재난이 일어난 것은 아니라는 사실이다. 여기서도 재난은 하나님을 생각하게 하고 회개를 촉구하는 매개이다. 애가서 3장이 그것을 우리에게 알려준다.

몇 해 전 수해가 났을 때 사랑하는 딸을 교통사고로 잃은 부부가 사고보상금으로 생필품을 사서 수해민들에게 전달했다는 기사를 읽은 적이 있다. 이들에게 딸의 죽음은 무엇이었을까? 이들은 사랑하는 딸을 잃고 얼마나 마음 아팠을까? 그 마음이 얼마나 얼마나 고통스러웠을까? 하나님이 그들에게 고통을 주었다고 생각하고 얼마나 하나님을 원망했을까? 사랑하는 아들을 잃고 하나님 앞에서 반항하듯이 절규했던 박완서처럼 '주여! 제발 한 말씀만 하소서'라고 절규했을 것이다. '왜? 왜? 왜? 주님, 왜 내 딸을 데려가신 겁니까? 왜 나에게 이토록 쓰라린 고통을 주십니까? 내가 무엇을 잘못했다고 이런 아픔을 주십니까? 왜? 왜 나를 원수처럼 대하십니까? 침묵하지 말고 제발 한마디만 속시원하게 말씀해주십시오. 주님, 제발 한 말씀만 하소서!' 분명히 그들도 이렇게 절규했을 텐데 그런데 살다보니 깨달은 것이다. 애가 3장을 쓴 시인처럼 이들도 하나님의 마음을 깨달은 것이다. 그분이, 그들이 그토록 원망하던 그분이 인간들의 부주의로 한생명이 무참히 죽는 모습을 보고, 부모인 자신들보다 더 아파하시고 피눈물을 흘린다는 사실을 그제야 깨달은 것이다. 이렇듯 재난을 통해서 하나님을 만난다.

그러나 하나님을 만나도록 하기 위해서 재난이 발생한 것은 아니다. 그런데도 우리는 하나님이 인간을 징계하시기 위해서 재난을 일부러 일으키신 것처럼 생각한다.

아직도 '재난'하면 떠오르는 것은 삼풍백화점 붕괴와 성수대교 붕괴 사건이다. 죽어간 수많은 사람들, 그들은 왜 죽어야했는가? 하나님이 심판하신 것인가? 우리 하나님은 시인이 1절에서 18절까지에서 말하는 것처럼 재난의 현장에서 언제나 심판자로 나타나시는가? 그 끔찍한 주검들에서 우리는 시인이 만난 것처럼 잔혹한 심판자 하나님을 만나야하는가? 그 비극적인 사건들은 물질만능주의에 대한 하나님의 심판인가? 우리 하나님은 학살자인가? 터미네이터인가?

결코 그렇지 않다. 하나님은 그들을 심판하신 것이 아니다. 하나님은 사람들을 무자비하게 죽이시는 분이 아니다. 하나님은 일시에 500명이 넘는 사람들이 비명도 지르지 못하고 죽는 것을 기뻐하시는 분이 아니다. 오히려 그 허망한 사건을 보시고, 그 말도 안 되는 사건을 보시고, 탄식하시고, 분노하시는 하나님이다. 하나님이 분노해서 그런 비극적인 사건이 일어나는 것이 아니다. 하나님은 그 주검들을 보시고 분노하신다. 도대체 어떻게 했길래 이토록 많은 사람들이 일시에 죽는단 말인가? 나라를 잘 다스리고 사람들이 평화롭고 안전하게 살게 하라고 세워둔 수많은 공직자들은 도대체 무엇을 했길래 이처럼 백화점이 무너져서 귀하디 귀한 수많은 사람들이 죽어야 하는가? 건축을 감독하고 안전하게 유지하도록 책임져야할 그 사람들은 도대체 무엇을 했단 말인가? 그리고 도대체 교회는 무엇을 했길래 건축이 이토록 엉망인데도 한마디도 경고하지 않았는가? 경고하기는커녕, 교회가 불법적으로 건축을 하는 데 앞장을 서다니 말이 되는가? 하나님은 무너진 그 처참한 곳에서 주검을 안고 통곡하실 분이다. 그리고 그렇게 만든 사람들을 향해서 분노하시는 분이다. 우리는 그 재난의 현장에서 이런 하나님을 만나야 한다.

애가서 3장은 이스라엘 사람들이 이것을 몰랐음을 말한다. 이것을 몰랐기에 하나님을 제대로 알지 못했던 것이다. 여태껏 하나님의 본심을 알지 못했던 것이다. 알지 못했을 뿐만 아니라 제 스스로 하나님을 '이런 분이다'라고 나름대로 생각하고 오해해왔던 것이다. 그렇기에 희망이 없었다. 그러나 이제는 분명히 안다. 하나님은 결코 무자비하신 분이 아니다. 그분은 사람들이 억울하게 당하고 사는 것을 결코 원치 않으신다. 사람들이 당하는 모든 불행한 일들은 하나님이 일부러 내리신 일이 아니다. 인간들이 불행을 당하는 것은 하나님의 마음과는 다르다. 하나님은 그런 일을 원치 않으신다. 그것은 부패한 인간들이 저지르는 일들이다. 하나님은 인류를 불행과 비극으로 몰고가는 그 사람들을 향해서 분노하신다. 그것은 하나님 때문에 일어난 일이 아니다. 감히 '지극히 높으신 자의 얼굴 앞에서'(35절) 온갖 범죄를 저지르는 그 사람들 때문에 일어난 일이다. 하늘 무서운 줄 모르고 사는 사람들. 바로 그들 때문에 일어난 일이다. 그들이 일으킨 일이다.

그래서 그것은 결국 인간의 문제, 죄의 문제로 나아간다. 하나님은 그릇되지 않으신 분이다. 그릇된 것은 인간들이다. 인간세상에 어려움이 닥치는 것은 하나님 때문이 아니다. 그것은 죄 때문이다. 이것을 깨달은 것이다. 아! 내가 이 어려움을 당하는 것은 죄 때문이구나. 우리가 이 어려움을 당하는 것은 우리가 저지른 죄 때문이구나. 이것을 깨닫는 것이다.

이것을 깨달은 애가 시인은 이제 참으로 하나님께 회개하려고 한다. 그런데 그는 자신만이 문제가 아님을 느낀다. 자기뿐만 아니라 그와 함께 그 시대를 살고 있는 모든 사람들에게 회개를 촉구한다. 3장 40절에서 시인은 '우리가 스스로 행위를 조사하고 여호와께로 돌아가자'고 말한다. 이런 말을 할 수 있는 사람이 있는 시대는, 그런 사회는 최소한 행복하다. 우리는 언제쯤이나 이런 말을 할 수 있을까? 우리는 언제쯤이나 지금 당하는 모든 불행을 책임지고 공동으로 참회할 수 있을까? 언제쯤이나 그럴 수 있을까? 언제쯤이나.

한국성서학연구소는
종교개혁의 신학전통을 이어받아
다양한 성서해석 때문에 갈등을 겪는 한국교회를
하나님의 말씀 위에 바로 세우기 위하여 일하고 있습니다.
한국교회가 안고 있는 현실 문제에 대한 성서적이고
올바른 신학적 해석을 제시함으로써 이 땅의 문화가
그리스도의 이름 아래 세워질 때까지
이 일을 계속해 나가겠습니다.

말씀, 삶, 해석

초판 1쇄 인쇄 2006년 3월 17일
초판 1쇄 발행 2006년 3월 25일
지 은 이 이 종 록
펴 낸 이 이 연 옥
펴 낸 곳 도서출판 한국성서학
서울 종로구 연지동 1-1 여전도회관 1105호
TEL. 02-766-5220, FAX. 02-744-7046
출판등록 제1-1286호(1991.12.21)
총 판 도서출판 두란노(TEL. 749-1059 / FAX. 749-3705)
ISBN 89-86015-57-9

※ 잘못된 책은 바꿔 드립니다.

책값 11,000원